国家卫生健康委员会"十四五"规划教材

全 国 高 等 学 校 教 材

供八年制及"5+3"一体化临床医学等专业用

# 医学伦理学
# Medical Ethics
## 第3版

主 编 尹 梅 宫福清
副 主 编 曹永福 邓 蕊

数字主编 尹 梅 宫福清
数字副主编 曹永福 邓 蕊

人民卫生出版社
·北京·

**图书在版编目（CIP）数据**

医学伦理学 / 尹梅，宫福清主编 . —3 版 . —北京：
人民卫生出版社，2025.5
全国高等学校八年制及"5+3"一体化临床医学专业
第四轮规划教材
ISBN 978-7-117-36000-5

Ⅰ. ①医⋯ Ⅱ. ①尹⋯ ②宫⋯ Ⅲ. ①医学伦理学 –
医学院校 – 教材 Ⅳ. ①R–052

中国国家版本馆 CIP 数据核字（2024）第 031555 号

| 人卫智网 | www.ipmph.com | 医学教育、学术、考试、健康，购书智慧智能综合服务平台 |
| 人卫官网 | www.pmph.com | 人卫官方资讯发布平台 |

医学伦理学
Yixue Lunlixue
第 3 版

主　　编：尹　梅　宫福清
出版发行：人民卫生出版社（中继线 010-59780011）
地　　址：北京市朝阳区潘家园南里 19 号
邮　　编：100021
E - mail: pmph @ pmph.com
购书热线：010-59787592　010-59787584　010-65264830
印　　刷：人卫印务（北京）有限公司
经　　销：新华书店
开　　本：850×1168　1/16　印张：14.5
字　　数：429 千字
版　　次：2010 年 7 月第 1 版　2025 年 5 月第 3 版
印　　次：2025 年 8 月第 1 次印刷
标准书号：ISBN 978-7-117-36000-5
定　　价：58.00 元
打击盗版举报电话：010-59787491　E-mail: WQ @ pmph.com
质量问题联系电话：010-59787234　E-mail: zhiliang @ pmph.com
数字融合服务电话：4001118166　E-mail: zengzhi @ pmph.com

## 融合教材阅读使用说明

　　融合教材即通过二维码等现代化信息技术，将纸书内容与数字资源融为一体的新形态教材。本套教材以融合教材形式出版，每本教材均配有特色的数字内容，读者在阅读纸书的同时，通过扫描书中的二维码，即可免费获取线上数字资源和相应的平台服务。

### 本教材包含以下数字资源类型

课件

复习思考题解析

习题

### 获取数字资源步骤

扫描下载应用

①扫描封底红标二维码，获取图书"使用说明"。

②揭开红标，扫描绿标激活码注册 / 登录人卫账号获取数字资源。

③扫描书内二维码或封底绿标激活码随时查看数字资源。

④登录 zengzhi.ipmph.com 或下载应用体验更多功能和服务。

**APP 及平台使用客服热线　　400-111-8166**

**读者信息反馈方式**

　　欢迎登录"人卫 e 教"平台官网"medu.pmph.com"，在首页注册登录（也可使用已有人卫平台账号直接登录），即可通过输入书名、书号或主编姓名等关键字，查询我社已出版教材，并可对该教材进行读者反馈、图书纠错、撰写书评以及分享资源等。

# 全国高等学校八年制及"5+3"一体化临床医学专业 第四轮规划教材 修订说明

为贯彻落实党的二十大精神,培养服务健康中国战略的复合型、创新型卓越拔尖医学人才,人卫社在传承20余年长学制临床医学专业规划教材基础上,启动新一轮规划教材的再版修订。

21世纪伊始,人卫社在教育部、卫生部的领导和支持下,在吴阶平、裘法祖、吴孟超、陈灏珠、刘德培等院士和知名专家亲切关怀下,在全国高等医药教材建设研究会统筹规划与指导下,组织编写了全国首套适用于临床医学专业七年制的规划教材,探索长学制规划教材编写"新""深""精"的创新模式。

2004年,为深入贯彻《教育部 国务院学位委员会关于增加八年制医学教育(医学博士学位)试办学校的通知》(教高函〔2004〕9号)文件精神,人卫社率先启动编写八年制教材,并借鉴七年制教材编写经验,力争达到"更新""更深""更精"。第一轮教材共计32种,2005年出版;第二轮教材增加到37种,2010年出版;第三轮教材更新调整为38种,2015年出版。第三轮教材有28种被评为"十二五"普通高等教育本科国家级规划教材,《眼科学》(第3版)荣获首届全国教材建设奖全国优秀教材二等奖。

2020年9月,国务院办公厅印发《关于加快医学教育创新发展的指导意见》(国办发〔2020〕34号),提出要继续深化医教协同,进一步推进新医科建设、推动新时代医学教育创新发展,人卫社启动了第四轮长学制规划教材的修订。为了适应新时代,仍以八年制临床医学专业学生为主体,同时兼顾"5+3"一体化教学改革与发展的需要。

**第四轮长学制规划教材秉承"精品育精英"的编写目标,主要特点如下:**

1. 教材建设工作始终坚持以习近平新时代中国特色社会主义思想为指导,落实立德树人根本任务,并将《习近平新时代中国特色社会主义思想进课程教材指南》落实到教材中,统筹设计,系统安排,促进课程教材思政,体现党和国家意志,进一步提升课程教材铸魂育人价值。

2. 在国家卫生健康委员会、教育部的领导和支持下,由全国高等医药教材建设研究学组规划,全国高等学校八年制及"5+3"一体化临床医学专业第四届教材评审委员会审定,院士专家把关,全国医学院校知名教授编写,人民卫生出版社高质量出版。

3. 根据教育部临床长学制培养目标、国家卫生健康委员会行业要求、社会用人需求,在全国进行科学调研的基础上,借鉴国内外医学人才培养模式和教材建设经验,充分研究论证本专业人才素质要求、学科体系构成、课程体系设计和教材体系规划后,科学进行的,坚持"精品战略,质量第一",在注重"三基""五性"的基础上,强调"三高""三严",为八年制培养目标,即培养高素质、高水平、富有临床实践和科学创新能力的医学博士服务。

4. 教材编写修订工作从九个方面对内容作了更新:国家对高等教育提出的新要求;科技发展的趋势;医学发展趋势和健康的需求;医学精英教育的需求;思维模式的转变;以人为本的精神;继承发展的要求;统筹兼顾的要求;标准规范的要求。

5. 教材编写修订工作适应教学改革需要,完善学科体系建设,本轮新增《法医学》《口腔医学》《中医学》《康复医学》《卫生法》《全科医学概论》《麻醉学》《急诊医学》《医患沟通》《重症医学》。

6. 教材编写修订工作继续加强"立体化""数字化"建设。编写各学科配套教材"学习指导及习题集""实验指导/实习指导"。通过二维码实现纸数融合,提供有教学课件、习题、课程思政、中英文微课,以及视频案例精析(临床案例、手术案例、科研案例)、操作视频/动画、AR 模型、高清彩图、扩展阅读等资源。

全国高等学校八年制及"5+3"一体化临床医学专业第四轮规划教材,均为国家卫生健康委员会"十四五"规划教材,以全国高等学校临床医学专业八年制及"5+3"一体化师生为主要目标读者,并可作为研究生、住院医师等相关人员的参考用书。

全套教材共 48 种,将于 2023 年 12 月陆续出版发行,数字内容也将同步上线。希望得到读者批评反馈。

# 全国高等学校八年制及"5+3"一体化临床医学专业第四轮规划教材　序言

"青出于蓝而胜于蓝",新一轮青绿色的八年制临床医学教材出版了。手捧佳作,爱不释手,欣喜之余,感慨千百位科学家兼教育家大量心血和智慧倾注于此,万千名医学生将汲取丰富营养而茁壮成长,亿万个家庭解除病痛而健康受益,这不仅是知识的传授,更是精神的传承、使命的延续。

经过二十余年使用,三次修订改版,八年制临床医学教材得到了师生们的普遍认可,在广大读者中有口皆碑。这套教材将医学科学向纵深发展且多学科交叉渗透融于一体,同时切合了"环境-社会-心理-工程-生物"新的医学模式,秉持"更新、更深、更精"的编写追求,开展立体化建设、数字化建设以及体现中国特色的思政建设,服务于新时代我国复合型高层次医学人才的培养。

在本轮修订期间,我们党团结带领全国各族人民,进行了一场惊心动魄的抗疫大战,创造了人类同疾病斗争史上又一个英勇壮举!让我不由得想起毛主席《送瘟神二首》序言:"读六月三十日人民日报,余江县消灭了血吸虫,浮想联翩,夜不能寐,微风拂煦,旭日临窗,遥望南天,欣然命笔。"人民利益高于一切,把人民群众生命安全和身体健康挂在心头。我们要把伟大抗疫精神、祖国优秀文化传统融会于我们的教材里。

第四轮修订,我们编写队伍努力做到以下九个方面:

1. 符合国家对高等教育的新要求。全面贯彻党的教育方针,落实立德树人根本任务,培养德智体美劳全面发展的社会主义建设者和接班人。加强教材建设,推进思想政治教育一体化建设。

2. 符合医学发展趋势和健康需求。依照《"健康中国2030"规划纲要》,把健康中国建设落实到医学教育中,促进深入开展健康中国行动和爱国卫生运动,倡导文明健康生活方式。

3. 符合思维模式转变。二十一世纪是宏观文明与微观文明并进的世纪,而且是生命科学的世纪。系统生物学为生命科学的发展提供原始驱动力,学科交叉渗透综合为发展趋势。

4. 符合医药科技发展趋势。生物医学呈现系统整合/转型态势,酝酿新突破。基础与临床结合,转化医学成为热点。环境与健康关系的研究不断深入。中医药学守正创新成为国际社会共同的关注。

5. 符合医学精英教育的需求。恪守"精英出精品,精品育精英"的编写理念,保证"三高""三基""五性"的修订原则。强调人文和自然科学素养、科研素养、临床医学实践能力、自我发展能力和发展潜力以及正确的职业价值观。

6. 符合与时俱进的需求。新增十门学科教材。编写团队保持权威性、代表性和广泛性。编写内容上落实国家政策、紧随学科发展,拥抱科技进步、发挥融合优势,体现我国临床长学制办学经验和成果。

7. 符合以人为本的精神。以八年制临床医学学生为中心,努力做到优化文字:逻辑清晰,详略有方,重点突出,文字正确;优化图片:图文吻合,直观生动;优化表格:知识归纳,易懂易记;优化数字内容:网络拓展,多媒体表现。

8. 符合统筹兼顾的需求。注意不同专业、不同层次教材的区别与联系,加强学科间交叉内容协调。加强人文科学和社会科学教育内容。处理好主干教材与配套教材、数字资源的关系。

9. 符合标准规范的要求。教材编写符合《普通高等学校教材管理办法》等相关文件要求,教材内容符合国家标准,尽最大限度减少知识性错误,减少语法、标点符号等错误。

最后,衷心感谢全国一大批优秀的教学、科研和临床一线的教授们,你们继承和发扬了老一辈医学教育家优秀传统,以严谨治学的科学态度和无私奉献的敬业精神,积极参与第四轮教材的修订和建设工作。希望全国广大医药院校师生在使用过程中能够多提宝贵意见,反馈使用信息,以便这套教材能够与时俱进,历久弥新。

愿读者由此书山拾级,会当智海扬帆!

是为序。

中国工程院院士
中国医学科学院原院长　　刘德培
北京协和医学院原院长
二〇二三年三月

# 主编简介

**尹　梅**

女,1965年12月生于黑龙江省哈尔滨市。二级教授、博士研究生导师。现任哈尔滨医科大学人文社会科学学院院长、哈尔滨医科大学图书馆馆长、哈尔滨医科大学医学伦理学研究所所长。全国师德标兵,公安部党风政风警风监督员。兼任中华医学会医学伦理学分会第十届委员会副主任委员、中国医师协会人文医学专业委员会副主任委员、中国卫生法学会副会长、中国人口文化促进会医院人文管理与人才培养专业委员会主任委员、黑龙江省医学会医学伦理学分会主任委员、黑龙江省医师协会医学人文专业委员会主任委员、黑龙江省法学会卫生法学研究会理事会会长。黑龙江省教学名师,《中国医学伦理学》杂志副主编。

从事教学工作至今33年,主持各级教研课题十余项。主持建设"医学伦理学""医学沟通学""交流技能""医学社会学"线上课程,并在人卫慕课、中国大学MOOC、国家智慧教育等平台上线。多项研究成果获省部级奖励,主编国家规划教材及专著多部,发表学术论文百余篇。

**宫福清**

男,1967年3月生于辽宁省宽甸县。博士、教授、博士研究生导师。原中国医科大学党委书记,中国高等教育学会大学文化研究分会副理事长。曾任教育部高等学校医学人文素质教学指导委员会委员、中国自然辩证法研究会医学哲学专业委员会常务理事。

从事医学伦理学、医学人文学的教学和研究工作28年。近年来,主持完成国家社科基金一般项目2项、辽宁省省级哲学社会科学及教学改革项目10余项。研究成果荣获国家级教学成果奖二等奖1项、全国教育科学研究优秀成果奖二等奖1项、辽宁省教学成果奖一等奖2项、辽宁省哲学社会科学成果奖一等奖1项。在《红旗文稿》《思想理论教育导刊》《医学与哲学》《中国医学伦理学》等国内外高质量期刊发表论文50余篇,其中SSCI及CSSCI论文18篇,主编教材及专著4部。

# 副主编简介

曹永福

　　男，1968年4月生于山东省诸城市。人文医学博士、教授、硕士研究生导师。中华医学会医学伦理学分会第十届委员会副主任委员、中国自然辩证法研究会医学哲学专业委员会常务委员和生命伦理学专业委员会委员、国家医师资格考试医学人文试题开发专家委员会委员、山东省伦理学会常务委员，山东省公共卫生学会医学伦理学分会第一届委员会主任委员。《中国医学伦理学》杂志副主编、《医学与哲学》杂志编委。

　　长期从事医学伦理学、生命伦理学、医学人文学等课程的教学与研究工作。主持各类课题多项。主持建设"医学伦理学""生命伦理学：生命医学科技与伦理""临床伦理与科研道德"线上课程，并在中国大学MOOC等平台上线，其中"生命伦理学：生命医学科技与伦理"获国家线上一流课程。发表学术论文百余篇，多篇被SSCI、CSSCI和《中国人民大学复印资料》全文收录。主编国家规划教材及专著多部，担任全国科学技术名词审定委员会《医学伦理学名词》副主编、《中华医学百科全书》（医学伦理学卷）编委等。多项研究成果获省部级奖励。

邓　蕊

　　女，1978年2月生于山西省乡宁县。哲学博士、教授、博士研究生导师。现任山西医科大学人文社会科学学院院长。兼任中华医学会医学伦理学分会第十届委员会常务委员、中华医学会医学伦理学分会医学伦理教育教学组组长、山西省医学会医学伦理学专业委员会主任委员。山西省宣传文化系统"四个一批"人才，山西省教学名师，山西省学术技术带头人。

　　从事医学伦理学教学、科研社会服务工作20年。主持教育部、山西省科技厅、山西省教育厅、山西省委宣传部科研课题40余项，发表论文70余篇，荣获国家教学成果奖二等奖（排名第四）、山西省社会科学研究优秀成果奖二等奖等20余个奖项。主编国家级规划教材1部，副主编2部、参编13部，《医学与哲学》《中外医学哲学》杂志编委。

# 前 言

从第 2 版教材出版至今,医学科学的进步、医学教育的发展以及国家医疗卫生制度改革的不断深化,都对医学伦理学的自身建设和发展提出了新的时代话题。因此,我们对第 2 版教材进行了修订。

本次教材修订遵循了"在政策上科学把握,内容上更加创新,理论上善于发声,实践中精于指导"的基本原则,坚持了"保留特色,遵循规范,与时俱进"的宗旨。第 3 版修订工作进一步优化了教材的知识结构,加强了理论研究和实践教学,整合了教材内容,修改、完善、调整了部分章节。这些工作主要表现为以下方面。

增加了一章新的内容即医学大数据和"互联网 + 医疗"伦理;将特殊人群诊疗中的伦理和医学伦理委员会与伦理审查分别设置为独立章节;补充完善了学科特征、医师职业精神、公共卫生工作难题、器官来源的伦理问题、人工智能医疗新兴技术的伦理问题和卫生政策伦理等内容;删除了克隆技术伦理内容;修订了临终关怀伦理等内容。

作为理论指导的医学伦理学,不仅要敢于面对现实,善于发声,还要更加贴近教师的教学和学生的学习。针对八年制临床医学专业的培养目标,坚持在凝练"三基"、拓展"五性"的基础上,实现了在编写体例、编写模式、编写方法等方面的创新,使其教学内容更符合"更新""更深""更精"的目标。

根据学科互补与发展的需要,本次教材修订,补充了在本学科领域内部分有影响的中青年专家进入编写队伍。新版教材的修订凝结着每一位编者的心血和智慧,哈尔滨医科大学人文社会科学学院宋晓琳老师在教材统稿和校对方面,做了非常多的工作,在此一并表示最衷心的感谢!

诚盼各位同道和使用本教材的同学们提出宝贵的意见!

尹 梅 宫福清

2024 年 6 月

# 目 录

第一章 绪论 ·················································································· 1
  第一节 医学伦理学概述 ································································ 1
    一、道德与伦理学 ···································································· 1
    二、医学伦理学的内涵 ······························································ 4
  第二节 医学伦理学与相关学科的关系 ············································ 7
    一、医学伦理学与医学 ······························································ 7
    二、医学伦理学与卫生法学 ························································ 7
    三、医学伦理学与医学心理学 ···················································· 7
    四、医学伦理学与其他学科 ························································ 7
  第三节 学习医学伦理学的意义与方法 ············································ 8
    一、学习医学伦理学的意义 ························································ 9
    二、学习和研究医学伦理学的方法 ·············································· 9

第二章 医学伦理学的产生和发展 ······················································ 12
  第一节 古代医德思想的孕育和发展 ·············································· 12
    一、中国古代医德思想的孕育和发展 ··········································· 12
    二、国外古代医德思想的孕育和发展 ··········································· 13
  第二节 近现代医学伦理学的诞生和发展 ········································· 15
    一、西方近现代医学伦理学的诞生和发展 ····································· 15
    二、中国近现代医学伦理学的历史和发展 ····································· 17
  第三节 当代生命伦理学的兴起和发展 ············································ 20
    一、生命伦理学的兴起及背景 ···················································· 20
    二、生命伦理学的学科内容 ······················································ 21
    三、生命伦理学发展中的普遍原则主义和非普遍原则主义 ················ 23
    四、我国医学伦理学的发展趋势 ················································· 24

第三章 医学伦理学的理论基础与基本理论 ··········································· 26
  第一节 医学伦理学的理论基础 ···················································· 26
    一、哲学与伦理学 ·································································· 26
    二、传统文化 ········································································ 27
  第二节 医学伦理学的基本理论 ···················································· 29
    一、伦理学基本理论演进的历史脉络 ··········································· 29
    二、医学伦理学基本理论的具体内容 ··········································· 30

**第四章　医学伦理学的原则与规范**························38

第一节　医学伦理学的原则·····························38
　　一、国际医学伦理基本原则······················38
　　二、医学伦理学应用中的准则····················42

第二节　医学道德规范·······························47
　　一、医学道德规范概述··························47
　　二、医学道德规范的内容························47
　　三、医学道德规范的作用························49

**第五章　医学道德的培育**······························50

第一节　医学道德教育·······························50
　　一、医学道德教育的含义与意义··················50
　　二、医学道德教育的特点························51
　　三、医学道德教育的过程························52

第二节　医学道德修养·······························53
　　一、医学道德修养的含义························54
　　二、医学道德修养的原则························54
　　三、提高医学道德修养的方法····················55

第三节　医学道德评价·······························57
　　一、医学道德评价的含义························57
　　二、医学道德评价的标准和依据··················57
　　三、医学道德评价的方式························59

**第六章　医疗人际关系伦理**····························62

第一节　医患关系伦理·······························62
　　一、医患关系的内涵与模式······················62
　　二、医患双方的权利与义务······················65
　　三、构建和谐医患关系的意义····················67

第二节　医际关系伦理·······························68
　　一、医际关系的内涵及模式······················68
　　二、构建和谐医际关系的意义····················69
　　三、和谐医际关系实现的伦理原则················69

**第七章　临床诊疗伦理**································72

第一节　临床诊疗伦理概述···························72
　　一、临床医学的定位····························72
　　二、临床诊疗伦理的概念和准则··················73

第二节　临床诊断伦理·······························74
　　一、问诊的伦理要求····························74
　　二、体格检查的伦理要求························75
　　三、辅助检查应用的伦理要求····················76

第三节　临床治疗伦理·······························77
　　一、药物治疗的伦理····························77

二、手术治疗的伦理 ································································· 77

三、心理治疗的伦理 ································································· 79

四、康复治疗的伦理 ································································· 81

## 第八章　特殊人群诊疗中的伦理 ·············································· 83

### 第一节　妇产科伦理 ·························································· 83

一、妇产科患者的特点 ····························································· 83

二、妇产科诊疗中的伦理问题 ····················································· 84

三、妇产科诊疗中的伦理要求 ····················································· 84

### 第二节　儿科伦理 ···························································· 85

一、儿科患者的特点 ································································· 85

二、儿科诊疗中的伦理问题 ························································· 85

三、儿科诊疗中的伦理要求 ························································· 86

### 第三节　老年病科伦理 ························································ 87

一、老年病科患者的特点 ··························································· 87

二、老年病科诊疗中的伦理问题 ··················································· 88

三、老年病科诊疗中的伦理要求 ··················································· 88

### 第四节　重症医学科伦理 ······················································ 89

一、重症医学科患者的特点 ························································· 89

二、重症医学科治疗中的伦理问题 ················································· 89

三、重症医学科治疗中的伦理要求 ················································· 90

## 第九章　公共卫生伦理 ························································· 91

### 第一节　公共卫生伦理概述 ···················································· 91

一、公共卫生工作的概念与特点 ··················································· 91

二、公共卫生工作难题与伦理要求 ················································· 92

三、突发公共卫生事件伦理 ························································· 96

### 第二节　传染性疾病防控伦理 ·················································· 97

一、传染性疾病的含义 ····························································· 97

二、传染性疾病的防控内容 ························································· 98

三、传染性疾病防控的伦理要求 ··················································· 98

### 第三节　非传染性疾病防控的伦理要求 ·········································· 99

一、慢性病的防控伦理 ····························································· 99

二、职业病的防控伦理 ···························································· 100

三、地方病的防控伦理 ···························································· 101

## 第十章　生殖伦理 ····························································· 103

### 第一节　生命伦理与优生学伦理 ················································ 103

一、生命伦理 ····································································· 103

二、优生学的发展与伦理挑战 ····················································· 104

三、优生学措施的伦理内涵 ······················································· 105

### 第二节　生育控制伦理 ························································· 107

一、生育控制概述 ································································· 107

　　二、生育控制引起的伦理问题··············································108
　　三、生育控制的伦理要求··················································111
　第三节　人类辅助生殖技术伦理··············································111
　　一、人类辅助生殖技术概述················································111
　　二、人类辅助生殖技术引起的伦理问题······································112
　　三、辅助生殖技术的伦理要求··············································114

第十一章　死亡伦理··························································117
　第一节　死亡观与死亡标准的伦理之争········································117
　　一、死亡观····························································117
　　二、死亡标准的伦理之争··················································118
　第二节　安乐死的伦理问题··················································121
　　一、安乐死的内涵与历史发展··············································121
　　二、安乐死的伦理问题····················································122
　第三节　安宁疗护伦理······················································123
　　一、安宁疗护的内涵及历史发展············································123
　　二、安宁疗护的研究内容··················································125
　　三、安宁疗护的服务要求与伦理原则········································126

第十二章　人体器官移植伦理··················································130
　第一节　器官移植技术概述··················································130
　　一、器官移植的概念与分类················································130
　　二、器官移植技术的发展··················································130
　第二节　人体器官移植的伦理问题············································132
　　一、移植技术的伦理问题··················································132
　　二、器官来源的伦理问题··················································132
　　三、器官分配的伦理问题··················································135
　第三节　人体器官移植的伦理原则············································137
　　一、人体器官移植现行国际伦理规范········································137
　　二、我国人体器官移植的伦理原则··········································138

第十三章　前沿医学技术伦理··················································142
　第一节　基因技术伦理······················································142
　　一、基因技术概述······················································142
　　二、基因技术引发的伦理争议··············································143
　　三、基因技术的伦理准则与对策············································145
　第二节　干细胞技术伦理····················································147
　　一、干细胞技术概述······················································147
　　二、干细胞技术引发的伦理争论············································147
　　三、干细胞技术的伦理对策················································148
　第三节　医疗人工智能伦理··················································149
　　一、医疗人工智能概述····················································149
　　二、医疗人工智能引发的伦理争议··········································150

　　三、医疗人工智能的伦理对策 ································································· 151

**第十四章　医学大数据和"互联网＋医疗"伦理** ································· 153
　第一节　医学大数据及其伦理问题 ···················································· 153
　　一、医学大数据概述 ································································ 153
　　二、常见医学大数据的应用 ························································ 155
　　三、医学大数据的伦理问题及对策 ················································· 156
　第二节　"互联网＋医疗"及其伦理问题 ·············································· 158
　　一、"互联网＋医疗"概述 ························································· 158
　　二、"互联网＋医疗"的伦理问题及对策 ············································ 160

**第十五章　医学科学研究伦理** ······················································ 163
　第一节　医学科学研究及其伦理问题 ·················································· 163
　　一、医学科学研究概述 ······························································ 163
　　二、医学科学研究的伦理问题 ······················································ 164
　第二节　人体试验伦理 ································································· 165
　　一、人体试验概述 ································································· 165
　　二、人体试验中的伦理问题 ························································ 166
　　三、人体试验的伦理原则 ·························································· 167
　第三节　动物实验伦理 ································································· 168
　　一、动物实验概述 ································································· 168
　　二、动物实验的伦理观点 ·························································· 169
　　三、动物实验的伦理原则 ·························································· 171

**第十六章　医学伦理委员会与伦理审查** ············································· 173
　第一节　医学伦理委员会 ······························································ 173
　　一、医学伦理委员会的发展和建设 ·················································· 173
　　二、医学伦理委员会建立的必要性和作用 ············································ 175
　第二节　伦理审查 ······································································ 176
　　一、伦理审查的原则与依据 ························································ 176
　　二、伦理审查的内容 ······························································ 179

**第十七章　医院管理与卫生政策伦理** ··············································· 188
　第一节　医院管理伦理 ································································· 188
　　一、医院管理的含义 ································································ 188
　　二、医院管理中的伦理问题 ························································ 189
　　三、医院管理的伦理要求 ·························································· 190
　第二节　卫生政策伦理 ································································· 192
　　一、卫生政策概述 ································································· 192
　　二、卫生政策制定中的伦理准则 ···················································· 193
　　三、我国医药卫生体制改革伦理 ···················································· 195

**第十八章　医学伦理行为决策** ·········································································································· 199

　第一节　医学伦理行为决策概况 ······························································································· 199

　　一、医学伦理行为决策概念 ··································································································· 199

　　二、诊疗过程中的医学伦理决策 ····························································································· 201

　　三、医学伦理行为决策的条件准备 ··························································································· 202

　第二节　善恶医学伦理问题的决策 ··························································································· 203

　　一、善恶医学伦理决策的概念 ································································································· 203

　　二、影响善恶医学伦理决策的因素 ··························································································· 203

　　三、择善弃恶决策的实践路径 ································································································· 204

　第三节　医学伦理难题的决策 ································································································· 205

　　一、医学伦理难题决策的概念 ································································································· 205

　　二、医学伦理难题的形成原因 ································································································· 206

　　三、医学伦理难题决策的实践路径 ··························································································· 207

**推荐阅读** ······························································································································· 210

**中英文名词对照索引** ··············································································································· 212

# 第一章
# 绪　论

**学习要点**

1. 道德和伦理的内涵差异。
2. 道德的功能。
3. 医学伦理学的概念。
4. 医学伦理学的研究内容。
5. 医学伦理学的学科特征。
6. 学习医学伦理学的意义。

医学伦理学（medical ethics）是伦理学的分支学科，是研究医学道德（medical morality）的科学。在当今社会，经济全球化、科技网络化以及文化多元化的全面渗透，使得生命科学与医学的诸多领域充满了道德纷争和伦理挑战，也使得医学伦理学教育的重要性日益凸显。因此，学习和研究医学伦理学，对于规范医学科学技术发展、提高医疗服务质量、促进卫生事业的科学发展、培养医务人员的高尚情操、推动和谐社会建设，都具有十分重要的作用和意义。

## 第一节　医学伦理学概述

医学伦理学由医学和伦理学相结合而成。伦理学是关于道德的学问，亦称道德哲学。通常人们把道德和伦理视为同义概念，共同具有"行为应该如何规范"的含义。但这两者的概念含义并非完全一致。

从辞源意义上讲：在西方，英文的 morality（道德）沿袭了拉丁文 mos（习俗、性格）的含义，指国家生活的道德风俗和人们的道德个性；ethics（伦理或伦理学）源于古希腊的伊索斯（ethos），后来专指一个民族特有的生活惯例，具有汉语的"风俗""品质""品格""德性"等意思。因此，西方道德和伦理的辞源含义相同：都是指外在的风俗、习惯以及内在的品性、品德。在中国，"道"本义为道路，引申为规律，指社会行为应该如何规则；"德"本义为得，是"外得于人，内得于己（《说文解字》）"；二者联用，"道德"的含义与西方相同，一方面是外在的行为规范，另一方面指内在的行为规范即心理自我——个人的品德。但是，中国的"伦"本意是"辈"，引申为中国古代的"五伦"，即人与人之间的关系；"理"引申为规律和规则；二者联用，"伦理"就仅包括外在的规范和人际关系的规律两层含义，而缺少了内在行为规范的含义。因此，从概念含义上讲，二者的差异在于：道德偏重于规范在人们身上形成的"品德"，伦理则偏重于"行为事实如何的规律"；道德侧重于个体的道德品质和修养，伦理则侧重于社会的伦理关系与秩序。

### 一、道德与伦理学

#### （一）道德

**1. 道德的含义和特点**　道德是人类社会的一种重要意识形态，是由人们在社会生活实践中形成并由经济基础决定的上层建筑，以善恶为评价形式，依靠社会舆论、传统习俗和内心信念，用以调节人际关系的心理意识、原则规范、行为活动的总和。它包括道德意识、道德规范和道德实践三个部分。

道德存在的客观条件是人与人之间被社会生活实践联系起来而形成的复杂关系,主观条件是在社会实践中人的自我意识的产生。因此,道德是人们社会生活实践的产物。各种社会矛盾的调解,需要一定的道德要求和道德意识,通过社会舆论、风俗习惯、榜样感化和思想教育等途径,形成人们内心的善恶观念、情感信念、品德修养,并且转化为道德理念,制约和引导人们的行为,从而调节社会关系,实现道德的社会职能。

道德同政治、法律、宗教、文学、艺术等上层建筑一样,是由经济基础决定的,这是道德的一般本质特征。道德的特殊本质特征表现在非制度化的规范性和极强的实践性,这种内化的规范和实践精神,就构成道德的特殊本质。道德的具体内容,在客观方面,是指一定的社会对其成员的要求,包括伦理关系、伦理原则、道德标准、道德规范和道德理想,它贯穿在社会生活的各方面,如社会公德、家庭美德和职业道德等;在主观方面,则指个人的道德意识和道德实践,如道德信念、道德情感、道德意志、道德判断、道德行为和道德品质等。道德的主要价值目标是实现个人的人格完善,通过对社会的基本人际关系及其处理原则的自觉认识,和对善的价值理想的自觉践行,来实现自身人生意义和人格升华。

道德是由一定的社会经济基础所决定,并为一定的社会经济基础服务的。道德作为社会的上层建筑之一,有其自身的特点。

(1)相对稳定性。道德是人类世世代代调整社会关系中最一般关系的经验结晶,与其他上层建筑如政治、法律、文艺、宗教、哲学等相比,有着更强的独立性和稳定性。道德虽然是随社会经济关系的变化而变化,但这种变化速度缓慢,旧的道德渗透在科学技术、文化传统、风俗习惯等社会各个方面并内化为人们的内心信念,所以会相对地保留一个时期,具有一定的独立性和稳定性。

(2)主体规范性。道德从本质上说是人的需要和人的生命活动的一种特殊表现形式,是反映个人和社会的客观矛盾并追求矛盾统一的活动。任何一个人作为道德的主体,在社会生活中都不可能置道德的规范和约束于不顾。道德对行为的规范、制约和导向作用,以主体的自觉性、能动性为前提,而道德规范的形成,又离不开社会的教育和个人的修养。道德作为主体性和规范性的统一,在道德实践中既体现着道德主体积极性、能动性的一面,又体现着道德规范约束性、导向性的一面。因此,道德具有主体规范性。

(3)社会层次性。道德贯穿于人类社会的各个社会形态、各种社会关系中,它与人类社会共存亡,只要人类社会存在就会有道德的存在。同时,道德表现为一个多层次的结构。不同的历史阶段存在不同层次的道德规范,同一个历史阶段也存在不同层次的道德规范。因此,围绕人类的进步与发展,形成了不同社会层次性的道德体系。

(4)利己为他性。纵观每一个社会转型期道德规范的变迁,道德关注的主要是人"应该"做什么和"不应该"做什么,是一系列非制度化的、内化于人们心中的非强制性规范的集合。在法律尚未产生的年代,道德是人们日常行为的规范;在法治社会中,道德仍发挥着不可或缺的补充作用。人们对于道德的追求,皆为了"己"与"他"的和谐,追求"可能的生活",保障人的存在与发展。人类发展史上许多道德的内容不断地被扬弃,始终交替着"己""他"关系的权衡。利他与利己既对立又统一,个人行为的利他与利己也是同一事物的两个侧面。因此,道德具有利己为他性。

**2. 道德的类型**　必须结合道德的普遍性与特殊性、绝对性与相对性、客观性与主观性等道德基本性质分析。按照应用的领域,可将道德分为社会道德和个人道德等类型。

(1)社会道德。社会道德被应用于社会领域中,涉及的是社会上的人与人以及其他社会主体之间的关系。这是道德最重要的类型,因为人是道德动物,社会性是人区别于动物的本质属性。道德是社会的产物,由于与他人交往的需要,才有道德产生的客观条件——社会关系的形成;当人们意识到自己作为社会成员与动物的根本区别,意识到自己与他人或其他社会主体的关系及如何调整这些关系时,才有道德产生的主观条件——人的自我意识的形成和发展;在社会发展的过程中,生产实践把道德产生的主、客观条件连接起来,最终形成了道德观念和道德规范。道德在协调社会主体关系中显

NOTES

示出其最重要的价值,实际上我们通常讲的道德就是社会道德。

根据人们社会生活的结构,又可以将社会道德分为家庭道德、社会公德和职业道德三大领域。家庭是社会的细胞,家庭道德是与每一个人息息相关的道德形式,对每个人都意义重大。社会公德又叫公共场合道德,是用来维持正常的社会生活秩序的。生活在一定社会中的人们,要保持一定的社会有序状态,就必须确立和遵循简单的、最起码的社会公德。社会公德反映的是社会生活中最一般、最基本的道德关系,是所有社会成员都应该遵守的。职业道德是用来协调职业活动与社会需求、不同职业间以及职业活动内部的各种社会关系。人类社会就是由不同的职业组成,职业活动是人类社会存在发展的基础,是社会生活不可缺少的部分;职业活动是每一个人生活的重要组成部分,一个人最有价值的人生就是其职业人生。所以,职业道德对社会和个人都具有特殊的意义。

(2)个人道德。个人道德应用于每个人自身,涉及的是人与其自身之间的关系。人应该善待自身,善待自己的生命、自己的工作、自己的名誉等自己的一切。根据个人道德,一个人如果虐待自己,就是不道德。

**3. 道德的功能** 道德基于其内部结构而具有对社会生活的功效和作用。道德归纳起来有五个方面的主要功能。

(1)认识功能。道德引导人们追求至善,正确地认识社会道德生活的规律和原则,从而选择自己的行为和生活道路。社会是由许多个人相互作用、相互需要、相互合作而形成的共同体,作为个体既有独立自主的一面,又有相互依赖的一面。道德有助于我们更好地理解社会生活的基本特性,激发实践道德要求的自觉性。

(2)调节功能。道德是社会矛盾的调节器,使人与人之间、个人与社会之间的关系臻于完善与和谐。社会是由不同阶级、阶层、集团、个人构成,他们有着合作、协调的一面。但因所处的位置和实际利益等差异,也会出现不协调的状态,就需要一种更灵活、更有效、时时处处都能起监督作用的调节机制,这种调节机制就是道德。它通过对人的思想和行为进行内在的、自觉的引导和监督,协调各种利益冲突,保障社会良性秩序。

(3)教育功能。道德培养人们良好的道德意识、道德品质和道德行为,树立正确的义务、荣誉、正义和幸福等观念,使受教育者成为道德纯洁、理想高尚的人。

(4)评价功能。道德是以评价来把握现实的一种方式,它通过把周围社会现象判断为"善"与"恶"而实现。道德通过善恶观念来能动地反映社会现实,从而使人们认识道德必然性和各种利益关系,了解个人在社会中的地位和应负的责任等。不同的道德价值,形成不同的道德判断。

(5)平衡功能。道德能够通过评价、命令、指导、激励、惩罚等方式来平衡社会关系,使道德关系逐步由实有向应有过渡。在社会生活中,道德功能的发挥与政治、法律、文艺等其他社会因素功能是密切联系、相辅相成的。道德不仅调节人与人之间的关系,而且教育人们从社会的全局利益和长远利益出发,平衡人与自然之间的正常关系。

### (二) 伦理学

**1. 伦理学的内涵** 伦理学是对人类道德生活进行系统思考和研究的学科。它试图从理论层面建构一种指导行为的法则体系,即"我们应该怎样处理此类处境","我们依据什么这样处理",并且对其进行严格的评判,包括:善恶、义务、行为准则、人生目的和价值等范畴与概念体系,是人们道德观的理论化和系统化。

古希腊哲学家亚里士多德最先赋予伦理和德行的含义。一般认为,《尼各马可伦理学》《大伦理学》和《优台谟伦理学》是西方伦理学的源头。中国古代没有使用伦理学一词,直到19世纪后伦理学一词才得到广泛使用。

**2. 伦理学的类型** 伦理学按照二分法可以分为规范伦理学和非规范伦理学。规范伦理学分为普通规范伦理学和应用规范伦理学;非规范伦理学包括描述伦理学和元伦理学。目前根据不同的研究方式,普遍将伦理学划分为规范伦理学、元伦理学、美德伦理学和描述伦理学四种不同类型。

（1）规范伦理学（normative ethics）：通过对人类伦理行为的善恶价值分析，研究道德的起源、本质和发展规律等，试图从哲学上形成和论证道德基本原则、基本规范和美德要求，以约束和指导人们的道德实践，从而建构人类道德规范体系、社会的道德要求、道德原则和规则，以规范人们的伦理行为，协调人们的伦理关系，指导人们的道德实践，最终达到完善社会、完善人类自身的目的。规范伦理学的任务是分析在已知情况下与能动的开放系统的功能状态相关的价值。西方主要有功利主义、义务论以及德性论等流派。

（2）元伦理学（meta-ethics）：1903年摩尔（G. E. Moore）发表了《伦理学原理》（*Principle Ethics*），标志着元伦理学的诞生。元伦理学是以伦理学自身作为研究对象的研究，它反思、追问的对象是伦理学自身，又叫分析伦理学、伦理学的逻辑、后设伦理学以及形而上学的伦理学。元伦理学侧重分析道德语言中的逻辑，解释道德术语及判断的意义，将道德语言与道德语言所表达的内容分开，主张对任何道德信念和原则体系都要保持"中立"，并在此基础上研究问题。其包含直觉主义伦理学、感情主义、语言分析学派、伦理自然主义等派别。

（3）美德伦理学（virtue ethics）：最中心的特点是关心人本身而非人的行为，以道德心理学为基础，美德概念和道德的规范或法则没有明显的联系。美德伦理学，即美德中心论，就是关于人类优良道德的实现，关于人类优良道德品质——美德养成的科学。

（4）描述伦理学（descriptive ethics）：认为对道德观点的描述是人们在特定时间和特定的共同体内所持的道德原则，并考察这些道德观点之间的相似与不同，但不使本身偏爱某种观点。侧重于研究具体历史条件下的社会伦理关系和民众层面的日常道德生活的道德社会学、道德心理学、道德人类学、道德民俗学等均属于描述伦理学。

若在人类伦理思想研究成果的基础上来研究伦理学，包括中国传统伦理思想、埃及印度伦理思想以及西方伦理思想的璀璨成果无疑是今天科学伦理学的理论基础，规范伦理、元伦理、美德伦理和描述伦理也仅仅是科学伦理学的一个部分或侧面。

**3. 伦理学的意义**　随着社会政治、经济、文化和科学技术的发展，伦理学的理论在分化和综合、对立和融合中逐步完善，其研究的领域也在不断扩大。随着中国改革开放的不断深入，伦理学的社会价值将不断提高。近二十年来伦理学随着科技的迅猛发展与社会生活的深刻变化而兴盛，医学伦理、经济伦理、政治伦理、生态伦理、科技伦理、媒体伦理、网络伦理、动物伦理及国际伦理等交叉领域纷纷出现，它们试图对各自领域中涌现出的紧迫的伦理道德问题，提出某种有说服力的解答。

## 二、医学伦理学的内涵

### （一）医学伦理学概念和学科特征

**1. 医学伦理学概念**　医学伦理学是指在系统考察医疗卫生领域道德现象的基础上，确立伦理学依据及其概念体系，概括出基本的伦理原则或准则，形成伦理分析框架用以指导相应道德实践并研究具体伦理问题的一门学科。这里的医疗卫生领域具体包括预防、临床诊疗、护理、康复、医学研究、卫生事业管理等。医学伦理学是一门重要的实践伦理学分支学科，也是医学人文学科中的重要组成部分。医学伦理学能帮助广大医务人员、卫生政策制定者和管理者、科研人员、医学教育工作者以及医学生全面识别医疗卫生实践和医学研究中存在的诸多伦理问题，培养伦理意识和决策能力，从容应对医疗卫生和医学研究中棘手的伦理难题；同时，它有助于培育一个人的道德品质、信念与情感，提升道德境界与修养，坚守做人的原则与美德，自觉履行道德义务和专业职责。

**2. 医学伦理学学科特征**　医学伦理学具有三个典型的学科特征，即实践性、继承性和时代性。

（1）实践性：医学伦理学是与医学实践密切相关的学科。医学伦理学的理论、规范来源于实践，是对医学实践中的道德关系、道德意识、道德行为的概括和说明，是在长期的医疗活动中形成、发展的，而来源于医学实践的道德原则、道德规范又对医学活动起着重大的指导作用。医学实践既是医学伦理学的基础动力,又是医学伦理学的目的和检验医学伦理学理论正确性的唯一标准。

(2)继承性:弘扬伦理道德是医学进步的基本条件和重要标志,是贯穿医学发展史的一条主线。"救死扶伤""为医者仁"等伦理道德原则为医学工作者自觉地继承、恪守,在医学事业的发展中不断发扬光大。

(3)时代性:医学道德伴随着医学发展和社会进步而不断发展。医学的发展,不仅表现为诊治疾病手段的进步,而且表现为医学道德的进步。与新的预防、诊断、治疗方法相对应的伦理原则的制定是医学道德进步的重要标志。任何时代的医学道德都与特定的社会背景相联系,都为解决该时代的具体问题而存在。医德原则、医德规范、医德评价、医德教育都是时代的产物,都不能脱离时代。反映社会对医学的需求、为医学的发展导向、为符合道德的医学行为辩护是医学伦理学的任务。

### (二)医学伦理学的研究内容

医学伦理学研究的内容主要包括:医学伦理学的基本理论;基本的医学伦理原则、规范和范畴;预防医学、临床医学、医学科研、医院管理、卫生经济与医疗保健政策等领域引发的伦理问题及分析框架;医学道德实践以及医学道德教育、修养及评价监督、医学专业精神等。

**1. 医学伦理学基本理论** 是医学伦理学得以构建的理论基石。现代医学伦理学基本理论主要有关于生命理念的生命神圣论、生命质量论、生命价值论,关于死亡理念的中西方死亡文化、科学死亡观、死亡教育,关于医德本位理念的医学人本论、医学后果论、医学公正论,关于医德关系理念的医者义务论、医者美德论、患者权利论等。

医学伦理学作为实践伦理学,无疑更应该注重医德规范的研究和确定,不仅要研究一般道德规范,借鉴和吸收历史的经验,继承和发扬优良道德,而且还要研究医学不同学科及医学职业不同分工中的具体规范和要求。以阐明医学活动中行为主体应承担的道德责任,指出从事医学活动过程中应遵循的道德原则;以作为医务人员医学活动的出发点,作为评价医学行为道德与否的伦理标准。医德规范不是随意制定或约定的,也不是从特定社会文化中或者抽象的伦理原则中演绎推导出来的,而是在人类社会长期的道德实践活动之理性反思基础上概括总结出来的。而要形成原则,必须描述分析已有的所有规则,根据医学道德规则的普遍性与多样性关系,提炼其中的医学道德原则,再确立适应医学伦理学发展和需要的医学道德规范。

**2. 医学伦理学实践应用** 医学道德的基本实践,就是通过医德教育、医德培养、医德修养、医德评价等,使社会确定的医学道德在医务人员身上得以实现,形成医学美德。医学道德规范是外在的、客观的社会要求,其价值得以体现和实现,必须转化为医务人员内在的、主观的自身信念。这个任务是复杂的、具体的、丰富的,主要通过医学伦理实践活动完成。当代医学伦理学尚处在演化中,其理论与体系还不够完善,对个别基本概念的理解还存在分歧和争论,但却给了我们的研究和学习更广阔的空间。

医学和生命科学的长足发展以及社会道德的进步,带来或引发了许多医德两难选择问题,或称两难伦理问题。所谓医德现实难题是指,在选择做什么或不做什么的时候,已经不仅是在相对简单地做或善或恶的选择,而且要做更为复杂的价值选择,即进行利与弊、善与恶之间大小多少的比较,以求在诸多善果中求最大、在诸多恶果中求最小。其往往还没有或难以找到现成的标准答案,导致选择者往往处于左右为难、进退失据的窘境。医德现实难题主要有两类:其一是医学新知识、新技术研究应用与现有医德观念之间形成伦理冲突,如人类辅助生殖技术、基因治疗技术、器官移植技术、人类增强技术、人体试验等应用过程中出现的某些伦理难题;其二是新的医改举措及其道德反思进入医德领域后与多年流行的职业行为模式之间形成伦理冲突,如同事竞争与相互合作如何协调等伦理难题。

### (三)医学伦理学的研究对象

医学伦理学的研究对象包括医学实践中所有的医德现象,即以医患关系道德为核心的医疗、预防、科研、健康诸方面的医德活动、医德关系、医德意识等。我国当代医学伦理学的具体研究对象主要涉及医患之间的道德现象、医际之间的道德现象、医社之间的道德现象、医学科研道德现象、生命道德现象五大课题。

**1. 医患关系** 即医务人员与患者相互关系中的医德现象,是现代医学伦理学首要的研究对象。在医疗活动中,医务人员与患者之间的关系是最重要的关系。这种关系是否协调、密切、和谐,将直接关系到医护质量和患者的安危,影响医院的工作秩序和社会的精神文明。因此,医务人员与患者的关系,是医学伦理学的核心问题和主要研究对象。在中国,医患关系本质上是在社会地位、人格尊严相互平等前提下的服务与被服务的关系。医务人员尽职尽责地为患者服务,是正确地处理医患关系的根本医德准则。当代医学伦理学,应以医患双方的医德权利义务关系为重点,以建立新型的和谐医患关系为目标,全方位地思考和研究医患关系道德现象。

**2. 医际关系** 即医务人员相互关系中的医德现象。在为患者服务的过程中,医疗卫生单位内部所形成的医生与护士、医生与医生、医生与药师、医生与技师、护士与护士、医务人员与行政管理人员及后勤供应人员之间的种种工作关系,即医际关系。在医疗活动中,医务人员相互之间有着广泛的联系,彼此之间是否相互尊重、支持和密切协作,也将直接影响医疗活动的开展,直接关系到集体力量的发挥和医疗质量及行政、后勤管理质量的提高,从而也影响医患关系的性质及水平。因此,医学伦理学把医务人员相互之间的关系作为重要的研究对象。在现实生活中,比较突出的问题是:如何加强科室之间的合作? 如何确定各级医生的医德职责以及协调他们之间的关系? 如何对待同事在工作中出现的差错? 在同行中培育什么样的具体竞争规则和竞争观念? 同行之间的合作与竞争应该如何协调? 诸如此类的现实矛盾都需要医学伦理学给予回答。

**3. 医社关系** 即医学界(包括单位和个人)与整个社会相互关系中的道德现象。这是医学价值和医德日益社会化的产物。医疗和预防活动总是在一定的社会关系下进行的,并与社会有着直接或间接的联系。在医疗和预防实践中,医务人员对许多问题的处理,不仅要考虑对某个患者、某个健康人或局部的利益,而且还要顾及对他人、后代及社会的责任。如严重缺陷新生儿的处理、医疗资源的分配、卫生体制的改革等,如果不综合考虑国家、社会的利益,就很难确定医务人员的行为究竟是否道德。这类矛盾及其调节选择,主要反映在如下两个方面。其一是医务人员在为患者做出诊治决策时,必须正确处理对患者个人健康利益负责与对社会整体健康利益尽义务的关系问题,做到既注重维护个体患者正当健康权益,又充分考虑群体健康公益。其二是设计和调整医疗卫生服务格局、分配医疗卫生资源时,是把改善基层医疗保健服务体系放在优先地位,还是把扩张大城市大医疗中心放在首位? 是把临床诊治放在优先地位,还是把预防保健放在优先地位? 在临床服务中,是把重点放在为少数人服务的高档次项目上,还是把重点放在绝大多数人受益的基本医疗服务项目上? 这些问题都是我国卫生事业改革面临的重要课题。

**4. 医学科研领域中的医德现象** 这类现象有两个方面:其一是医务人员在从事科学研究工作时,同其他领域的科研人员一样都要面临和解决的共性科研问题,如能否坚持求实精神、培养合作品格、合理分配荣誉等;其二是医务人员在科研实践中必然要遇到、必须解决的特殊伦理问题,甚至难题,例如进行人体试验时需要有什么样的特殊规则和特殊修养等。归结起来,其基本精神是如何坚持医学人道主义,坚持受试者健康利益与医学发展利益的合理统一。

**5. 生命科学发展带来的道德现象** 现代生命科学与医学发展带来的医德新问题,也常是一些难题。医学中自古以来就有所谓两难选择的伦理问题,如医者对患者应讲真话与保守医密准则发生冲突时该如何解决,医者在临床诊治中遇到患者损伤不可避免的情况时应如何进行价值选择,医者面对有风险的患者时是胆识为上还是审慎为佳。现代人健康需求迅猛增长,医学所提供的可选择手段日益增多并且效果多元化,经常令医务人员无所适从,如器官移植问题、行为干涉问题、生态保护问题等。虽然这些问题已不完全属于临床医学范畴,有些甚至还超出了"医学"范畴,但它们都与人类健康息息相关,因此,现代医学伦理学都必须给予研究和回答,以便为医务人员及社会公众提供理论、观点、规范等方面的指导。

## 第二节 医学伦理学与相关学科的关系

医学伦理学是医学和伦理学结合而成的一门具有综合性、交叉性的学科,它涉及多种学科的知识。医学伦理学的研究需要借助于多门学科的理论和方法,需要认识主体活动及主体间相互作用的机制和规律。

### 一、医学伦理学与医学

医学伦理学与医学是相互联系和影响的。医学是关于人的生命的科学、技术和艺术,虽然东西方思维方式的不同导致研究人体健康与外界联系及病理机制的宏观、微观顺序不同,但都是为了维护和增进人的健康,解除病痛,提高生命质量,是以人的生命为对象的人类实践活动与知识体系;而医学伦理学正是在对医学发展中产生的道德问题不断认识和反思中逐步形成自己的理论体系。这两门学科都是以维护、增进人类健康为目的,仅是分工不同,它们在同一过程中相互渗透、互相影响:医学的发展和进步直接或间接地决定医学伦理学发展;反过来,医学伦理学对医学发展又产生重要的影响。

### 二、医学伦理学与卫生法学

医学伦理学与卫生法学关系密切。伦理为法律提供辩护,法律又可保障伦理的延续与发展。卫生法学以医疗卫生领域的法律为主要研究对象,由国家以强制力保证执行;而医学伦理学以医德为研究对象,由内心信念、公众舆论或社会习俗实现规范效力,它主要依靠医务人员对医德规范的自觉遵守,适用于医学职业的所有方面而且存在任何社会,并随医学的发展而发展。德与法互相联系、互相补充,法律是最底线的道德,道德是高标准的法律,它们共同调节人们的行为规范。法律是刚性的,因此才会有强制性,才会让民众感知、认同并服膺;相比于法律,道德具有更强的教化性,会让民众自觉遵从道德引导做出向善行为,是对法律的有益补充。

### 三、医学伦理学与医学心理学

医学伦理学与医学心理学是相互促进和补充的关系。医学心理学是研究心理因素在人类疾病的预防、诊断、病因、病理、症状、治疗以及康复过程中发挥作用的科学。大量的临床案例说明,医务人员医德高尚,患者信任医务人员,才能真正展开心理研究与治疗,而医学伦理学的发展也需要医学心理学的支持和补充。好的伦理修养和境界,常伴随好的心境,必然对生理产生积极影响。心理学还为理解医患互动和医患沟通提供了重要理论和方法依据,可以说不掌握患者的心理特征及其活动规律,就无法构建和谐的医患关系。

现代医学伦理学更加注重对医学服务对象的身心整体医护,这一方面对医务人员的医德责任、医德态度、医德医风、医德素质提出更高的要求,另一方面也对医务人员开展心理疏导、心理诊断、心理护理、心理治疗的技能提出迫切的要求。医务人员除了具有扎实的医学基础知识和熟练的诊疗技能外,还应当研究疾病与患者心理的关系,通过与患者之间的相互沟通,以关怀的语言与良好的情绪、态度和行为,帮助患者减轻或消除痛苦。医学伦理学和医学心理学知识相得益彰,共同促进医学科学的发展、医德医风的建设、医学人才的培养及患者疾病的康复。

### 四、医学伦理学与其他学科

医学伦理学还与人际关系学、医学美学、医学社会学和社会医学等诸多学科有着内在联系。探讨上述相关学科之间的关系,有利于界定医学伦理学的独特研究内容、对象和学科地位。

#### (一)医学伦理学与人际关系学

人际关系学的研究内容包括:人际关系现象,人际关系发展规律,人际关系运转的社会机制和个

NOTES

体机制,处理人际关系的行为原则和社会规范,处理人际关系的技术、艺术及方法等。人际关系现象是世界上最复杂的社会现象之一。人是千差万别的,决定着人际关系也是千差万别的。人际关系既包括人们之间的精神关系,又包括人们之间的物质关系,而这二者间又存在着错综复杂的关系。人际关系学的重点不是停留在人际关系现象的描述上,而是揭示支配人际关系的规律性。人际关系总是受社会历史条件的制约,受经济制度和经济条件的制约,受社会风俗习惯的影响,受文化礼仪规则的限制,受民族、职业、道德乃至性别等因素的约束等。人际关系学是医学伦理学的母题之一,是建立和谐医患关系的主要支撑学科之一。

### (二) 医学伦理学与医学美学

医学伦理学与医学美学是相互联系与沟通的关系,分别探讨的是医学职业生活中的善与美。医学伦理学以善、恶作为评价标准,并依靠社会舆论、内心信念和传统习俗来维持;医学美学以美、丑为评价标准,以健康长寿为客观依据,并在一定程度上取决于医务人员的医学审美水平。所谓善的真谛是爱的给予,而爱的真谛是美。任何具有医学伦理学意义的现象,一般都具有美学意义;而一些具有美学意义的现象,也常具备医学伦理学的意义。

### (三) 医学伦理学与医学社会学

医学社会学是社会学的分支学科之一,它是把医学问题作为社会学的一个基本问题加以研究的。医学社会学的研究涉及医学的社会性质、社会作用和医学所必须承担的社会职能。它还研究医学所发挥的社会保障作用,医生和患者承担的社会角色,医学界发挥的社会作用以及医学界与整个社会的互动形式和互动规律等。

### (四) 医学伦理学与社会医学

社会医学研究社会因素与疾病和健康的相互作用问题,研究社会因素如经济因素、政治因素、文化因素、行为因素和社会心理因素等是怎样作用于疾病和健康问题的,应当如何发挥这些因素的积极作用和消除它们的负面影响,应当怎样采用立体思维的形式去构建人们的生活方式,全面动用社会力量推进社会健康的发展,推进健康行为的发展,以更完善地实现社会目的和医学的社会职能。

虽然医学社会学和社会医学从不同视角、不同目的研究医学与社会关系,但它们都强调了医学的社会性质,强调了医学与社会因素之间的相互作用关系。这就为医学提出了一种有关健康和疾病的新理念,从而拓宽了医患关系的内涵,使医患关系不仅仅局限于医患之间的个体关系,而是存在于广泛的社会关系网络之中。医学社会学和社会医学为医患关系的构建提供了充分的理论根据和方法依据,从而将医学伦理学的研究和发展完全置于"生物—心理—社会"医学模式的视野中。

理清医学伦理学与其他相关学科的关系,将医学生培养成为具有精深的医学专业知识、广博的知识结构、强烈创新意识和创新思维能力的高素质、高层次的创新型医学人才,是知识经济时代的客观要求,也是践行医学教育科学发展的客观要求。

## 第三节　学习医学伦理学的意义与方法

医学伦理学是医学及其相关专业必修课程的基础,是接受医学教育、实践医学活动必经的桥梁,是构建和谐医患关系的有力保障,是医学科技与医学人文联系的纽带,是生命科学变革时代的航标。学习医学伦理学有助于正确认识医学道德现象,有助于提高自身修养、树立正确的医学职业观,有助于促进医疗、教学、科研、管理质量的提高,有助于分析、评价和解决具体的医学伦理难题,有助于认识和解决由高新生命科技应用引发的有关健康文化、社会医疗保障、生态环境等伦理问题。在学习过程中要坚持唯物史观指导把握时代要求,坚持知行统一理论结合实践,坚持全面学习准确把握重点,掌握观察法、实验法、调查法、文献法、文化比较研究法等多种方法。

## 一、学习医学伦理学的意义

### (一) 医学伦理学是医学及其相关专业课程的基础

医学伦理学对于医学及相关专业学科的基础地位是无法动摇的。医学伦理学以医学道德价值为研究内容,探索医学道德运动规律,阐述医患关系道德,跟踪并探索医学科学发展提出的问题,并提出医学实践活动主体的医德修养途径,其价值导向性是显而易见的。医学是崇高的职业,要求从事医疗卫生保健事业的人员必须具备高尚的道德情操、精湛的技术,还需要有一颗献身医学事业、防病治病、救死扶伤的美好心灵。"医乃仁术"的学科本质、"大医精诚"的职业使命、"具备较高综合素质"的时代要求,决定了医学伦理学是提高自身道德修养、完善知识结构、成为合格社会主义医学人才不可缺少的一门基础课程。

疾病的发生除生物因素外,还和社会、家庭、患者心理、患者身体素质等有密切关系。医务人员通过良好的医德修养,实现与患者的和谐相处,以关怀的言语、表情、态度和行为影响或改变患者的感受和认识,从而达到心理治疗的效果。相反,医务人员不道德的情绪、言语、态度和行为可诱发医源性疾病。此外,医学道德还是维护和实施医学法律的有效基础。医学生理学、解剖学的发展历程更是贯穿着医学伦理的影响。医学社会学研究的医务人员的社会流动、医疗卫生活动的社会控制、妇幼保健的社会问题等都需要医学社会学和医学伦理学及其他相关学科的协同研究。

学习和研究医学伦理学有利于医务人员的自我完善及培养德才兼备的医学人才。医学伦理学已成为接受医学教育、实践医学活动必经的桥梁,成为医学科技与医学人文联系的纽带和生命科学变革时代的航标。

### (二) 医学伦理学是医学发展的必然要求

医学伦理学的研究内容或范围在不断拓展。人类道德生活并不仅仅建立在道德原则和道德规范基础之上,它还与人的道德心理活动、道德语言表达、道德推理过程、道德视角等诸多方面非常紧密地联系在一起。首先,伴随医学模式的转变,社会对医务人员的职业道德提出了更高要求;其次,医学高技术化极大地冲击了传统医德的生命观念,优生、安乐死、器官移植等选择困扰亟待解决,同时"高技术-低情感"导致医德备受关注;最后,伴随医院的产生、现代医学教育的问世和医疗卫生服务成为社会性行业,医学高度社会化。医学的这些新进展,呼唤在新时期重视医学伦理研究,加强医学伦理学教育,更新和拓展医德观念。

### (三) 医学伦理学是构建和谐医患关系的重要途径

医学发展伴随着我国体制改革的进程,医疗卫生事业同其他行业一样处在一个大改革、大变化时期,医疗环境因卫生经济成分、组织形式和经营管理体制的多样性,而呈现出了明显的竞争态势。计划经济几十年形成的模式、机制一旦打破,必将使得原有的社会利益关系、思维方式、社会态度,使人们的人生观、价值观发生深刻的变化。在社会主义市场经济条件下,保障医疗卫生事业良性发展,减少负面因素的影响,缓解医患关系中的矛盾与冲突,提高医务人员整体素质,加强医疗卫生职业的医德建设成为社会的客观要求。医学伦理学的研究具有提供道德知识和指导道德实践的作用,追求和体现理论与实践的有机统一,是构建和谐医患关系的重要途径。

## 二、学习和研究医学伦理学的方法

医学伦理学的学习和研究应该坚持唯物论和辩证法,正如恩格斯所指出的:一是要"从对象本身去认识"对象;二是要从"人们的现实社会关系"去研究对象,必须具有科学思维能力和使用科学的方法。学习和研究医学伦理学,常用的方法如下。

### (一) 观察法

观察法是用历史的眼光去观察和分析医学道德现象,从而对医学伦理学加以研究和进行学习的方法。科学的观察不同于随意性的观察。科学的观察是抱着一定的研究目的进行的有意识的观察。

观察应该有系统的设计、观察的项目、观察的标准和期望得到的数据等。观察结果应有系统的记录。在观察中应避免任何主观和偏见，要坚持观察的客观性。观察法的优点是可以实时实地观察到现象或行为的发生，可以得到不能直接或不便报道的资料，可以在特殊设计下（如通过录像）或特别情景下最自然地观察研究对象的活动。观察法也有缺点，它不能在任何情况下都能得到所需要的材料。观察中所得到一个典型个案常可代表所研究对象的一般趋势。

观察法可分为无结构观察和有结构观察。无结构观察又分为非参与的和参与的两种。无结构观察是对研究问题的范围采取比较松懈而弹性的态度，进行的步骤和观察项目也不一定有严格的界定，观察记录的工具也较简单。参与和非参与是指研究者是否置身于其所研究的对象之中。无结构非参与的观察常被用作探索性的研究，或作为更有系统研究计划的初步工作。无结构的参与观察中，研究者置身于观察对象中，变成他们中间的一员，不被他们看作外人。有结构的观察是指严格界定所研究的问题，依照一定的步骤和项目进行观察，采用准确的记录进行工作。

### (二) 实验法

在医学伦理学中，实验法更多侧重于比较研究。应用这一研究方法需要具备两个基本条件：一是对所研究的问题的性质及所需知识应有相当基础，如在研究医患关系现象时，就必须具备医患关系学基础知识；二是具有科学方法所必需的知识，包括逻辑学知识、统计学知识等。实验法的优点是可以获得事物变化的因果关系，它的特征是在严格控制的条件下研究事物的变化。实验研究的一般顺序是：确定研究问题，提出研究假设，设计实验方案，挑选实验对象，选择研究工具，进行实验观察，整理分析资料，撰写研究报告。

实验法用以研究社会和行为问题时，由于人类行为复杂多变，个体间差异很大，中介变量难以直接观察和测量，实验法的应用受到很大的限制。

### (三) 调查法

调查法是社会与行为科学最常用的研究方法，它可用于各种群体。一般是从群体中选取样本予以研究，以期发现社会各种变量彼此影响的状况、分配状况以及它们的相互关系。调查研究从所要研究的群体中，根据抽样原理选取样本，并以样本所得结果推论整体的状况。调查法适用面广，进行速度快，记录调查结果比较方便，调查员培训较容易，所得资料也便于分析，因而适合于大规模的研究。

调查法可以采取访谈法、问卷调查法，还可以利用互联网开展调查。通过对大量样本的调查和数量分析揭示医学道德的内在联系，进而找出医学道德产生和变化的外部原因。如，医学伦理学不满足对安乐死的支持和反对理由分析，还要通过社会舆论调查，对不同的普通社会公众、不同的医务人员、不同的患者等不同的社会人群进行"同意与否、理解与否"的调查，然后进行数据分析，以反映人们对安乐死的医学伦理认识状况。

在很长的一个时期，人们注重对医学道德现象的定性研究，认为不能运用定量方法研究医学道德。随着对医学道德研究内容的深入，为了满足对医学道德的客观研究需要，医学道德研究方法也更丰富，调查法的运用为医学伦理学的定量研究开辟了新的思路。

### (四) 文献法

文献法适用于研究历史问题、难以实验的问题和实用问题。在运用文字的社会中，政府、学校、医院、工厂、公司等社会机构，大多保有各种有关的统计记录，为研究者提供了极有价值的研究材料。大众媒体包括电视、广播、报刊等，向社会提供了大量的信息，反映出流行于社会中的文化素材，为人们提供了丰富的研究资料。私人文件包括日记、自传、信件、著作等，也可提供重要的研究资料。

利用既有资料从事研究的优点是：资料是现成的，而且这些资料是长期积累的，可以看出一个问题的发展脉络，不必求取研究对象的合作。但这些资料可能不够翔实，统计报表也常会含有误差，当初资料搜集者所用的测量工具和测量单位未必合乎研究需要。因此，运用这一方法时，要知其所短而用其所长。要谨慎从事，避免作出不当的因果关系推论。如果运用得当，可以看出现象之间很多变量的关系，有助于人们进一步了解问题的实质。

### (五) 文化比较研究法

文化比较研究法是利用世界各种不同文化为样本,对其资料进行比较研究,这种方法在理论上和实际上都有重大意义。如对不同国家医患关系进行比较研究,不但更容易发现医患关系的运行规律,而且可以产生"借他山之石以攻玉"的作用。文化比较研究一般选取两个或两个以上的文化或行为特质作为研究的变量,以分析变量之间的相关性。变量的确定取决于研究目的。做文化比较研究时,最大的困难是如何找到合适的样本资料。

除了上述研究和学习方法外,系统分析法、实证研究法、归纳与演绎法、思辨反省法、直觉体验法等哲学方法也是医学伦理学的研究和学习方法。另外,医学伦理学是个交叉学科,医学伦理学的研究领域在不断深入、扩展,在研究方法上也越来越多地借鉴其他相关学科的方法。对医学伦理学方法的研究,也是深入进修这一学科研究的重要方面。总之,在医学伦理学的学习中,需坚持思辨和实证方法相结合、归纳与演绎方法相结合、临床实践与典型案例相结合,坚持理论联系实际、知行统一、面向实际,积极参加医疗实践和临床研究,明确医德现象本质和医德发展规律,培养良好的心理素质和道德信念,拓展生命视野,促进医德进步和医学发展。

（尹 梅）

【复习思考题】

1. 道德的特点有哪些?
2. 医学道德的内涵是什么?
3. 医学伦理学的学科特征有哪些?
4. 分析和阐述医学伦理学与其他学科的关系。

# 第二章
# 医学伦理学的产生和发展

**学习要点**

1. 中国古代医德思想的特征。
2. 近现代医学伦理学的诞生和发展。
3. 当代生命伦理学的发展。

医学伦理学的产生与发展伴随着医学发展、医疗职业的演变,受到不同时代政治、经济、文化和技术的影响,大体经历了医德学、近现代医学伦理学、生命伦理学三个阶段。了解医学伦理学的演变历程,洞察其未来发展趋势,有助于人类更好地认识医学伦理学的社会作用和发展规律,在继承优良医学伦理思想的同时,促进当代医学伦理学发展和医学道德教育。

## 第一节　古代医德思想的孕育和发展

中国古代医学是最具丰富思想和实践精神的领域。伴随中国传统医学的萌芽和发展,医学道德思想不仅成为整个医学思想的重要内容,还成为中国传统伦理文化的构成部分。深入了解和充分把握中国古代医学道德思想,是汲取历史上有价值的道德思想精华,古为今用,使之发扬光大,推动现代医学道德进步,推动医学伦理事业发展的重要环节。

### 一、中国古代医德思想的孕育和发展

古代中医学(traditional Chinese medicine)是中华民族优秀文化遗产的重要组成部分,从萌芽、形成到逐渐发展成比较完整而丰富的古代医德思想,历经数千年,是中国医学宝库中珍贵的精神财富。

#### (一) 萌生时期

原始社会晚期至奴隶社会早期,是古代朴素经验医学及其医德的萌生时期。原始社会生产力十分低下,人们出于同情和氏族集体生存的目的,形成相互关心、救助的淳朴道德意识。人们通过共同劳动和互助应对千变万化的自然灾害和不幸伤病,从实践中摸索治疗疾痛的方法和经验,如热敷抗风湿,按压减疼痛,树枝固定骨折部位,草药、拔火罐治疗内疾,用石刀切开疮疖引流脓血等。古代神话中的伏羲画八卦、制九针,神农尝百草等传说,充分体现了人们在原始医疗活动中从自身尝试开始,为积累治病知识而自我献身的精神,标志着我国医学伦理思想开始萌芽。

#### (二) 形成时期

从奴隶社会末期(西周)到封建社会早期(战国及秦汉),生产力的发展促进体力劳动和脑力劳动的分工。周代建立了医学职业和医事制度,西周时期医学已经出现分科,分为疾科(内)、疡科(外)、食科(营养)和兽科。《周礼·天官冢宰》记载了年终医师考核制度:"医师掌医之政令……岁终,则稽其医事,以制其食。十全为上,十失一次之,十失二次之,十失三次之,十失四为下。"执掌医药方面政令的医师,负责考核四种不同类别的医生(食医、疾医、疡医、兽医),根据诊治效果分为五个等级,依据等级获得相应俸禄。这是目前我国有文献记载的最古老的医学道德评价。

春秋战国时期社会剧烈变动,西周的世卿世禄体制瓦解后,民间医生开始成为一种社会职业,需

要与之相适的职业道德。此时,人们的天神观有了巨大转变,由"敬天"开始"敬人"。受此影响,人们对鬼神致病的观念产生怀疑,开始从现实世界寻找疾病的原因和治疗方法。疾病观的根本性改变增加了医生的道德责任。著名医家扁鹊曾提出"六不治"的行医准则:"骄恣不论于理,一不治也;轻身重财,二不治也;衣食不能适,三不治也;阴阳并,藏气不定,四不治也;形羸不能服药,五不治也;信巫不信医,六不治也。"这在客观上形成了我国最早的医学伦理规范之一。成书于战国至秦汉时期的《黄帝内经》是中国第一部医学经典。其中,《疏五过论》和《征四失论》分别列举医生行医的五种过失和四种易犯的诊疗失误;《师传》论述医生的责任和良心,以及礼貌问诊。可以说,《黄帝内经》标志着传统医学伦理思想初步形成。

### (三)发展时期

至汉代,中国古代医德思想进一步发展。东汉"医圣"张仲景在《伤寒杂病论》中提出医生应"精究方术""爱人知人"的观点,痛斥当时医界敷衍塞责、"不留神医药""惟名利是务"的不道德行径,为历代医学家称颂。东汉末年的名医华佗钻研医术,不慕名利,不攀权贵,被称为"外科鼻祖"。与张仲景和华佗并称"建安三神医"的董奉医术高明,看病不收诊金,留下"杏林春暖"的典故。南北朝时期的医家杨泉在《物理论·论医》中主张"夫医者,非仁爱之士不可托也;非聪明理达不可任也;非廉洁纯良不可信也",把医德摆在比医术更为重要的地位。

隋唐时期是封建社会的鼎盛时期,随着经济、文化的空前繁荣和医学的发展,医德理论进一步完善。唐代医药学家孙思邈编著《备急千金要方》,其中《大医精诚》和《大医习业》比较全面地论述了从医目的、医生的品德修养、医疗作风等医德规范,提出医家必须具备"精"和"诚"两方面素质。"精"是指医生必须不断学习,提高医疗技术,具有精湛的医术;"诚"是指医生应具有高尚的医德,有仁爱的"大慈恻隐之心",清廉正直,不追求名利,对患者"普同一等""一心赴救"等。这些观念形成比较完整的体系,成为我国古代医德思想发展史上的重要里程碑。

### (四)成熟时期

唐以后,医德理论和规范在医学实践中不断发展,趋于完善。特别是一批具有医师道德规范性质的医德文献陆续问世,成为我国古代医德思想走向成熟的重要标志。

宋元时期,名医辈出,医德活动更加活跃,不断充实和完善医德规范、医德理论和医德教育。南宋著名医史专家张杲编著《医说》,从医德修养和原则等方面补充了孙思邈的医德思想。明清时期,医家有关医德的论述增多,医学伦理思想更加条文化、具体化。明代龚廷贤的《万病回春》中有"医家十要""病家十要""医家病家通病"等篇章。明代著名外科医生陈实功《外科正宗》中的《医家五戒十要》,专门论述医生的专业学习、道德修养、言行举止、服务态度以及如何处理好同行之间的关系等具体实用的医德规范。清代医家喻昌突破了以往医家箴言式的空洞说教,结合临床实践,写出了《医门法律》,将辨证施治的法则作为医门的"法",将医生易犯的错误总结为禁律,作为医门的"律",提出了有关诊疗的医德规范和是非标准,被后人称赞为"临床伦理学"。

总之,中国古代医德思想源远流长,在漫长的医疗实践中不断发展,经过历代医家的实践探索和立论著作,逐渐形成发展,日臻完善成熟,从而在中国历史上形成了较为完整的医学伦理思想。

## 二、国外古代医德思想的孕育和发展

人类其他文明的古代医德思想十分丰富,可以简单区分为以古埃及、古巴比伦和古印度为代表的古代东方医德思想体系与以古希腊、古罗马为渊源的古代西方医德思想体系。

### (一)古代东方医德思想

**1. 古埃及医德** 埃及是一个历史悠久的文明古国,约在公元前4000年进入奴隶制社会,当时埃及的科学、文化相当发达。在医学方面,古埃及也具有解剖学方面的一些知识,在灌肠和放血等技术上也有所掌握,医生也在相当程度上出现了专科化。古埃及的医德思想多通过法典形式表现,规定奴隶主享有最好的医疗。当时出现的比较先进的医疗技术,如美容、按摩、水疗,使用贵重药品和复杂处

NOTES

方以及尸体防腐(制作木乃伊)等,都是供奴隶主专用,奴隶则没有资格享受。

**2. 古印度医德** 印度是一个历史悠久的文明古国。印度医学发展得很早,当时称医学为"关于生命的知识",作为医学重要部分的医学伦理道德问题,自然也是源远流长,在许多文献中都记载了印度当时的医德思想。印度医学上的辉煌成就集中反映在两部医学著作中,一部是外科书《妙闻集》(*Susruta Samhita*),一部是内科书《阇罗迦集》(*Caraka Sarnllita*),这是具有世界影响的两部医学巨著。

公元前 5 世纪"印度外科鼻祖"名医妙闻的医德思想可以归纳为如下方面:①从医疗工作的总体上对医生提出了"四德"要求,妙闻指出:医生要有"正确的知识、广博的经验、聪敏的知觉和对患者的同情,这是医生的四德"。②在医患关系上强调"医生需要有一些必要的知识,要洁身自爱,使患者信赖,并尽力为患者服务,甚至牺牲自己的生命也在所不惜"。③强调医生要有一个好的仪表、习惯和作风。④强调医生要全面掌握医学知识与医学技术,他说:"只通晓手术技巧而忽视医学知识的医生,不值得尊敬,因为他危害生命。"⑤在外科治疗中,他特别强调医生和助手的密切配合。⑥对军医专门提出了要求,他说:"凡遇君王征战的时候,军医应该随行,强调军医的职责和任务。"

公元前 1 世纪的"印度内科鼻祖"阇罗迦,极力反对医学商业化,并且鄙视那些知识贫乏,只图钱财的医生。他提出了为人类谋幸福的行医目的和一系列医德标准,要求医生要持续学习,听取有益的指导;要求医生全心全意为病者努力,不能伤害患者,"不论是白日黑夜,不管你繁忙与否,你都必须全心全意地为了你的病者的解脱而努力"。这些论述体现了朴素的医学人道主义思想。阇罗迦的医德思想,一直受到印度医生的崇敬,并作为职业理想人格的镜子和行医遵循的规范,对当时印度医德发展影响很大。

此外,印度的医德有些也用法律体现,如《摩奴法典》规定,医生给患者治病,引起医疗差错,根据患者的阶级地位不同,所受处罚也不同。

**3. 古巴比伦医德** 古巴比伦王国出现在伊拉克的两河流域地区。国王汉谟拉比制定的著名的《汉谟拉比法典》突出特征是内含医学伦理规范,阐述了医生行医准则、报酬和处罚条例。有 7 个章节写到医生的地位、报酬和处罚规定,体现了较系统的医德规范。

### (二)古代西方医德思想

**1.《希波克拉底誓言》** 古希腊是欧洲的文明发源地。古希腊医德约在公元前 6 世纪至公元前 4 世纪形成,是欧洲医德思想的源头。古希腊医德思想的奠基人希波克拉底(Hippocrates,公元前 460—公元前 377 年),是西方医学的创始人之一,在杰出的医学实践中对医德进行了系统的概括和总结。在他的著作《希波克拉底文集》中《希波克拉底誓言》《论法规》《论艺术》三篇文章集中体现了他的医德思想,对医生和患者之间、医生相互之间关系的行为准则和规范,对医生的仪表和品质以及诊治患者的具体行为都作了系统详细的规定阐述。

《希波克拉底誓言》强调了"为患者谋利益"的医学宗旨;强调医生品行修养;强调尊重老师、同行和医学传承;强调保守医学秘密。

《希波克拉底誓言》是希波克拉底及其学派,在长期的医学实践中总结出来的道德行为准则,是历史上倡导医学道德最早、最系统、最重要的文献,为后来形成的医学道德起了不可磨灭的奠基作用。后来欧洲人学医,都要按《希波克拉底誓言》进行宣誓,以示忠于医生的职业道德。1948 年,世界医师协会在这个誓词的基础上加以修改,定名为《日内瓦宣言》作为国际医德规范。《希波克拉底誓言》至今还被国外不少医学院作为学生毕业时必须宣读的誓词。

**2. 古罗马医德** 公元前 2 世纪上半叶,希腊被罗马征服,从此直至公元 5 世纪,罗马成为欧洲、亚洲西部及非洲北部的中心,当时的罗马科学文化有很大发展,医学也比较发达。安东尼奥所颁布的法令中列有关于任命救治贫民医师的条文;《查士丁尼法典》劝告从医者力戒侍奉富贵者之阿谀献媚,应将救治贫民视为乐事。

古罗马人继承了古希腊的医学和医德思想,并在希波克拉底的医学和医德的观点上有了发展。

原籍希腊的盖伦（Galen）是古罗马杰出的医生、自然科学家和思想家，他继承了希波克拉底的体液学说，发展了机体的解剖结构和器官生理概念，创立了医学和生物学的知识体系。在医德方面也很有建树，在《最好的医生也是哲学家》一文中，他认为"医生应力求掌握哲学及其分科逻辑学、科学和伦理学"，强调"作为医生不可能一方面赚钱，一方面从事伟大的艺术——医学"，他说："我研究医学，抛弃了娱乐，不求身外之物"。盖伦的医德思想，尤其是他提出"轻利"的观点，深为人民敬仰。

## 第二节　近现代医学伦理学的诞生和发展

学科意义上的医学伦理学的形成，是人类医学伦理思想史和学科发展史上的一大进步。医学伦理学表面上看似作为独立学科的发展进程，本质上是整个社会和医学事业进步的体现，更是医学向人文回归的标志。医学伦理学作为学科的逐步形成，是整个医学彰显其人文特质的一种文化性、学理性和科学性的过程。这个过程标明的是医学伦理学从非系统性思想向系统性学科的转化。医学伦理学进入医学和应用伦理学的学科系统，使古老的医学道德思想迈进现代学科发展的知识和理论序列。

### 一、西方近现代医学伦理学的诞生和发展

古代的医德学只不过是一些道德准则和行为规范的积累，并不能视为一种学科。近现代的医学伦理学，伴随着 14 世纪到 16 世纪的欧洲文艺复兴，伴随着实验医学的发展，伴随着医学发展为社会化的事业，伴随着医学伦理关系的内涵的扩展，首先诞生于西方。

#### （一）西方近代医学伦理学的诞生

17 世纪至 19 世纪末，是西方医学伦理由古代医德学向近代医学伦理学转变的重要时期。古代医德学向近代医学伦理学的转变来自两方面因素的影响。其一是近代社会结构的巨大变化所引起的政治、经济、文化的重构，势必改变社会思想和人们的道德观念。文艺复兴运动冲破了中世纪封建宗教统治的黑暗，资产阶级思想家们提出的人道主义（humanitarianism）思潮兴起，自由、平等、博爱的伦理思想渗透到医学领域，为医学伦理学的建立提供了理论基础。其二为科学技术，科学文化事业进入了一个划时代的发展时期，尤其是医学技术的革命使以实验医学为基础的医学科学迅速发展，为近代医学伦理学的形成提供了物质基础。

**1. 近代医学伦理学摆脱了神的影响，人道主义成为医学义务核心**　德国柏林大学教授胡弗兰德（Hufeland）提出了著名的《医德十二篇》，对于医生从医的目的、如何处理医患关系以及与同仁的关系，提出了更为明确具体的要求。他指出："医生活着不是为了自己，而是为了别人，这是职业的性质所决定的。不要追求名誉和个人利益，而要忘我地工作来救治别人，救死扶伤，治病救人，不应怀有别的个人目的。"这体现了患者利益高于一切的思想，被视为是对希波克拉底医德思想的继承和发展。胡弗兰德认为不应拒绝那些濒临死亡的患者。人道主义被鲜明地引入医学道德领域。此后的许多医学家都提出了人道主义应成为医学道德的基本原则之一。18 世纪的法国医学家、精神病学创始人菲利普·皮内尔（Philippe Pinel）首先提出应以人道主义态度对待精神病患者。他认为要尊重精神病患者的人格，摒除不文明的言语和行为，要给他们以良好的治疗。从此，强调医务人员对患者的道德责任，强调医生对患者的治疗是自主的，不接受非医学需要的干扰。

**2. 近代医学伦理学由对医生的个人规范发展到对集体行医中的道德要求**　16 世纪，西班牙医学家塞尔维特通过解剖学的研究，提出了血液的循环学说，否定了流行 1 500 年之久的盖伦的"三灵气学说"。解剖学之父，比利时医学家维萨里《人体的构造》一书，奠定了现代医学完整而巨大的构架基础。17 世纪英国医生哈维（Harvey）用实验的方法发现了血液循环，于 1628 年发表了《动物的心脏运动和血液运动》，成为生理学的先驱。此后随着实验医学的迅猛发展，近代医学在生物科学技术的基础上发展起来，医学的发展又推动了医疗卫生服务事业的社会化。随着医院的出现和发展，医疗活

动的主要形式也从医生个人行医发展到集体行医,医学的发展对医德提出了一系列新的要求,医学道德由对医生的个人规范发展到对集体行医的道德要求,为近代医学伦理学的产生创造物质条件。

**3. 医学伦理学作为一门独立的学科首先诞生于英国**　这是由于英国社会的政治、经济、文化、科学背景与 John Gregory 和 Thomas Percival 等人的努力。1772 年,英国爱丁堡大学医学教授 John Gregory 出版了《关于医生的职责和资格的演讲》,强调应将对医生的道德判断建立在道德哲学(伦理学)的基础上。把道德情感论应用于医学伦理学,不仅为近代医学伦理学提供了道德哲学的基础,而且还创建了一个至今仍充满活力的观点,即在疾病的治疗过程中,医生理解患者的情感与医学科学的作用同样重要。因此,Gregory 被认为是近代西方医学伦理学的奠基人,是现代医学伦理学的先驱。

1791 年英国医学家托马斯·波茨瓦尔(Thomas Percival)为曼彻斯特医院起草了《医院及医务人员行动守则》,以后又经过向医生、律师及普通公众等 25 人征求意见,作了补充和修改,于 1803 年再次出版并更名为《医学伦理学》。此书一个最大的特点是为医院而写的。它对医学伦理学的重大贡献在于:突破了医德学阶段仅有的医患关系的内容,引进了医际关系,即医务人员之间的关系,医务人员与医院的资助之间的关系等。它是医学伦理学开始作为一门独立学科的标志。Percival 继承了 Gregory 的道德情感论,但侧重于实际操作,更适合于当时医学界的需要,从而成为统治了一个多世纪的西方医学伦理学。此后,国外医德理论发展更加迅速,其理论体系日趋完善。1847 年,美国医学会成立,以波茨瓦尔《医学伦理学》为基础,制定颁布了包括“医生对患者的责任和患者对医生的责任;医生对医生同行的责任;医学对公众的责任和公众对医学的义务等”为主要内容的《医德守则》(Code of Medical Ethics)。

红十字国际委员会的成立是近代医学伦理学发展的重要里程碑。该组织于 1864 年订立了《日内瓦红十字公约》。该公约主要内容有:白底红十字的标志;改善战场伤病员境遇的国际通则;各国伤兵救护组织有保护和使用红十字标志的特权,战时应保护有关战地和战俘救护的组织机构;医务人员在敌对双方中保持中立。该公约对在战争中医务人员如何救护战地伤员,如何以人道主义精神对待放下武器的战俘做出了明确的国际规定。红十字会开始只是一种志愿的、国际性的救护救济团体,只从事战时救护,后发展到包括自然灾害救济和平时社会福利、输血、急救护理等任务内容。可见,近代医学伦理思想从内容到形式都有了新的发展。

## (二)国外现代医学伦理学的形成和发展

医学伦理学作为一门独立完整的学科的真正确立是在第二次世界大战后。随着全人类对法西斯分子医学暴行的反思反省,随着医学科学的发展以及医学的日益社会化、国际化,随着生物医学模式向生物-心理-社会医学模式的转变,医学道德在保障人类健康事业中的重要作用日益突显。随着国际医学交往的日益增加和国际性医学组织的建立,一系列的国际医德规范和法律文献相继产生。

**1. 成立了世界医学会,通过并发布了一系列宣言,医德规范国际化、系统化**　1946 年,在德国纽伦堡对纳粹医生进行审判的基础上,制定了著名的《纽伦堡法典》,为医学人体试验制定了“一是必须有利于社会;二是应该符合伦理道德和法律”为主要内容的国际基本原则,作为世界医学界的行为规范,使医学真正为人类服务。1947 年,在巴黎成立了世界医学会,作为代表医生的国际组织,通过在全世界范围内的医学教育、医学科学、医学艺术和医学伦理以及健康护理等领域确立和实现国际最高标准,为世界人民服务。1948 年,世界医学会制定了《日内瓦宣言》,作为全世界医务人员共同遵守的行为准则。1949 年,世界医学会在伦敦通过《国际医德守则》,进一步明确了医生的一般守则、医生对患者的职责、医生对医生的职责。1953 年,国际护士会议制定了《护士伦理学国际法》,1965 年在德国法兰克福通过了《国际护士守则》,此后 1973 年又作了修改与补充。1964 年,在芬兰赫尔辛基召开的第 18 届世界医学大会通过的《赫尔辛基宣言》,制定了指导人体试验研究的重要原则,强调人体试验必须知情同意。《赫尔辛基宣言》至今已被修改多次。1968 年,世界医学会第 22 次会议又制定了《悉尼宣言》,对人的死亡的概念、死亡的诊断、死亡的确定和器官移植的道德原则作了原则性的规定。

1975 年第 29 届世界医学大会通过并颁布了《东京宣言》，规定了"对拘留犯和囚犯在给予折磨、虐待、非人道对待时医生的行为准则"。1977 年第 6 届世界精神病学大会上通过了《夏威夷宣言》，提出了"精神病医生道德原则"。1977 年，第 30 届世界卫生大会提出"使全世界人民获得最高可能的健康"，加强国家协作，在居民中间均匀地分配卫生资源，使所有居民都能够享受基本卫生保健。1981 年，世界医学大会通过了《患者权利宣言》，在世界范围内明确了患者的基本权利。2000 年，世界生命伦理学大会在西班牙吉汉市召开并通过了《世界生命伦理学宣言》，坚决主张科技必须考虑公共利益，提出人类共享生命科技成果，每个人都有获得最佳医疗保健的权利，并对人类基因组研究、辅助生殖技术的应用、临终关怀、转基因食品的生产等做出了规定，明确提出禁止人体克隆，禁止人体器官买卖。这些文件从不同的方面对医务人员提出了明确的国际性医学道德原则。国际宣言和准则的制定，使现代医学伦理学文件和文献初步体系化，医学伦理学的基本原则逐渐完善深入。1949 年世界医学会采纳了《日内瓦宣言》，标志着现代医学伦理学的诞生。

**2. 世界各国对医德思想的教育和研究进一步系统化** 各个国家，特别是发达国家十分重视医学伦理教育，有计划、有组织地对医学生、医务人员进行医学伦理教育。美国、英国、日本、加拿大等国家的医学院校普遍开设了医学伦理课程。美国的一些医科大学把医学伦理课程由选修课改为必修课。为了提高医德思想教育质量，有的国家很重视师资培训，如英国医学伦理学研究会与医学院的人文科学系，为医学和护理学教师举办医学伦理学讲习班，帮助教师从多方面提高对医学伦理学的认识和思考。许多国家还十分重视对医学伦理学的研究。美国自 1947 年通过《医学伦理学原则》以来，先后讨论修订多次。他们提出医学伦理学的内容应由三部分组成：关于善的理论，关于义务的理论，关于公益的理论。1976 年肯尼迪伦理学研究所主办了季刊《医学与哲学杂志》。美国《在版图书总目 1979—1980 年》一书收集的医学伦理学书籍已经多达 96 种。医学伦理学的深入研究使其日臻成熟，而且成为医务人员和生命科学工作者的一门必修课。

**3. 医德的核心内容开始由义务论向公益论转化** 以往的不同历史时期，医德的核心思想都是义务论，要求把患者的利益放在第一位。但是义务论在注重人的生命价值的同时，往往忽视或不顾社会价值，不考虑社会责任和社会后果。这难以解决在当今医学科学发展条件下出现的许多伦理难题。所以，医务人员不仅应对患者负责，也应对社会负责。在治疗疾病的同时，应考虑到昂贵的费用对社会经济带来的沉重负担，以及社会公益的价值；应使医学科学的成果提供的益处能够公平合理地分配，不是只落到少数人身上，使有限的资源应得到最合理的分配等。公益论不是对义务论的否定，而是医德思想发展过程中对义务论的新认识、新发展，要求医务工作者在更多地注意社会公益的同时，并不摒弃义务论。

**4. 医德发展和实践，对法律的依赖性越来越大** 在西方社会，道德是多元的，不同的价值观，可以产生不同的道德标准，医德也是如此。然而，医德的实践是涉及全社会人们普遍利益的一项系统工程，所以，医德思想的原则越来越需要以法律的形式加以体现和推行。而医德思想的发展则必然对法律的制订和修改产生影响，如：对于安乐死问题，荷兰通过了安乐死法案；对于脑死亡问题，美国已通过承认脑死亡的法律和实施程序。越来越多的国家正在加快本国的医学法规建设。

## 二、中国近现代医学伦理学的历史和发展

在整个人类医学伦理思想和学科的发展进程中，中国医学伦理学的发展有其独特的历史、文化和社会发展背景。正是中国社会及发展道路所具有的独特性以及在这种发展中形成的民族文化，造就了中国医学伦理学本土化带来的自身特性。尽管现代医学伦理学总体上还是以西方伦理学语境为学科主体，但欲使医学伦理学在中国社会医疗卫生实践和生命科技发展进程中发挥作用，还需不断培育这个学科的本土化特点，推进中国医学伦理学科学和事业的发展，具有重要的理论和实践意义。

### （一）1949 年以前的医学伦理思想

鸦片战争后，在中国沦为半殖民地半封建社会的过程中，西方医学知识连同西方文化开始连续、

广泛地传入中国。从 1569 年澳门建立第一所教会医院开始,到 1937 年全国已有教会医院 300 所,病床 21 000 张,诊所 600 个。中国近代医学伦理思想伴随着反帝、反封建的革命斗争形成与发展,具有浓厚的救国救民的倾向,以民族主义、爱国主义和人道主义为特征,孕育形成了民族主义和人道主义相结合的旧民主主义医德,更孕育了革命人道主义的新民主主义医德。

近代中国由于特定的社会历史背景,医学伦理思想、医学人道主义中的爱国主义和革命人道主义色彩浓厚。

晚清时期,许多具有爱国主义和民族主义思想的知识分子与医生,在探索救国救民道路的过程中,为近代中国医学伦理思想的发展做出了杰出贡献。孙中山 1892 年毕业于香港西医书院,他怀着"医亦救人之术"的目的去学医,怀着讲"仁爱""济世为怀"的精神去行医,"粟金不受,礼物仍辞",被人奉为"活菩萨"。鲁迅也怀着"医学不仅可以给苦难的同胞解除病痛,但愿真的还可以成为我们民族进行社会改革的杠杆"希望学医。他们后来从医家转为革命家,从医人转为医国,从重医德转为重政德,不仅推动了医学伦理思想的发展,而且推动了社会伦理道德的进步和解放。民国时期,随着西方医学在我国的进一步传播和发展,对我国医学界面对着"如何对待中西医学"以及"中国医学如何发展"这样十分严肃的问题。当时主要有三派主张:一派主张全盘西化;一派主张完全尊古;一派主张中西汇通。这场论争,既是医学观之争,又是医德观之争,也是一场维护传统医德和发展传统医德的斗争。

1926 年的《中国医学》刊有中华医学会制定的《医学伦理学法典》,其中涉及对一般医疗行为的论述,并论及经验不足的中国医生和经验丰富的外国护士之间的关系,这在 20 世纪早期全世界的医德规范中是少有的,体现了当时的中国所特有的医学伦理观。此法典明确规定:医生的职责应是人道主义的,而非牟取利益。这表明中国近代医学伦理学已开始与国际上的近代医学伦理学接轨。

1932 年 6 月,上海出版了由我国知名的医学教育家和医学伦理学先驱宋国宾主编的《医业伦理学》,这是我国第一部较系统的医学伦理学专著。他的伦理思想是以"仁""义"这一传统道德观念为基础,阐发医生人格、医患关系、同业关系和医师与社会关系的"规己之规",属义务论的医德理论。

新民主主义革命时期,在中国共产党的领导下,以马克思主义世界观和历史观为基础,在清除封建主义腐朽的道德观念和批判资产阶级人道主义的基础上,医学伦理思想继承中外历史上优良的医德传统,把爱国主义和国际主义结合起来,大力倡导救死扶伤的革命人道主义精神,建立同志式的新型医患关系,使我国医学道德跨入了一个新的历史阶段。

土地革命时期,我党我军积极倡导医务人员要医德医术并重,逐步形成了以"政治坚定"和"技术优良"为两个基本点、以"一切为了伤病员"为主线的"两点一线"医德模式。在医德认识与实践方面具有重大创新意义。1931 年毛泽东同志为中国工农红军军医学校制定了"培养政治坚定,技术优良的红色医生"的医学教育方针。1932 年,朱德《怎样做一个红色医生》的报告明确提出了如下要求:要具有坚定的政治立场,对人民、对伤病员要满怀阶级感情;要有艰苦奋斗、舍己为人,救死扶伤的工作精神,同时还必须具备科学知识和精湛的医疗技术。在党的领导教育下,红色根据地的医疗领域形成了亲如手足的同志式医患关系、平等合作的医护关系以及医院群众之间的鱼水关系。这些理论和实践,为革命人道主义的提出,做好了思想理论上的准备。

抗日战争时期,一方面,我党我军医务工作者发扬了自力更生、艰苦奋斗、英勇顽强、不怕牺牲的精神,尊重科学、讲求实际的精神和军民一家、依靠群众的精神,突出了爱国主义、革命英雄主义、革命乐观主义精神,有力推动了我军医德发展;另一方面,随着白求恩、马海德等国际友人带着先进的医疗技术投入我军医疗卫生工作,同时从医学人道主义和国际主义的角度,丰富了我军医德思想的内涵。特别是随着《纪念白求恩》《为人民服务》等光辉文章的发表,为丰富提升我军医德思想奠定了基础,坚持"救死扶伤,实行革命的人道主义"、坚持全心全意"为人民服务"、坚持"防治结合,预防为主"等重要指导原则的提出,成为我党我军领导的抗日根据地的整个医疗卫生工作的医德指导思想。

NOTES

1939年毛泽东同志发表的《纪念白求恩》一文中倡导"毫不利己、专门利人""对工作的极端的负责任""对同志对人民的极端的热忱""对技术精益求精",做"一个高尚的人,一个纯粹的人,一个有道德的人,一个脱离了低级趣味的人,一个有益于人民的人"的白求恩精神,是对我党我军医疗卫生工作职业道德和精神风貌的高度概括凝练,是我党极其重要的医德文献。解放战争中我军的医德思想和医德建设也达到了新的水平。

从土地革命、抗日战争到解放战争的新民主主义革命时期,在长期防病治病和抢救伤病员的实践中,概括形成了"救死扶伤,实行革命的人道主义""全心全意为人民服务""一切为了救治伤病员,一切为了战争的胜利"等具有战争特色的闪烁着共产主义思想的医学道德,充分展示了医务工作者的革命人道主义与革命英雄主义相结合的精神。只是由于社会主义生产关系和人民政权没有在全国建立,这种先进的医德思想只能在革命根据地、革命队伍内部,而不可能在全国范围内贯彻实行,但却是我国社会主义医学道德的基础。

### (二) 1949 年以后的医学伦理思想

中华人民共和国成立后,随着社会主义生产关系的确立和卫生工作方针的制定,为广大人民群众服务成为医疗卫生工作的明确方向。在弘扬优秀医德传统的基础上,大力进行社会主义、共产主义、爱国主义和为人民服务的宗旨教育,大力倡导集体主义的道德价值观,在全社会逐步树立和确立了社会主义的医德观。大体说来,社会主义医学伦理思想的完善和发展经历了两个阶段。

第一个阶段:防病治病、救死扶伤、全心全意为人民服务的医学伦理思想和伦理原则,在全国范围内确立、体现和发展。1949 年,中国人民政治协商会议通过的《共同纲领》第四十八条,明确提出和规定了"提倡国民体育,推广医药卫生事业,并注意保护母亲、婴儿和儿童的健康"的任务,成为建国纲领中的一项重要内容。1950 年第一届全国卫生工作会议上,确立了我国卫生工作"面向工农兵,预防为主,团结中西医"的方针。在 1952 年第二届全国卫生工作会议上,根据周恩来的建议,"卫生工作要依靠人民群众,消灭疾病讲卫生必须有人民群众参加",提出了"卫生工作和群众运动相结合的原则",从而构成了我国卫生工作的四大原则方针。1954 年,第一部《中华人民共和国宪法》第九十三条明确规定了保护人民群众健康的权利,确立劳动者有权享受休息、休养、治疗和福利设施。从治疗疾病到卫生保健直至把健康作为一种权利,并以法律形式固定下来,充分反映了历史转折中,政府重视人和人的健康权利。

第二个阶段:党的十一届三中全会以来,职业道德作为社会主义思想道德建设的重要内容重新确立,在医学高等院校开始了医学伦理学的教学和研究,开设课程,编写教材。医学伦理学的研究和指导作用,日益得到党和国家卫生部门的重视,医学伦理学得以复兴发展。在卫生部的领导和支持下,1981 年 9 月人民卫生出版社出版了中华人民共和国成立以来的第一本医学伦理学教材《医德学概论》。

1981 年 6 月,在上海举行了第一次医学伦理道德学术讨论会,会议的主要成果,一是在全国医药院校倡议普遍开设医学伦理学课程,二是确定了"救死扶伤,防病治病,实行社会主义人道主义,全心全意为人民服务"的社会主义医德原则。同年 10 月 18 日,《医院工作人员守则和医德规范》的颁布标志着我国社会主义医学道德的形成。1988 年颁布的《医务人员医德规范及实施办法》,系统地概括了"救死扶伤,人道待人;尊重病人,一视同仁;文明礼貌,关心体贴;谨言慎行,保守医密;互学互尊,奋发进取;廉洁奉公,遵纪守法"的医德规范,明确了医疗卫生服务的道德要求和标准。1988 年 10 月,全国第五次医学讨论会暨中华医学会医学伦理学会成立大会在西安召开,在西安医科大学创办的《中国医学伦理学》杂志,成为我国第一个医学伦理学研究的专刊。尤其是随着我国现代医学技术的发展和应用,价值论、公益论和人道论、义务论的冲突融合,死亡定义和标准、安乐死、器官移植、产前诊断、人工生殖、行为控制、胚胎干细胞研究、卫生资源分配等人类社会普遍关注的敏感伦理问题的出现,我国医学伦理研究由一般的理论和临床医疗扩展到预防、科研、管理政策等所有医学领域,促进了我国生命伦理问题的研究,使我国医学伦理学的发展步入一个新的水平。

## 第三节    当代生命伦理学的兴起和发展

西方近现代医学伦理学以人道义务论和美德论为理论基础,并对医德建设产生了重要影响。随着医学科学的发展,环境污染、医疗卫生资源短缺、人口老龄化、新技术应用带来的新课题等现实问题的挑战,使得以功利论为特征的人道主义逐步成为西方医学伦理学的理论核心。此外,人权论与公益论也成为西方医学伦理学的重要理论来源,丰富了医学伦理学的理论基础。20世纪60年代以来,西方医学伦理学又跨入了一个新阶段,即生命伦理学阶段。

### 一、生命伦理学的兴起及背景

20世纪60年代以来,一方面生物医学技术发展应用十分迅速,另一方面以"人权"为核心的各种社会文化运动和伦理思潮接连不断,在医学实践中出现了前所未有的技术伦理难题和思想观念冲突,激发了人们对生命伦理的思考研究。

#### (一)新兴生命科技的发展应用

随着医学高技术的迅猛发展和广泛应用,医学从传统意义上的防病治病,逐渐兼容了人类的享乐、完善和发展自我,同时又进一步刺激着医学的潜能,医学逐渐向复杂的社会生活和多样的生存偏好延伸,如美容、长寿等与高新技术结合成为医学的社会图景。器官移植、精神控制、胚胎干细胞技术、基因工程技术、人工辅助生殖技术、冷冻复苏与生命维持技术等的研究应用,既开启了人类医学的新阶段,也带来了复杂深刻的伦理问题。

#### (二)权利运动和患者权利

美国兴起的女权运动,不仅把人们的注意力引到对女患者的关心上,更影响人们对生育控制和人工流产问题以及家庭和人口政策问题的看法。其中生育控制成为运动的重要问题之一。到20世纪60年代,人工流产问题更成为争论的中心。20世纪50年代美国国立卫生研究院成立并支持临床科研,把科研引进医学教育和对患者的照护之中,试验受试者数量范围扩大,涵盖了患者和健康的志愿者。纽约Willowbrook医院发生了把肝炎疫苗注射到智力障碍儿童身上进行研究的事件。犹太慢性病医院的研究者在未经患者同意的情况下,把活的癌细胞注射到老年人身上。这些都引发了人们对人体试验和患者权利的关注。起始于20世纪60年代对低劣食物抗议的消费者权益运动,开始频繁地影响医疗领域,患者权利问题成为公民权利运动中一个备受关注的领域。20世纪70年代的"患者权利运动"成为更大的民事权利的一部分,最终促成1973年美国医院联合会《患者权利法案》的通过。患者的"医疗、护理、康复、转院、知情、同意、资料、保密、试验、查账"的十大权利得到保证。

#### (三)卫生资源的公正分配

随着社会经济的迅速发展,医学高新研究不断获得大规模资金支持,医疗技术突飞猛进,医疗机构不断扩大规模,提升服务层次。由于医学高新技术的广泛使用,医疗服务成本急剧上升,同时社会贫富之间的差距和严重的社会分配不公现象大量存在,民众购买保险的能力减弱,大部分的美国人仍不能得到足够的医疗照护。在器官移植、肾透析、生命维持技术等稀有卫生资源的分配中,为谁治疗成为伦理选择的难题,美国当时的社会标准筛选方式引起了巨大的反响。复杂的医学技术与其人道使用的矛盾,对医疗公平提出了严峻挑战;城市化的迅速增长和随之而来的人口分布不均匀,增加了享受医疗服务的障碍;富人医疗和社会普通人群的基本医疗在资源分配上的冲突引发社会的高度关注。

#### (四)死亡标准和方式的变革

高技术生命维持方法,在延续人的生命的同时,生命质量的低水平存活成为客观的现实问题。什么是死亡,如何对待濒临的死亡,如何对待安乐死等问题提上了社会日程。在由生命维持技术和移植技术引发的社会压力下,哈佛大学 1968 年提出了脑死亡的标准。1975 年 Karen Ann Quinlan 案件,即新泽西州法官同意患者父母撤除其呼吸机,就是在社会对安乐死广泛讨论后,依据哈佛标准做出的决定。1976 年,加利福尼亚州首先通过了《自然死亡法案》。

### (五) 医学模式的转变

随着医学科学和技术的分工细化,造成了医生和很多患者在生活态度和生活方式等方面大不相同,最终导致了医疗照护的非人性化、片面化,医疗的社会、行为、环境和人性化方面被忽视,疾病的生物和生理方面被过度重视。患者抱怨医生已失去对他们整体照护的能力,从以前密切的关系转变成陌生的关系。随着社会文化的进步,随着人类对于自己生存状态的反思和审视,再次把医学作为人的文化哲学看待与研究成为必然的趋势和结果。医学模式作为人们观察、处理疾病与健康的基本思维方法和行为方式,必然会随之改变。

## 二、生命伦理学的学科内容

生命伦理学作为现代医学伦理学发展的一个特定学科形态,有其自身的发展逻辑和研究内容与方法。其对医学伦理问题的关注点和关注度都充分体现在对生命科技乃至影响医学发展以及关涉人类健康和生命的所有领域。其视野之广阔、探寻之敏锐、观察之细致都是生命伦理学前史不可企及的,因为所有这些生命道德现象是生命科技以及整个社会发展引发的结果。

### (一) 生命伦理学的由来与发展

正是社会和文化方面的态势与生物医学科学的发展共同构成了 20 世纪 60 年代末开始的生命伦理学运动。1971 年,在《生命伦理学:通向未来的桥梁》一书中,美国威斯康星大学教授波特(Potter)创造性地使用了 "生命伦理学"(bioethics)一词。用意在于建立一门新的 "把生物学知识和人类价值体系知识结合起来的学科",作为科学与人文学科之间的桥梁,帮助人类生存,维持并促进世界文明。波特指出 "生命伦理学是利用生物科学以改善人们生命质量的事业,同时有助于我们确定目标,更好地理解人和世界的本质,因此,它是生存的科学,有助于人类对幸福与创造性的生命开具处方"。他认为生命伦理学要研究以往医学伦理学的全部问题,但又超出原有的范围。从此,生命伦理学作为一门新兴的交叉学科,在医学伦理学的基础上,迅速发展,成为世界上备受关注和引人注目的学科。

美国在生命伦理学领域处于世界领先地位,最重要的标志是 1969 年成立的美国社会、伦理学和生命科学研究所(后于 1971 年更名为哈斯汀斯研究中心)以及 1971 年成立的肯尼迪伦理学研究所。至 20 世纪 90 年代已出版学术专著达千种,创办以生命伦理学为主的杂志 100 余种,如美国的《医学与哲学》(*Medicine and Philosophy*)、《哈斯汀斯报告》(*Hastings Center Report*)都具有较大影响。一般认为,1991 年美国医学伦理学家罗斯曼(D. J. Rothman)的《床边的陌生人》一书的问世标志着这门学科的成熟。肯尼迪伦理学研究所《生命伦理学百科全书》把生命伦理学定义为 "对生命科学和卫生保健领域中人类行为的系统研究,用道德价值和原则检验此范围内人的行为"。随着生命伦理学的深入发展,学者们也使用和借鉴其他学科的研究方法,与伦理学研究方法共同研究生命伦理学问题,以解决生命科学与人的需求、人与社会、人与自然、人与人的冲突。

1963 年英国成立了医学伦理学学会和医学伦理学研究所。后者在 1975 年创办了《医学伦理学杂志》,1985 年创办了《医学伦理学简报》。1989 年 3 月,在联邦德国巴特洪堡召开了 "第一次国际生命伦理学会议"。至 20 世纪末,世界各国几乎所有的医学院校都先后设立了生命伦理学课程,开办了生命伦理学博硕学位点。医学伦理学开始向生命伦理学过渡,并进入后现代时期。随着高新医学技术的进步,医学中的伦理问题越加复杂,人类面临着深刻的伦理困惑,例如胚胎干细胞、人工授精、器官移植、基因技术、人类基因组计划、变性手术、严重遗传性残障新生儿处置、放弃治疗、安乐死以及卫生资源分配等卫生经济政策伦理问题,研究探讨生命伦理学的热潮在全世界迅速掀起。与人类生命健康息息相关的生命伦理学,根植于公众对个人权利、社会公正和环境质量问题的关心,这不是某一个国家的问题,也不是西方特有的问题,而是全球性的问题。每个国家的政府必然会通过政策法规等的制定对生命伦理学领域的问题进行指导和规制。生命伦理学研究的国际联盟成立了,联合国正式成立了国际生命(生物)伦理学委员会。为了统一有关生命伦理学方面的政策,各种国际组织先后召开了种种会议,公布了多方面的宣言和公约。生命伦理学发展成为具有重要理论意义和社会现实意义的众人瞩目的一门全球科学。

由于生命伦理学本身还处于发展过程中,其定义还无法统一。我们可以认为:生命伦理学是对生命诸问题的道德哲学注释,是对人类生存过程中生命科技和卫生保健政策以及医疗活动中道德问题的伦理学研究,是有关人和其他生命体生存状态与生命终极问题的学科,它应包括"理论生命伦理学"和"应用生命伦理学"两部分。

### (二)生命伦理学的研究范围

格尔伦(Gillon)在权威的《应用伦理学百科全书》中对生命伦理学研究范围作了如下界定:生命伦理学是研究产生于生物学实践领域包括医学、护理学乃至兽医在内的其他卫生保健职业中伦理问题的学科。它的研究范围除了生物科学研究中的伦理学,也包括环境伦理学,还包括性、生殖、遗传、人口中的伦理问题以及各种与卫生事业相关的社会政治道德问题,如贫困、失业、歧视、暴力与迫害、犯罪与战争等对人类健康的影响。涉及该学科的人员除医生、护士、生命科学工作者、患者、受试人员外,还有政策专家、管理者和政府官员。生命伦理学的学术领域涉及哲学、道德神学、法学、经济学、心理学、人类学、社会学和历史学等。总之,生命伦理学的研究内容广泛,关注领域非常宽阔,并且始终处于开放的态势。由于研究者处于不同的视角,所以划分方法不尽相同。综合伦理学界的意见,生命伦理学可划分为理论生命伦理学和应用生命伦理学两大部分四个方面。

1. **理论生命伦理学**　包括元生命伦理学和文化生命伦理学。元生命伦理学主要研究生命伦理学的道德哲学基础、学术思想渊源、发展史、基本原则等,是生命伦理学的学术基础。文化生命伦理学主要探究宗教、民族心理、习俗、社会经济形态等社会生态和自然生态等因素对生命伦理思想和生命伦理学学科的影响,同时研究生命伦理学与其他学科之间的关系等。

2. **临床伦理学**　与传统医学伦理学研究领域一致,主要研究临床医疗保健工作中面临的伦理问题,包括临床决策和行动的伦理原则,患者及医生的权利(或权力)与义务,医患及医际关系,医务人员的道德修养等。

3. **生命研究伦理学**　主要研究生命科技的发展与道德进步的内在联系,以及生命医学发展中出现的一系列新的伦理问题,如流行病学、临床药理试验、基因普查和分析干预试验以及其他人体研究如何尊重和保护受试者及其亲属与相关群体的权益等问题。

4. **社会生命伦理学**　在社会层面研究生命科学和医学中出现的生命伦理学问题,包括卫生经济伦理问题、卫生事业行政伦理问题、医疗改革、医疗保险与医院工作、社会卫生政策与法治建设等。

### (三)生命伦理学的核心问题

作为一门学科,生命伦理学中有三个普遍性的核心问题:一是生命个体为了自己"健康美好生命"而实施的行为,在什么范围之内符合德行的原则要求;二是生命个体或群体为了群体或人类社会的"公共生命利益"而实施的行为,在什么范围之内符合德行的原则要求;三是当这些行为可能影响其他生命的状态和健康时,行为者的责任和义务是什么。生命伦理学正是基于对以上三个问题的思考,确立了其基本的伦理前提原则:自主性原则、不伤害原则、行善原则和公正原则。

生命伦理学的核心问题就是围绕人类的生死和健康问题而探讨的生命神圣性与生命质量的关系、生命价值与社会价值的关系、对患者的义务与社会公益的关系。在这些核心问题的处理上,始终存在着不同价值观念的冲突,这种冲突在当今主要表现为生命神圣论与生命价值论和生命质量论的交叉和矛盾。生命伦理学的实践就是要不断地把它们统一起来,并使之在一定的国情和文化背景以及大多数人的心理承受能力的基础上,发展人们的观念,规范人们的行为,最终使人类更好地生存和发展。

生命伦理学的兴起,与传统医学道德观念发生了巨大的冲突。这种冲突首先表现在对待人的生死观念的问题上。传统观念认为人的生命是神圣的,只有无条件地保护生命才是道德的;而生命伦理学认为,当代生物医学技术对生命的保护是有条件的,我们既可以有条件地维持生命,也可以有条件地接受死亡。其次,表现在道德价值观的变化上。传统观念认为,医学伦理学的价值目标是生命的生理价值;而生命伦理学追求的价值目标则是以人的价值和社会的价值为前提的生理价值和医学价值,要求把生命的尊严和神圣性与生命的价值和生命的质量结合起来。最后,传统医学道德认为,医学与患者之间只有义务的关系,医务人员的高尚道德全部表现在对患者的尽职尽责,而且仅对患者负责;而生命伦理学不仅要求医生对患者负责,而且同时也要求医生对整个社会和人类负责。这样,生命伦理学就把义务论、价值论和公益论统一起来了,从而义务论与价值论和公益论一起,构成了生命伦理学的理论基础。

### (四)生命伦理学的基本问题

生命伦理学研究的基本问题,不仅存在于科研、临床及医药领域,而且存在于卫生决策领域,大体可概括为:生命控制、死亡控制、行为控制、人体试验和医疗卫生资源分配。生命控制包括:避孕、流产、人工授精、体外受精、无性繁殖;遗传和优生方面的产前诊断、性别选择、遗传咨询、基因治疗、DNA重组;人体器官移植。死亡控制包括:脑死亡和心肺死亡标准、植物人状态的处理等。行为控制主要指对精神障碍者的行为干预,包括药物控制、器械控制、手术控制。资源分配包括:稀有卫生资源的宏观和微观分配、卫生政策和医疗保障的公正等。

## 三、生命伦理学发展中的普遍原则主义和非普遍原则主义

随着生命伦理学的发展,在生命伦理学的研究争论中,存在着不同的观点和看法。有的来自宗教界,有的来自自然科学家和医生,有的来自哲学家,有的来自女权主义者等,意见分歧很大。从伦理学和哲学的层面审视整理,则主要有两种对立的观点值得重视,即普遍原则主义和非普遍原则主义。

### (一)普遍原则主义

"普遍原则主义"(categoricalism)生命伦理学观点,是17、18世纪天赋人权理论在新的历史条件下的变体,代表人物有美国伦理学家汤姆·比彻姆(Tom L. Beauchamp)和詹姆士·邱卓思(James Childress)等。他们在1979年出版的《生命医学伦理原则》一书中,从天赋人权观点出发,提出了生命伦理学的基本原则。这些原则提出后,由于长期受天赋人权观念的影响,在西方社会被许多人拥护和接受。普遍原则主义被人们认为是西方生命伦理学中的主流思想。但是在具体应用中,普遍原则主义常常使人陷入两难境地,如:根据维护婴儿生存权的原则,应该禁止人工流产;而根据孕妇的自主权原则,又应该允许孕妇自愿人工流产。同样,根据个人的生存权原则,应该禁止医生帮助患者安乐死,而根据患者的自主权原则,又应该允许医生帮助患者实现自愿的安乐死等。于是后来出现了种种反对这种普遍原则主义的呼声,即"非普遍原则主义"理论。

### (二)非普遍原则主义

非普遍原则主义,或称条件主义(contextualism)、情境主义、社会历史条件主义。受社群主义者麦金太尔等人的"美德是教育而非原则"的思想,或者受黑格尔主义、马克思主义的历史主义等的影响,条件主义并不反对原则,但反对先验的"放之四海而皆准"的或永恒不变的原则。反对传统的普遍主义的规范伦理学,提倡一种描述的伦理学或实践的伦理学,强调不是先有原则后有生活,而是先有生活后有原则。脱离生活实践的抽象的永恒不变的伦理原则是不存在的。伦理原则是从人的具体生活的情境中或一定社会历史条件下产生或形成,并随人的生活情境或社会历史条件的变化而变化的。它是人在生活情境中的权衡和抉择,因而把17、18世纪和传统的伦理原则套用于因高科技日新月异而产生的生命伦理学,则不仅在应用上会出现上述种种两难的问题,而且还会阻碍当今生命科学与生命伦理学的发展。在科学与伦理的关系问题上,他们主张两者的协调发展,而不是一方禁止另一方的发展。他们承认科学的发展应受伦理原则的制约,但又认为伦理原则也应随科学的发展而不断修改

和完善。

条件主义的重要代表人物琼森，从当前医学科学技术的实践出发，反对普遍原则主义的生命伦理学理论。他认为现代医学科学技术的实践常常把医学的伦理原则看成是普遍、永恒的规定。当今新兴的医学科学技术与原有的伦理学说和方法的矛盾日益尖锐化，利己主义与利他主义的悖论更加明显。古老的永恒不变的"人性论"应该与日新月异的医学科学技术以及不断变化的社会、经济环境相适应。新兴的医学科学技术应该有新兴的医学伦理学理论与之相适应。

在方法论上，琼森反对普遍原则主义的从一般性原则出发到具体案例应用的演绎法，提倡从具体情境或具体案例出发上升到一般性原则的类比归纳法。不是"理论—原则—具体"的方法；而是"具体—原则—理论"的方法。他称之为"决疑法"（casuistry）。他认为运用这种方法从各种不同案例中归纳产生出来的原则不是永恒不变的绝对原则，而是可以随情境的变化而不断变化的相对的普遍性原则。这种原则的应用不仅可以避免生命伦理学中上述两难问题的发生，而且还可以使生命伦理学随着生命科学技术的发展而不断完善和发展。

### 四、我国医学伦理学的发展趋势

现代医学伦理学因其极强的现实针对性、实践性而成为中国应用伦理学中的一个热门学科，并呈现出方兴未艾的发展势头。中国医学伦理学的发展欲更上一层楼，则需要在理论研究和实践应用上不断奋进。

**1. 医学伦理学研究与医学实践和人民健康需求并驾齐驱**　医学伦理学作为一门发展中的、开放的学科，从传统医德学到医学伦理学，再从医学伦理学延伸到生命伦理学，其内容不断扩展与丰富。医学伦理学尽管在不同历史阶段的研究对象和内容不尽相同，但都离不开医学实践。医学伦理学走过的路、取得的成绩，始终与医学的时代背景密切相连；其中，医学模式变革、医学技术的创新以及疾病健康观念的转变发挥着至关重要的推动作用。未来医学伦理学的发展亦应紧跟医学时代背景的步伐，应对新兴的医学伦理问题。

2016 年 5 月 30 日习近平总书记在全国科技创新大会、两院院士大会、中国科协第九次全国代表大会上的讲话，阐明科技兴则民族兴，科技强则国家强，中国必须坚持走中国特色自主创新道路，面向世界科技前沿，面向国家重大需求。

21 世纪以来，伴随科技的发展，生物医学技术日新月异，呈现多学科交叉融合的态势。如基因检测与治疗、干细胞治疗、生物合成、人造器官、神经科学、健康大数据、人工智能等一系列新兴生命科技引领着医学前沿。与此同时，医学从传统意义上的防病治病，逐渐兼容了人类的享乐、完善和自我发展，同时又反向刺激着医学的潜能，医学逐渐向复杂的社会生活和多元的生存偏好延伸，如优生、整形、长寿等与高新技术结合成为医学拓展的新图景。可以说，新兴生命科技的发展，既开启了人类医学的新阶段，也带来了复杂棘手的伦理问题，生物医学研究伦理、新兴生物医学伦理、生命科学工程伦理等研究方向将伴随医学科技的发展不断丰富和前进。

党的十八大以来，医疗卫生体制改革一直是党中央关心重视、不断深化的民生民心工程。2017年十九大报告提出健康中国战略，阐明人民健康是民族昌盛和国家富强的重要标志，要完善国民健康政策，为人民群众提供全方位全周期健康服务。2021 年是中国共产党成立 100 周年，也是深化医药卫生体制改革、增进人民群众健康福祉的新征程伊始年。为此，医学伦理学应不断应对医疗卫生政策制定、医疗卫生机构管理、一线医务工作者的行为规范，以及患者和人民群众的健康生活等领域的伦理问题，开展医药卫生政策和制度伦理、临床伦理、公共卫生伦理和健康伦理研究。

总之，医学伦理学的研究应立足于中国医学发展和社会实践土壤，以服务国家和人民需求为宗旨，解决医学实践伦理问题，不断丰富和完善医学伦理学理论内涵，制订伦理原则和规范。

**2. 医学伦理学成果实质性走进医学实践和医务工作者心中**　无论作为一个学术研究领域，还是作为医学人文社会科学学科系统中的一门独立学科，中国现代医学伦理学发展四十余年来，从文章和著作到学术期刊和专业学会,再到医学伦理教育培训和学术交流,不断取得学术进步和学科发展。在充分肯定既有成果的同时,医学伦理学界应对成果有清醒的认识。中国医学伦理学应承认自己是应用伦理学的构成部分;作为应用伦理学的分支学科,只有把"应用"作为自己的最终目标,将自身的人文特性通过解决实际问题展现出来,才有精神见之于现实的实在价值。

在医学实践层面,目前最活跃的医学伦理学实践当属医院伦理委员会、伦理审查及其相关研讨、培训活动。究其原因,是器官移植、辅助生殖、医学或临床研究等医学伦理学研究成果已转化为正式的准则、制度或法律法规,能够为医学实践提供有效指导。可见,只有将医学伦理学研究成果转化为具有可操作性的实践成果,才能走进医学实践。不过,制订政策制度和法律法规仅意味着形式上走进医学实践。只有当一线管理者和医务工作者具备医学伦理意识,能够自觉自愿地遵循伦理原则和规范,将他律义务转化为自律行动时,医学伦理学才实质性地走进医学实践。为此,医学伦理学学者应理性认识自身的局限性,与医学家、科学家、法学家和行政管理者对话、交流、合作,共同将医学伦理学研究成果转化为一线行政管理者和医务工作者内心认可、行动践履的规范。

医学伦理学除了完善科研伦理审查外,还应努力应对悬而未决的临床伦理问题,与政策制定者、医疗卫生机构的管理者合作,积极推动临床伦理咨询的体制化发展,使医院伦理委员会的临床伦理咨询服务有规可循,助力医疗质量的提升和医患关系的和谐发展。

**3. 医学伦理学培养公民的健康伦理和医学伦理意识**　医学伦理学的研究成果不仅与医务人员、科研人员息息相关,还与患方、社会公众的生命健康权益直接相关。一些医学伦理学议题,如医患关系、辅助生殖、器官移植、基因编辑等也为社会公众谈论。随着医学被赋予新的社会意义,逐渐从实验室走进千家万户,从医学专家的工作走进人民群众的生活,医学伦理学开始具有广泛的社会价值,它不仅为医务人员、科研人员、管理者和政策制定者服务,还应为广大人民群众的健康服务。

随着工业化、城镇化、人口老龄化进程的加快,不健康的生活方式导致心脑血管疾病、癌症、慢性呼吸系统疾病、糖尿病等慢性非传染性疾病增加,且呈现年轻化趋势。2019年《国务院关于实施健康中国行动的意见》《健康中国行动(2019—2030年)》相继发布,推进健康中国建设,全面提升中华民族健康素质。医学伦理学应在健康伦理研究的基础上,与社会公众和慢性病患者对话、交流,以引导他们建立正确的健康观和疾病观,做自己生命健康的第一责任人,自觉自律地健康生活。同时,在临床伦理研究的基础上,引导患者树立正确的医疗观和生死观,遵守诊疗制度,尊重医务人员,在享有患者权利的同时履行患者义务。

总之,除了国家政策制度指引公民健康生活外,医学伦理学应致力于引导公民将他律转化为自主的伦理意识和行动,在全社会营造崇尚和践行健康生活、理性就医尊医的道德氛围。

(梁立智)

## 【复习思考题】

1. 我国社会主义医学伦理思想如何完善和发展?
2. 什么推动了当代生命伦理学的兴起?

# 第三章
# 医学伦理学的理论基础与基本理论

**学习要点**

1. 医学伦理学的理论基础。
2. 医学伦理学的基本理论。

医学伦理学理论的形成具有现实和理论两个方面的基础。这两个方面相辅相成,互为条件。现实所提供的是医学道德实践的基础,新的理论的产生和创新源于人类生活实践中所带来的医学现实道德状况的变化和发展,但是理论的更新和新理论的形成是在传统理论基础上实现的,是对原有理论的继承、应用、整合、突破和超越。医学伦理学理论是医学道德实践与伦理学理论交融所产生的理论形态,其理论的创新和发展一方面基于医学实践的不断发展,另一方面基于伦理学理论的历史传承。

## 第一节　医学伦理学的理论基础

医学伦理学理论本属于哲学范畴。现代医学伦理学的理论形态不断向解决具体和现实问题的方向转化与层面下移,但是哲学、伦理学、传统道德文化以及宗教伦理思想等作为这个新兴学科的理论基础,是医学伦理学理论框架形成与建构赖以实现的历史必然和逻辑的合理演进。任何现实的医学道德问题的认识和解决,在一定程度上都有赖于人类道德判断向形而上的哲学、道德哲学的回溯性认识,依靠人类思想史积淀下来的哲学智慧获得认识结论,从而确立现实中解决问题的终极标准和给出本体意义上的解释。

### 一、哲学与伦理学

医学伦理学与哲学从两个方面来说具有天然的、不可分割的关系。一是从作为应用伦理学的一个分支学科意义上看,医学伦理学从属于伦理学范畴,而伦理学(道德哲学)是哲学的构成部分。二是从人类知识的发展史上看,医学是古代向近代转化过程中才从自然哲学中脱胎出来的一个学科。虽然近代以后主要基础学科都有过这样的历史命运,但是在医学与哲学的关系上,与其他学科的不同在于,医学的"人学"或"仁学"特征,也即医学本源上所具有的人文特性,使它与哲学之间构成了一种在对人和生命等人类根本性问题认识上的高度一致性和互为认识基础的关系。人类在数千年社会实践中所积淀下来的哲学智慧和思想机体中,包含医学、生命科学发展所提供的养分,真正的哲学当然也就可以成为以智慧和思想的方式反哺医学、生命科学的精神和理论乳汁。医学伦理学正是这种被反哺的最重要的社会和职业道德领域。

首先,哲学之于医学伦理学理论具有基础作用。从哲学的内涵上来看,如果不是从某一特定的传统或者形态出发去界定哲学,而是着眼于其深层规定以及普遍特征。医学伦理学在自身发展过程中逐步形成了认识和解决医学道德问题的理论和方法系统,这个系统是侧重于从特定的维度去理解、把握医学系统和生命科技实践中的道德行为和伦理现象,是以认识特定对象和解决特定道德问题而构建的理论体系。事实上,"具体、现实的世界是整体的、统一的存在。与这一基本事实相联系,如欲真实地把握这一世界本身,便不能仅仅限于知识的形态、以彼此相分的方式去考察,而是同时需要跨越知识的界限,从整体、统一的层面加以理解。智慧不同于知识的基本之点,就在于以跨越界限的方式去理解这一世界"。医学道德看似是仅仅发生在医学和生命科技领域的现象,但是医学伦理学如果只从"问题"出发,完全抛开医学、生命科技的发展与整个世界所具有的关联性和统一性,忽视医学道德只是人类道德的特定现象这一事实,就可能缺失观念、思想、理论和精神的依据。医学道德现象是形形色色的,不同的传统文化背景下的医学道德观念也会有差异,但是所有的对具体医学道德现象的认识和对医学伦理问题的解释,最终都必然要依据一定哲学思想和理论给出本体论、认识论和价值论意义上的理由。医学伦理学中任何形态的理论和思想,都必然有某种哲学层面的系统认识作为它最根本的理论支撑和灵魂(思想)的支柱。

其次,哲学对世界的认识并非单一向度,而是多层面、多维度的。在哲学和医学伦理学之间,道德哲学从一个特定层面构成医学伦理学理论的哲学基础。传统意义上的伦理学本质上就是道德哲学,就是用哲学的思维方式和概念系统认识和解释道德现象的学说。道德哲学与医学伦理学的距离相对于哲学来说,似乎更贴近和更具有直接关联性,这是因为医学道德现象是道德现象中的一种,其规定性在于这种现象一般发生在作为科学和技术的医学(医疗)领域。道德主要展开为一种规范系统,它规定"应该做什么""不应该做什么"。但是道德哲学不仅仅满足于颁布"可以做什么""不可以做什么"的律令,它还要进一步追问:为什么应当做这种而不是那种选择? 社会要求人们遵循道德原则的根据是什么? 怎样的行为才可能视为道德行为(一种合理的道德行为的特征是什么)? 如何建立社会普遍的道德秩序? 怎样理解应当做什么(成就行为)与应当成为什么(成就自我)的关系? 等等。一般道德哲学或者伦理学学说对这些问题的解释和回答,同样能够构成医学伦理学在确立自身医学道德追问中的道德哲学层面的根据。虽然可能对这些问题的不同回答会导致不同伦理学和道德哲学形态的出现,同样医学伦理学所选择的道德哲学根据不同也会导致自身理论形态的差异,但是没有哪一种医学伦理学理论无需某种道德哲学的根据。缺失伦理学理论的支撑,即便是现代医学伦理学可能根据生命科技发展所导致医学道德诸种新问题的出现,形成一系列的新概念系统对其作出新的道德判断和伦理解读,也不可能偏离或者完全脱离道德哲学既有的思维内容和认识方式,充其量是将问题具体化或者医学化而已。

哲学、伦理学作为医学伦理学理论的基础,一方面体现在上述思维和认识功能上;另一方面人类哲学、道德哲学历史积淀所形成的丰富的思想、观念和理论,可以直接或者间接地作为医学伦理学的理论根据。比如,现代医学伦理学理论要对人的生命过程两端(生与死)的伦理问题开展研究,而这类问题直接与哲学对"人"的本质问题的追问相涉,而人之为人,又是伦理学视域的重要课题。作为人存在的重要方面,伦理生活可以视为人在伦理意义上的"在"世形态和特征。这一形态和过程,体现在包括医学道德活动在内的多样社会活动中,或者说,医学伦理实践根本上也是人作为自身"存在"的一种重要方式。尤其是伴随当代生命科技的进步,这种力量对人类生命和死亡过程的掌控和干预,迫使人类重新思考"人"的本质等哲学问题,而这种思考同时包含了对人类原有认识的反思。伦理生活是人类多重生活中的一个方面,从本原的角度来考察,"谁是伦理生活的主体"这一问题又关联着一个更广的问题,即"人是什么"或"何为人"。历史地看,哲学家们已从不同角度提出"人是什么""何为人"这一类问题。无论是中国还是西方哲学中,这样的追问都构成了哲学的重要问题。当代医学伦理学面对诸多关涉"人"(器官移植、人工生殖技术、胚胎处置、死亡方式等)的各类医学伦理问题需要作出解释和回应时,最终一定会回到对"人是什么"这类人的本体论、认识论和价值论层面上来给出终极的答案。

## 二、传统文化

作为学科的医学伦理学,其理论体系尚在形成过程中。在医学伦理学构成学科之前,人类的医学伦理意识和医学道德思想成为这个学科形成的思想文化基础。医学伦理学作为学科的出现只有一个多世纪的时间。而不同文化背景下和不同的历史发展阶段中所形成和不断演化的医学道德思想,则是医学与生俱来的。当医学伦理思想经过漫长的演化过程逐步形成医学伦理学理论形态以后,社会的、民族的伦理文化传统始终构成这个学科理论形态不可替代的文化基因。这是医学伦理学作为一个学科所具有的两种属性决定的:其一是医学伦理学具有伦理学的规定性,所以这个学科必然承载着伦理文化传承的功能,特定的伦理精神和思想观念必然始终渗透和体现在它的理论形态中;其二是医学伦理学中医学所具有的人文属性。尽管医学因为其生物学特性占据主导地位而在学科形态上人文因素总是被忽略乃至遗忘,实际上医学的人文特性在很大程度上决定着这个学科与传统文化的密切关联。最能说明这一点的就是中西医学在各方面的巨大差异。在某种意义上说,有什么样的传统文化背景,就一定产生与之相适应的医学伦理学思想和理论。

因为"疾病比人类更古老",人类的出现就意味着疾病的相伴相随,人类在对人自身的初始认识中就包含医学的意义,对人自身、疾病现象以及两者之间关系的初步认识就是医学的萌芽状态。四大文明古国所形成的各自独特的文化形态,造就了不同的医学和与之相应的医学道德思想萌芽。在对包括医生行为的规范上采用的是法律的形式,《汉谟拉比法典》中有多个段落对医生的行为做出了法律的限定,具有一定的医学道德规范意义。形成于尼罗河流域的古埃及文化,将巫术与医学视为两种完全不同的学科,但他们希望二者通过结合达到更好的效果。古代埃及医学的专业化程度很高,强调不同专业的医生应该具备与专业相适应的良好的个人素质。诞生于印度河流域的古代印度医学深受印度宗教传统的影响,印度草医学被认为是"生命的科学"。产生于黄河流域的中国古代医学与中国古代哲学融为一体,具有丰富伦理内涵的古代哲学思想直接渗透在中医理论和方法中。在医学伦理学史意义上,蕴含着医学道德思想的古代医学,其原始的科学性和人文性被融为一体,表现为一种自然哲学形态,这可以被认为是医学伦理学的初始样态。这种样态在不同民族和国家文化发展中表现形式各有千秋,共同的特点则是生长在自身文化的土壤中,体现和反映不同的文化特质。

近代以后的西方医学开始了从自然哲学形态向自然科学形态转化,解剖学、生理学、病理学等都开始成为医学系统中独立的学科,古代医学注重对人体、环境的研究开始逐渐扩展为对微观生命科学的探索。这个时代西医学发展的最大的特点是实验医学模式的逐步形成,以分析方法为主体的研究使医学在摆脱自然哲学原始性的同时,追求生命科学的纯粹性和单一性,医学的人文性表面上被排斥在医学之外。但人文性是医学的本质规定性,迫使它只好另辟蹊径选择自己的发展方向和道路。西方医学伦理学正是在这样的科学背景下从古代医学道德思想逐步向学科形态演化的。中医学的学科形态在近代以后并没有发生本质性的变化,蕴含在中医学思想体系中的医学道德思想一如既往附着在中医学的母体上,以中医学整体性的模式通过实际的诊疗过程传递给患者和社会。但是近代以后西医学逐步成为世界性的主流医学体系,西医学诊断、治疗方法在向世界各地扩散和传播的过程中,特别是医院的社会建制化和医学教育的系统化,西方医学伦理学从思想到学科都随之向输入地渗透,医学伦理学中所包含和反映的传统文化同样对西方医学伦理学的接受者产生潜移默化的影响。如果说古代医学道德思想与文化的关系相对直接和简单,近代医学伦理学的逐步形成,医学与医学伦理学被分属于科学文化和人文文化两个领域,医学伦理学与传统文化的关系较之前变得更加复杂。

医学伦理学向现代生命伦理学的延伸和发展,更是体现了西方传统文化的深刻影响。生命伦理学形成于 20 世纪 60 年代的美国社会。生命伦理学一方面是医学伦理学在学科意义上的一种延伸和扩展,传统文化在这种延伸中完成的是自然传承;另一方面生命科技的进步引发了诸多现实的生命伦理问题,这些伦理问题并不单纯是由生命科技的进步直接导致的,而是科学技术的运用与传统的医学伦理观念和规范产生了矛盾乃至冲突,需要重新确立新的医学伦理标准和形成新的医学伦理观念。由于很多矛盾和冲突主要体现在人的生命过程的各个阶段,特别是体现在人的生和死两端,生命伦理学作为医学伦理学发展阶段上的新概念似乎更能反映学科的本质。生命伦理学面对的伦理矛盾、悖论乃至道德冲突,现象上是源于新的科技成果在医疗卫生领域特别是临床上的运用,实质上是社会传统文化与科学技术成果广泛运用之间矛盾的反映。根深蒂固于西方社会中的个人主义、自由主义等政治的、社会的和伦理的传统,在科学技术面前并没有让步和动摇,这些传统向医学领域的转移,造就了诸如知情同意权、医疗自主权等医疗个人主义观念的形成,并被纳入生命伦理学的原则和规范中。这种情况所表明的,正是传统文化通过各种路径让新的伦理观念能够体现和传承它固有的价值。生命伦理学具有针对现实问题提出解决思路、方案并在此基础上形成新的伦理规范的特点,但是无论面对什么样的新的伦理问题和难题,传统文化的影响总是无处不在。这是人类文化进化的本性决定的。

## 第二节　医学伦理学的基本理论

本节所阐述的内容主要是基本的伦理理论和如何运用于对医学伦理问题的分析判断的思路和方法。这些基本的伦理理论是人类伦理思想历史性建构结果的系统化和原理化,涵括了对认识和判断医学伦理问题具有标准功能、辩护意义、分析作用和抉择价值的伦理学的主要理论。在一定意义上说,这些理论本身就带有医学伦理学自身理论的意味,在医学伦理学发展的生命伦理学阶段,这些理论向学科自身理论的转化程度就更明显、更具体和更实在。

### 一、伦理学基本理论演进的历史脉络

德性论、义务论、功利论和正义论作为伦理学理论提出和形成于伦理思想史不同的发展时期,也代表着历史上不同时期的伦理学家站在特定的伦理立场上对复杂的道德现象进行的深刻认识和深入探索所形成的理论成就。这些理论基于不同的认识路径而分属于不同的伦理立场和思想方法,对道德现象具有独特的考察方式和思维路径,并形成了具有系统性的理论内容和形态。这些看似相对独立的理论体系,实际上是人类伦理思想发展过程中对理论不断反思、修正、批判和思想碰撞、不断创新的结果。

早在公元前 325 年,古希腊哲学家亚里士多德在其经典著作《尼各马可伦理学》(*Nicomachean Ethics*)中以人的品格为中心对德性问题进行阐释。其思想进路是从提出"什么是人的善"这样的问题开始,以回答"灵魂的活动合乎德性"作为结论。因此,在古希腊哲学家看来,对"是什么使人成为有德性的人"这样的问题作出哲学的回答,才是符合伦理学本质的。在亚里士多德的伦理学中,他注重对细节的讨论,以此对所提出来的德性伦理问题作出回答,诸如勇气、自制、慷慨、真诚等德性。实际上,古希腊的苏格拉底、柏拉图等一批思想家都将回答"什么样的品格特征使一个人成为好人"这一问题作为伦理学的本质问题切入点,所以那个时代形成的以"德性"为核心的伦理学对后世整个伦理学的影响成为伦理理论发展史上最具道德研究根本意义和道德哲学本体论价值的系统学说。应该说亚里士多德的德性论早已成为不朽的伦理学理论经典。

从 17 世纪起逐渐占据西方伦理学主导地位的是基于原则主义的规范伦理学。中世纪,世俗的德性伦理开始转向,其根据就是有德性的生活是与理性的生活关联在一起的。欧洲文艺复兴之后,道德哲学重新向世俗化转向,但并没有回到古希腊哲学家们的传统认识和思考路径上去,世俗的"道德律令"(康德)等伦理学理论占据了主导地位。这个时代开始的道德哲学追问与古希腊时代哲学家们的追问在思想进路上根本不同,他们以"什么是要做的正当的事"这样的问题作为思考和分析的开端。这个时代的思想家们虽然继续发展和创新了伦理学理论,但已经不再是沿着德性理论的前行,而是转为关于正当和义务的理论,如功利主义、康德理论、社会契约理论(正义论)、伦理利己主义、伦理相对主义等。按照这些理论,人作为道德个体的责任就是要服从它的指导、规范和约束。因此这个历史时期的伦理学是以原则主义为特征的规范伦理学理论占据主要地位,且这个过程历经 2 000 多年,生命力经久不衰,这些理论伴随人类社会的不断进步和人们社会伦理生活的变迁有所创新和发展,但是核心理论和基本思想一方面成为发展的基础,另一方面成为后继研究、讨论和批判的焦点。这些理论本身并不是无懈可击和系统完满的,并不能覆盖对人类实际道德生活分析和解释的所有方面,认识上和逻辑上也总能让新理论的探索者寻找到瑕疵或者缺陷。近代以来,普遍原则主义伦理学尽管在揭示

NOTES

道德原则的共同性质以及在道德的理性论证方面显示出了强大的竞争优势,但其过强的原则主义倾向也暴露出了一定的弊端,在某种程度上造成了哲学理论同社会实践的严重疏离。它没有充分估计到同样一项原则在运用到两个利益正相冲突的行为主体身上所出现的矛盾情形,比如尊重生命这一原则在两个不同个体的生命发生冲突的情况下就会立即陷入困境。社会现实生活的复杂性向普遍原则主义伦理学有关道德原则的绝对有效适用性要求提出了严峻的挑战。

规范伦理学随时都面临着质疑和挑战。"以人类行为道德规则为研究内容的伦理学,经过两千多年的演进,似乎再难催生出什么新鲜的法则与理念。对于这一点,20 世纪 50 年代以来所谓亚里士多德德性论的复兴,好像提供了一个新的佐证。作为对以义务论和功利主义为代表的原则主义伦理学直至 20 世纪仍占据着的支配地位的挑战与反叛,德性论试图证明自己拥有更为强劲的解决问题的能力,这不仅体现在理论阐述的层面,而且也体现在实际应用的领域。"这段话包含的思想始见于 1958 年英国分析哲学家伊丽莎白·安斯库姆所发表的《现代道德哲学》一文。在该文中,她认为现代道德哲学被误导了,因为它是基于一种不融贯的、没有立法者的"法"的观念形成自身的理论系统。现代道德哲学所关注的"义务""责任"和"正当"等核心概念与一个本无意义的"法"的观念难解难分地联系在一起,把道德哲学的研究引入了歧途。因此,她认为道德哲学在研究方向上应该停止对义务、责任和正当的思考,回到亚里士多德德性伦理思想的进路,"美德"应该再一次登上伦理学的中心舞台。

伦理学对亚氏德性论的怀恋和它在当代的复兴,并非向古希腊时期亚氏德性理论的重复性回归,而是大体上表现为三个不同的变种形式:一是以麦金太尔(Alasdair Macintyre)为代表的所谓共同体主义式的变形;二是以美国哲学家努斯鲍姆(Martha C. Nussbaum)为代表的所谓普遍主义的变形;三是以美国哲学家麦克道尔(John McDowell)为代表的以强调"明智"为特征的所谓明智论的变形。伦理学发展上的这种方向性变化,源于与古代希腊和中世纪已经具有本质不同的社会现状与由此决定的社会道德现状。

## 二、医学伦理学基本理论的具体内容

### (一) 德性论

德性论(the theory of virtue)既是道德哲学的传统理论,也是现代道德哲学诸多新理论赖以建立的基础理论。"德性"一词希腊原文是 αρετη,始见于荷马史诗《奥德赛》,后拉丁文译为 virtus,英文据此译为 virtue。从词源学意义上看德性一词的含义,原意为优秀、高尚、高贵和卓越等,泛指人、生命物或者器物的特长、功用。virtue 一词的汉译有多种表述,如德性、美德、德行等,从汉语语境下的伦理学理论系统在概念阐释的合理性上看,译为"德性"一词更贴切和合理。在西方伦理学家看来,虽然"德性"所论及的范围十分广泛,但主要还是用来指人的一种"获得性品质"。

围绕德性论构建起来的伦理理论系统可以称为德性伦理学或者美德伦理学。这一伦理学思想是古希腊、中国乃至整个东方哲学、伦理学最重要的道德思想领域和理论建构。德性论本质上属于广义规范伦理的范畴。但因亚里士多德、柏拉图等以及中国德性论的思想大多都更强调"德性"的主体性特征,即认为德性是人之品性的规定性,是一种获得性品质,属于由个人的道德认识、道德情感、道德理性和道德境界等构成的、内化于人心的道德追求和道德品性,因而德性伦理相对于现代意义上的规范伦理学来说,其规范特征在于人出于自身人性、人心的自觉和习惯性。德性也具有实践性特征,即在这种德性的引导下完成向德行的转化,也就是将内在于心的德性付诸外在德行,由道德自觉转化为道德行为和实践。

亚里士多德认为德性是表现于人的习惯行为中的品格特征。他认为"习惯"是极为重要的品格形成特征。比如"诚实"作为一种德性,被认为真正诚实的人或者具有诚实品格的人,是那种将诚实融入自己行为习惯的人,这种行为"源自他坚定而不可更改的品格"。而那种讲真话有条件的,只有在对他有利时才说真话的人,并不真正拥有诚实的德性。

德性伦理对德性的分析和研究,所采用的逻辑方法是:首先罗列哪些品格特征可以被称为美德的清单;然后解释这些美德是什么;进而解释为什么拥有这些品性对人来说是好的品性。此外,德性理论还要对不同的人之美德、不同文化的美德间的区别是什么作出解释。现实生活中,不仅美德具有习惯行为中的品格特征,邪恶(恶德)同样也会表现为一种习惯行为的品格。因此德性伦理要对美德与恶德作出区分。有伦理学家认为,作出这种区分可以让我们在关于美德与恶德清单的特性中,找到人们喜欢或者躲避的理由。但是这样就产生了可能因为不同目的或者因为以选择的人的能力为出发点而选择人的问题,这会影响对一个人美德的评价,比如我们可能因为一个医生的医疗水平高超来选择他,这可能就影响对他道德品格的评价和选择。德性伦理作为一种道德哲学理论,不仅要有"好的医生""好的教师""好的工程师"等具体的概念,而且要在一般意义上对"好人"的概念进行界定和阐释,从而阐释清楚美德就是这样的人的道德。因此,德性伦理把德性概念不仅界定为"表现于习惯行为中的品格特征",而且对于一个人来说,拥有它是善的。所以,道德美德是这样的美德:对每个人来说,拥有它都是善的。德性伦理正是罗列出了若干形式的美德,进行具体而详尽的分析和阐述,这也成为这种德性论认识上一个合理的开始。亚里士多德在对清单中的每一种美德进行深入和透彻分析的基础上,认为每一种美德都由于不同的理由而有价值。他分析认为,所有分析可以一般性概括地给出答案:美德的重要性在于有美德的人在生活中过得更好,不是说品德高尚的人物质上一定更富有,或至少不总是这样,而是美德对指导我们更好地生活是必需的。

德性伦理学理论应用于对医学道德的认识和评价,一方面可以运用德性伦理理论直接作为审视医学道德的根据,用德性伦理理论确立的道德标准和评价方法对医学道德问题进行考量,这是将医学道德问题纳入一般道德哲学研究和认识的一种思维和实践路径。另一方面,将德性伦理理论转化为具体的医学美德理论,构建医学伦理学系统的医学美德思想体系,其特点在于医学美德主体的确定性和所研究的美德问题的医学规定性。相对于一般伦理学德性理论,医学美德理论构建的基础在于医学行为或者医疗行为,是对医学行为实施者,即医务工作者特定的职业道德品质的研究,将应该做一个什么样的人的问题,转化为怎么样才能成为一个有医学道德的医务工作者的问题。

德性伦理理论之所以经久不衰,是因为它在一个特定伦理指向上深刻揭示了人类道德的根源和挖掘出了人类道德的本质特征。当代医学伦理学的理论系统中,德性伦理思想和理论对考察、认识和判断以及规范医疗卫生实践主体即医务人员的道德,是一个不可或缺的视角和路径。医务人员的德性在医学实践过程中可以体现出他们的职业道德境界和精神境界。因为德性是人性本身不断地提升和完善,是人的心性结构中用自身的内在价值尺度进行善恶评价的那部分心理特质和可以转化为医疗行为的方式,是医务人员处理与患者、与他人以及与社会关系的一种内在道德需求和精神追求,是一种可以在崇高的医学职业中的"获得性品质",所以德性可以成为培育医务人员职业道德素养,与治病救人的职业崇高性相统一的高尚职业精神的有效途径。在医学的发展中,医学美德始终是善良的行医者追求的境界。正如英国爱丁堡大学医学教授约翰·哥瑞高瑞(John Gregory)在他1772年的《关于医生的职责和资格的演讲》一书谈到的,对医生的道德判断,应该建立在道德哲学的基础上。医生对患者的态度、行为应基于无私、仁慈的情感。他认为同情是医生的首要美德。医生对患者的基本道德责任,体现为仁慈、耐心、关怀、谨慎、保密、道义、公正和同情。医生的这种道德责任在所有时代、所有国家都是相同的,都是不可改变的。

德性伦理学关注的是主体的内在品质以及形成这种品质的内在驱动因素。传统德性伦理的局限性在于把道德的确定性寄托于人自身对道德最高境界的认识、把握和追求,从"做一个什么样的人"命题出发的理论在错综复杂、利益纷争的社会道德现实面前会变得十分不确定,也就是说依靠个人品格这种内在理性力量所形成的道德追求和道德境界,很难完成社会统一道德的建构,也就无法形成真正的社会道德实践。与德性伦理学不同的是,规范伦理学主要指向道德规范制度化的伦理论证。这种伦理学理论形态是建立在对人与人之间的关系是利益关系,人的本性的自利性以及社会道德建构要从社会成员应该懂得"什么是要做的正当的事",人的行为都必须符合德性伦理学与规范伦理学这两个社会普遍性道德规范的前提预设上的。与德性伦理的社群主义价值取向不同，规范伦理则是将自由主义作为了道德价值的取向选择。规范伦理学强调对人的行为进行道德与否的评价标准在于它是否符合道德原则和道德规范，而个体德性不能起到这样的作用。在这个意义上，现代规范伦理属于道义论伦理。

### （二）道义论

道义论（deontology）即义务论。作为规范伦理学的一种基础理论，主张以道义、义务和责任作为行动的依据，以行为本身或者行为所依据的原则的正当性、应当性作为善恶评价的标准。道义论可分为行为道义论与规则道义论。行为道义论认为，不需要有什么规则，从人的良心、直觉、信念出发就可以做出合乎道德的行为。规则道义论则认为，判断行为的善恶要看行为遵循的规则是否合乎道德。

作为一种完整的理论，道义论是由18世纪德国哲学家康德提出来的。康德从"善良意志"出发提出"为义务而义务"的主张。他认为人的道德义务来源于先验的善良意志，是善良意志发出的所谓的"道德律令"。所谓善良意志，是指意志本身的善，是在宇宙间唯一不加任何条件的，它是一切善的根源。善良意志是康德义务论体系的首要命题。因为义务是善良意志的指令，所以义务内在地包含了善良意志。因此康德得出只有出于义务心而做出的行为才是善的，出于其他偏好而做出的行为，因为没有善良意志的根源所以不可能是善的。这样他就提出了他的命题：为了义务而行才是道德的。

康德认为，出于义务的行为之所以是道德的，不是因为行为的目的，而是因为决定这个行为的准则。这准则是善的，因为它是先天的理性所设立的。在康德看来，人类属于感性世界决定了人必然是一个有所需求的存在者，并且在这个范围内，人的理性对于感性就有一种不能推卸的使命，这就要考虑感性方面的利益，并且为谋求今生的幸福和来生的幸福而为自己确立某些行为准则。该准则被康德称为道德命令。道德命令来源于先验的理性，因而是不需也是无法证明的，它不受任何经验制约，是纯粹的形式本身。

道义论思想同样是中国传统伦理思想的重要构成部分。儒家伦理思想中就包含了诸多有关这一理论的伦理思想。儒家思想认为，尽管人们天生就有求义或欲利或两者兼有的本性，但在处理义利关系时的正确态度应当是先义而后利。即凡事当前，需要我们选择行为时，首先须考虑的是道义原则的要求，一旦道义原则的要求被履行了，则行为主体的个人利益与好处也将随之而来。只有以义为本，才能统一义利，也就是要先义后利。

道义论注重行为本身是否符合道德规定，强调行为的动机而不是以结果为评价善恶的依据，因此也有人把道义论称为动机论，认为只要行为的动机是善的，不管结果如何，这个行为都是道德的。这一理论不考虑思想与行为的后果对自己会怎么样，强调原则的超验性，以人的理性为基础，而不进行感性经验的证明。道义论立足于全体社会成员的长远的或根本的利益，而不是从个体的利益出发提出准则。

道义论强调依据善的准则而行动，认为人应该履行义务，尽管对道德义务来源的解释和论证不同，但是强调履行义务的行为动机这一点是共同的。这种观念在医学实践中有着悠久的历史传统。中外经典医学文献都包含了对医者的道德义务和行医动机的特别强调。伴随欧洲文艺复兴运动而来的人道主义理论，抨击和批判传统的宗教神学，提出应以人为中心，尊重人的权利和尊严。人道主义在医学领域仍然强调积极地履行医生的职责以及患者生存和健康权利的地位。在医学发展进程的各个阶段，对医疗实践主体的道德要求以道义论作为基本的规范形式，已经成为医学道德实践中的基本形式。道德哲学所论证的道义理论对医学伦理学形成自身具体的义务论和责任论等基本理论，可以构成极为重要的哲学根据和伦理合理性的评价根据。

由德性伦理向规范伦理转变，是伦理学理论发展的一种演进。但是这种理论形态上的变化并不意味着传统理论的过时或者淘汰。伦理思想的发展是伴随社会道德现实不断继承、发展和创新的过程，德性伦理与规范伦理无论在道德现实意义上，还是在理论自身的价值意义上，都具有对道德分析和解释的合理性和理论功用。两种理论形态在道德分析和阐释上产生这种差异，与它们对道德的认识路径和方式有直接的关系。休谟沿着经验主义的道路分析和阐释现代道德。他基于经验、情感和实证的基本思路构建现代道德理论和实践模式,认为从"是"不能直接推出"应当",存在的不一定是合理的、合乎道德的,事实和价值是区分开来的。康德则沿着理性主义方向从理性自律来证明道德。这两种对于现代道德的哲学证明构成了"为辨明道德提供合理性基础"的启蒙方案,这一方案的整体特征在于对理性和人性可塑的依赖,并以此把现代伦理学构造成为一种凸显规则重要性的规范伦理学。事实上,置人与人之间的关系于利益基点上所确立起来的规范伦理理论同样具有自身的局限性。这种理论只是阐释了道德是人与人之间的一种契约关系,用规范约束和限定这种关系,达到规范的要求才可能是道德的;把全部的伦理学问题等同于规范问题,不去回答规范如何才能具有"应当"的规定性,既对人的行为的正当性的论证缺乏根本性和终极性,也不能说明具有确定性和稳定性的道德规范如何才能适应不断变化的道德现实。如对生命伦理诸多新的问题和新的现象而言,一种在传统理论和实践中被认为是道德的规范,不仅不能对新现象做出解释,而且可能对新伦理思想和理论的形成乃至医学行为和实践形成阻力。

### (三) 功利论

在规范伦理学中,功利论(utilitarianism)是与道义论相对的另一种理论体系。功利论强调行为的结果,把行动的实际效用当作衡量善恶的标准。这种理论在社会生活中影响深远,随着医学科学技术的进步,它在医学领域中引发一系列新的伦理思考。

所谓功利论,又称功利主义,就是把功利或效用作为行为原则和评价标准的伦理学说。功利论作为一种道德理论,主张人的行为道德与否,看行为的结果。凡行为结果给行为者及其相关的人带来好处,或带来利大于弊的行为,则是道德的,否则就是不道德的。功利论的核心主张是把与行为相关的感性快乐与痛苦作为伦理学思考的出发点。判断行为的善恶主要依据行为所能带来的快乐与痛苦的数量关系:如果一个行为能够带来的快乐比产生的痛苦多,那么这个行为就是善的,反之就是恶的。功利论的基本原则是:增进最大多数人的最大幸福。这一原则是评价一切行为的道德价值的最终尺度,因而是一切道德行为的最终动机。

功利论又分行为功利论与规则功利论。所谓行为功利论,是指不依据规则,而是根据当下的情况决定行为,只要它能够带来好的效果便是道德的。规则功利论是依据规则能够带来好的结果的行为即为道德行为。

在西方,功利主义的理论渊源可追溯到古希腊的快乐主义伦理学。功利主义的形成和发展,则自近代的英国思想家培根、霍布斯开始,而它的集大成者是边沁和穆勒。文艺复兴之后,由于资本主义的发展,产生了一个经济利益与道义原则的关系问题;又因为资产阶级打破了传统社会制度和思想对个人的束缚,所以急需处理个人与社会、自我与他人的关系问题。这一时期,功利主义成为一种声势浩大的理论与实践。边沁和穆勒就是这方面的主要代表。在边沁活动的年代里,资产阶级在政治上并未完全占统治地位,在经济上也受到各方面的限制,所以边沁的学说,对于资本主义生产关系来说,更多的是充当一个开拓者而非维护者的角色。这一点在他的学说里表现得很明显:他虽然提出了最大多数人的最大幸福原则,但没有强调这个命题;在论述个人利益和公益的关系时,他干脆把公益理解为个人利益的总和;他很少注意到怎样利用道德来保证社会的和谐;他对个人利益的强调反映了当时正在进行斗争以争取政治权力和经济自由的资产阶级生意人的愿望和心理。

同边沁的学说比较,穆勒的伦理体系就显得相对全面和完整,这是因为他不仅阐述和宣传边沁的学说,而且还对边沁的学说作了大量的修正。就其时代作用来说,穆勒的伦理学是倾向于保守的。他在自己的著作中,努力强调的是协调性道德的一面,强调功利主义道德与一般社会美德的一致性,强调整体利益、社会利益、他人利益,而对个人利益的强调远不如边沁那么明显。这些特点是与业已取得统治地位,力图维护现有秩序的资产阶级的需要相适应的。

现代功利主义的主要代表人物之一是澳大利亚的斯马特。在20世纪60年代,斯马特写了些论述现代功利主义伦理学的文章和《功利主义伦理学体系概论》等著作,引起了人们对功利主义伦理学的兴趣,推动了有关这方面问题的讨论。按照斯马特的观点,每个人只要是自己决定什么样的行动结果在这时对自己是最好的、最有效的,那么,就可以认为这就是符合道德的。这种确定行动正确性的方法是客观的,使功利主义脱离了古典功利主义的主观性。但是,二者的根本原则都是行动的功利原则,都把个人利益看作行动的永恒根据。可以说,现代功利主义不过是现代人再次穿戴上历史人物的衣冠而已。并且,斯马特的功利主义暴露出对资产阶级价值体系的盲从性质。

在中国的文化传统中,功利主义虽也不乏倡导者,但始终未占主导地位。1840年鸦片战争爆发,揭开了中国近代社会急剧变化的序幕。在中国近代旧民主主义道德革命阶段,围绕中国之出路问题,产生了"古今、中西"之争。古今之争反映到伦理学上主要是义利之争。总体上看,这一时期改良派和革新派对西学的功利主义比较系统地传入中国起到了极大的推进作用。在重利者中,不但包括资产阶级革新派,同时也包括主张"中体西用"的洋务派。

功利论主要的特点:其一是强调行为的结果,不重视行为的动机。一个行为不论行为者出于什么动机,只要能带来好的结果,产生更大的快乐和幸福,就是善的,就应该被赞善的。从这个角度也可以把功利论称为结果论。强调和宣扬功利,就是唤醒人们对本性的意识回归与强化,不管我们是什么样的人,也不管我们身处什么地位、环境,担当什么样的社会角色,都会避免痛苦,追求快乐,即使那种刻意避乐求苦的行为,究其原因也是为了避免更多的人生痛苦,追求更大的人生快乐和幸福。其二是以个体经验为基础,以经验生活中的苦乐感受为标准。这与道义论的超验性不同,功利主义者在行为前进行利益的权衡,通过计算利弊得失来决定是否采取行为,采取何种行为。功利主义讲的"功利",是"快乐"和"幸福"的代名词,也是"利益"的代名词。也就是说,功利就是利益,追求功利就是追求利益,但这里所说的"利益"并不是单指对物质利益的追逐、获得、享受与满足,还包括精神上的、情感上的和心灵上的利益追求、获得与满足。其三是立足于个人,推衍到他人与社会。功利主义以个人的感受为基点,进而推己及人,强调社会大众的利益或幸福。边沁的功利主义思想,是以个人为出发点,但它的归宿却不是个人,而是社会。因此,要客观地理解他的"功利"观念,得很好地理解"当事人"的概念,即功利就是给利益攸关的当事人带来快乐或防止痛苦的事物特性,这里的"当事人"既可以指自己,也可以指他者。因而,在边沁的功利主义思想里面,"功利"不仅是个人的,也是社会的。功利不仅是个人对自身利益生活的追求,也是个人对自身利益之外社会理想的设定与追求,这就是边沁功利主义的"功利"概念的基本内涵。

功利主义作为一种伦理导向,在历史上具有重要意义。一方面,作为近代乃至现代资本主义社会的道德导向,它完全与资本主义经济发展需要相一致;另一方面,它又作为一种道德,确实、有效地规范和调节人们的行为。

当代科学技术的发展和由此带来的社会多方面的变化,产生了许多领域对伦理理论的需求。应用伦理学在解决诸如生命伦理问题带来的道德困惑的时候,功利主义作为基本的伦理理论就成为生命伦理学的一种必然诉求。把功利主义应用到医疗领域,尤其是在市场经济时代,最大的好处是在判断或进行行为选择时,以患者和社会多数人利益为重,同时兼顾个人正当利益和医院利益,利于将有限的卫生资源按照符合社会整体利益的方向进行分配,从而避免浪费。在道德评价中,这种理论、观点等具有客观性、可视性、有形性和明显可见的实际利益性,容易被人接受和运用,比较符合科学原则和实事求是原则的要求。现代生命科学的发展对旧有生命道德观念的冲击和建立新生命道德哲学的渴望,要求社会在科学进步和道德控制之间作出抉择,功利主义在一定程度上可以对这种选择提供理论上的有效支持。事实上,对于现代生命伦理学理论的建立和成熟,功利主义理论扮演了重要的角色。因为无论是生命质量的确定、生命价值的判断、死亡方式的选择,还是有限卫生资源的合理分配、医疗卫生事业的宏观决策等,都存在依据什么样的标准进行价值判断和道德选择的问题,在这种选择中,功利主义在方法和原则上具有不可替代的理论功用。

功利论作为西方价值观的核心,是18世纪下半叶兴起的大工业化和产业革命的产物,它的使命就是以社会公正、民主、自由主义的精神这种价值观武装资产阶级和广大社会成员,并为资本主义经济的发展开辟道路,提供动力。从历史的角度而言,功利论的进步作用是很明显的。但是这一理论也有它的历史局限性。一是功利论从抽象的人性论出发,把道德的目的建立在人的本性的基础之上,忽视了人性的历史性和社会性。二是功利论强调个人利益地位的同时,对社会的共同利益重视不够,甚至只承认个人利益是现实的存在,而否认社会利益具有这样的性质。三是功利论强调人的利益和人的幸福无疑是有价值的观点,然而,他们所理解的利益是物质的利益、感官的快乐和肉体感受性,忽视精神利益。正是功利论的局限和缺陷,提示我们在实践中要警惕滑向极端的"重利轻义",因为过分地重利容易使人们为了利益而不择手段。同时它还容易使人"短视",即过分注重功利容易使人们重视眼前利益,忽视长远利益和重大的利益,影响正确地处理好各种关系。

### (四) 正义论

正义论(a theory of justice)是当代美国哲学家约翰·罗尔斯(John Rawls,1921—2002 年)在他1971 年出版的著作《正义论》一书中阐述的理论。这部著作因为对正义论思想的系统阐释,被认为是 20 世纪在道德哲学和社会哲学领域最具影响力的一部著作。罗尔斯在这部书中谈道:"我一直试图做的就是进一步概括洛克、卢梭和康德所代表的传统的社会契约理论,使之上升到一个更高抽象的水平。"国际上也有学者评论认为,罗尔斯确实试图发展出一种理论,这种理论即正义理论,是力求把功利主义理论的优势与康德义务论观点的优势结合起来,既避免功利主义所提出的幸福理论缺乏正义原理支撑的缺陷,又能够为康德等道义论中的公正思想提供一个解决社会道德问题可行的方法。罗尔斯的正义论所做的就是这种理论努力。

正义论的出发点是以社会契约的方式解决社会公平地进行利益分配的问题。这种理论是作为功利主义的替代性道德哲学理论提出来的。罗尔斯认为功利主义存在的最根本错误,是在讨论社会正义原则的时候,将"作为一个整体社会的理性选择采取了对一个人适用的理性选择"。功利主义提出的最大幸福或者最大效用原则对个人来说可以作为一种道德选择的原则,但是如果这个原则被运用于对社会制度的解释,那就等于承认"可以为了使更多人分享较大利益而剥夺少数人的自由"。这确实是功利主义没有解决的一个理论问题。所以罗尔斯认为:"正义的主要论题是社会的基本结构,或更准确地说,是社会主要制度分配基本权利与义务以及决定分配社会合作所得的利益的方式。"在罗尔斯看来,政府的基本责任在于保护和提高社会成员个人的自由和福利,那么解决社会成员之间的利益纷争所形成的社会矛盾,就需要一种方法或者标准来保护每一个人的合法利益,因此就需要有一种正义原理(principles of justice)作为对此进行评判的标准。

罗尔斯在他的正义理论的建构中所采用的逻辑方法是独特的,即采用了他所说的"反思平衡"(reflective equilibrium)的方法。他设计了一个"原初状态"(the original position)的环境条件,从这种状态下人们所做的理性选择中导出一些正义原则,将这些原则与日常的道德信念、正义感以及日常判断进行比较:如果正义原则及其享有的条件与人们的日常道德信念相悖,那么正义原则和条件就应该进行修正和调整;而如果正义原则较为充分地体现了那些普遍享有和很少偏颇的条件,而导出的结论与日常道德信念不一致,就修改调整日常道德信念与道德判断。他相信正是通过这样的相互调整,就可以预期达到对"原初状态"的描述,既可以对合理条件做出表达,又适合修正和调整了的判断。罗尔斯的这种"反思平衡"所采用的是一种经验与理性相互调整的方式,其"原初状态"是虚拟的而不是实际状态,是一种假设策略。

"原初状态"是罗尔斯正义论论证的一个重要概念,是罗尔斯整个研究及其方法的起点。罗尔斯认为,原初状态作为一些公平的初始条件,由此"获得"支配社会的基本结构、基本权利与义务分配的正义原则。罗尔斯对这个"获得"过程的阐释,也正是对正义原则形成过程和形成条件的论证。罗尔斯对初始条件的描述主要包括三个方面:一是存在着使人类合作可能的和必要的客观环境。存在这样一群可以组成社会的人,这些人在确定的资源有限的区域环境中生存着。二是契约各方都是按照自己生活计划行动的处在原初状态的理性人。这个由契约各方组成的社会中不仅包括两性和民族,而且这些人具备平凡的智力、才能、抱负、信仰和拥有各自的社会地位。他们有着彼此大体相同的

"基本的善",即基本需要。但是他们的生活计划(包括善的观念)是彼此不同的,甚至相互冲突。他们最大限度地实现自己的利益和满足自己的需要,对别人的利益则是"相互冷淡"、漠不关心的。三是假设这群人是处在"无知之幕"(the veil of ignorance,也译为"无知面纱")背后选择正义原则。假定这群人都不知道自己的性别、种族、自然天赋、社会地位、经济状况等,这群人中也没人知道自己的善的观念、自己的合理的生活计划的特殊性,也没有人知道所在社会的经济、政治状况和所处时代的文明程度等。再假定这群人有能力相互合作,遵守理性决策的原理,而且能够坚持他们所选择的正义原则。进一步假定,他们都有对基本利益的渴望和满足个人多种需求(比如权利、机会、权力、财富)等要求。在诸多方面的假定预设基础上,罗尔斯断定只有这样才"使一种对某一正义观的全体一致的选择成为可能","原初状态相互冷淡的理性人在无知之幕后面对支配社会基本结构的正义原则的选择问题,就成了一个在不确定条件下理性人的选择问题"。对于运用什么方式在原初状态不稳定条件下做出这种选择,罗尔斯采用了决策论和对策论,即博弈论中"最大的最小值"策略。这一策略也称为小中求大原则,即从最坏的状态出发谋求最好结果的一种方案。依照这个策略进行选择,处于原初状态的理性人就会赞同这样两个正义原则:"第一个原则:每个人都拥有一种与其他人的类似自由相容的最广泛的基本自由的平等权利;第二个原则:社会的和经济的不平等应这样安排,使对处于最不利地位的人最为有利,依附于机会公平平等条件下的职务和地位向所有人开放。"罗尔斯认为采用这两条正义原则,就可以管理好所有社会利益的分配,包括自由、资产、财富和社会权利等。

第一个原则是自由原则,罗尔斯认为这是需要优先考虑的原则。这一原则对所有的人都保证了拥有一个最大限度的平等自由权利,因为这个原则的优先性,也就明确禁止了为了社会或者经济利益而牺牲人的自由。"大致说来,公民的基本自由有:政治上的自由(选举和被选举担任公职的权利)及言论和集会自由;良心的自由和思想的自由;个人的自由和保障个人财产的权利;依法不受任意逮捕和剥夺财产的自由。按照第一个原则,这些自由都要求是一律平等的。"这种权利之所以被称为平等的自由权利,就是说虽然自由不可侵犯,但是每个人在自己享有这种权利的时候不能妨碍别人也具有类似的自由权利。

第二个原则用于对除了自由之外的社会利益分配的管辖,或者说是社会经济所允许的不平等的限度问题。"在一个公正社会里,只有当财富和社会地位的差异显示出对每个人都有益,尤其是对那些拥有最少优势的人有益的时候,这些差异才可以容忍。一个公正社会并不是其中的每个成员都是平等的社会,而是必须能证明其中的不平等是合理正当的社会。而且,必须真实存在一种获得小组成员资格以享受特殊利益的机会。"该原则的本质可以解释为机会平等原则和最不利者也受益原则。当社会在财富、权利和职位等分配上无法做到真正平等的情况下,或者说不可避免地存在不平等的情况下,对社会成员来说机会也必须平等。也就是说,要向所有的社会成员——不管他们在财富、权利和职位上存在何种因素带来的自然禀赋和才能有何不同——开放并使这些人都有获得它的平等机会。

在罗尔斯看来,要建立一个真正公正的社会必须保证符合这两条正义原则。但是他也认为:一方面,处在原初状态的理性人会意识到他们既对自己有义务,也对他人都有义务;另一方面,应该建立一些能够要求和指导作为道德的决策者个人的原理,因为那些处在原初状态的理性人会在与他人交往中的公平、忠诚、尊重和仁慈等概念上取得原理上的共识,并从中获得彼此间的责任感。罗尔斯也相信"从原初状态衍生出来的一个完整的原理体系应该包括对义务排序的规则"。但是实际上罗尔斯并没有建立任何排序规则的愿望,只是提出来这种构想,比如他谈到:"第二个原则是正义对效率和福利的优先,第二个正义原则以一种字典式次序优先于效率原则和最大限度追求利益总额的原则;公平的机会优先于差别原则。"也就是说,对于罗尔斯来说,社会的基本善(基本价值)的各个维度(自由和机会、收入和财富、自尊的基础等)之间存在不可通约的性质。这种不可通约性,就带来了字典式的次序。

罗尔斯的正义论因为建立在他所假设的"原初状态"和"无知之幕"的基础上,至少在两个方面存在难题或者说饱受质疑。一是罗尔斯在对正义论论证过程中设定的一个前提是,那些处在原初状态的人被假定不了解他们自己的生活目标、计划和兴趣,他们对利益的理解只能是罗尔斯给出的那些(自尊、财富和社会地位等),这就必然带来一种矛盾:当人们对自己的期望和目标丝毫不了解的时候,如何可能与规范自己生活的原理达成一致意见。二是正义论是否与功利论有本质的区别的问题。罗尔斯认为,正义原理只有当自由得到有效的确立和保护的时候才能适用。但是何为自由得到了有效地确立和保护,罗尔斯并没有给出清晰的答案。如果他所构建的第一条原则没有得以确认,也就是说当个人没有获得真正自由或者自由受到限制的时候,正义原理就只是一种"一般概念"。在这样的情景下,如果能为所有人带来利益,这样的认识与功利主义原理就几乎没有差别了。

　　罗尔斯的正义论中有些理论可以用于医疗情景中对医学伦理问题的认识、解释和处理。比如他在关于社会形成道德原则共识时强调的必要的家长式作风认为:"当我们了解别人的时候,并且因为他们不能代理自己而必须由我们代理他们的情况下,我们应该考虑他们的喜好。"这就为医务人员或者患者家属在尊重患者个人的意愿问题上提供了一种理论支持。罗尔斯的正义理论,最主要的理论功能还是见诸社会制度与医疗卫生体制以及具体的公共医疗、社会保健等实践和理论研究中的作用,例如:如何合理地分配有限的社会医疗卫生资源;在医疗卫生政策和制度的制定过程中如何从生命道德和健康道德视角考虑公平与公正问题等。

(陈　化)

## 【复习思考题】

1. 如何理解哲学、伦理学和传统文化在医学伦理学中的价值?
2. 阐述经典伦理学理论的核心观点、价值以及局限性。
3. 如何理解正义论在现代医学中的价值及其限度?

# 第四章
# 医学伦理学的原则与规范

**学习要点**

1. 医学伦理规范体系。
2. 医学伦理基本原则的形成。
3. 国际医学伦理基本原则的主要内容。
4. 医学伦理基本原则的应用。
5. 国际、国内医学伦理规范的主要内容。

医学伦理学具有规范伦理学学科性质,这一性质决定了医学伦理规范体系在整个学科中占有重要地位。医学伦理规范体系是以原则、准则、规则、制度以及权利、美德和道德理想等具体形式体现医学价值观念和基本理论的内容,是沟通医学伦理理论与实践的桥梁,是认识、分析、评判具体的医学道德事件、行为、活动等的观念、理论、标准和方法的基本框架和依据,是观念与规范、普遍(道德)与特殊(道德)、理论与实践、规则与方法、准则与标准等多方面统一的医学伦理规范完整系统。本章将系统地阐释医学伦理的基本原则和医学伦理规范的主要内容。

## 第一节　医学伦理学的原则

医学伦理基本原则是指医学道德的最一般的道德原则,是构建医学道德规范的最根本的道德根据,贯穿医学道德体系的始终。这些基本的伦理原则既为我们解决伦理问题提供指导,也为我们找到的解决办法提供辩护。

### 一、国际医学伦理基本原则

#### (一) 尊重原则

尊重原则(respect)又可称为尊重自主原则。要求承认患者享有作为人的尊严和权利,对那些具有自主性的患者,凡是涉及其利益的医疗行动,都应事先获得患者的许可才能进行。尊重原则首先要求尊重患者的自主性,自主是尊重原则的核心概念和理论基础。

**1. 尊重患者的自主性**　自主(autonomy)是指治疗或研究应当尊重患者或受试者的人格和尊严,治疗方案和实验研究都应在患者或受试者知情并得到他们同意的基础上才能进行,而不能欺骗、强迫或利诱他们。尊重自主性的原则在医疗保健范畴内,进一步特定化的结果主要有知情同意、保密、尊重隐私等应用准则。

在生命伦理学史上,以芳登(Ruth Faden)和比彻姆(Tom Beauchamp)为代表的一些生命伦理学家系统论述的自主性的概念主要从两方面来理解:一是自主的个人;二是自主的行动。他们认为,自主性不仅是指自主的个人,更是指自主的行动。自主的人并不必然导致自主的行动,自主的行动也并不必然由完全自主的人采取。例如,一些精神病院的患者,他们甚至没有自理能力,在法律上称为无行为能力,但他们可以做一些自主的选择,如表达对饮食的喜好、拒绝服药、给熟人打电话等。同时,一些按常理认为精神正常、有行为能力的人,有时也可能做出不自主的选择。

20世纪国际上兴起的患者权利运动,使"患者的自主权"广为人知,自主观念深入人心。在今天,医生遵循自主原则,尊重患者的自主权,已经成为一种常规。但要在现实中,贯彻自主原则却是非常复杂的,经常会遇到以下的矛盾或问题。

第一,尊重患者自主还是强调父权主义?这其实是由谁最终决定患者疾病的诊治措施和方案的问题。传统观念认为医生是医学方面的专家,而患者对医药和疾病知识知之甚少,甚至一无所知,因而医生是决定者,体现这种观点和做法的就是医师父权主义,又叫医师的特殊干涉权,即医师就像父亲对待自己的孩子一样对待自己的患者,在医疗过程中代替患者做出决定。但是,随着人们自主意识的增强,目前在医疗环境中逐渐推崇"患者最终决定医疗方案和措施"的理念,即尊重患者的自主权。

第二,尊重患者自主权,是否会降低医务人员的积极性和主动性?尊重患者的自主权,并没有降低医务人员的积极性和主动性,相反,给医务人员提出了更高的要求:医患之间对医疗信息把握的不对称性,决定着医务人员既要尊重患者的自主权,又不应该无所作为。这就要求为患者的自主选择提供充分条件:①向患者详细解释病情;②告诉患者治疗或不治疗会出现的情况;③告诉患者各种可能的治疗方案;④提出医务人员自己认为的最佳治疗方案;⑤告诉患者要实施的治疗方案中的注意事项和如何配合治疗。

第三,医务人员提出的"最佳方案"遭到患者的拒绝怎么办?首先要确定患者是否具有自主决策能力。当患者具有自主决策能力时,为符合我国传统文化思维,患者本人和家属的意愿都应考虑,这里的家属应是与患者关系最为密切的,如配偶、父母、子女等。如果患者本人和家属意见无法统一,应该尊重患者本人的意见。当患者不具有或丧失决策能力时,把决策权转移给其家属。当医务人员的"最佳方案"遭到自主选择力正常的患者或家属的拒绝时,应设法搞清楚拒绝的真实理由,然后,有针对地做解释工作。如果这种努力失败,则应尊重这一选择,同时做好详细和完整的病案记录。

第四,患者的自主权是绝对的吗?医方尊重患者自主权,绝不意味着放弃或者减轻自己的道德责任,绝不意味着完全听命于患者的任何意愿和要求。根据公益论的医学伦理学理论,尊重患者的自主权并不是绝对的,它以不违背法律、法规、政策和社会公共利益、社会公共道德为前提。如果患者患有对他人、社会有危害的疾病而又有不合理要求和做法,我们不必尊重患者的自主权,而应该拒绝患者的"非分选择",如有权拒绝传染病患者提出的行动自由的要求等;另外,当患者或其家属错误地行使自主权,所做的错误决定明显对患者的健康和生命有严重危害,或者家属的代理决定明显违背患者自己的意愿时,医方都有权加以抵制、纠正,即可以行使特殊干涉权。

**2. 尊重患者的尊严与人格** 尊重原则要求医务人员尊重患者的人格和尊严。人本身具有最高价值。德国古典哲学的创始人、著名哲学家康德(Immanuel Kant,1724—1804)指出"在他所有的行为中,无论这些行为是指向他自身还是其他理性存在者,他都必须总是同时被认为是一个目的",作为理性存在者的任何一个人,都必须只能被当作目的,而不能被当作手段。人是目的,因而就是万物的价值尺度,是评价社会及其发展等万事万物的价值标准,超越一切事物的价值,"凡是有价格的,都可用别的等值的某个东西取代它;另一方面,凡是超乎所有价格的,因而没有等值的东西可替代的,就有尊严"。人超越一切价格,人本身具有最高的价格或尊严。

患者具有独立的不可侵犯的地位和身份,医生应该尊重其作为人的尊严,尊重其人格。"人格"(personality)与"尊严"(dignity)是紧密相联的两个概念。"人格"这个词源于拉丁语persona。persona最初指演员所戴的面具,后来指演员本人:一个真实的自我。现代意义的人格是指一个人的尊严、价值和道德品质的总和,是一个人在一定的社会中的地位和作用的统一,即一个人被社会所应该确立的自我。尊严是对个人或社会集团的社会价值和道德价值的认识和自我肯定,承认人的生命价值的存在是最基本的尊严。

患者享有人格权是尊重原则之所以具有道德合理性并能够成立的前提和基础。患者的人格尊严理应受到尊重,具体表现在:①患者在接受诊疗的过程中享有尊严,其人格应受到尊重,不应因为患病而受到任何歧视。患者只是身体上有疾病的人,除了健康,他/她与一般人没有任何差别,因而应享有一般人享有的一切权利,不能受到嘲讽、侮辱、谩骂。②患者的身体应该受到尊重。在诊疗的过程中,患者的身体,尤其是生理缺陷不得作为笑料,更不能被予以传播。③患者的风俗习惯应该受到尊重。在诊疗过程中,要充分考虑少数民族、特殊族群患者的风俗习惯、禁忌。④患者不应受到怠慢。医生不能高高在上,对患者不屑一顾、爱答不理、敷衍了事。

### (二) 不伤害原则

医疗技术本身存在两重性。任何医疗措施都是患者的健康利益与医疗伤害相伴而来,因而要强调不伤害原则。

**1. 医疗伤害的含义与分类** 医疗伤害作为职业性伤害,是医学实践的伴生物,历来受到中外医家的高度关注。许多甚至绝大多数现代医学行为都对服务对象存在着不同程度的伤害,比如手术的创伤、药物的毒副作用、辅助检查导致的痛苦与不适等,这样的伤害是不可避免的。伤害包括实际的伤害和伤害的风险。实际的伤害是指在治疗或研究中实际发生了的伤害;伤害的风险是指在治疗或研究时可能发生的伤害。如截肢后失去一条腿,这是实际的伤害,而截肢后可能发生血栓或感染,这是伤害的风险。

现实中的诊疗伤害现象有以下几类:①有意伤害与无意伤害。有意伤害是医方出于打击报复心理或极其不负责任,拒绝给患者以必要的临床诊治或急诊抢救,或者出于增加收入等狭隘目的,为患者滥施不必要的诊治手段等所直接造成的故意伤害。与此相反,不是医方出于故意而是实施正常诊治所带来的间接伤害则属于无意伤害。②可知伤害与意外伤害。可知伤害是医方可以预先知晓也应该知晓的对患者的伤害。与此相反,医方无法预先知晓的对患者的伤害是意外伤害(例如麻醉意外)。③可控伤害与不可控伤害。可控伤害是医方经过努力可以或应该降低其损伤程度,甚至可以杜绝的伤害。与此相反,超出控制能力的伤害则是不可控伤害。④责任伤害与非责任伤害。责任伤害是指医方有意伤害以及虽然无意但属可知、可控而未加认真预测与控制、任其出现的伤害。意外伤害、虽可知但不可控的伤害,则属于非责任伤害。

**2. 不伤害的内涵与要求** 临床诊治过程中不使患者受到不应有的伤害的伦理原则,是一系列具体原则中的底线原则。因此,不伤害患者是古老的传统行医规则,是医学人道观念的突出体现。在古希腊,著名的《希波克拉底誓言》明确提出并详尽阐述了不伤害患者的伦理思想:"检束一切堕落及害人行为,我不得将危害药品给予他人,并不作该项之指导,虽有人请求,亦必不与之。"这一规则是西方医学人道主义传统的重要组成部分。

医疗伤害带有一定的必然性。不伤害原则(nonmaleficence)的真正意义不在于消除任何医疗伤害(这样的要求既不现实,又不公平),而在于强调培养为患者高度负责、保护患者健康和生命的医学伦理理念和作风,正确对待医疗伤害现象,在实践中努力使患者免受不应有的医疗伤害。不伤害原则不是绝对的,因为很多检查和治疗,即使符合适应证,也会给患者带来生理上或心理上的伤害。如肿瘤的化疗,虽能抑制肿瘤,但对造血和免疫系统会产生不良影响。

临床上的许多诊断和治疗具有双重效应。双重效应是为了在有意获取某种必要的益处而无法避免一种间接的伤害时所作的伦理辩护。由这种伦理辩护引申出一个叫做"必要害"的概念。所谓"必要害",是指为了达到某一有益的目标,而必须要承受某种伤害。这种伤害是为了达到那种有益的目标而不得不付出的一种代价,因此是一种"必要的伤害",简称"必要害"。手术的创伤、药物的副作用、辅助检查的不适等都属于"必要害"。如果一个行动的有害效应并不是直接的、有意的效应,而是间接的、不可避免的,而且有害效应远小于有益效应,那么这个行动的正当性可以得到辩护。如当妊娠危及胎儿母亲的生命时,进行人工流产或引产,这时挽救母亲的生命是直接的、有意的效应,而胎儿死亡是间接的、不可避免的效应;为患者行截肢手术,是为了挽救患者生命,而不是为了让患者失去一条腿。

不伤害原则对医方的具体要求是:强化以患者为中心的动机和意识,坚决杜绝有意和责任伤害;

恪尽职守,千方百计防范无意但却可知的伤害以及意外伤害,不给患者造成本可避免的身体上、精神上的伤害和经济上的损失;正确处理审慎与胆识的关系,经过风险/治疗、伤害/受益的比较评价,选择最佳诊治方案,并在实施中尽最大努力,把不可避免但可控伤害控制在最低限度之内。要求做到不滥施辅助检查,不滥用药物,不滥施手术。

### (三) 有利原则

伦理学原则不仅要求我们不伤害人,而且要求我们促进他们的健康和福利。有利原则(beneficence)比不伤害原则更广泛,它要求所采取的行动能够预防伤害、消除伤害和确有助益。有利原则,是把有利于患者健康放在第一位并切实为患者谋利益的伦理原则。有利,就是医务人员为患者做善事。

有利于患者是中外优良医德传统。在中国,利他性的助人思想是最早的医学道德观念的精髓,后来逐步形成"医乃仁术"的行医准则。在西方,古希腊《希波克拉底誓言》明确提出并阐明了"为病家谋利益"的行医信条:"我愿尽余之能力与判断力所及,遵守为病家谋利益之信条,并抵制一切堕落和害人行为,……凡患结石者,我不施手术,此则有待于专家为之。我愿以此纯洁与神圣之精神,终身执行我职务。无论至于何处,遇男遇女,贵人及奴婢,我之唯一目的,为病家谋幸福。"到了现代,有利于患者成为医学伦理最重要的原则之一。1948年世界医学会《日内瓦宣言》明确规定:"在我被吸收为医学事业中的一员时,我严肃地保证将我的一生奉献于为人类服务……我的患者的健康将是我首先考虑的。"1988年我国卫生部颁布的《医务人员医德规范》的第一条规定是"救死扶伤,实行社会主义的人道主义。时刻为患者着想,千方百计为患者解除病痛"。有利原则的实质要求医务人员善待患者,善待生命,善待社会。

有利原则与不伤害原则有着密切关系。有利包含不伤害;不伤害是有利的起码要求和体现,是有利的一个方面。有利原则由两个层次构成,即低层次原则不伤害患者,高层次原则为患者谋利益。不伤害原则为有利原则规定一条底线,奠定一个基础;有利原则基于此设定了更为广泛而且具有进取性要求的伦理准则。

有利原则具体体现在:树立全面的利益观,真诚关心患者的以生命和健康为核心的客观利益(止痛,康复,治愈,救死扶伤,节省医疗费用等)和主观利益(正当心理学需求和社会学需求的满足等);提供最优化服务,努力使患者受益,即解除由疾病引起的疼痛和不幸,照料和治愈有病的人,照料那些不能治愈的人,避免早死,追求安详死亡,预防疾病和损伤,促进和维持健康;努力预防或减少难以避免的伤害;对利害得失全面权衡,选择受益最大、伤害最小的医学决策;坚持公益原则,将有利于患者同有利于社会健康公益有机统一起来。

### (四) 公正原则

公正(justice)的一般含义是公平正直,没有偏私。公正概念与"应得赏罚"有联系。一个上司奖励一个无所作为的下属就是不公正,一个勤劳扎实,业绩突出的下属没有得到奖励也是不公正。

公正有两个原则:"形式上的公正原则"和"实质上的公正原则"。这是两个相互区别又相互联系的层次。"形式上的公正原则"是指在有关方面,对同样的人给予相同的待遇,对不同的人给予不同的待遇,如:两片面包分给两个同样饥饿的儿童,公正要求每个人分一片,在这种情况下"不等"分配是不公正的;如果一个儿童刚吃了一顿饱饭,另一个在24小时内没有吃任何东西,则把两片面包都给第二个儿童才是公正的,这时"平等"分配就是不公正的。"实质上的公正原则"规定了一些有关的方面,然后根据这些方面来分配负担和收益。具体来说,可以依据个人的需要、能力、职位高低、对社会的贡献、业已取得的成就等分配相应的负担和收益。

当代倡导的医学服务公正观,应该是形式公正与实质公正的有机统一。每个人因为对社会的最基本贡献完全相等——每个人一生下来都同样是缔结、创造社会的一个股东——而应该完全相等地享有基本权利(基本权利完全平等),所以在基本医疗保健需求上要求做到绝对公正,即应人人同样享有,在满足需要方面同等对待;每个人因为具体贡献的不平等而应该享有相应不平等的非基本权利,但比例应该完全相等(非基本权利比例平等),所以在特殊医疗保健需求上要求做到相对公正,即对有同样条件的患者给予同样满足。

医疗卫生资源是指满足人们健康需要的、现可用的人力、物力和财力的总和。其分配包括"宏观分配"和"微观分配"。"宏观分配"是各级立法和行政机构所进行的分配,解决的是确定卫生保健投入占国民总支出的合理比例,以及此项总投入在预防医学与临床医学、基础研究与应用研究、高新技术与适宜技术、基本医疗与特需医疗等各层次、各领域的合理分配比例的问题,目标是实现现有卫生资源的优化配置,以此充分保证人人享有基本医疗保健,并在此基础上满足人们多层次的医疗保健需求。"微观分配"是由医院和医生针对特定患者在临床诊治中进行的分配。在中国,目前主要是指住院床位、手术机会以及贵重稀缺医疗资源的分配。临床上,公正原则针对微观医药卫生资源分配,要求医方按"医学标准—社会价值标准—家庭角色标准—科研价值标准—余年寿命标准"综合权衡,在比较中进行优化筛选,以确定稀缺医药卫生资源优先享用者资格。其中,医学标准主要考虑患者病情需要及治疗价值;社会价值标准主要考虑患者既往和预期贡献;家庭角色标准主要考虑患者在家庭中的地位和作用;科研价值标准主要考虑该患者的诊治对医学发展的意义;余年寿命标准主要考虑患者治疗后生存的可能期限。在这些标准中,医学标准是必须优先保证的首要标准。

综上所述,在医护实践中,医务人员以医学道德的四个原则规范自己的行为是很重要的。但是,有时几个原则之间也会发生冲突,如不伤害原则与公正原则、有利原则与尊重原则等,因此要具体情况具体对待,并要明确尊重原则和不伤害原则是最底线,还应该有一些更加具体的应用准则来指导医学伦理的实践。

## 二、医学伦理学应用中的准则

医学伦理学的应用准则包括知情同意、医疗最优化、医疗保密,它们为医疗实践提出了更加具体的伦理要求和伦理指导。

### (一)知情同意

知情同意是尊重原则的具体表现形式和要求,是临床诊疗工作中处理医患关系的基本伦理准则之一,也可以认为它属于尊重原则的范畴。

**1. 知情同意的概念**　知情同意(informed consent)也称知情许诺或承诺,临床上是指在患者和医生之间,当对患者作出诊断或推荐一种治疗方案时,医务人员必须向患者提供包括诊断结论、治疗方案、病情预后以及治疗费用等方面的真实、充分的信息,尤其是诊断方案的性质、作用、依据、损害、风险以及不可预见的意外等情况,使患者或其家属经过深思熟虑自主作出选择,并以相应的方式表达其接受或拒绝此种治疗方案的意愿和承诺,并在患方明确承诺后才可最终确定和实施拟定的治疗方案。简单地说,知情同意是指患者有权知晓自己的病情,并对医务人员采取的防治措施决定取舍的自主权。

**2. 知情同意的主体**　从法律上讲,精神正常的 18 周岁以上的成年患者,具有完全的民事行为能力,知情同意由其本人作出方为有效,他人不能代理作出。一般来说,知情同意的主体主要是患者,在我国特殊的文化传统影响下,知情同意主体还同时包括患者的法定代理人、监护人以及患者的亲属;对于丧失行为能力的患者,精神病患者,或无民事行为能力的未成年患者,其知情同意权应由其法定代理人、监护人或患者的亲属行使;对于 8 周岁以上的未成年人(限制民事行为能力人),可以进行与其年龄、智力相适应的民事活动。因此,限制民事行为能力人对于危险性小的一般医疗行为可以成为知情同意权的主体,但对于危险性较大的医疗情形,即使是较高年龄阶段的未成年人,其同意仍要由监护人作出。

**3. 知情同意的伦理条件**

(1)"知情"的伦理条件。知情同意的运用都应该建立在"知情"的基础上。"知情"应该满足如下伦理条件:①提供信息的动机和目的完全是为了患者利益。医务人员在提供信息的时候,其动机与目的应该都是为了患者的健康利益与生命利益,否则,道德是难以支持的。②提供让患者作出决定的足够信息。医生应该掌握提供信息的限度。具体来说,医生提供信息时应遵循以下原则:一是因人而异原则;二是保护性原则;三是少而精原则。③向患者作充分必要的说明和解释。医务人员对于诊疗方案的性质、作用、依据、损伤、风险、医疗费用以及不可预测的意外等情况,有义务向患者及其亲属作充分的、简单明了的说明和解释。

（2）"同意"的伦理条件。根据《纽伦堡法典》的有关精神,患者在知情的基础上作出某种许诺或承诺即"同意",应具备如下条件:①患者有自由选择的权利,即患者在诊疗过程中的选择、决定不受他人或其他因素的干扰,如患者的选择行为不受他人强迫、暗示、欺骗和操作控制等。②患者有同意的合法权利。这是指患者自身的伦理条件。患者作自主决定的年龄必须达到法定的年龄,并具有完全的民事行为能力。对法定年龄以下的患者的同意不能认可,而必须由其监护人代理同意。③患者有充分的理解能力。这是指患者自身的心智条件,即患者必须有理解和辨识想要做的行为的意义和后果的能力。如一些精神发育缺陷的患者,其自身对作出决定不具有充分的理解力,或有的文盲患者没有作出决定的充分知识,这就需要监护人或代理人同意。

**4. 知情同意的主要内容与实施**

（1）医方告知内容:根据《中华人民共和国民法典》的规定,医务人员在诊疗活动中应当向患者说明病情和医疗措施。需要实施手术、特殊检查、特殊治疗的,医务人员应当及时向患者具体说明医疗风险、替代医疗方案等情况,并取得其明确同意;不能或者不宜向患者说明的,应当向患者的近亲属说明,并取得其明确同意。如何让患者充分知情呢? 有以下几个环节应向患者或家属告知:①入院告知。告知医院概况,包括医院文化、服务范围、学术地位、技术水平、专科特色、地区优势强度,甚至包括医疗服务收费,还应该就疾病的各种治疗方案进行告知。②诊断过程告知。告知患者现有症状、原因及有一定的危险性、可能产生不良后果的诊断性检查或对患者疾病所做的诊断。③治疗过程告知。主要告知的内容是:有明显副作用或易出现意外的药物;拟定实施手术的内容;手术可能发生的危险;实施预定手术效果及改善程度;不实施手术将发生何种后果;施术者对不确定危险因素的把握程度;在发生不确定因素时的对策及准备。④创伤性操作告知。在诊疗过程中,如果需要实施有创伤性技术操作,要对患者全面交代清楚,内容包括目的和意义、风险、必要性以及拒绝检查或治疗的后果。⑤改变治疗方案告知。在治疗方案改变前让患者预先了解新治疗方法或药物对自己所患疾病的重要治疗作用,这种新治疗方法自身的缺陷、接受治疗的风险性以及拒绝这些治疗可能带来的严重后果等。⑥临床试验性检查和治疗的告知。告知临床试验性检查和治疗给患者带来的可能性收益、可能承担的风险与不适,同时说明患者接受临床试验性检查和治疗是自愿的,患者有权在任何时候中止类似的检查和治疗,并且不会受到任何处罚。⑦经济费用告知。告知患者或代理人诊治过程所需的费用,尤其是昂贵的药物、检查和治疗措施的费用要事前告知,让患者或代理人知晓。⑧暴露患者隐私部位的告知。医疗告知的内容还应该包括所有涉及患者身体隐私部位的检查和诊疗、致其不适的检查和诊疗以及患者提出疑问的情况等。

（2）医方告知实施原则:①紧急救治的告知原则。为了不延误抢救时机,对某些需要急诊救护又无法实行或代理实行知情同意的患者,可不受知情同意限制。《美国医师学会伦理手册》规定:急诊/急救时可以不经知情同意。根据《中华人民共和国民法典》的规定,因抢救生命垂危的患者等紧急情况,不能取得患者或者其近亲属意见的,经医疗机构负责人或者授权的负责人批准,可以立即实施相应的医疗措施。在这种情况下产生的一些不良后果不应该受到事后追究。②不良效果预示原则。在临床工作中,凡是有可能产生不良后果或者会出现无法满足患者主观愿望的所有诊疗措施,医务人员都应该在对可能的不良反应作出充分考虑和推理后预先进行医疗告知。③告知适度原则。事实上要求所有的诊疗活动都实施医疗告知,是不现实的,也是不科学的。在实践中我们必须遵循适度原则,才是科学的和行之有效的。适度原则是指有重点、有针对性地确定一些医疗告知项目或范围,并逐步加以修改完善,付诸实践。适度原则就是要防止一刀切和形而上学的做法。④顺序原则。从法律上看,西方国家,尤其是美国,特别强调保护患者个人权利,我国相关法律也规定只有在患者放弃或正式委托亲属,患者缺乏或丧失行为能力的时候,才能让亲属行使知情同意权。在我国,知情同意权代理人的先后顺序应为:配偶—子女—家庭其他成员—患者委托的其他人员。

（3）知情同意权的实施:患者在充分理解医务人员提供的相关诊疗信息的基础上,并有能力作出自主、自愿的判断后,必须作出同意或不同意的决定。这种同意与不同意的决定权,即同意权,在临床上的表现形式主要有三种:①语言表示。患者通过与医务人员的对话了解自己的病情,同意医生的治疗方案。②文字表示。医生向家属介绍患者病情,家属在病重、病危通知书上签字,均视为患者知情。输血协议书、手术议定书上患者家属的签字视为患者知情同意权的实施。③行为表示。在医疗实践中,医生要求患者检查治疗,患者未用语言或文字表示,但用行为表明接受了检查和治疗,视为患者知情同意权的实施。知情同意实施过程中,有许多细微的问题值得注意,语义与文化上的差异,往往使"同意"不真实,这就需要进行必要的理解检验。

**5. 知情同意运用的具体问题**

（1）知情同意与特殊干预权:在临床工作中也会遇到病情告知后,患者及家属不同意的情况。面对这种情况,医务工作者可以行使医疗干预权。医疗干预权,又称医生干涉权,是在医学伦理原则指导下,医生为患者利益或他人和社会利益,对患者自主权进行干预和限制,并由医生作出决定的一种医疗伦理行为。它适用于特殊情况下,用于限制患者自主权利以达到完成医生对患者尽义务的目的。它有两个特点:一是行为的目的和动机是善的,符合行善原则;二是由医生代替患者作出决定。

（2）知情同意中的代理人同意:代理人同意是知情同意的一种特殊形式,是指某些患者由于缺乏作出决定的自主能力,在涉及医疗判断、医疗方案的选择或决定时,在医务人员向患者及其代理人说明有关医疗的好处、危险性和可能发生的其他意外情况等信息之后,由代理人为患者作出同意或不同意这种治疗的决定。代理人应该是有行为能力的人,并且与患者无利益和情感上的冲突。代理人应以真正代表患者的最佳利益为前提。

**（二）医疗最优化**

**1. 医疗最优化的含义**　医疗最优化原则是行善原则、不伤害原则在临床工作中的具体应用,指在临床实践中,诊疗方案的选择和实施追求以最小的代价获取最大效果的决策,也叫最佳方案原则,如药物配伍中首选药物的最优化、外科手术方案的最优化、辅助检查手段的最优化、告知患者病情方式的最优化、晚期肿瘤患者治疗的最优化等。就临床医疗而言,最优化原则是最普遍,也是最基本的诊疗原则。

**2. 医疗最优化的道德实质**　是要促使医务工作者在临床诊疗中,追求医疗技术判断与医学伦理判断的高度统一、协调一致。任何医学判断都是由医学技术判断和医学伦理判断构成。比如,直肠癌的诊断,从医疗技术判断来看,就目前的医学手段可以采用 X 线造影检查、超声检查、CT 检查、肠镜及活检、剖腹探查等多种检查手段。这些方法对直肠癌的诊断均是有价值的,均可以被选用,无论选用哪一种都是正确的。但是,究竟选用何种检查方法才最有利于患者,这就超出了单纯的医疗技术判断的范围,它更多地涉及"应该与不应该"的问题:对于 A 患者来说,选择 CT 检查是应该的,但对 B 患者而言,选择 CT 检查不一定是应该的,相反剖腹探查则是应该的。"应该与不应该"问题的判断不是技术判断,而是伦理判断。伦理判断就要涉及经济基础、价值观、人生观、生命观、健康观等问题,这些不是技术解答的问题,而是伦理回答的问题。

医学的判断需要伦理判断,也离不开伦理判断。任何一个医学判断,任何一个医疗行为的选择都是医疗技术判断与医学伦理判断共同作用的结果。医疗技术判断的目的在于保证医疗行为选择的科学性和正确性,其判断水平高低与否主要取决于所掌握的医学知识与技能等;而医学伦理判断的目的在于保证医疗行为的价值取向的合目的性和善良性,其判断水平高低与否主要取决于判断者的道德理念、道德品质等。医疗最优化的伦理意义在于追求技术判断与伦理判断的高度统一,最终达到善待生命、善待患者、善待社会的目的。

### 3. 医疗最优化的主要内容

（1）疗效最佳：指诊疗效果在当时医学发展水平上，或在当地医院的技术条件下，是最好的、最显著的。疗效最佳的判断必须注意两个问题：一是选用的诊疗措施是适合具体患者的最有效的检查、最有效的药物或最有效的手术等，同时所产生的效果应该是目前医学界普遍认可的；二是选用的诊疗措施所产生的效果应该是目前医学界普遍公认，同时又是医院现有条件能够提供的，患者也能接受的。

（2）损伤最小：指在临床诊疗工作中，诊断准确、治疗科学能治病救人；相反，误诊或漏诊、误治或漏治能致命害人。任何诊疗技术都存在着这种利弊两重性，难免会给患者带来一定的伤害。为了减少这类伤害，医疗最优化原则要求，在疗效相当的情况下，临床工作者应以安全度最高、副作用最小、风险最低、伤害性最少作为选择的诊疗方法的标准。严格区别三种情况：一是利大于弊的情况；二是利弊对等的情况；三是弊大于利的情况。坚持医疗最优化原则就必须选择利大于弊的诊疗措施，不选择弊大于利的诊疗措施。此外，由于客观条件的限制，不能选择利弊对等的诊疗措施时，医务工作者应持十分审慎的态度作出决策。对必须使用，但又有一定伤害或危险的治疗方法，医务人员应寻找降低伤害的措施，尽量使可能的伤害减少到最低程度，确保患者的生命安全。

（3）痛苦最轻：对患者而言，痛苦客观存在，包括疾病本身的痛苦，也包括诊疗的副作用所致的痛苦。痛苦不仅是肉体上的，而且是精神上的。痛苦虽然是客观存在的，但也是可避免的，这就需要医务工作者恪守医疗最优化原则，在确保治疗效果的前提下精心选择给患者带来痛苦最小的治疗手段。减轻疾病给患者带来的痛苦始终是医生诊疗的伦理责任。在特定情况下，对晚期癌症患者、临终患者，消除或减轻其痛苦已上升为主要矛盾，选择治疗方案时常常把减轻痛苦作为决策中的第一要素加以考虑。

（4）耗费最少：在我国，随着市场经济的日益完善，医院经营模式的转变，医疗保险制度改革的深入，医疗的费用越来越成为影响患者诊治的重要因素之一。低投入与高产出的意识在医疗活动中备受重视。面对这一现实，耗费最少便成为医疗最优化原则的重要内容。它要求医务人员无论是对待自费患者还是对待公费患者，在选择诊疗方案时，应当在保证诊疗效果的前提下，选择卫生资源耗费最少，社会、集体、患者及家属经济负担最轻的诊疗措施。防止由个人或集团的利益导致的"过度医疗消费"现象发生，致使患者蒙受经济利益的损失。

### （三）医疗保密

《希波克拉底誓言》说："我在职业中或私下看到或听到的一切都不应该泄露，我会保守秘密而不告诉任何人。"

**1. 医疗保密的概念**　医疗保密（medical confidentiality）通常是指医务人员在医疗中不向他人泄露能造成医疗不良后果的有关患者疾病的隐私。它包括以下三个方面的内容：①为患者保密。在临床中，医务人员为了诊治疾病，常常需要了解与患者疾病相关的，而且患者又不愿意向别人透露的个人生活方式、行为习惯、生理、心理等方面的隐私和与患者疾病性质、预后情况、生理缺陷等方面有关的医疗信息。而患者为了治病或救命的需要，通常又会将这些个人隐私告诉医生。这些隐私可分为四个层次的秘密：一般秘密——有关私事，可与特定范围的亲戚、朋友分享；机密——主要指可与亲人（如配偶、子女）分享的隐私；绝密——一般不与他人分享的隐私，甚至是最亲近的人；核心自我——一辈子也不会泄露给他人的内心世界。医生了解患者这些隐私是为了诊治疾病，除此以外不应再有别的目的，因此，医务人员有责任为患者保守这些秘密。②对患者保密。医疗保密也是临床上常见的一项保护性医疗措施，对患者保密的目的就是对一些特殊的患者施行医疗保护的举措。生物-心理-社会的医学模式要求在治疗疾病的过程中，既要"治身"，也要"治心"。"治心"就要考虑患者的心理品质、人格特征、认知水平等心理素质对治疗疾病和战胜病魔的影响。预后不良的患者，尤其是临终患者，当获知所患疾病的真实情况后很可能会悲观失望，失去战胜疾病的信心，消极对待治疗，甚至放弃治疗或拒绝治疗，促使疾病恶化或加速死亡。针对这种现象，长期以来医学对这类有预后不良疾病的患者常常采取保护性的隐瞒真实病情的做法。值得指出的是医学界对这种做法也存在着争议。③保守医务人员的秘密。临床工作中,医务人员在医疗过程中的失误及医疗差错等情况一般不应当告诉患者。这并不是对患者的不真诚,而是因为这样做一是有损同行的职业威信和自尊,违背最基本的同行间的信用关系,二是对诊断、治疗不利,最终影响以信任为基础的医患关系。医生的医疗差错或事故对上级和组织不可隐瞒,至于该不该同患者讲,则应该由组织决定处理。

**2. 保密原则与"讲真话"**　任何道德规范体系都要把诚实与讲真话纳入自己的体系之中,成为自己道德体系的重要组成部分。医学道德也不例外,诚实与讲真话自始至终是临床实践工作中评判医务人员道德水准的重要尺度之一。其主要含义为:患者与医生之间的交流应当是诚实的,这是一种美德,是医患之间真诚关系的基础。患者要对医生讲真话,如实而不隐瞒地将自己的病情告诉医生;医生说话应以事实为依据,真实地告诉患者有关诊疗情况。但讲真话在临床实践的应用是有例外的、有条件的,这主要是由讲真话与保护性医疗相冲突造成的。保护性医疗是在医疗过程中,医疗一方为避免医疗非技术因素可能对患者身体和心理造成的伤害,从而影响患者疾病的治疗和康复所采取的防御性手段。预后不良的患者、临终患者或心理素质较差的患者获知自己疾病的真实情况,很可能影响治疗,促进疾病的恶化或加速死亡。面对这种情况,医学长期以来采取隐瞒真实病情的做法来施行保护性医疗,其动机是从患者的健康利益或生命利益出发,防止患者因对医疗失望而放弃治疗、拒绝治疗,从而增大治疗的难度。从后果看,在临床实践中,也的确有一些患者,在这种保护性医疗措施的保护下,即在医生的善意谎言和欺骗下得益。按照效果论的判断,只要没有出现有害的后果(本人或他人),医务人员不向患者讲真话,而采用"善意的谎言和欺骗",在道德上是允许的。当然,随着患者权利意识、文化水平的提高,随着医务人员观念的转变,讲真话成为越来越普遍的要求。但是,讲真话要依据患者所患疾病的种类、患者不同的文化水平和社会地位、患者不同的心理特征而应该有所不同。讲真话更是临床实践中的一门艺术。

**3. 医疗保密的伦理意义**　医疗保密体现了对患者隐私权,对患者人格和尊严的尊重。我国现行法律法规中患者的基本权利含有隐私权。隐私权是指患者享有不公开自己病情、家族史、接触史、身体隐私部位、异常生理特征等个人生活秘密和自由的权利,医院及其工作人员不得非法泄密。

医疗保密是良好医患关系维系的重要保证,是取得患者信任和主动合作的重要条件。在临床医疗中,无论是有意还是无意泄露患者隐私都会对患者造成伤害,都会破坏医患间的信任关系,降低患者对医务人员的信任程度,从而导致医患关系的恶性循环,甚至引起不必要的医疗纠纷。

医疗保密是尊重原则在临床中的具体应用。保护性医疗就是趋善、向善、至善的具体体现。而医疗保密则是保护性医疗的一种重要的措施与手段。当医务工作者面对诸如心理承受能力差、性格不健全或癌症等特定的患者,应该采取一定的保护性医疗措施,增强其战胜病魔的信心,防止不良后果和意外事件的发生。

**4. 医疗保密的伦理条件**　然而,在医疗实践中,保密原则并不是无限制的、绝对的,它还会遇到相关权利的冲突和限制。具体来说,恪守医疗保密必须满足以下几个伦理条件:①医疗保密的实施必须以不伤害患者自身的健康与生命利益为前提。因为,在现实的临床工作中,常常会出现恪守医疗保密原则与患者自身健康和生命利益相冲突。如一个有自杀意向,并且有能力付诸行动的患者,要求医务人员对其自杀意向进行保密,在这种情况下,医生能为患者保密吗?显然,医务人员从患者的生命和健康考虑不能作无条件保密的承诺,这在道德上是能被接受的。②医疗保密原则的实施不伤害无辜者的利益。当满足患者医疗保密的要求会给无辜的第三者带来伤害时,应该放弃这种保密,否则,伦理学不会给予支持。例如,在婚前检查发现一方患有严重遗传性疾病或性病后,患者要求医务人员对其另一方进行保密时,医务人员就必须以不损害他人的利益作为一个基本的伦理前提。③恪守医疗保密原则必须满足不损害社会利益的伦理条件。当为患者保密的后果将必然危害他人和社会利益时,应以他人和社会利益为重,对这种保密要求予以拒绝。④遵循医疗保密原则不能与现行法律相冲突,否则,它的应用就失去了伦理学的意义。

总之,医疗保密在临床中的应用是有条件的,必须考虑患者以外的他人、社会、医疗、法律等的需要和价值。其中,他人和社会利益应是为患者保密与否的最高判定标准。

## 第二节　医学道德规范

规范是指明文规定或约定俗成的标准。医学道德规范是医务人员的行业准则。

### 一、医学道德规范概述

#### (一)医学道德规范的内涵与形式

**1. 内涵**　医学道德规范(the codes of medical morality)是依据一定的医德理论和原则制定的,医务人员在具体、典型的医学情境中应该遵循的职业行为准则,是用以调整医学实践中各种具体人际关系、评价医学行为善恶的主要尺度。

医学道德规范作为医德意识和行为标准,是对整个医界的一种道德要求,从广义上:不仅包括医疗人员,而且包括预防人员、医学科研人员、医学教学人员、卫生管理人员和卫生后勤人员等其他医务人员;不仅包括医务人员个人,而且包括卫生单位和各级政府卫生主管部门等医学行为主体。

**2. 医学道德规范的形式**　医学道德规范以"哪些应该做,哪些不应该做"的表述,将医学伦理学的理论、原则转换成医务人员在医学活动中遵循的具体标准。而作为比较成熟的职业道德准则,医学道德规范一般以强调医务人员的义务为主要内容,多采用简明扼要,易于记忆、理解和接受的形式,由国家、医疗行政管理部门、行业学会或协会等颁布执行。

#### (二)医学道德规范的特点

**1. 现实性与理想性的统一**　一个社会所倡导的医学道德规范是现实医学道德的反映,必须符合医务界道德实际情况,同时也反映人们的价值追求和理想人格与目标,具有超前性,因而,必然是现实性与理想性的统一。

**2. 普遍性与先进性的统一**　医学道德规范作为行为准则,应当依据医务人员不同的医德现状,分别提出统一的底线伦理要求与高标准的价值导向要求,体现出医学道德规范普遍性与先进性的统一。

**3. 一般性与特殊性的统一**　医学道德规范一般性与特殊性相统一的特点,体现在两个方面:一是它既要符合社会道德的一般要求,又要突出医学职业的特定要求;二是它既要回答医学服务的共性要求,又要注意具体医学服务部门的个性要求。

**4. 稳定性与变动性的统一**　医学道德规范的稳定性,取决于医学道德关系的相对稳定与医学道德基本思想的相对恒定;其变动性,取决于医学道德关系的发展变化以及人们对其认识的拓展深化。

**5. 实践性与理论性的统一**　就医学道德规范本身而言,它的内容集中体现其实践性,它的形式集中体现其理论性。

### 二、医学道德规范的内容

2012 年 6 月 26 日,为进一步规范医疗机构从业人员行为,卫生部、国家食品药品监督管理局和国家中医药管理局组织制定了《医疗机构从业人员行为规范》。在其第二章提出了"医疗机构从业人员基本行为规范"共八条(第四条至第十一条),其主要内容解读如下。

#### (一)以人为本,践行宗旨

医疗机构从业人员应坚持救死扶伤、防病治病的宗旨,发扬大医精诚理念和人道主义精神,以患者为中心,全心全意为人民健康服务。以人为本就是要在医疗活动中尊重人的价值,强调患者的中心地位,是医学伦理精神的集中体现;践行宗旨是指践行救死扶伤这一医学服务的最高宗旨,是医务人员应该承担的基本职责。以人为本、践行宗旨,是医学事业和人民健康利益的根本要求。我国医德传统非常强调"医本活人""济世救人";毛泽东则把"救死扶伤,实行革命的人道主义"视为医德的精髓;《中国医师宣言》也明确要求"遵循患者利益至上的基本原则"。在国外的医德思想中,古希腊的《希波克拉底誓言》是倡导救死扶伤、忠于职守的典范;古罗马名医盖伦要求自己及同行"将全部时间用在行医上,整天思考它";《日内瓦宣言》要求医务人员"郑重地保证自己要奉献一切为人类服务"。以人为本、践行宗旨的医德准则是这些医德思想精髓的高度提炼。

### (二)遵纪守法,依法执业

医疗机构从业人员应自觉遵守国家法律法规,遵守医疗卫生行业规章和纪律,严格执行所在医疗机构各项制度规定。廉洁行医、遵纪守法,是古今中外优秀医家十分重视的医学道德品格。医疗卫生相关法律、法规、制度,既是对医疗工作秩序的规范,也是对医疗职业严肃性的维护;既是对医疗从业人员工作的要求,更是对其权益的保证。"徒法不足以自行",制度的生命力在于执行,广大医疗从业人员只有不断加强法律学习,逐步提升法纪意识,切实遵纪守法,严格依法执业,才能做到对工作负责、对患者生命健康负责,才能维护医疗机构和从业人员的正当权益和良好声誉。

### (三)尊重患者,关爱生命

健康所系,性命相托。尊重生命是医德最重要的思想基础和最突出的人文特征。作为医疗从业人员,应敬畏生命,尊重生命,关爱生命,充分保障患者合法权益;应对所有的人予以同样的关爱和尊重,"普同一等,同仁博爱"。遵守医学伦理道德,尊重患者的知情同意权和隐私权,为患者保守医疗秘密和健康隐私,维护患者合法权益;尊重患者被救治的权利,不因种族、宗教、地域、贫富、地位、残疾、疾病等歧视患者。

### (四)优质服务,医患和谐

"优质服务,医患和谐"准则要求医务人员举止端庄、语言文明。这不仅是自身良好素质和修养境界的体现,也是赢得患方信赖与合作的重要条件,有助于患者的救治和康复。举止端庄首先要讲究行为文明。医务人员的神态、表情、动作,都会直接影响患者的情绪及求医行为。行为文明要求做到:态度和蔼可亲,举止稳重,动作轻盈敏捷、潇洒大方,遇到紧急情况沉着冷静、有条不紊。举止端庄还要讲究装束文明。医务人员在着装、服饰上应与职业相适应,即规范、整洁、朴素、大方,既不主观随意,又不刻意"包装"。语言文明是指使用文明语言进行沟通。语言是人们交流思想和情感的基本工具,是体现文明修养的基本要素。医务人员良好的愿望、热情的态度、诚挚的关心,都需要通过文明语言来表达。医务人员不仅应当模范地运用礼貌语言,还应当突出其医学特点,甚至要讲究语言的艺术性。

### (五)廉洁自律,恪守医德

"学不贯今古,识不通天人,才不近仙,心不近佛者,宁耕田织布取衣食耳,断不可作医以误世!"德业双修、德术并重始终是中外历代医家在长期医学实践中遵循的行医准则,也是医家为社会所尊崇的重要原因。医疗从业人员只有廉洁自律,恪守医德,始终以德行医,以诚处事,时时处处严格要求自己,心术正、行为正、作风正,堂堂正正做人,清清白白行医,不以权谋私,不以职谋私,全心全意为患者服务,才能实现自身价值,赢得人民群众和社会的尊重。人民医学家裘法祖说自己"一身正气、两袖清风、三餐温饱、四大皆空"。在改革开放、发展社会主义市场经济的背景下,尤其是在新旧体制交替、利益格局调整和思想观念变化的情况下,医务人员更应廉洁自律,恪守医德。

### (六)严谨求实,精益求精

医疗机构从业人员应热爱学习,钻研业务,努力提高专业素养,诚实守信,抵制学术不端行为。医道是"至精至微之事",严谨求实、精益求精,是医疗卫生职业的内在要求。特别是随着时代进步和社会发展,人民群众对医疗服务的范围和质量都提出了更高要求。医疗从业人员应谨慎执业、诚信行事,尊重科学、遵循规律,钻研技术、精益求精,克服功利思想、防范浮躁心态,反对不良学术风气,抵制不端学术行为,营造良好学术氛围。

### (七)爱岗敬业,团结协作

医疗机构从业人员应忠诚职业,尽职尽责,正确处理同行同事间关系,互相尊重,互相配合,和谐共事。医疗行业的每一个岗位都与人的生命健康息息相关,使命神圣而崇高。"视职业为生命,爱岗敬业,忠诚职业"是每一位医疗从业人员应具备的品质,更是每一位医疗从业人员应遵守的基本职业操守。现代医学,特别是临床诊治工作是多学科融合与应用的整体。医疗从业人员只有在同一任务目标下,同心协力,取长补短,互相尊重,相互配合,才能获得良好的治疗效果,实现以人为本的服务理念。

### (八) 乐于奉献,热心公益

医疗机构从业人员应积极参加上级安排的指令性医疗任务和社会公益性的扶贫、义诊、助残、支农、援外等活动,主动开展公众健康教育。"以为人命至重,有贵千金,一方济之,德逾于此,故以为名也"。奉献对医疗从业人员而言,就是把本职当成事业来热爱和完成,努力做好每件事,认真善待每个人。在做好常规医疗工作的同时,医疗机构从业人员应积极参加相关医疗任务,承担起基本的社会责任。无论在革命战争年代还是在和平建设时期,无论是突发公共卫生事件的应急处置,还是医疗援助、健康教育,处处都有医务人员的身影,人民群众幸福安康的背后是医务人员的默默奉献。

## 三、医学道德规范的作用

### (一) 在医学伦理学准则体系中的主体作用

医学道德原则、医学道德规范、医学道德要求,共同组成了分工明确、功能互补的医学伦理学准则体系。医务人员在医疗活动中应该做什么,不应该做什么,主要是由医学道德规范作明确而具体的规定。它比较全面地指明了医务人员应该如何在医疗实践中选择自己的行为。

### (二) 在医学道德评价中的尺度作用

医疗活动是一个复杂的过程,医务人员的医技水平、医学道德修养都离不开医学道德评价。而医学道德规范则是评价医学道德行为和医学道德生活的基本准则,因为进行医学道德评价,无论是社会的外在褒贬,还是自我的内在自省,都必须以医学道德规范作为直接尺度,即用医学道德规范来衡量每一个医务人员在医疗活动中道德行为的是与非、善与恶。

### (三) 在医院管理中的规范作用

医院管理不仅需要加强医疗技术和医疗设备的现代化,建立健全各种规章制度,而且需要制定相应的医学道德规范,加强对医务人员相关的教育,有效调动医务人员参与医院规范化管理的积极性和主动性。

### (四) 在医学道德修养中的内化作用

医学道德调节职能的实现,取决于医务人员提高医学道德修养。从不知到知,从知到行,从他律到自律,是医学道德修养的一般规律。在医疗活动中,以医学道德规范认真指导和检验自身言行,医务人员就可能实现医学道德规范的内化作用,从而提高和完善医学道德人格。

(柳　云)

### 【复习思考题】

1. 医学伦理基本原则在规范医务工作者的医疗行为中具有什么作用? 如何才能真正发挥作用?
2. 国际医学伦理基本原则的主要内容是什么?
3. 医学伦理规范主要包括哪些方面的内容? 医学伦理原则与规范的联系与区别是怎样的?

# 第五章

# 医学道德的培育

**学习要点**

1. 医学道德教育的内涵、特点与过程。
2. 医学道德修养的原则与养成方法。
3. 医学道德评价的标准和依据。

医疗领域是一个关涉人的生命质量和健康水平的高尚职业,因而古今中外都把具有高尚的医德作为职业精神的基本要求。好医生的素质不是天生的,而要经过医学道德的培育过程。早在20世纪80年代,著名内科学家张孝骞教授就谈到,医德既是崇高的道德准绳,又涉及广泛的人际关系,因此医学教育不能满足于医术的传授,更要重视医德的培养。医德的培育是通过医德教育、医德修养及医德评价,将外在的医德原则、医德规范内化为自身信念的过程。掌握医德教育、修养和评价的基本理论和方法,有助于培养医务人员良好的医学道德品质,对更好地履行医学道德义务具有重要意义。

## 第一节　医学道德教育

医学道德教育(medical ethics education)是医学道德实践的重要内容。它既贯穿于医学生在校学习的过程,也渗透在医务人员长期医疗实践的始终,是培养其医学道德品质的外在条件。医务人员担负着救死扶伤的崇高使命,在医患关系不断调整的当代社会,从医学生阶段起就重视加强医学道德教育具有十分重要的意义,关系到他们能否成为德才兼备的医学人才,能否担负起社会赋予的职业使命。

### 一、医学道德教育的含义与意义

#### (一) 医学道德教育的含义

我国医学道德教育有着悠久的历史传统。历代医家一致主张,医德和医术是治病活人的两大要素。唐代大医学家孙思邈《备急千金要方》要求医务人员,在德行上要 "安神定志,无欲无求",对有疾求救者要 "皆如至亲之想" "一心赴救";在医术上要 "用心精微" "博及医源,精勤不倦"。龚廷贤的《医家十要》四条讲德,六条讲术。清代程国彭的《医中百误歌》中的 "百误" 归结起来就是两误:一是误在德不好,二是误在术不精。

医学道德教育就是为使医务人员深刻认识并自觉履行医学道德义务,对他们进行有目的、有计划、有步骤的医学道德基础理论及基本知识的系统教育,同时在医疗实践过程中施加良好医学道德影响的过程。医学道德教育的目标是把医学道德的原则和规范,转化为医学生和医务人员的医学道德信念和行为,从而提高他们的医学道德品质,促使他们立志做一名修医德,行仁术的医务工作者。

#### (二) 加强医德教育的意义

**1. 全心全意为患者服务的需要** 　全心全意为患者服务是医务人员的职业选择。只有加强医德教育,才能深刻理解医学职业的道德本质,才能深切同情患者,自觉地承担为患者解除病痛的职责。只有具备高尚的医德品质,才能有高度的同情心,一丝不苟地为患者服务。反之,缺乏医德教育,在医疗实践中就会出现违反医德的行为,就会出现医患纠纷、发生医疗事故。

**2. 不断提高医术的需要**　医学是一个逻辑严谨、经验特征显著的知识、技能体系。医务人员只有具备了精湛的医术,才能为患者服务。加强医德教育,才能刻苦学习医学知识技能,不断总结临床经验,实现高尚医德与精湛医术的统一。

**3. 正确处理与患者关系的需要**　要为患者服务,就要处理好与患者、患者家属的关系。加强了医德教育,医务人员才能具备优雅的职业气质、良好的职业心态、良好的职业沟通能力,才能最大限度地避免医患纠纷。

**4. 树立正确的世界观、人生观、价值观的需要**　医德教育不仅是从事医疗卫生工作的职业需要,而且有助于医务人员树立正确的世界观、人生观、价值观。相对于世界观、人生观、价值观,医德教育具有职业特征,是世界观、人生观、价值观在医学职业活动中的表现。世界观、人生观、价值观决定着医德教育,但医德教育也作用于医务人员对世界的理解、对人生的理解、对价值的理解,有助于医务人员树立正确的世界观、人生观、价值观。

## 二、医学道德教育的特点

医学道德教育的特点主要有实践性、长期性和多样性等三个方面。

### (一)医学道德教育的实践性

医学道德本身具有很强的实践性,在医学道德教育中要贯彻理论联系实际的原则。首先,医学道德教育要适应时代和社会发展的客观要求,结合中国特色社会主义市场经济、医药卫生体制改革及现代科学技术条件下医学伦理学面临的新课题,引导医务人员对这些课题进行探讨,帮助他们在医疗实践中正确地处理所面临的一系列医学道德问题,从而自觉地履行医学道德义务。其次,医学道德教育要引导医务人员在日常工作中践行医学道德义务,结合医疗工作的实际,做到有的放矢,使医务人员在工作实践中得到切实有效的帮助,让医学道德的原则、规范变得更为具体,并对他们的思想和行为产生深刻的影响。最后,医学道德教育必须适应医学的发展。随着医学科学的发展,医学道德领域会出现许多新问题,应教育和引导医务人员形成正确的认识,作出恰当的行为选择。纵观古今中外的医学道德,无一不是伴随着医学发展而不断增添新的内容,提出对医务人员新的要求。当今医学模式的转变,要求医务人员不仅要关心疾病的治疗,还要关注社会、心理因素对患者的影响等问题,这是医学发展的进步,更需要在医学道德上予以规范。因此,医学道德教育要坚持实践性,离开实践的医学道德规范是空洞的规范,离开医学道德规范的实践是盲目的实践。

### (二)医学道德教育的长期性

医务人员良好医学道德品质的形成不是一朝一夕的,而是一个不断积累、由浅入深、长期教育的过程。这就决定了医学道德教育是一项长期性的工作。古人云"无恒德者,不可以作医"。医务人员医学道德品质的形成有着自身的规律,医学道德情感和医学道德信念是一个不断积累、增强的过程,医学道德认识是一个由浅入深、由片面到全面的过程,医学道德习惯也是在医疗实践中逐渐养成的。可见,医务人员良好医学道德品质的塑造,良好医学道德习惯的养成,不可能一蹴而就,也不可能采用一种方式突击完成。此外,社会环境中广泛存在的非道德行为和道德困惑会给他们带来经常性的负面影响,这就需要我们在医务人员医学道德素质的形成过程中坚持进行经常性的教育,把医学道德教育当作一项长期的战略任务,从实际出发,持之以恒地进行。

### (三)医学道德教育的多样性

医学道德教育的多样性主要是由医疗工作的复杂性所决定的。为此,医学道德教育应该根据实际情况,采取多种途径和多种形式进行。在医学道德教育目标的现实性基础上,教育的内容应该具有可操作性、可接受性,富有时代特色。教育方式上,要改变传统的道德灌输模式,从激发人的积极性、主动性出发,合理运用传媒、网络等现代技术手段,实现医学道德教育的手段、方法、方式的变革。增强教育的说服力、吸引力和影响力,才能增强教育的实效。首先,由于医疗工作和社会有着密切的联系,会受地区、环境、民族、宗教信仰、个人生活经验及社会风俗等的影响,在开展医学道德教育时,先要进行调查研究,从实际出发,选择最需要、最迫切的问题作为教育的内容。其次,医学院校的学生和医疗卫生单位的职工应接受系统的医学道德教育,全面学习医学道德的理论和知识,从思想上提高对医学道德的认识;再次,要根据医疗岗位的特点进行针对性教育,加强医学道德理论与实践的结合;最后,医学道德教育应因人因地而异,切忌千篇一律,要引导医务人员注重自我学习和教育,从医学职业责任上强化自身学习的自觉性。

### 三、医学道德教育的过程

医学道德教育是一个培养和提高医务人员医学道德品质的过程。医德品质的培养过程,是医德认知、情感、意志、信念和行为习惯这五大要素逐渐确立和形成的过程。具体来说就是提高医务人员的医学道德认识、陶冶医学道德情感、锻炼医学道德意志、树立医学道德信念、养成良好的医学道德行为和习惯的过程。这是一个医学道德品质逐渐确立和形成的过程,它反映了医学道德教育的一般规律。

#### (一)提高医学道德认识

医学道德认识是对医德关系以及调节这些关系的原则、规范的认知、理解和接受。认识是行为的先导,因此提高医学生的医德认识水平是医德教育的首要环节。医学院校对学生的培养是根据医学专业进行针对性的知识传授,经过几年高等教育的医学生会掌握相当程度的医学理论知识和技能。从医学技术的角度看,他们可以顺利地进入医疗实践,为患者提供医学服务。但从医学伦理的角度看,如果不能全面、系统掌握医学伦理学的基本理论和方法,面对医学实践中诸多医学道德和生命伦理问题,医学生可能面临道德选择和价值判断的种种难题。医学院校负有给学生传授医学知识的责任,同时肩负着进一步传授医学伦理知识特别是职业道德培育的责任。医德意识不可能在医学生的头脑中自发形成,必须依靠专业伦理教育传授医德知识,才会促使他们增强医德意识,提高医德水准。因此在教育中要多传授医德知识,在理论上多给学生补充职业正能量,使学生对医学伦理学基本理论和方法建立起系统认识并具有运用其解决问题的能力。这也是医学道德要求转化为医务人员内在品质的首要环节,是医学道德形成的基础。通过医学道德的教育,可以帮助医务人员认清什么是医学道德的原则和内容,并能依此来判断自己和他人的思想和言行的是与非、善与恶、美与丑、荣与辱,从而提高对社会主义医学道德的认识水平。

#### (二)陶冶医学道德情感

医学道德情感是指医务人员在医疗实践过程中对职业和对象的爱恨、好恶态度及其遵循医德要求履职后的内心体验。医德情感是产生行为的内在动力,因此培养医学生的医德情感是医德教育的重要环节。医学道德情感是医务人员的一种主观的心理反应,是在医学实践中不断提高医学道德认识的基础上,逐步形成和发展起来的。其实,医务人员仅仅对医学道德有了认识,并不能自动转化为相应的行为,而是要通过医学道德情感的培养,这是提高医务人员医学道德水平的重要环节。因此,通过医学道德教育,可以帮助医务人员真正树立救死扶伤的医学人道主义精神,激发他们的责任感与事业心,培养对医学事业和患者的深厚感情,并从内心认可和感受医学道德的尊严与价值。这种情感具有稳定性。良好的医学道德情感一旦形成,医务人员必然会在工作中表现出一切为了患者、热心服务患者的自觉行动,做到急患者之所急、想患者之所想。有学者提出医生在临床工作中要努力达到的三条基线:心地善良、心路清晰、心灵平静。心地善良——医生给患者开出的第一张处方是关爱;心路清晰——从繁杂的现象中选择出诊治方案;心灵平静——会遇到各种难治的疾病,也会有些难处的患者,需以平常心对待。这“三条基线”,是医务工作者在经年累月的临床实践中凝练形成的医学道德情感的集中体现。

#### (三)锻炼医学道德意志

医学道德意志是指医务人员在履行医学道德义务过程中,自觉克服困难和障碍的毅力。医德意志是行为的杠杆,因此锻炼医学生和医务人员的医德意志是医德教育的关键环节。医务人员有没有坚强的医学道德意志,是能否达到一定医学道德境界的重要条件。医务人员在医疗实践过程中,会遇到许多意料不到的困难和曲折,如果没有坚强的毅力,就有可能知难而退;相反,有了坚强的毅力,就有可能排除各种困难,知难而进,始终不渝地坚持履行医学道德义务,承担医学道德责任。因此,通过医学道德教育,帮助和引导医务人员在实践中培养和磨炼坚强的医学道德意志,让他们能够自觉地、坚定不移地付诸良好的医学道德行为。在当前市场经济大潮的冲击下,医学生、医务人员难免要受到功利至上价值观及拜金主义、享乐主义人生观的影响,合理利己主义成为较普遍的价值取向。医务人员一旦在理想、信念和追求上发生动摇,就会在道德价值观念方面产生不同程度的困惑和焦虑。精神防线一旦被击垮,便会做出错误的道德行为选择,这与他们肩负的救死扶伤的历史责任是不相称的。

### (四)树立医学道德信念

医学道德信念是医务人员根据医德认识、医德情感和医德意志确立起来的对医德理想、目标坚定不移的信仰和追求。医德信念是推动医学生产生医德行为的动力,是认识转化为行为的中介环节。因此,着力于医德信念的树立是医德教育的中心环节。它是理性的医学道德认识,是在内心形成的医学道德准则,它能左右医学道德意志和行为取向,是推动医学道德认识转化为医学道德行为的动力。医学道德信念具有对个人医学道德言行进行自我监督、自我控制的作用。医学道德信念具有坚定性、稳定性和持久性的特点。医务人员一旦牢固树立了医学道德信念,就能自觉地、坚定不移地依照自己确立的信念来选择自己的医学行为,鉴定自身的行为和他人行为的善恶是非。有效的医学道德教育,不仅可以启迪医务人员确立正确的医学道德信念,还可以强化和巩固这种医学道德信念。这是将医学道德认识转化为医学道德行为的重要因素。

### (五)养成良好的医学道德行为和习惯

职业道德行为习惯是在职业道德认识、职业道德情感、职业道德意志和职业道德信念的支配下,形成的一种经常的、持续的、自然而然的行为活动习惯。职业道德行为习惯是职业道德教育的目的,也是衡量一个医学生职业道德水平的高低标志。因此,使医学生养成良好的职业道德行为习惯是职业道德教育的最终环节。医学道德行为是医学道德的外在表现,是医务人员在一定医学道德认识、医学道德情感、医学道德信念和医学道德意志的共同作用下所表现出的行为。医学道德习惯是指医务人员在日常工作中,形成的一种经常的、持续的、自然而然的行为习惯。医学道德习惯的养成,是医学道德意志坚持不懈的结果,是不稳定的医学道德行为转变为稳定的医学道德行为的体现。医德行为习惯是医德教育的目的,也是衡量医务人员医德水平高低的标志。因此,使医学生养成良好的医德行为习惯是医德教育的最终环节。医学道德教育,不仅要求医务人员自觉地按照医学道德的基本原则和规范行事,还要求将良好的医学道德行为逐步转变成医学道德习惯,从而自觉地、坚定不移地付诸良好的医学道德行为和履行医学道德责任。可见,培养良好的医学道德行为和习惯,既是医学道德教育的出发点,也是医学道德教育的归宿。

医学道德认识、医学道德情感、医学道德意志、医学道德信念、医学道德行为和习惯,构成了医学道德教育的基本过程。这五个过程是相互制约、相互渗透和相互促进的。在医学道德教育过程中,提高对医学道德的认识是前提和依据,培养锻炼医学道德情感和意志是两个必备的内在条件,确立医学道德信念是核心和主导,养成良好的医学道德行为和习惯是医学道德教育的目的。

## 第二节　医学道德修养

医学道德修养(medical morality)是医务人员一项重要的医学道德实践活动,是他们通过自我教育、自我磨炼,把社会主义医学道德基本原则和规范转化为个人医学道德品质的过程。随着医学科学的迅猛发展和医药卫生体制改革的不断深化,研究医学道德修养,提高医务人员的医学道德素质,已成为医学伦理学的一项重要课题。

## 一、医学道德修养的含义

医学道德修养是医德品质养成的方法之一和关键环节,是医务人员依据一定的医德原则和规范所进行的自我教育、自我锻炼和自我提高。它是医疗主体在职业活动中,处理与患者、同行及社会关系中对自己医德品质的锻炼和改造的过程。医德修养的过程,是外在的医德原则、规范和要求内化于医疗主体的医德认识、观念和行为习惯的过程。

## 二、医学道德修养的原则

医学道德修养要坚持读与悟相统一、知与行相统一、自律与他律相统一等原则。这些原则是在长期实践中总结概括出来的,是完善医学道德修养必须遵循的基本原则。

### (一)坚持读与悟相统一的原则

知是行的前提和基础。医学道德修养作为一种自觉的、理智的活动,必须始终在正确的认知——即科学的理论指导下进行,才能避免盲目性和片面性。医学道德修养就是科学道德理论的"内化"过程。那么,作为医务工作者,怎样才能做到和做好科学道德理论的内化呢?那就是在医德理论学习中,必须坚持读与悟的统一。孔子曰"学而不思则罔,思而不学则殆",说的就是这个道理。首先,在医学道德认知上要做到"辨真伪,去糟粕,取精华"。正处于社会转型期的当今时代,是利益主体多元化的时代,是一个多元价值观泛滥的时代,更是一个信息高速传播的时代,各种各样的道德价值理论和思潮充斥在我们周围,尤以我们十分熟悉的网络信息为甚。面对这些信息,我们如果只学习,不思考,就难辨真伪,往往无所适从,困惑迷茫。如果只做封闭式的思索,不去学习其他的理论做对比思考,往往会被其错误的思想所左右,从而走上道德修养的迷途。只有在认真阅读的同时,坚持认真思考,在理论对比中,发现真理,提高鉴别能力,才能自觉运用科学的理论武装自己,打牢医德修养的理论根基。其次,在医学道德认知上要做到识本末,戒表浅,达深邃。对每一位医务人员而言,科学医德理论的真正"内化",是建立在对医德理论科学内涵的深刻把握和全面理解的基础上。如果只学习不思考,医德理论往往停留在浅表层次,知其然,不知其所以然,往往是人云亦云,就会缺乏理论认知上的坚定性。当面对各种错误医德思想冲击的时候,就会经不住考验,很容易将科学的医德理论丢弃掉,丧失我们的社会主义医德理论阵地。只有在认真阅读的同时,坚持认真思考,才能掌握医德科学理论的精髓,才能牢固地坚持科学医德理论的指导地位不动摇。医务人员在医德修养中,只有始终坚持读与悟相统一的原则,结合自己的思想认识实际进行深入的思考,才能真正悟出医学道德的真谛,把医德修养的规范和要求内化为自己的信念,使医德品质得到升华,始终保持正确的修养方向和目标。

### (二)坚持知与行相统一的原则

道德修养中知和行的关系,就是道德认识和道德实践的关系,二者是辩证统一的。"知"是"行"的前提和基础,"行"是"知"的根本目的和归宿。在医德修养中只有将二者结合起来,才能促进自身医学道德素质的提高。医德修养的一个重要特点,就是它具有很强的实践性:修养最终要通过实践体现出来,修养也只有在实践中才能得到检验和矫正,实践是医德修养的根本途径。所以,我们在医德修养中,必须深刻认识"行",这是实践的重要地位。首先,实践是医德修养的根本目的,用科学的医德思想指导医疗实践行动是医德修养的根本意义所在。科学的医德道德理论和修养只有转化为行动才具有真正意义。救死扶伤、防病治病、全心全意为人民健康服务的医学道德理念和医学人道主义精神,绝不是仅仅停留在思想的学习上,更为重要的是践行。医务工作者只有认真实践,医德修养才能真正提高。其次,实践是检验医德修养成效的根本尺度。判断一个人的医德修养水平的高低,不仅要听其言,更要观其行。如果理论学习只停留在书本上、口头上,而不用医德理论去指导自己的行为的话,就难以达到医德修养的目的。当然,我们强调"行"的重要地位,并不是忽视和抹杀"知"的重要作用。事实上,高尚的行为,是以正确的认知为指导的,忽视思想认识的提高而只注重做"好事",

可能会行一时,但绝不可能长久。只有把知与行统一起来,真知笃行,才能不断提高自己的医德修养。

### (三)坚持他律与自律相统一的原则

所谓他律,就是被动地靠他人来约束自己,"要我这样做"。自律,就是主动地、自觉地自己约束自己,"我要这样做"。自律和他律是进行医德修养的两种基本手段。自律是他律的内在基础,他律是自律的外部条件和引导机制。他律可以促进和推动自律,而普遍的自律则又会形成有力的他律氛围,由此形成医德修养的良性循环。在医德修养上,他律的作用是不可忽视的。我们常说,"近朱者赤,近墨者黑"。这是因为,人是社会的人,人们的医德修养总要受到社会环境的制约。医疗卫生行业作为一个涉及广大人民健康和生命安危的特殊技术服务行业,一方面,相对于其他行业来说,医务人员都是各方面素质比较高的知识分子,有着良好的人际关系环境;另一方面,从诊断到治疗,从药物到手术,从管理到护理,都有着严密、科学的规章制度。他律的条件氛围比社会上任何行业都要好得多。科室所属基层党组织的教育监督、医院行政的严格管理、日常工作中的会诊制度、医德查房制度、行风投诉讲评制度以及评比奖惩制度等,都是很好的他律形式。从全社会的角度看,医疗卫生行业涉及千家万户的健康利益,是社会舆论高度关注的焦点,广大患者的就医评价和社会舆论评价,更是很好的社会他律条件。医务工作者要充分利用这些形式,自觉接受监督,才能使自己在思想品德修养上不断进步。当然,医学道德修养从根本上仍需靠自律。内因是根据,外因是条件,外因要通过内因起作用。医学道德修养作为一种自觉的行为,永远离不开自律。为此,广大医务人员在医德修养实践中要特别注意"慎独"。"慎独"是指道德主体的"自我立法"和自觉自愿的"自我监督、自我育德",它强调道德主体内心信念的作用,是一种"理性的自律"。"慎独"精神是我国古代自我修养传统的精华,多少人将它作为人生的座右铭而严以自律。所以,我们在医学道德修养的过程中,一定要注意做到慎独,在任何情况下都不做有损医务人员光辉形象的事。只有这样,才能保持思想道德的纯洁性,塑造完美的人格。

总之,读与悟相统一、知与行相统一、自律与他律相统一的三项原则是一个密切联系的有机整体。读和悟的统一是前提和基础,可以保证医德修养的正确方向;知与行的统一是根本途径和目标,有了这个根本途径和目标才能有医德修养评判的标准和依据;自律与他律相统一是医德修养的内在动力和外在动力的统一,是深化知与行统一的基本保障。

## 三、提高医学道德修养的方法

医学实践是医学道德修养的根本途径。医务人员培育良好医德品质、提升医德境界,可以采取以下方法。

### (一)认真学习,明确标准

首先,通过学习医学道德知识,明确高尚医德品质的标准,明辨是非曲直,提高道德判断能力。掌握马克思主义伦理学和医学伦理学的基本知识,理解医德的原则、规范和要求。在汲取古今中外医德理论精华的同时,与时俱进,不断总结、接受时代发展进步中医学道德方面的先进知识和理念,使自己的修养具有科学依据和确切标准。其次,要学习榜样,从榜样的事迹中吸取力量。医疗卫生战线中的先进模范人物有许多是医德楷模,他们是社会主义先进文化的代表,也是我们身边最有说服力的学习榜样。第三,学会给患者以人文关怀,应当有计划地组织开展医务人员人文培训。例如:开展"以患者为中心,服务从我做起""假如我是一个患者""多一些关爱,少一分冷漠"等系列人文培训活动;借助医疗题材小说或影视剧或组织读书报告会等。各种人文培训活动都是在实践中加强医学道德修养行之有效的办法。

### (二)躬亲实践,践行医德

内容上,应以医师职业精神严格要求自己,注重医德修养,培养良好医德品质。2011 年,中国医师协会正式公布《中国医师宣言》,对当代中国医师的职业精神提炼出六项承诺:①平等仁爱。坚守"医乃仁术"的宗旨和济世救人的使命。关爱患者,无论患者民族、性别、贫富、宗教信仰和社会地位

NOTES

如何,一视同仁。②患者至上。尊重患者的权利,维护患者的利益。尊重患者及其家属在充分知情条件下对诊疗决策的决定权。③真诚守信。诚实正直,实事求是,敢于担当救治风险。有效沟通,使患者知晓医疗风险,不因其他因素隐瞒或诱导患者,保守患者私密。④精进审慎。积极创新,探索促进健康与防治疾病的理论和方法。宽厚包容,博采众长,发扬协作与团队精神。严格遵循临床诊疗规范,审慎行医,避免疏忽和草率。⑤廉洁公正。保持清正廉洁,勿用非礼之心,不取不义之财。正确处理各种利益关系,努力消除不利于医疗公平的各种障碍。充分利用有限的医疗资源,为患者提供有效适宜的医疗保健服务。⑥终身学习。持续追踪现代医学进展,不断更新医学知识和理念,努力提高医疗质量。保证医学知识的科学性和医疗技术应用的合理性,反对伪科学,积极向社会传播正确的健康知识。

方法上,医务人员需在长期的医疗实践活动中不断历练。医学道德修养不能脱离医疗实践,只有在实践中,才能把所学到的医学道德理论与具体实践结合起来,用实践来检验自己对理论的掌握程度,进一步完善自身的医学道德修养,做到身体力行,并以此不断对照自己的言行,克服自己的不足,以医疗上的反面事例作为教材,时常对自己进行警示教育,提醒自己引以为戒,警钟长鸣,增强自己的责任感。

### (三) 持之以恒,做到"慎独"

高尚的医学道德,非一朝一夕之功,乃多年积累而成。这需要有持之以恒的精神。古语说:"逆水行舟,不进则退。"社会在进步,科学在发展,我们对真理的认识永远没有尽头。我们对于社会主义医学道德的认识,也在认识客观真理的过程中,不断与时俱进,向着更高的道德要求层次发展。同时在复杂的社会生活中,医务人员对自己的医学道德行为的要求,也可能停滞不前,或者发生反复和摇摆,因此要求医务人员在医学道德修养方面,永远不能停留在一个固定的水平上。

"慎独"是我国伦理学特有的范畴,是指凡是不应该做的事,在个人独处的条件下,即使在很隐蔽的地方、微小的事情上,也能谨慎从事,自觉地坚持道德信念,遵守道德原则和规范。培养医务人员"慎独"的品质,提高医学道德修养水平则显得尤为重要。医务人员要达到医学道德"慎独"的境界,应做到以下四点。

1. **坚定信念**　要有坚定的社会主义医学道德信念。在市场经济条件下构建社会主义和谐医患关系的今天,医务人员做到"慎独",运用"慎独"的方法达到"慎独"境界并非易事。首先要通过一定的规章制度来调整、规范医务人员的行为,使其具有严谨的工作态度、良好的职业道德,富有责任心和爱心,工作中能够吃苦耐劳,做到表里如一,这是提高慎独修养的基础。

2. **加强监督**　坚持做到"勿以善小而不为,勿以恶小而为之"。要在"隐"和"微"的地方下功夫。"隐"是指隐处自律,要求医务人员在别人看不见和无人监督的时候,也要自觉地按医学道德的原则和规范约束自己的行为。事实表明,一些人的错误往往是在缺少监督的情况下发生的。他们都抱有侥幸心理,认为自己做的事情是隐蔽的,无人知晓的。任何事情只要做了,就是客观存在的。俗话说,"要想人不知,除非己莫为",错误的行为,终究会暴露。"微"就是注重细节、小事,微处自律,不能因为事情小而放纵自己。当一个人独处进行活动时,其道德行为完全依靠个人的自觉性,而医疗行为绝大多数是在无人监督情况下独立进行的,有时甚至是在患者昏迷的情况下进行的,患者往往无法知晓。因此,医务人员工作是否负责,在很大程度上依靠自己的责任心,这就要求医务人员"勿以善小而不为,勿以恶小而为之"。要从大处着眼,小处入手,坚持不懈地提高医学道德修养。

3. **反躬内省**　"内省"是高尚医学道德的一种表现形式,也是培养良好医学道德品质的重要方法。伴随医疗活动,经常进行自我反省、自我批评、自我诉讼,发挥医德良心在医德修养中的作用,增强"自识"能力。医务人员在医学实践中,需要经常进行自我评价和反省,找出思想和行为中的不良倾向和念头,及时修正自己的行动和过失,在自我批评中不断完善医学道德修养,以良好的慎独精神去践行医学使命。

## 第三节　医学道德评价

医学道德评价（evaluation of medical ethics）是医学道德实践活动的重要形式，是依据一定的道德要求和标准，对医务人员的行为所作出的一种判断。它是一种无形的精神力量，以独特的方式影响和制约着医务人员的医疗实践。它对于提高医学道德品质、形成高尚的医学道德风尚、促进医学科学发展和推进社会主义精神文明建设有着重要的意义。

### 一、医学道德评价的含义

医学道德评价是指人们依据一定的医学道德标准对医务人员或医疗卫生部门的职业行为所作出的道德价值和善恶判断。医学道德的善是指符合医学道德原则和规范的行为，也就是符合医学道德的行为；医学道德的恶是指违背医学道德原则和规范的行为，也就是不符合医学道德的行为。医学道德评价的主体是社会上的人，医学道德评价的客体是医务人员的职业行为。医学道德评价的对象是医疗活动，但是医学道德评价的对象，最终还是要落实到医疗活动中的行为主体，即医务人员。在医疗实践中，人们总是根据一定的医学道德原则或标准去评价各种医疗行为的道德与否，告诉人们什么是应该做的，什么是不应该做的；哪些行为是高尚的，哪些行为是可耻的。医学道德评价有助于医务人员避恶从善，择善而行。

### 二、医学道德评价的标准和依据

#### （一）医学道德评价的标准

合理、科学的医德评价标准是非常重要的。医德评价的标准，即在医德评价中用来衡量被评价客体时，评价主体所运用的参照系统或价值尺度，也就是对医疗行为善恶判断的尺度。善与恶在不同的时代有不同的内涵。新形势下，医务人员所处地域环境、受教育水平不同，再加上每个人的道德认识和道德修养有所不同，因此在医德评价上存在着很大差别。但是，是与非、善与恶总是有一定客观标准的，这种客观标准是根据广大人民群众的健康利益及社会进步而确定的。目前，国内公认的医学道德评价标准主要有以下几个方面。

**1. 医务人员的医疗行为是否有利于患者的康复或疾病的缓解和根除**　这是医学道德评价的医疗标准，也是医学的根本目的之一，更是评价和衡量医务人员行为是否符合医学道德以及医学道德水平高低的重要尺度。在医疗实践中，医务人员采取的有利于患者疾病的缓解和健康恢复的行为，是合乎医学道德的；如果医务人员采取某些可以预见的弊大于利的措施或行为，不论其主客观原因如何，都是违背医学道德的。

**2. 医务人员的医疗行为是否有利于人类生存环境的保护和改善**　这是医学道德评价的社会标准。医学的目标不仅仅是医治疾病，更重要的是预防疾病，改善全人类生存的环境，这也是医务人员应承担的义不容辞的道德责任。新的医学模式要求医院不再是单纯的治病救人的机构，同时还担负着预防疾病、提高人口素质、改善人类的生存环境、促进一切有益于人类健康的自然和社会因素统一的任务。因此，医务人员的行为，应着眼于社会的进步和发展，有利于人类生存环境的保护和改善，重视群众的卫生保健和人类的优生优育。某些医疗措施的使用，如放射治疗、核医学检查治疗，必须考虑对社会、对环境、对人群可能产生的影响。医疗单位（包括医疗、教学和科研）的废水、废气、废物等均须按照相关要求妥善处理，不能对人类生存环境造成污染，从而影响人群健康。否则，医务人员一方面在治疗疾病，另一方面又在传播疾病，这是不符合医学道德规范的。

**3. 医务人员的行为是否有利于医学科学发展和社会进步**　这是医学道德评价的科学标准。医学是保护人的生命、增进人类健康的科学。其任务是揭示人类生命运动的规律及其本质，揭示疾病发生、发展的客观过程，探索战胜疾病、增进人类健康的途径和方法。这就需要医务人员辛勤劳动，不辞风险,不图名利,团结协作,积极进行科学研究,以促进医学科学的发展。人类对医学的期望,已不仅仅是消除疾病,而且还包括保持健康、延年益寿和使子孙后代的身体素质有理想的发展,提高整个人群的身心素质。所以,医疗工作应该从社会利益的需要出发,面向社会未来的发展。这是符合医学道德要求的。

上述医学道德评价标准是相互联系、缺一不可的整体,其中心和实质是患者的康复或疾患的缓解。这是医学道德评价中的根本问题,其他医德评价标准也都应以此为基础,在最大程度上达成这一目标后,再扩大发展,更大范围地探究医学行为的道德范围。我们只有坚持这些标准,在医疗实践中才能对医务人员的行为作出较为全面、准确的评价。

### (二) 医学道德评价的依据

医德评价是指人们依据一定的道德标准或原则,对医务人员或医疗卫生单位的行为和活动作出的道德与不道德的判断。在道德评价上既要坚持动机与效果的辩证统一,也要坚持手段与目的的统一。这是医学道德评价的依据。

**1. 动机与效果的统一**　动机是指引起人们行为趋向的具有一定目的的主观愿望和意向,是人们为了追求某种预期目的的自觉意识。效果是指人们按照一定的动机开展活动所产生的结果。动机和效果既相互联系,又互相对立,相互转化。首先,动机与效果是相互联系、相互贯通的统一体:没有动机就没有效果,没有效果也无所谓动机。任何动机都包含着对某种效果的预测和追求,任何效果也都受某种动机的支配。其表现是:好的动机会引出好的效果,坏的动机会产生坏的效果。好动机产生好效果,是医务人员本着一切以患者为中心的良好愿望开展诊疗活动,并取得了好的疗效;坏动机产生坏效果,是医务人员以某种不良的目的去行医,结果产生了不好的疗效。对于这两种情况,我们很容易地作出医学道德评价,认为好动机产生好效果是善行,合乎医学道德,而坏动机产生坏效果是恶行,有悖于医学道德。其次,动机与效果是矛盾中的统一。动机与效果的统一是存在着矛盾和差异的统一。其表现在:不好的动机可能产生好的效果,好的动机也可能产生坏的效果。这两种情况较为复杂,需要认真加以分析。不好的动机产生好的效果,一般有两种情形:一是个别医务人员抱着某种私人目的,虽然为患者治好了病,但却不能被认为是合乎医学道德的善行;二是个别医务人员并非出于维护患者健康利益的动机,而是为了显摆自己的技术水平,选择了自己把握不大的冒险疗法,凑巧把病治好了,也得到了患者及其家属的赞扬,但是我们决不能以此认定该医务人员的行为是合乎医学道德的。好动机产生坏效果的情况,在医学道德评价时就更困难一些,而这种情况在实际生活中又时有发生。一般说来,医务人员的好动机引起坏效果有如下三种情形。一是在对某些疑难疾病的治疗中,尽管医务人员竭尽全力一心想把患者治好,但是,由于病情复杂,在当今条件下确实不能使患者转危为安。像这种情况,我们就不能因效果不好,就把医务人员的行为评价为恶行或不道德之举。二是有的医务人员虽然有全心全意为患者服务的良好动机,但由于经验不足或业务水平不高,没把患者治好,对此,我们也不能认为医务人员的行为是不道德的,不过,医务人员本身应认真汲取教训,不能以此原谅自己的过失。三是医务人员虽然有治好患者的良好动机,但却因疏忽大意而发生医疗事故,对这样的行为要给予批评教育,情节严重者还要给予纪律处分,甚至追究法律责任。据此,在医学道德评价上,既不能简单地以效果来判断动机,也不能以动机代替效果,应该联系医疗全过程来进行医疗行为的道德评价,将效果与动机结合起来加以综合判断,才能得出符合实际的结论。

**2. 目的与手段的统一**　与动机和效果相联系的是目的和手段问题。目的,即医务人员希望实现的目标,而手段是指为实现目标而采取的办法、措施等。目的与手段是相互联系、相互制约的,也是辩证统一的。目的决定手段,手段服从目的。没有目的的手段是不存在的,同样目的也不能脱离手段,一定的目的总是要通过一定的手段来实现的。医务人员为了达到医学目的,总要采取一定手段,目的与手段的一致性也是医学道德的要求。在医疗实践中,大多数医务人员是从患者的健康利益出发的,选择的医疗手段是合乎医学道德的,目的与手段是相一致的。但是也会出现目的与手段相背离的情况,如有的医务人员只从提高自己医疗技术水平的目的出发来选择医疗手段,就有可能损害患者的利

NOTES

益,因而是不符合医学道德的。因此,我们在医学道德评价中,不仅要看医务人员是否有正确的目的,而且还要看其是否选择了恰当的手段,这也是道德评价的重要依据。依据医学目的选择医疗手段,应遵循以下四条原则。

(1)有效原则:选用的诊疗手段应是经过实践证明行之有效的。作为临床应用的一切诊疗手段,包括各种新技术和新药的应用,如果未经严格的动物实验和临床试验证明是有效的,都不能采用。要把医学科学实验与临床应用严格区别开来。

(2)最佳原则:选用的诊疗手段必须是经过实践证明效果为最佳的。其具体体现在:一是疗效最佳,即在当时当地的医术水平和条件下,疗效是最好的;二是安全可靠、副作用最小,即选择的诊疗手段要尽可能安全可靠,避免和减少不良反应及副作用对患者的损害;三是痛苦最小,即运用诊疗手段时,要尽可能减轻患者的痛苦;四是费用最低,即在不影响疗效的前提下,对诊疗手段和药物要选择费用节省的方案。

(3)一致原则:以患者为中心,切实根据疾病的发展程度选择相一致的行为方法。医务人员在诊治过程中,必须从患者的治疗目的出发,根据病程发展各个阶段给予与病情发展相适应的有效医护措施,以达到治疗、康复的目的。不能"该治的不治,不该治的大治"或"大病小治,小病乱治",这些都是违反医学道德的。

(4)社会原则:在选用诊疗手段时,必须顾及后果。一切可能给他人或社会带来不良后果(包括环境污染、致病菌扩散)的诊疗手段都不应采用。同时还要顾及社会和大多数人的利益,不能采用对个别患者有利,但却给多数人的利益带来损害的诊疗手段,以体现对患者负责和对社会负责的一致性。

动机与效果、目的与手段,这两对关系,既相互联系,又相互区别。动机与效果的统一,必须通过目的和手段的统一,才能保证实现。因此,在评价医务人员行为时,必须坚持依据动机与效果、目的与手段的辩证统一观点,从实际出发,实事求是地进行分析,把患者的医疗利益、健康利益和人民群众的利益作为依据,为了人类的健康和幸福,作出正确的判断。《中国本科医学教育标准——临床医学专业(2016版)》提出,中国临床医学专业本科毕业生在职业精神维度应达到如下标准:①能够根据《中国医师道德准则》为所有患者提供人道主义的医疗服务;②能够了解医疗卫生领域职业精神的内涵,在工作中养成同理心、尊重患者和提供优质服务等习惯,提升真诚、正直、团队合作和领导力等素养;③能够掌握医学伦理学的主要原理,并将其应用于医疗服务中,能够与患者、家属和同行等有效地沟通伦理问题;④知晓影响医生健康的因素,如疲劳、压力和交叉感染等,并注意在医疗服务中有意识地控制这些因素,同时知晓自身健康对患者可能构成的风险;⑤能够了解并遵守医疗行业的基本法律法规和职业道德;⑥能够意识到自己专业知识的局限性,尊重其他卫生从业人员,并注重相互合作和学习;⑦树立自主学习、终身学习的观念,认识到持续自我完善的重要性,不断追求卓越。

### 三、医学道德评价的方式

依据医学道德评价的标准和依据对医务人员的职业行为作出善恶判断,是通过医学道德评价的方式来实现的。在实践中,医德评价的方式是多种多样的,主要有社会舆论、传统习俗和内心信念。社会舆论和传统习俗是医学道德评价的客观形式;内心信念是医学道德评价的主观力量。

#### (一)社会舆论

整个社会、某一社会群体,以社会所倡导的道德规范体系作为标准,对医德行为在一定范围内公开进行评价,形成带有明确倾向的共同看法,从而对医学道德现实及建设施加有力影响,这就是医德评价的社会舆论。社会舆论可分为两种类型:一是以国家组织、新闻媒体为依托,有领导、有目的地营造出来的正式社会舆论;二是所谓的街谈巷议,是在小范围内自发形成的非正式社会舆论。正式社会舆论在医德评价中最具权威性,非正式社会舆论在医德评价中所具有的直接影响力也不容忽视。社会舆论是医学道德评价的主要方式,是一种精神力量,对于敦促医务人员履行医学道德义务具有特殊的作用。首先,社会舆论是社会对医疗职业行为提出的善恶判断和褒贬态度的表达方式。通过社会舆论对医疗行为作出善恶判断,给予肯定、赞扬、否定、批评的评价,表明社会的倾向性态度,促使医务人员按照医学道德原则与规范支配自己的思想行为,具有指导功能。其次,社会舆论可以将某一医学道德行为的善恶价值及时传达给当事人,使医务人员了解社会所要求的行业准则及自己行为所产生的社会后果,在某种意义上发挥着"道德法庭"的"强制"作用。再次,社会舆论是外在的力量,反映了社会的意愿和呼声,在舆论的赞扬、规劝或谴责下,无形地控制和影响着医务人员的言行,具有很大的"威慑"作用。在不了解具体事件背景的情况下,高尚的医学道德行为遭到有些人的非议,恶劣的行为反而会被赞扬或宽容,这样的现象时有发生。对此,应建立科学的社会舆论评价机制,宣传和弘扬高尚的医学道德行为;同时医务人员也应保持清醒的头脑,面对错误的舆论,应坚持正确的医学道德观念。

### (二) 传统习俗

社会评价医学道德行为还往往运用合俗与否来进行,这就是传统习俗的评价方式。传统习俗是指人们从历史上沿袭下来的对某种或某一问题的一种惯例和常识性的看法。它往往被人们视为一种不言自明的行为常规。作为医学道德评价的传统习俗是医务人员在长期的医疗实践中形成的稳定的、习以为常的医学道德行为方式。医学道德传统虽然是不成文的医学道德要求,但由于它是人们在长期的社会生活中逐步形成和逐渐积累起来的,所以能被社会广泛承认和接受,并根深蒂固地存在于人们的观念之中。传统习俗对医学道德行为具有很大的约束作用和评价作用。首先,医学道德传统是医学道德原则和规范的补充。在医疗过程中,人们,包括医务人员本身,总是在自觉不自觉地用自己头脑中的传统习俗来对医疗行为进行评价,把自己的行为限制在传统习俗许可的范围之内。当某一医疗行为符合传统习俗时,就会得到人们的肯定和赞扬;不符合传统习俗时,就会受到人们的批评和谴责。其次,医学道德传统在医学道德评价时,应当简明可行,无须讲更多的道理。合乎医学道德传统的即为善,反之即为恶。医学道德传统具有特殊的褒贬力量。虽然传统习俗的评价方式只是社会评价的补充,但因其影响深远,渗透广泛,所以我们应该积极发挥它的正效应。但因传统习俗具有历史惰性和新旧并存等特点,在医学道德评价中必须具体情况具体分析,要注意克服其负效应。

### (三) 内心信念

对医学道德主体来说,社会舆论和传统习俗是外在的客观评价,而内在的自我评价则是通过内心信念进行的,内心信念作为内在尺度,是被医务人员视为具有正确性、坚信不疑而且内化为强烈医学道德责任感和良心机制的医学道德观念、准则和理想等。医务人员能否正确做好自我评价,能否正确对待社会评价,取决于以医学道德良心为核心机制的内心信念。

内心信念是指医务人员发自内心地对事业、对人生的深刻认识和坚定信念。作为医学道德评价的内心信念是指医务人员通过长期的学习和实践,在内心深处形成的对医学道德的真诚信仰和强烈责任感。它是医学道德行为评价的内在力量,是判断自己行为道德性质的一把标尺,是评价自己行为道德性质的一种能力。

内心信念具有深刻性、稳定性和自觉性的特点:①深刻性是指医务人员内心信念的形成并非一朝一夕,而是长期医疗实践和学习的结果,是医学道德意识、医学道德情感和医学道德意志的统一。②稳定性是指医务人员的内心信念一旦形成,不会轻易改变,可以在一个较长的时期内支配自己的医疗实践。③自觉性是指当医务人员具有了崇高的医学道德责任感时,就会自觉地对自己的行为进行评价,当符合自己的内心信念时,就会感到精神上的满足,形成一种力量和信心,继续加以坚持;反之,则会感到内疚和不安,形成自我否定的评价。

内心信念相对于社会舆论和传统习俗来说,是更为重要的医学道德评价力量,在医学道德评价中起着重要作用。首先,内心信念是建立在自己的医学道德认识和修养基础上的内心认识。这种内心的医学道德信念是医学道德评价的一种重要方式。如对患者感情上的同情和身体上的治疗建立在科学理论和经验基础上,这种认真负责的精神对医务人员来说应该形成一种约定俗成的、下意识的习惯,进而表现为一种强烈的内心信念。其次,它是对医务人员自己的行为进行善恶判断的最直接的内在动力。如果说社会舆论是客观的医学道德评价,那么,医学道德信念就是一种主观评价,它主要通过医者的职业良心来发挥作用。最后,内心信念作为一种精神力量,它能使医务人员慎重选择自己的职业行为。医务人员对医学道德行为及后果有自我监控作用,不允许自己的职业行为违背自己的医学道德责任感。另外,内心信念也是一种"精神法庭",对医学道德行为及后果有审视、评判和自我校正的作用:对于合乎医学道德的行为,就会感到自豪、愉悦,促使自己继续这种行为;而对不符合医学道德的行为,就会自责和自觉加以纠正。

在医学道德评价中,社会舆论、传统习俗和内心信念是医学道德评价的有机整体,它们相互联系、相互补充和相互促进,共同起作用。社会舆论的形成,必须以内心信念和传统习俗为基础。社会舆论、传统习俗是外在的医学道德评价的有效方法,它能否真正发挥作用,还需依靠内心信念。

（唐　健）

### 【复习思考题】

1. 如何理解医学道德评价的动机与效果、目的与手段的辩证关系?

2. 医学道德素质养成的方法有哪些?

3. 请列举一个在医疗环境中发生的,让你最有感受和思考的有关医学道德素养/职业精神的人物、事件或问题。你可以从三个层面来回答。

（1）简要清晰地描述该人物、事件或问题,可以是源自媒体或个人经历,可以是个体的、社区的、国内的或国际的,但要是现实发生的,不是来自文学艺术作品或个人想象。

（2）要说明为什么和医学道德素养/职业精神相关。

（3）你个人对这个人物、情境或问题产生的感受、分析和思考。

4. 假设你作为高年级医学生,参与了医学院面向应届高考毕业生的咨询活动,有一个想报考临床医学专业的考生向你咨询:"什么样的人适合学医?"你如何回应?

扫码获取
数字内容

# 第六章
# 医疗人际关系伦理

**学习要点**

1. 医患关系的内涵与模式、医际关系的内涵与模式。
2. 医患双方的权利与义务。
3. 构建和谐医际关系的意义。
4. 和谐医际关系实现的伦理原则。

人际关系是人们在社会场合中相互交往而产生的,医疗人际关系是指医疗实践活动中发生的各种复杂人际关系,其中医患关系和医疗团队关系尤为重要。医疗人际关系是医学伦理学研究的重要内容,掌握医疗人际关系的道德调节,对于优化医疗人际关系,提高医疗质量,更好地为人民身心健康服务,具有重要意义。

## 第一节 医患关系伦理

医患关系是医疗人际关系中最基本、最重要的一种关系,是医疗实践活动中客观存在着的医方与患方相互交往的一种双向人际关系。只有深入研究和理解医患关系的内涵、性质与模式,了解医患双方的权利与义务,加强医患沟通,才能减少医患冲突,构建和谐医患关系。

### 一、医患关系的内涵与模式

#### (一)医患关系的内涵

**1. 医患关系的含义** 医患关系可以分为狭义和广义两种。狭义的医患关系是指医务人员与患者之间的关系;广义的医患关系是指"医方"为主的群体与"患方"为主的群体,在医疗过程中所建立的多方面联系。其中,"医方"包括医疗卫生机构、医务人员(包括医生、护士、医疗技术人员以及相关人员等)、医疗卫生行政管理部门(卫健委、药监局等);"患方"包括患者及患者的家属、单位领导和亲朋好友等。

医患关系是医疗人际关系的核心,由于医务人员掌握医学知识和技能,在医患关系中处于主导地位,决定医患关系和谐的程度。

**2. 医患关系的性质** 医患关系是形成已久的一种特殊社会关系,就其实质而言,医患关系应是以诚信为基础的具有契约性质的信托关系。

(1)医患关系是以诚信为基础的。战胜疾病、促进健康是医患双方的共同目标,该目标的实现需要医患之间的密切配合以及相互支持和鼓励,离不开彼此之间的真诚信任,诚信是医患关系的基石。一方面,医者要对患者诚信,拒绝过度医疗、防御性医疗,要尽力提供最优化的诊治方案;另一方面,患者也要对医者诚信,如实主诉病情。但是,当前受市场经济负面作用的影响,个别单位、个别医务人员把医患之间的这种诚信关系加以扭曲,看成单纯的商品供应者与消费者的经济关系,片面追求自身的经济利益;部分患者对医务人员进行无端的猜测和怀疑,将不理想的诊治结果完全归责于医务人员,这在一定程度上导致了医患之间的不信任。

（2）医患关系具有医疗契约的性质。契约是指在两个或两个以上的当事人之间为设立、变更或终止法律权利和义务而达成的协议,医疗契约是指医患双方为设立、变更或终止法律权利和义务而达成的协议。这种协议的达成包括患者的要约与医者的承诺两个方面,即患者到医疗机构挂号就医是求诊的要约,而医疗机构收取挂号费且交付挂号单是对患者的承诺,由此医患双方的医疗契约便得以确立。不过,这种契约关系与一般的契约关系不完全相同,如这种契约没有订立一般契约的相关程序和条款,承诺内容未必与要约内容完全一致,契约对患方没有严格的约束力,医方负有多方面的义务,如注意义务、忠实义务、披露义务、保密义务以及急危重症时强制的缔约义务等。

（3）医患关系是一种信托关系。作为信托关系,是指患者及其家属基于对医者的信任,将患者的生命健康委托给医者,在医者对其生命和健康进行管理的过程中所结成的利益关系。在这种关系中,患者医学知识和能力的缺乏,对医务人员和医疗机构抱着极大的信任,将自己的生命和健康交托给医务人员和医疗机构,甚至把自己的隐私告诉医务人员,促使医务人员努力维护患者的健康,完成患者的信托,并且双方在人格上是平等的关系。因此,这种关系不同于商品关系或陌生人之间的关系。

但是,医患之间的信托关系又与一般的信托关系不完全相同。其一,从信托客体来说,在一般的信托关系中信托的客体是财产,而在医患关系中信托的客体是生命和健康;其二,从受托权利来说,在一般信托关系中除了信托文件和法律的限制外,受托人享有以自己的名义处分财产所必要的一切权利,而在医患关系中医务人员在以自己的名义对患者的生命和健康进行管理时,需要经过患者的知情同意;其三,从意愿的达成来说,在一般的信托关系中受托人管理信托财产必须按照委托人的意愿进行,而在医疗活动中医务人员只能按照患者和家属的意愿尽力而为,并不能确保一定能满足患者和家属的意愿。

因此,医患关系既不同于单纯的契约关系,也不同于单纯的信托关系,而是以诚信为基础的具有契约性质的信托关系。

### （二）医患关系的模式

医患交往是多样的,从描述医患之间的技术关系和非技术关系方面,医患关系可总结为以下四种模式。

**1. 维奇模式（Veateh model）** 美国学者罗伯特·维奇（Robert Veateh）提出三种医患关系模式:纯技术模式、权威模式和契约模式。

纯技术模式又称为工程模式。在这种模式中,医师充当的是纯科学家的角色,只负责技术工作。医师将所有与疾病、健康有关的事实提供给患者,让患者接受事实,医师根据事实解决相应的问题。在这种医患关系中医师将患者当作生物体变量,是生物医学阶段的医患关系。

权威模式又称为教士模式。在这种模式中,医师充当的是家长的角色,具有极大权威性,医师不仅拥有为患者做出医学决定的权利,而且肩负做出道德决定的权利,患者完全丧失自主权,这种模式不利于调动患者的主观能动性。

契约模式中医患双方是一种非法律性的关于医患双方责任与利益的约定关系。医患双方虽然并不感到彼此之间的完全平等,但却感到相互之间有一些共同的利益,并分享道德权利、承担道德责任,同时对做出的各种决定负责。契约模式是令人满意的模式,较前两个模式更能带动医患双方。

**2. 布朗斯坦模式（Braunstein model）** 布朗斯坦在其编著的《行为科学在医学中的应用》一书中,提出了医患关系的"传统模式"和"人道模式"。

传统模式中医师拥有绝对权威,为患者做出决定,患者则听命服从,执行决定。人道模式体现了医师对患者意志和权利的尊重,将患者看成是一个完整的人,重视患者心理、社会方面的因素;医师不仅要给予患者技术方面的帮助,而且要有同情心和关切、负责的态度;人道模式中,患者主动参与医疗过程,在医疗处置决定中有发言权,并承担责任,医师在很大程度上是教育者、引导者和顾问。

NOTES

**3. 萨奇曼模式（Suchman model）**　又称为疾病和医疗照顾行为模式。萨奇曼为了研究患者做出的与"寻求、发现和进行医疗照顾"有关的决定，他把连续发生的事件分成五个阶段：一是体验症状阶段；二是接受患病角色阶段；三是接触医疗照顾阶段；四是依靠医师的患病角色阶段；五是痊愈或康复阶段。他认为，每一阶段都是在寻求帮助或疾病行为的过程中，做出一个新的重要决定的时候，患者在每个阶段都进行不同的决策并采取不同的行动。在评价患病体验时，患者不仅要理解自己的症状，还要权衡资源的可及性，以及治疗成功的可能性等。因此，个人的感觉、个人的医学倾向是决定个人对健康和疾病状态做出反应的关键因素。

萨奇曼模式中医患的互动作用明显。在整个疾病过程中，患者一直在主动地寻求、发现医疗照顾，具有参与医疗的心理行为倾向。医务人员要理解和尊重患者，帮助和引导患者，充分与患者交往就显得尤为重要。

**4. 萨斯-荷伦德模式（Szasz-Hollender model）**　美国学者萨斯（Thonsas Szasa）和荷伦德（Mare Hollender）于 1976 年发表了《医患关系最基本模式》，依据在医疗措施的决定和执行中医生和患者各自主动性的大小，把医患关系分为主动-被动型、指导-合作型、共同参与型三种模式。这是目前在国际上得到广泛应用的模式。

（1）主动-被动型：在这类模式中，医务人员处于完全主动的地位，患者则处于完全被动的地位。医务人员依据患者的病情做出职业判断，决定采用何种诊疗措施和手段；患者则被动接受这些措施和手段。特点是医患双方不是相互作用，而是医务人员对患者单向发生作用，并在医疗过程中处于主动地位，具有充分权威性。患者处于被动地位，并且是以服从为前提。优点是能充分发挥医师的积极作用，缺陷是完全排除了患者的主观能动性。现代医疗实践中，主动-被动型的模式适用于昏迷、休克、严重精神病患者，严重智力低下及婴幼儿等难以表达主观意志的患者。这种关系模式就如同社会生活中父母与婴幼儿之间的关系，是一种具有悠久历史的医患关系模式。

（2）指导-合作型：是指在医疗活动中，医患双方都具有一定的主动性，但仍以医务人员为主。医务人员具有权威性并充当指导者，患者接受医务人员的指导并主动或被动地进行配合，医患双方在一定程度上进行信息的交流。这种关系模式的特点是医患双方在医疗活动中都是主动的，但患者的主动是有条件的，以主动配合和执行医务人员的意志为前提。患者要接受医务人员的指导，并密切合作，主动述说病情，提供治疗效果信息。这种关系模式的优点是能够发挥医患双方部分主动性、积极性，有利于提高诊治效果和纠正医疗中的差错。现代医学实践中，指导-合作型的模式广泛地适用于大多数患者，特别是急症患者或虽然病情较重但神志清醒、能够表达病情并与医生合作的患者。这种模型如社会生活中父母与青少年之间的关系，是一种弱双向性关系。

（3）共同参与型：是指在医疗活动中，医务人员与患者具有近似相等的权利和地位，医患双方共同制订并实施诊疗方案。这种关系模式的特点是医患双方是平等互动的，患者不仅能够主动配合诊断、治疗，还能参与决策，帮助医务人员进行正确的诊治。患者的意见和认识不仅是需要的，而且是有价值的。这种关系的优点是改变了患者处于被动的局面，有利于在诊疗的方法和效果上让双方满意，增进医患双方的了解，从而益于良好医患关系的建立。这种模型适用于有慢性病且具有一定的医学科学知识水平的患者。这种关系就如同社会生活中成年人之间的交往关系，是一种平等双向的关系。

以上三种模式在特定的范围内都是正确的、有效的。如何发挥患者的主观能动性，充分尊重患者的权利，是当前医患关系中值得重视的课题。

随着公民权利意识的增强和对自身健康的关注，医患关系中患者的地位和主动性将更加提高，传统的家长式的医患关系正朝着以患者为中心的医患关系模式转变，患者拥有了更多的自主权利，医方必须尊重患者的自主权，让患者有权参与有关自身的医疗选择，同时要坚持"人民至上，生命至上"原则，切实履行自己的职业义务，在强调医患互动时，充分发挥医患双方的积极性。

## 二、医患双方的权利与义务

### (一) 医患双方的权利

在医疗实践活动中,医患双方的权利与义务是医学伦理学的重要内容,也是建立和谐医患关系的重要保障。

权利既是法律范畴的内容,也是伦理学范畴的内容。在医学伦理学领域里,权利是指医学道德生活中医患双方所拥有的正当权力和利益。它主要包括两个方面的内容:一是医务人员在医学关系中所享有的权利;二是患者在医学关系中所享有的权利。

1. **医师的权利**　一般指的是医师在执业过程中拥有和行使的法律赋予的特定权利。2022年 3 月 1 日开始实施的《中华人民共和国医师法》第二十二条规定,医师在执业活动中享有下列权利。

(1) 在注册的执业范围内,按照有关规范进行医学诊查、疾病调查、医学处置、出具相应的医学证明文件,选择合理的医疗、预防、保健方案。

(2) 获取劳动报酬,享受国家规定的福利待遇,按照规定参加社会保险并享受相应待遇。

(3) 获得符合国家规定标准的执业基本条件和职业防护装备。

(4) 从事医学教育、研究、学术交流。

(5) 参加专业培训,接受继续医学教育。

(6) 对所在医疗卫生机构和卫生健康主管部门的工作提出意见和建议,依法参与所在机构的民主管理。

(7) 法律、法规规定的其他权利。

医师以上的法律权利,同时也是道德权利。此外,我国医生的道德权利还包括特殊干涉权和医疗赔偿豁免权。特殊干涉权是指如果患者拒绝治疗,可能危及生命和健康利益,医师有权采取维护患者利益的强制性措施。医疗赔偿豁免权是指在患者救治过程中,由于患者本人或近亲属不配合医疗机构进行符合诊疗规范的诊疗,或者医务人员在抢救生命垂危的患者等紧急情况下已经尽到合理诊疗义务,或者当时的医疗水平难以诊疗的情况,出现的不良治疗效果,医师不需要承担赔偿责任。

从根本上说,医师权利与患者权利是一致的:医师的权利服从于患者的医疗权,患者尊重医师的权利,积极为医师创造良好的医疗秩序和医疗环境,最终实现自己的权利。医患双方应珍惜自己的权利,不能滥用,共同努力,维护个人生命健康与社会的公共利益。

2. **患者的权利**　患者权利的兴起是从近代开始的。1793 年法国革命国民大会第一次提出了患者的权利,它明确规定:一张病床上只能睡一个患者,两张病床之间的距离也至少应有 90cm。20世纪 70 年代,美国《患者权利法案》促进了患者权利运动的发展。之后,欧洲、大洋洲、亚洲等更多的国家开始重视患者的权利。1981 年世界医学会在第 34 次世界医学大会上,提出了《里斯本患者权利宣言》。1995 年第 47 次世界医学会全体会议以及 2005 年 171 届世界医学会理事会会议均对其进行了修改。《里斯本患者权利宣言》成为医学界对全社会的道德承诺,主要包括 11 项患者的权利。

我国自 20 世纪 80 年代开始,逐渐关注"患者权利"的理念。1997 年,中华医学会医学伦理学分会公布了《患者的医疗权利与义务》,提出患者应当享有的六项权利。之后,从立法方面,患者的权利也在《中华人民共和国宪法》《中华人民共和国民法典》《中华人民共和国医师法》等医疗法律法规中加以体现。2020 年 6 月 1 日起施行的《中华人民共和国基本医疗卫生与健康促进法》,明确提出"公民依法享有从国家和社会获得基本医疗卫生服务的权利""公民接受医疗卫生服务,对病情、诊疗方案、医疗风险、医疗费用等事项依法享有知情同意的权利""公民接受医疗卫生服务,应当受到尊重。医疗卫生机构、医疗卫生人员应当关心爱护、平等对待患者,尊重患者人格尊严,保护患者隐

NOTES

私"等。

患者的权利可以分为伦理权利和法定权利两方面。一般来说,患者的法定权利必然是伦理权利,但是,某些尚未被法律、政策所承认、赋予和保障的权利,却依然是社会道德应该维护的。不同人群由于在价值体系、文化等方面的差异,可能无法在患者权利的认识方面达到一致,对患者的要求不一定都能满足,从而出现医疗纠纷。在伦理方面我国患者的主要权利包括如下几点。

（1）基本医疗权:任何人在患病的情况下,都有权从国家、社会获得相应的医疗服务的权利,有权维护自己的生命和身心健康。

（2）平等对待权:患者享有在医疗服务中的平等医疗保健权利,不能因财富、知识、性别、身体、宗教信仰、居住地等差异而被区别对待。

（3）疾病认知权:患者对自己所患疾病的性质、严重程度、治疗情况及预后有知悉的权利,医师在不危害患者利益和不影响治疗效果的前提下,应提供有关疾病信息。

（4）知情同意权:患者有权知晓医师实施的诊治方法,了解这种方法的作用、可能发生的并发症及不良反应,有风险的诊治手段应该经患者同意后方可实施,患者有权利自主决定接受或拒绝医师的建议。

（5）保护隐私权:在治病过程中,对于个人身心、私人生活、家庭秘密等隐私,患者有权要求医务人员保密。

（6）免除一定的社会责任权、要求赔偿权:患者拥有由于疾病可以免除承担相应的社会责任的权利,在诊治疾病的过程中身体和健康受到伤害时有要求相应赔偿的权利。

（7）医疗监督权:患者有权对医疗收费、医务人员的医德医风、医院的管理等各方面进行监督并提出意见。

此外,我国有注重家庭集体意见的传统,尊重和维护患者家属的权利是患者权利的延伸和补充。在患者失去意识、患者未成年或者患者的意见不理智的时候,家属有权行使知情同意权。现实中,对于一些比较重大的临床决策,如进行有风险的医疗操作(如手术、麻醉等),不仅要尊重患者本人的意见,通常要同时征求患者家属的意见。一般来讲,患者家属能够代表和反映患者的利益与要求,尊重患者家属权利,有利于在医疗活动中获得家属的配合和支持,有利于维护患者的权利。但应注意,不能以患者家属的权利简单替代患者的权利,如果患者家属做出的决定明显违背了患者的健康,损害了患者的利益,必须及时制止,医务人员要始终坚持维护患者利益第一位的伦理原则,切实保障患者的生命健康权。

### （二）医患双方的义务

**1. 医师的义务**　是指在执业过程中医师应尽的责任,是国家和社会对医师的要求,也是医师获得患者信任的基础。医师的义务包括法律和伦理两个方面。法律要求是最低的道德义务,违背法律义务要接受惩罚;道德义务一般以医师的良心和境界为来源,靠自觉来执行。道德义务比法律义务更广泛,更符合医师的职业精神,体现了医师的职业道德境界。

对于医师的法律义务,《中华人民共和国医师法》第二十三条做出了具体的阐述,主要包括以下内容。

（1）树立敬业精神,恪守职业道德,履行医师职责,尽职尽责救治患者,执行疫情防控等公共卫生措施。

（2）遵循临床诊疗指南,遵守临床技术操作规范和医学伦理规范等。

（3）尊重、关心、爱护患者,依法保护患者隐私和个人信息。

（4）努力钻研业务,更新知识,提高医学专业技术能力和水平,提升医疗卫生服务质量。

（5）宣传推广与岗位相适应的健康科普知识,对患者及公众进行健康教育和健康指导。

第三十三条规定,在执业活动中有下列情形之一的,医师应当按照有关规定及时向所在医疗卫生机构或者有关部门、机构报告:发现传染病、突发不明原因疾病或者异常健康事件;发生或者发现医疗事故;发现可能与药品、医疗器械有关的不良反应或者不良事件;发现假药或者劣药;发现患者涉嫌伤害事件或者非正常死亡;法律、法规规定的其他情形。

医师伦理方面的义务是指作为一名医务人员在道德上应该履行的职责,主要包括:尽力为患者提供优质的医疗服务;尊重和维护患者的人格尊严;尊重患者知情同意权;尊重患者隐私;积极参与健康促进;维护社会公益,遇到重大公共事件,服从调遣;爱护同道,珍惜医院和医师的声誉,不做有损医院、医师队伍形象的事情等。

**2. 患者的义务**　是指在接受医疗卫生服务活动中,患者应当履行的责任。没有医生和患者的共同努力,是难以达到最佳治疗效果的。患者的伦理义务是多方面的,可以归纳为以下几项。

(1)配合医疗的义务:任何人都有责任维护个人健康,增进体能为社会服务,患病要及时就医,主动接受治疗,更要配合医师的问询,如实提供病情及有关信息,并遵从医嘱,在医师指导下接受并积极配合医生诊疗,在院时主动介绍病情变化,出院后,协助医院的随访。

(2)预防疾病、康复和保健的义务:患者应该养成良好的生活方式,科学预防疾病,锻炼身体,积极康复和保健,努力增加机体抵抗力,预防和减少患病;患病之后,也要采取措施,避免将疾病传播他人,造成更大的社会健康损失。

(3)尊重医务人员的义务:患者要尊重医务人员的人格和劳动,坚决反对打骂医生、医闹等不尊重医务人员的行为。

(4)遵守医院各种规章制度的义务:患者在就医过程中,应遵守医院为维护正常秩序制定的一系列规章制度,包括遵守就诊秩序、足额缴纳诊疗费用等。这也是为了维护患者的利益,理应理解和主动维护。

(5)支持医学教育和科学研究的义务:医学的发展离不开科学研究,医师的培养离不开医学教育,患者应该理解并尽量支持。

### 三、构建和谐医患关系的意义

医患关系是社会关系的重要组成部分。建立和谐医患关系不仅是形成良好的医疗环境、保护医患双方利益的需要,也是体现医学的人文属性、建立和谐社会的基本要求之一,具有重要的现实意义。

#### (一) 和谐医患关系有利于促进患者的身心健康

英国医生巴德有句名言:"医生和患者是一个战壕里的战友,战胜疾病的过程是一个复杂的系统活动,它需要情绪、心理和整个神经系统的支持,医患之间的协调和信任是不可缺少的重要因素。"医学发展表明,医生为患者诊治疾病的过程就是医患双方合作、共同战胜疾病的过程,既需要医生良好的专业技能,也需要医患之间的精诚合作。医患关系和谐,患者就会更加尊重医生的人格与劳动,信任医生,理解并配合医生的工作;医生则会更加关爱患者,在诊治的各个环节上全身心地投入,为患者制订更加科学的诊疗方案,使患者得到最优化的服务。

#### (二) 和谐医患关系有利于推进医德建设

良好的医德既是医务人员爱岗敬业、认真履行职责与使命、切实做好本职工作的思想保障,也是现代医院提高管理质量与水平的重要举措,同时也是推进社会精神文明建设的重要手段。医患关系和谐,医患之间可以充分交流与沟通,增进团结与协作,医生就能够自觉地以医德规范约束自己,真正树立"以患者为中心"的理念,增强工作的责任感与使命感,形成良好的医德意识与情感,养成良好的职业伦理素质。

#### (三) 和谐医患关系有助于推进医学事业发展

医患关系和谐,一方面可以使医务人员集中精力,致力于业务知识的学习与提高,专心于人类疾病发生、发展规律的研究与探索,有利于推进医学科学的发展;另一方面患者更加关注我国医疗卫生事业的发展,愿意为国家医疗卫生事业的发展积极建言献策,促进卫生改革的发展与深化。

## 第二节    医际关系伦理

### 一、医际关系的内涵及模式

#### （一）医际关系的内涵

**1. 医际关系的含义**    医际关系是医疗卫生系统内部人际关系的简称,指医学实践主体之间的相互关系,主要包括医师、护士、技术人员、管理人员之间等多种类型的现实人际关系。

**2. 医际关系的性质**

（1）协作性:现代医学的细致分科是以更加紧密的协同配合为基础的,需要不同科室、不同专业之间的相互支持。现代医学强调的系统生命观和系统医学观,要求医务人员牢固树立密切协同、综合救治的观念。医际关系的协作性是由医疗卫生行为的特征决定的。现代的医务工作者需要成为集体性、协作性、组织性很强的综合性社会服务人员。牢固地树立起整体意识,自觉地协调和处理好与同行之间的关系,在集体中发挥好自己的作用,是履行医疗卫生职责的基本要求。

（2）平等性:在医疗卫生系统中,人们有职责分工的不同,但没有高低贵贱之分,彼此处于相互平等的同事关系之中。现代医学在医、护、技、药各学科都得到较为充分的发展,不同医学分工之间的协同配合,不再是简单的辅助与帮手关系,而是具有优势互补、学科渗透、合力攻关的性质,这正是医际关系平等性的内在依据。

（3）同一性:是指医务人员之间的医际关系都是建立在医患关系或医学与社会关系的基础上,均以共同的职业目的和道德目标为前提,即服从救死扶伤、防病治病的崇高事业,实现全心全意为人民健康服务的终极目标。医疗卫生系统中医际关系的道德实质,是通过协调医务工作者的内部关系,妥善解决医务工作者之间的各种矛盾,为医疗卫生工作创造最佳的内环境,以便更有效地开展医疗卫生工作,提高医疗质量,为人民群众提供最佳医疗服务。

（4）竞争性:是指不同专业医务人员在医疗质量、护理质量、科研成果、服务态度等各个方面以提高医疗服务水平为目的,开展的比、学、赶、超活动,具有一定的竞争性。

#### （二）医际关系模式

**1. 主从型**    在这种关系模式中,一方处于主导或绝对权威地位,另一方处于被动服从地位。这是历史上延续下来的一种等级关系,显示着相互间的不平等。主导者容易滑入独断专行、主观主义和官僚主义,服从者容易出现消极被动、责任淡化,甚至心理逆反倾向,是一种落后的医际关系模式。实践中,在上、下级之间,医生和护士之间,医生和技师之间容易形成这种人际关系。严重的主从关系,既不利于医学协作开展,也不利于人才的培养,随着社会的进步和医学观念的更新,是应该改变的。

**2. 优势互补型**    在这种关系模式中,交往双方处于完全平等的地位,没有权威和非权威的区别,双方只有建立在学科分工不同上的长处和不足,在构成一个医疗保障实体之后,双方既保持各自的独立性,又通过相互协作达到互相取长补短的整体优势状态。这种关系广泛存在于各类医务人员之间、科室之间、医务人员与医技后勤人员之间。医学知识浩若烟海,任何人都不能精通全部医学知识,不同专业、不同学科的医生之间能够形成优势互补型关系,有责任感和上进心的医生都期望得到其他学科、其他专业的真诚帮助和良好协作。

**3. 指导-被指导型**    在这种关系模式中,一方处于指导地位,另一方处于被指导地位。指导者具有相对权威,但不限制被指导方的积极性和主动性。这种关系模式虽然带有等级关系,更带有民主成分,是一种承认权威又不迷信权威的医际关系。医师队伍是由见习医师、住院医师、主治医师、副主任医师、主任医师等不同的层次组成的梯队,在中间形成指导-被指导的关系,既是医疗管理的需要,也是人才建设的需要。形成指导-被指导关系的客观条件是上级医师在知识结构、临床经验、技术水平、医德修养诸方面相对优于下级医师。正确对待这种关系,摆正自身的位置,无论对搞好工作,还是对自身成长都是有利的。

**4. 合作-竞争型** 在这种关系模式中,医务人员之间既合作又竞争,在合作中展开竞争,在竞争中积极合作,表现为一种伙伴-对手关系。医疗服务中,医务人员之间客观上存在着医疗水平、科研成果、工作质量、服务态度等方面的比较,因此提倡在合作的大前提下展开公平竞争,共同提高,进而促进医疗卫生工作的健康迅速发展。合作-竞争既是人类社会进步的必然规律,也是医疗事业发展的重要动力。实际上,合作-竞争关系,在不同单位或同一单位的医务人员之间,在同一层次或不同层次的医务人员之间,都不同程度地普遍存在着。

## 二、构建和谐医际关系的意义

### (一) 有利于医学事业的发展

随着现代医学的发展,医学分科越来越细,学科间的综合渗透更加广泛、紧密,临床学科之间,基础学科之间,临床与基础学科之间,医学与自然科学、社会科学、工程技术学科之间不断相互渗透融合。学科的分化和医学的专科专业化发展,既深化了医务人员对相关疾病的认识和研究,又客观造成了个人知识面的狭窄,影响了对医疗的整体认识。为适应学科的综合渗透的趋势和医学发展的要求,一方面医务人员必须"以博促专",努力扩展自己的知识面,另一方面不同学科的医务人员必须加强学科间的合作与交流。医学难题的攻克、复杂手术的完成、危重患者的救治,往往需要跨科室、跨医院、跨地区,甚至跨国界医学同行的沟通协作。因此,从医学事业发展需要来说,医务人员应学会和善于建立良好的医际关系。

### (二) 有利于医院整体力量的发挥

医院社会职能发挥得好不好,取决于单位整体工作效能,而整体效能的发挥又取决于医际关系的协调与否。医院内部人际关系的好坏,直接影响着群体合力的发挥。如果在医院内部的医务人员之间建立形成了融洽和谐的人际关系,每一个人都心情舒畅,精神振奋,充分发挥工作的积极性、主动性、创造性,工作效率就会极大提高;每一个人都怀着强烈的集体荣誉感和职业精神对待工作和同事,配合默契,取长补短,整体合力就会大大增强。相反,如果人际关系紧张,内耗不断,不但个人的工作效率下降,整体合力也会降低,甚至出现负值。

### (三) 有利于医务人才的成长

医务人员的成长既需要自身的努力勤奋,更需要良好的外部成长环境。和谐的医疗团队关系是个人成长成才的重要条件。医务人员成长成才的过程,离不开继承和创新,离不开合作与竞争,也就离不开良好的医疗团队合作关系。良好的医疗团队合作关系是医务人员同行间保持主动以及获得信任、支持、帮助的前提。良好的医疗团队合作关系,不仅要强调后人对前人的尊重与继承,同样强调老同志对年轻人的关心与扶持;不仅要强调各类医务人员之间的合作,同样允许以发展医疗卫生事业为目的的竞争;不仅重视维护医疗卫生单位的整体利益,同样要重视维护每个人的正当利益。

### (四) 有利于医患关系的和谐

医疗团队合作关系的协调与否直接关系到医患关系的好坏。医务人员和睦相处,彼此尊重,相互支持,齐心协力地密切协作,将有利于患者的诊疗和康复,对建立良好和谐的医患关系具有积极的促进作用。医际关系紧张,一旦被患者感知,会严重冲击医务人员的社会道德形象,诱发社会对医疗卫生工作的不信任感,造成医患关系的不和谐,为医患矛盾和纠纷埋下社会心理隐患。

## 三、和谐医际关系实现的伦理原则

### (一) 共同维护患者利益和社会公益原则

防病治病,救死扶伤,保护患者和社会公众的生命和健康,维护患者的正当权益,是医学发展和追求的根本价值,是医务人员共同的职责义务,是协调医疗人际关系的共同思想基础和根本标准。医务人员的人际关系是围绕着为患者服务的各项活动形成的,正确处理个人利益和患者利益的关系,当个人利益与患者利益产生冲突时,应该始终把患者利益放在首位,对有损患者利益的行为,要勇于抵制和批评。同时,每个医务人员都要正确处理患者个人利益和社会公益的关系,当患者个人利益和社会公益发生矛盾时,坚持把社会公益放在首位,同时要把患者的利益损失降低到最低限度。

### (二) 彼此平等、互相尊重原则

平等待人和互相尊重是医务人员之间协调关系,友好相处的前提和基础。医务人员虽然有职业分工的不同和专业水平的高低,有领导和被领导、权利责任大小的差别,但在人格和尊严上没有高低贵贱之分,是相互平等的医疗工作主体。尊重是处理人际关系的基本要求,护理人员要尊重医师,医师也应该尊重护理人员,不仅要尊重本科室人员的诊断或意见,对相关科室同行的各类诊断、检测报告等也应该尊重、信任。相互尊重和平等待人互为前提:只有相互尊重,才能体现平等;只有强调平等,才能真正做到尊重。

### (三) 彼此独立、互相帮助原则

医务人员的工作既有分工也有协作,彼此之间既要保持相对的独立性,又要相互为对方提供方便和支持帮助,才能形成良好的人际关系。从分工的角度看,医务人员之间,工作不同,彼此独立,同时又互相依靠,互相支持,互相帮助,缺一不可。从个人的角度看,每个人都有自己相对独立的患者,必须尽职尽责,积极主动,独立负责地挽救患者,同时在疑难复杂疾病面前,在自己的技术弱项上,需要同事的建议指点和鼎力帮助。作为医务人员既要强化独立意识,在工作中不断增强独立工作的能力,早日独当一面,不能过度依赖他人,独立完成好工作任务,也要强化互助意识,在别人遇到困难或需要帮助的时刻,要积极主动地伸出援助之手,在自己遇到困难时也要主动寻求他人的帮助,共同完成好医疗任务。

### (四) 彼此信任、互相监督原则

信任和监督是协调医疗人际关系的基本要求,医务人员只有在相互信任的基础上,相互提醒监督,才能避免医疗差错,确保医疗质量。临床医疗工作中,由于各人的工作方式、诊断思路等的不同,在同一疾病的诊断或治疗上必然存在着差异,甚至由客观原因造成诊断上的失误或治疗中的偏差。对于不同诊疗思路,医务人员应该彼此信任,切忌相互猜疑和随意议论他人,更不应该在患者面前议论其他诊治医生的对错,以免影响患者的治疗。对于医疗中的失误与偏差,作为医疗同事,应本着患者利益第一的原则,敢于善意地提出指正意见,一旦发现错误应尽早提出,力争减少或杜绝医疗事故的发生。遇当事人隐瞒不报时,应积极向上级反映,并采取恰当的措施和手段,积极减少对患者的伤害。对医疗差错、事故的批评,应本着治病救人、引以为戒的原则,不应该利用医疗差错、事故,行报复,泄私愤。

### (五) 互相学习、共同提高原则

医学是门博大精深的学科,任何一个医务人员都不可能掌握做好本职工作的全部知识。不同年龄、资历、专业的医务人员,往往既有自己技术上的专长,也有自身的知识缺陷。同一专业的医务人员,由于实践经验和思维方式的不同,往往对同一疾病诊疗和手术方式的选择都有自己独到的见解。只有相互借鉴,互相学习,取长补短,才能不断提高。医务人员在工作中应该保持谦虚谨慎、戒骄戒躁的工作作风,保持虚心好学的品质,特别是要注意向周围的同行学习,不断提高自己的业务水平。作为有专长的医务人员,要有无私传授的境界品格,不能为个人名利封锁信息,垄断技术。在相互学习和共同提高中,发挥整体优势,把"全心全意为患者服务"的宗旨落到实处。

(宫福清)

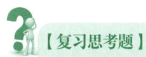

**【复习思考题】**

1. 萨斯-荷伦德模式的具体内容是什么?

2. 构建和谐医患关系的意义是什么?

3. 和谐的医际关系对医患关系有何作用?

# 第七章

# 临床诊疗伦理

**学习要点**

1. 临床诊疗伦理的概念和准则。
2. 问诊、体格检查、辅助检查的内涵及伦理要求。
3. 药物治疗、手术治疗、心理咨询与治疗、康复治疗的内涵及伦理要求。

诊治是临床医学的主要内容和表现形式。临床诊疗伦理是医务人员在诊断、治疗、康复等过程中应遵循的道德准则,是医学伦理学的原则、规范等在临床实践中的具体应用,是衡量医务人员道德水平的重要尺度。临床诊疗伦理有利于医务人员最大限度地发挥诊疗技术,转变服务理念,适应新的医学模式的需求,避免或减少医疗纠纷,改善医患关系,构建和谐社会。

## 第一节　临床诊疗伦理概述

临床诊疗是临床医学的主要内容和表现形式。在临床实践工作中,医务人员的医德境界直接关系到能否正确地诊断和恰当、及时地治疗。因此医务人员医疗行为的道德性对于医学事业、患者、社会和医务人员自己都具有极其重要的意义。

### 一、临床医学的定位

医学与每个人的健康息息相关,医学关系到千家万户的幸福,医学影响着国家各项事业的发展,甚至影响一个国家和民族的兴亡。

#### (一)临床医学在医学学科中的地位

从医学科学的角度上讲,临床是相对基础而言的。所谓的"临"是面对、面临的意思,"床"指的是病床,即临床医学是直接面对疾病、患者,对患者直接实施治疗的科学。临床医学是医学服务于人类健康的关键一环,基础医学等医学科学都是为临床医学服务的,当前热门的转化医学的核心也是指向临床医学的转化。就医疗机构内部而言,临床科室是医院的主体,它直接担负着对患者的诊断、治疗等任务。本章所指的临床医学是非常明确的,即研究疾病的病因、诊断、治疗和预后,提高临床治疗水平,促进人体健康的科学。

#### (二)临床医学的核心价值观

**1. 以"人"为中心,把患者放在首位**　随着现代医学科学的进步,诊疗仪器越来越先进,能够帮助医生对疾病进行更为准确、及时的诊断和治疗,为患者带来福音。但是现代医学的实验性的特点,科学技术的泛化和异化,使得一部分医生对先进仪器过度依赖,因此带来了医生对于疾病的实证的重视,而忽略了患者的社会因素、情感因素和环境因素。现代医学模式的发展要求临床诊治过程中要以"人"为本,患者是现实生活中立体多维的人,疾病的发生发展受患者个人、家庭和社会等多重因素的影响,医务人员要全面整体关注患者,加强彼此的沟通。

**2. 建立共同参与的医患关系模式,发挥医患双方的积极性**　虽然患者对于医学知识和技术的了解有限,对于疾病的诊断和治疗方案的选择不会提出更具建设性的意见和建议,但患者是疾病和治疗的承载者。疾病对健康的影响,不适和痛苦只有患者最具深切的感受,而治疗效果的体验也是直接来自患者。医患双方共同参与疾病的诊治,对于疾病的治疗和患者健康的恢复极为重要。

**3. 患者利益至上,兼顾社会利益**　在一般情况下,患者的利益是与家庭、第三方和社会利益一致的。但是在特殊情况下,患者的利益往往和社会及第三方产生冲突:艾滋病患者的保密权利就可能影响无辜第三方的健康;对传染病患者实施隔离,如对急性呼吸综合征和甲型 H1N1 流感患者的隔离,限制了患者的一些权利和自由,但对于疾病的控制和无辜第三方的安全保障有利;对某些患者的救治可能会带来医疗资源分配的不均衡,甚至是对稀有卫生资源的浪费。因此,医务人员要妥善处理患者利益和社会利益的关系。

### 二、临床诊疗伦理的概念和准则

全面、准确把握临床诊疗工作中的伦理要求,必须从掌握临床诊疗伦理的概念和准则入手。

#### (一)临床诊疗伦理的概念

临床诊疗伦理(clinical ethics)是指在临床诊疗工作中必须遵循一定的道德原则,依照这一原则,合理地选择诊疗手段,尽可能地避免诊疗手段带来的不良影响,以利于患者的健康恢复。

临床医师的具体任务是诊断疾病,设计和实施治疗方案,指明预后。医生所选择和实施的治疗方案,目的是使患者恢复健康,但是有时会出现与目的相背离的情况。在药物治疗过程中,会产生耐药性、成瘾性和药源性疾病。诊疗手段在带给患者治疗正效应的同时还会给患者带来一些负面影响。手术治疗本身就具有一定的伤害性。正因为临床诊疗手段的两重性,所以在临床工作中必须遵循一定的道德原则。合理选择诊疗手段,以利于患者健康的恢复,尽可能地避免因治疗手段使用不当而给患者和社会带来的不良影响。

#### (二)临床诊疗工作的伦理准则

临床诊疗工作的基本道德原则是医务人员对患者进行诊断和治疗过程中的行为依据。临床诊疗工作的基本道德原则包括很多内容,其中最具代表性的是生命至上、知情同意、最优化这三项原则。

**1. 生命至上原则**　生命至上是临床工作的最基本原则。一切为了患者既是诊疗工作的出发点又是最终归宿。这是衡量医务人员医德水平的重要指标,也是医务人员为患者服务的动力源。作为一种使命和责任,救死扶伤的理念从医学诞生之初就一直没有改变过,只是现阶段其内容更加丰富,含义更加深刻。医务人员就是践行这种使命,体现医学人道特性的群体。医务人员每日要诊治大量的患者,其中不少是需要紧急抢救的急危重患者。孙思邈的《备急千金要方》中明确指出对于有疾病前来求救的患者,"不得瞻前顾后,自虑吉凶,护惜身命",应当"一心赴救,无作功夫形迹之心"。作为医生,要尽力满足患者的合理要求,尊重和维护患者的医疗权利,"见彼苦恼,若己有之",尽全力抢救,让他们能重获新生,重新获得健康。医生从中也践行了救死扶伤的使命,履行了社会主义人道主义的神圣天职。

生命至上要求医务人员必须在临床工作中做到及时、准确和有效,要求医务人员必须做到:学习和掌握科学的诊疗手段,认真实施有效治疗,以及实事求是地判断治疗效果。

**2. 知情同意原则**　是当今在医疗领域广泛使用、争议最大、问题最多的临床医疗最基本原则之一。其基本内容已在本书第四章第一节进行过介绍。在此,我们主要讨论知情同意原则在临床医疗实践中的运用。

临床上的知情同意是指医务人员要为患者提供能帮助患者做决定所必需的足够信息(如:病情资料,诊疗方案,预后及可能出现的不良反应、副作用等医疗风险等),让患者在权衡利弊后,对医务人员所推荐的诊疗方案做出同意或不同意的决定。坚持知情同意是为了促进个人的自愿性,保护患者,避免强迫或欺骗。医务人员应在自律的基础上做出合理的决定。

临床上的知情同意是一个过程,具体包括两部分内容。一是知情,即信息的告知和信息的理解。这一步的关键是完全的知情。医务人员有责任提供足够的相关信息,如患者的病情性质、程度、治疗

NOTES

方案、预后等。根据患者或家属的文化素质、理解能力等方面的差异性,保证能使患者对信息进行适当地理解。为了让患者能真正完全准确理解适当的信息,医务人员应最大限度地采用患者能够理解的语言或者沟通手段。医务人员要提供完全、真实的信息,当患者不能理解,或理解有困难时,不能简化或省略知情同意。二是同意,即在获知可以做出决定的足够信息后,患者或家属做出同意或者不同意的决定。这一步的关键是真正的同意。患者能获取信息,在对各方面进行权衡后,做出同意或不同意的决定,这应该是不受威胁或强迫,出自自由意愿的表达。

**3. 最优化原则**　作为临床诊疗中最重要的原则之一,是由临床治疗的特点决定的。临床治疗工作,一方面具有消除疾病的功效,另一方面也往往会给患者造成不同程度的伤害。这种伤害主要有三个方面:其一,医疗技术自身具有负面作用,如各种有创检查、药物的毒副作用、手术对机体组织的损伤等;其二,诊疗过程中,由于社会心理道德因素而产生的负面作用,如为了追求利润或谋求私利而使用不恰当的技术,给患者带来额外的经济负担和心理压力,造成资源浪费和资源分配不公,进而引发医患矛盾、伦理冲突等社会问题;其三,医务人员过错,给患者造成心身健康损害。

由于技术具备双重性,在医疗活动全过程中要做到绝对不伤害是不可能的。无论是诊断过程还是治疗和康复过程,医疗技术的实施都有可能给患者带来身体或精神的伤害,因而在选择和应用技术时都应抱着审慎的态度,认真选择,权衡利害,技术的选择和运用必须符合知情同意的原则。

临床诊疗中应用最优化原则,就是要求医务人员在诊断和治疗疾病的过程中,从各种可能的诊疗方案中选择最小代价而获得最佳效果的临床决策,也叫最佳方案原则。任何一项诊治方案的选择和实施,都必须从患者的利益出发,使患者处于客观的最大安全保障条件下,做到既有效又只带来最小痛苦,以期取得最好的效果。

最优化原则包括疗效最佳、损伤最小、痛苦最轻、耗费最少四个方面的内容。这四个方面不是单独考虑的,需要综合分析。一味追求最佳疗效可能会因为治疗过程中的痛苦太大或者是费用太高,患者无法负担,而最终不能完成治疗计划,不仅会带来前期医疗资源的浪费,更会给患者带来不可估量的损失,甚至失去生命。因而最优化原则一方面有技术性和临床思维能力的要求,另一方面,也有其道德思想基础。其道德意义在于促使医务工作者在临床诊疗中做到医学判断与伦理判断协调一致。伦理判断的目的在于保证诊断手段的科学性,二者相辅相成,有机结合,才能选择妥善的诊疗手段,做出最优化的医疗决策。

## 第二节　临床诊断伦理

临床诊断是临床治疗的前提,是医患双方发生伦理关系的第一环节,遵循临床诊断中的伦理要求可以为后期的疾病治疗奠定基础,也可以加强医患信任进而形成良好的医患关系。临床中常用的诊断手段有问诊、体格检查和辅助检查,每种诊断手段都有相应的伦理要求。

### 一、问诊的伦理要求

问诊是医患间接触的第一步,是医疗活动的开始。医生通过与患者和/或家属的交谈,了解患者疾病发生、发展的过程,前期治疗的基本情况和既往身体健康状况。即使在科学技术发展日新月异的今天,问诊还是诊断疾病的最基本、最重要的手段。

#### (一) 问诊的重要性

在疾病早期,机体尚处于功能的或病理生理变化的阶段,还不能发现器质性或形态学方面的改变,体格检查、实验室检查,甚至特殊检查可能皆无阳性发现,问诊时所得的资料却能成为更早的作为诊断的依据。如上呼吸道感染、心绞痛、消化性溃疡、糖尿病等,仅靠问诊即可得出初步诊断或确诊。问诊又可以为选择其他的检查措施提供线索。问诊是获得患者病情的首要环节和重要信息来源,不仅对得出正确的疾病诊断非常重要,同时也是掌握患者的思想动态、取得医患相互信任、消除不良影响、建立良好医患关系的开端。相反,忽视问诊,对病史采集粗疏,对病情了解不够详细或确切,势必造成漏诊或误诊。

### (二) 问诊的道德要求

**1. 要坚持科学的精神,严格按照问诊规范执行**　一是坚持全面性的原则,不仅要问患者病情的发生、发展,还要询问生活、婚姻及其家族情况、生活和工作环境等。这既是疾病诊断的需要,也是对患者的负责。二是坚持准确性原则,临床诊断的准确性是临床治疗有效性的保证,要达到或提高诊断的准确性,医师必须要有认真负责的科学态度,在病史询问中获得的信息一定要准确,避免出现"尚可""没问""不清楚"等。三是坚持及时性原则,对于住院患者的问诊一定要注意及时性,做到在第一时间内接诊患者、询问病情,这既有利于疾病诊断,也更利于良好医患关系的确立。四是坚持动态分析原则,要求医生用发展的观点认识疾病。由于疾病发生的复杂性,相同的疾病在不同的患者身上表现不同,相同的症状也可能是由不同的疾病所引起。例如,腰椎间盘突出症在不同的患者身上可以表现出不同的症状,有些患者表现为腿部的疼痛,有些患者表现为腰部疼痛,还有一些患者可能表现为腿部的麻木等,而这些症状的表现既和疾病有相关性,又不能完全代表疾病的严重程度。再如,疼痛、发热可以由多种疾病引发。在诊治的过程中应根据患者治疗和病情的变化,注意随时反复询问,及时更新病情资料,修正诊断,为后期的正确治疗奠定基础。

**2. 要态度和蔼,举止端庄**　医务人员的态度直接影响患者的心理和医患关系的和谐。分析当前医患纠纷的原因,医务人员的态度生硬占很大一部分。生硬的态度会使患者产生畏惧、厌恶等负面情绪,不利于问诊的开展。同时,在人际沟通中,65% 以上的信息交流是通过无声的肢体语言实现的。医务人员要用真诚的目光、和蔼的表情和恰到好处的肢体行为表达对患者的关爱。在问诊中保持合理的距离,要注意给患者留有足够的个人空间,最大限度地保障患者个人空间的私密性。不要随便皱眉、挑眉梢、尽量少努嘴、撇嘴,忌皱眉、瞪眼、目光游离不定、张大嘴打呵欠。这些细小的面部表情和行为会直接影响患者对医生的认知,使其产生负面的推测。

**3. 语言得当,朴素易懂**　有些医务人员在问诊过程中没有意识到患者是普通人,没有专业的医学和疾病知识。在与患者交流时大量应用医学和护理的专业知识、词汇,甚至是英文缩写,就会使患者无法理解,从而影响医患间的信息交流。在问诊中医务人员一定要使用患者听得懂的语言,即使必须使用专业词汇,也要给患者详尽地解释。

**4. 选择合理的问诊方法**　问诊中可以根据不同的患者选择直接询问、插问、倒问、启发式询问的方法,但要避免在询问时做提示性诱导和暗示。对于急诊患者,应先简要询问主要原因,待患者情况平稳后再详细问诊。

## 二、体格检查的伦理要求

如果说问诊是医生通过患者的感受来获得有关疾病的信息,那么体格检查则是医生通过自己的感官和简单的检查工具主动获得疾病的第一手资料。在体格检查中医师应坚持必要的道德要求。

### (一) 体格检查的重要性

在传统医学中没有先进的辅助检查设备,医生通过"望闻问切"来对疾病进行客观诊断。除了"问",其他三种都可以归结到体格检查之中。如果忽视体格检查,查体时不认真,不仔细,就会遗漏有价值的体征,造成漏诊、误诊。

### (二) 体格检查的道德要求

**1. 关心体贴,减少痛苦**　病情资料的获得其实对于患者来说是一次痛苦经历的再现。问诊过程中,患者必须回忆自己痛苦的起因、经过和加重的缘由,而这本身就是一种痛苦体验。通过查体掌握疾病的资料更是会加重患者的痛苦,例如骨擦音、骨擦感是骨折的专有体征,获此阳性体征即可确诊骨折,但是在此阳性体征的获取过程中,患者会感受到强烈疼痛,甚至损伤可能会加重。阑尾炎的典

NOTES

型体征是麦氏点的压痛、反跳痛,这对于疾病的确诊具有非常大的价值,但是医生在进行手法检查时,必须使患者感受到疼痛,并把疼痛带来的不适表达出来。因而体格检查中的某些方法和手段本身具有一定的刺激性和伤害。医生在进行检查时应当关心体贴患者,采取适当的体位、准确的手法检查,尽量减轻患者的痛苦。在检查中避免反复刺激,给患者带来不必要的伤害。在操作中要做到"讲—做—讲":医生在给患者操作前,先向患者讲清操作的目的、方法和要求,然后开始操作;操作结束后医生要向患者告知操作的结果和注意事项。

2. **严格执行医学操作规范,全面系统,认真仔细**　按照医学科学所规定的体格检查规范,遵循人体的八大系统全面检查,不能主观臆断,也不能不查、避免漏查和误查。在检查中按解剖部位,从上到下,从远到近。要按一定顺序,先观察一般情况。如果病情危重,重点检查,明确诊断,立即抢救,待情况稳定再进行全面检查。检查中要边询查,边思考,进行诊断与鉴别,还要注意周围环境、患者情绪等对查体的影响。若患者不配合检查,要主动开导劝解,避免资料失真。

3. **尊重患者,注意保密**　查体过程会涉及患者身体的暴露,这时医生应当尊重患者的隐私权,注意遮盖,避免使患者身体过于暴露,引起患者心理情绪的变化,从而加重病情,影响救治。再者,医生在体格检查过程中也可能接触到患者身体的隐私部位,特别是对于异性患者,医生更应尊重患者,态度严谨,语言得当。

### 三、辅助检查应用的伦理要求

辅助检查是临床诊断的重要手段。在循证医学发达的今天,辅助检查技术可以有效地帮助医务人员更为高效、准确地确诊病情,救助患者。

#### (一) 辅助检查的作用

在现代临床医学诊治中,虽然辅助检查在疾病的诊断过程中起着重要的作用,但是辅助检查也有自身的缺陷和不足。首先,所有的辅助检查仪器和方法都需要人专门掌握和应用,对检查结果的分析都必须发挥人的主观能动性。医生的主观能动性是任何辅助检查仪器不能替代的,不管仪器多么智能,人的主观能动性都是必需的,对仪器结果需要人的阐释和解读。其次,由于疾病表现复杂多样,个体差异性以及仪器检查的局限性,辅助检查的结果并不全是明确可见的,对疾病的确诊率也不可能是百分之百,相当一部分疾病是无法通过辅助检查获得可靠诊断结果的,辅助检查只能是参考的依据。最后,有些检查,如放射性检查、内镜检查、穿刺术、造影术等,在其使用过程中都可能给患者造成一定程度的痛苦和损伤。

总之,对待临床中的辅助检查,既要尊重其辅助临床诊断治疗的重要作用,又要防止过分依赖这些仪器设备,从而导致医学的物化和异化;既要尊重循证医学的客观性,又要充分发挥人在认识疾病、治疗疾病中的主体作用,尽量实现两者统一。

#### (二) 辅助检查使用的道德要求

1. **病症适应原则**　辅助检查必须是确实需要的。根据患者的病情需要有目的、有计划地选择适合患者的辅助检查,不做那些对患者疾病的诊治无意义或意义不大的检查。不应当因为个体或小团体的利益或者因为担心医患矛盾和医患纠纷,进行不必要的检查,而应当根据病情需要做出选择。对辅助检查不能一味追求高、精、尖,应根据需要选择适宜且经济的方式。

2. **客观地估计辅助检查结果在诊断中的意义**　辅助检查对疾病的诊断具有很大的帮助,但是这并不代表辅助检查是万能的,辅助检查也有假阳性和漏诊、误诊。要对患者所患疾病得出正确的诊断,必须将辅助检查的结果与临床的问诊和体格检查的资料信息综合起来共同分析,不能过分依赖和迷信辅助检查,夸大辅助检查结果在临床诊断中的作用。

3. **坚持循序渐进的原则**　辅助检查给医生提供的是客观数据,帮助医生做到正确、及时的诊断,因此选择辅助检查应遵循从简单到复杂、从低价到高价、从无创伤到有创伤的顺序进行,优先选择那些简单、低价、无创伤的检查,尽量减少对患者身体可能带来的伤害,避免不必要的经济支出。

## 第三节　临床治疗伦理

临床治疗是临床工作的核心环节,绝大部分疾病都需要通过临床治疗来达到祛除病痛、缓解症状的目的,临床治疗效果的好坏也是评价临床工作的主要指标。一般情况下,临床治疗的主要手段包括药物治疗、手术治疗、心理咨询与治疗和康复治疗,每种治疗手段都有其独特的伦理要求。

### 一、药物治疗的伦理

药物是医务人员促进和维护人类健康最主要、最常用的工具和手段。它在控制疾病的发生和发展、提高人体抵御疾病的能力方面发挥着巨大的作用。然而,任何药物在发挥治疗作用的同时,都具有或轻或重的不良反应和副作用,有些甚至具有相当的毒性。因此,临床医生在药物治疗中应该遵守有关的道德要求,最大限度地维护患者的利益。

#### (一) 对症下药,安全有效

对症下药是指医生根据临床诊断,选择相适应的药物进行治疗。医生必须首先明确疾病的诊断,掌握药物的性能、适应证和禁忌证,然后选择治本或标本兼治的药物,也可以暂时应用治标药物,以减轻病痛和避免并发症。但是,医生要警惕药物对症状掩盖的假象,以防止给诊断带来困难或延误病情而发生意外。

安全有效是指医生在对症下药的前提下,要因人而异地掌握药物剂量。因为用药剂量与患者的年龄、体重、体质、重要器官的功能状况等多种因素有关。医生应具体了解患者的以上情况,灵活用药,既取得治疗效果,又防止用药过量给患者带来的危害。

#### (二) 合理配伍,尽量减少药物的副作用

联合用药是指为了达到治疗目的而采用两种或两种以上药物同时或先后应用的情况。在药物联合使用时,会出现两种可能:使药物原有的效应增强,称为协同作用;使原有的效应减弱,称为拮抗作用。在联合用药时,合理配伍可以产生协同作用,减小药物的副作用,从而使药物发挥最大的疗效。但是,要掌握药物的配伍禁忌,尽量减少用药数。否则,会事与愿违,由于产生拮抗作用而给患者带来危害。

#### (三) 尽量减轻患者的经济负担

在用药物治疗时,医生应在确保疗效的前提下尽量节约患者的费用。徐大椿在《医学源流论·人参论》中批评一些滥用人参治病的医生时指出:"天下害人者,杀其身,未必破其家,破其家,未必杀其身。先破人之家,而后杀其身者,人参也。"这充分说明过度使用昂贵的药物对于患者来说是一种伤害,不仅会带来经济性的伤害,还有可能影响患者的治疗。一些患者因为认识的误区,认为价格昂贵的药就一定疗效好。医生不能因为担心产生医患纠纷,而听从患者的要求开具处方。

#### (四) 加强毒、麻、放射药品使用规范

医生在用药治疗中,应严格遵守国家制定的《麻醉药品和精神药品管理条例》《医疗用毒性药品管理办法》等法规,除正当治疗外,不得使用麻醉药品、医疗用毒性药品、精神药品和放射性药品,以免流入社会或造成医源性成瘾或医源性疾病。

### 二、手术治疗的伦理

手术治疗是外科治疗中的主要方法和途径,通过外科手术祛除病灶、缝合伤口、修补缺损,甚至对于过去缺乏有效治疗方法的先天畸形和器官衰竭,在今天都可以通过现代外科学手术治疗,带给患者生的希望。微创技术的广泛引入,使得手术治疗的伤害减小,危险降低,人们对手术治疗越来越信任,内科治疗外科化也已成为一种趋势。但是我们在看到手术治疗的光明前景时,还要注意到,它自身的特殊性所带来的潜在危险。为了避免这些危险的发生,在手术治疗中必须遵守一定的道德规范。

NOTES

### （一）手术治疗的特点

手术治疗具有鲜明的特点。第一,手术治疗具有效果好、起效快的特点。许多疾病的手术治疗可以说是立竿见影,"刀"到病除,有些甚至能够一劳永逸。第二,手术治疗具有局限性。对于一些疾病只能以探查为目的,寻求致病的缘由,而对另一部分的疾病,医生力图通过手术缓解疾病带给患者的痛苦,并不能治愈。第三,外科手术是一个系统工程。任何一台手术的完成都需要麻醉、监护、内科、护理和外科医师协同作战,特别是护理对于患者的病程和预后有举足轻重的意义。第四,手术治疗具有创伤性,故风险性大,并发症多。手术治疗是以破坏性为前提,涉及人体多个部位与器官,是一种创伤性治疗,它会给患者带来躯体上的损伤、失血以及肉体和精神上的痛苦。第五,手术治疗技术含量高。手术的成功完成要求术者不仅具有渊博的医学知识,而且具有相当高超的技能。外科医师必须是复合型人才,不但要掌握疾病诊断的基本知识和对人体解剖结构了然于胸,也要具备精湛的技艺,能够通过自己一双灵巧的手处理各种复杂局面。

### （二）手术前的伦理要求

**1. 确定手术治疗的充分性和必要性**　首先,医务人员要根据医院和自身条件来确认手术条件的充分性。手术治疗是具有风险性的,而且手术治疗所需技术具有复杂性,对手术环境和器械方面的要求也比较严格。当患者的疾病必须进行手术治疗时,医务人员一定要确认自己的技术能完全胜任手术,同时要确认所在医院的手术室环境、消毒及器械等条件完全满足手术条件。倘若自己所在的医院无法满足手术所需条件,一定要另请专家诊治或者考虑转诊。只有这样才是将患者的健康利益放在首位,尊重患者,坚持无伤原则。

其次,从患者和疾病的角度,对于选择什么样的诊疗手段,不仅要看患者是否能康复,还要考虑是否能全面达到所需的治疗目标。医务人员应根据患者的病情种类和严重程度以及患者的实际条件,确定是否选择手术方法进行治疗,对手术创伤与手术效果进行全面权衡。所以,医务人员在选择某一治疗方案时,必须严格掌握疾病情况和手术指征,充分考虑患者对这一创伤的接受程度;考虑患者付出各种代价后所得到的治疗效果是否满意;考虑这样的选择是否符合有利无伤的医德准则。

**2. 保证患者的知情同意权**　在接受手术治疗之前,患者有权知晓自己的病情及可能的治疗方案,并对医生提出的治疗方案具有选择取舍的决定权。在确定采用手术治疗时,必须得到患者及其家属的真正理解和同意。这也是患者的基本权利。首先,保证知情。医务人员应以患者及家属可理解的语言,实事求是地向患者及其家属认真分析并说明病情,并对选择手术和非手术治疗的原因与采用各种治疗手段可能产生的后果,以及不同治疗方案的效果和代价予以介绍。其次,征得同意。由于手术治疗本身具有风险性和创伤性,在介绍、分析有关情况的同时,要充分尊重患者或其家属的选择,保护患者的利益,取得患者或其家属的同意。再次,签订知情同意书。除了在患者及其家属知情的基础上征得同意外,还需要让其签署同意实施麻醉和手术的书面协议。手术前的这一工作无论从治疗程序,还是从法律、伦理上来说都是必不可少的。这种协议是患者及其家属知情同意的客观形式,它充分表明患者及其家属对医务人员的信任和对手术风险的理解。医务人员应充分认识到这种信任和理解,并以此激励自己努力承担责任,履行医德义务。

**3. 认真做好术前准备**　术前准备包括手术方案的制订与患者准备两个方面。手术方案应在具有丰富经验的医务人员主持下,根据疾病性质和患者的具体情况制订,要求安全可靠。医务人员要充分考虑麻醉和手术中可能发生的意外,并制订出相应的对策。麻醉医师应在认真检查患者、详细了解病史和有关情况后参与手术方案的讨论,并根据手术需要和患者的具体情况选择最佳的麻醉方法,以保证手术的安全进行。

医务人员应帮助患者做好术前准备工作。患者的术前准备工作包括心理上、躯体上等多个方面。尽管患者已同意接受手术,但仍会有情绪上的波动,出现焦虑不安、恐惧紧张、忧郁等心理反应。这是因为患者害怕手术时的疼痛、出血过多,也害怕手术意外或术后留下的后遗症。这些不良的心理反应会造成患者生理上的变化,例如睡眠不佳、食欲减退、烦躁不安、脉搏加快、血压上升等,都不利于手术的顺利进行。因此,引导患者树立对手术的信心,帮助他们摆脱不良情绪,鼓励患者以良好的心态接受和配合手术是医生的道德责任。在这一阶段,医务人员耐心、细致的工作方法,认真负责的工作态度和自信心对患者的心情有着极为重要的影响。

### (三) 手术中的伦理要求

**1. 认真操作,一丝不苟** 在手术中,医务人员要以严肃认真、一丝不苟和对患者生命负责的态度进行手术。这不仅是对主要手术者的医德要求,也是对所有在场手术人员及辅助人员的医德要求。手术者对手术的全过程要有全盘考虑和科学的安排,手术操作要沉着果断、有条不紊;对手术中可能发生的意外应做好思想上、技术上和客观条件上的准备,一旦手术中遇到问题,要大胆、果断、及时地处理;对于意识清醒的手术患者,医务人员还应经常给予安慰,不时告知手术进展情况;在讨论病变情况时,也应注意方式和方法,避免给患者造成不良刺激。

**2. 互相支持,团结协作** 手术治疗的整个过程都需要医务人员相互之间的密切配合与协作。随着医学的发展,手术规模、难度的增大,以及现代医疗技术的应用,这种协作的意义就显得更为重要。因此,所有参加手术的医务人员都应该把患者的生命和健康利益看得高于一切,不计较个人名利得失,把服从手术需要和保证手术的顺利进行看作是自己应尽的义务,互相支持,互相协作,互相谦让,以诚相待,紧密配合,齐心协力地完成手术。

### (四) 手术后的伦理要求

**1. 严密观察患者的病情** 由于术后患者刚刚经历了机体的严重创伤,身体虚弱,病情不易稳定、变化莫测,所以,要求医生、护士共同以认真负责的态度,严密观察患者及病情的变化,遇到异常及时处理,及时记录,尽可能减少或消除术后可能发生的意外,防止出现各种不良后果。

**2. 努力解除患者的不适** 在术后,患者常常会出现疼痛和其他不适。医务人员应抱着对患者负责的态度尽力加以解除。那种认为术后疼痛是"正常的",对患者术后不适表现得麻木不仁、漠不关心的行为是违背医德的。

**3. 重视术后心理治疗** 患者除了常常会在术后出现疼痛和其他不适之外,还会表现出情绪不稳定,医务人员应尽力加以安慰,解除其心理的痛苦。对于重大手术后可能会发生身体残疾、缺陷的患者,医务人员要在精神方面给予无微不至的关怀,帮助患者走出心理的阴霾,重拾生活的信心和勇气。

## 三、心理治疗的伦理

心理咨询与治疗是临床上常用的辅助治疗手段。随着现代医学模式的转变,由于心理因素引发的疾病日益增多,常规临床治疗后的心理咨询与治疗也对疾病的康复起到了重要的促进作用。

### (一) 概述

**1. 心理咨询与治疗的概念** 心理咨询是指心理咨询师运用心理学的原理和方法,帮助来访者探讨自身问题并寻找问题根源,以期改变原有的认知结构和行为模式,提高对生活和环境的适应性。心理治疗又称精神治疗,是用临床心理学的理论和技术治疗患者的情绪障碍与矫正其行为的方法。心理治疗不但是心理性疾病的主要疗法,而且也是整体疾病综合治疗中的一种。

**2. 心理咨询与治疗的发展** 心理咨询与治疗已有逾百年的历史。其发展的两条主线一直十分明确:一是心理咨询与治疗理论、方法和技术的发展;二是心理咨询与治疗者职业道德规范和临床伦理建设。这两方面相辅相成,缺一不可。心理咨询与治疗的内容大多是一些不愿为人所知或者是自己解决不了的问题,其中存在着很多矛盾、冲突和困境。对这些敏感的问题,一旦处理不当,往往会严重影响诊疗的进程,甚至终止医患关系。因此,医务人员要对患者进行行之有效的帮助,加强心理咨询与治疗伦理规范的教育和培训是必要举措。开展心理咨询与治疗不仅要具备必要的专业理论知识、扎实的专业操作技能以及丰富的经验积累,还必须遵循相关的伦理规范和行业操守。正确处理工作实践中遇到的各种伦理问题是至关重要的。

NOTES

### (二) 心理诊治的伦理要求

**1. 保密**　心理咨询与治疗过程不可避免地会涉及患者的隐私,而且诊疗本身可能就是隐私的一部分。因此,保密在临床实践中显得尤为重要,是医务人员应遵循的一项基本伦理要求。首先,患者倾诉的信息,特别是秘密或隐私,不能泄露,甚至对患者的父母、配偶也要保密,否则会失去患者的信任,使心理治疗难以继续进行下去。心理医生有责任保护来访患者的隐私权,但是同时也要认识到保密要求在内容和范围上受到国家法律和专业伦理规范的保护和约束。心理医生在心理咨询与治疗工作中,必须向来访者说明诊疗工作的保密以及这一伦理要求应用的限度。心理医生应清楚地了解保密要求的应用有其限度,在以下情况发生时保密会受限:患者有伤害自身或伤害他人的严重危险时、患者有致命的传染性疾病且可能危及他人时、未成年人在受到性侵犯或虐待时、患者行为违反法律时等。在这些情况下,医务人员可以在患者事先知道的情况下,转告给其家人或他人。在通常情况下,患者能理解医务人员的行为在于保护自己或他人的生命,因而是符合医德要求的。其次,对于心理治疗过程中涉及的内容,例如心理咨询或治疗过程进行录音、录像或演示等,心理医生只有在得到患者的书面同意时,才能进行相应的处理或应用。因研究或教学工作需要,心理医生对心理咨询或治疗的案例进行讨论,或采用案例进行教学、科研、写作等工作时,应隐去那些可能会辨认出患者身份的有关信息。最后,在青少年心理咨询中,除了需要向青少年来访患者解释保密的伦理要求外,也需要对其监护人进行解释和介绍,并对保密事宜作详尽、清晰的说明,以确保各方对保密有同样的理解,有利于配合咨询和治疗过程的顺利开展。需要强调的是,在心理咨询与治疗过程中,很多医务人员在面临危急情况时,往往会担心自己要承担知情不报的后果,或担心社会、相关机构或者患者家属给予的责难,而轻易违反保密伦理要求,失去了很多本来可以帮助来访患者成长的机会。

**2. 尊重**　首先,需要尊重来访患者的知情同意权。心理咨询与治疗的第一步就是征得患者对治疗的知情同意,确保患者和治疗师都充分理解将共同参与的治疗。心理医生有义务告知患者以下情况:咨询的特点、性质、预期疗程、费用、保密范围等。如果来访者在没有被充分告知的情况下做出知情同意,在法律上被视为无效同意。其次,需要尊重患者的决定权。患者有权决定是否接受评估和治疗,是立即开始还是稍后进行,有权改变治疗方法,或更换治疗师,或终止治疗。再次,心理医生需要尊重来访者的性别、民族、国籍、宗教信仰、价值观、性取向等。对于与自己有着不同的社会文化背景和价值观念的来访者,心理医生必须充分认识、接受和尊重他们的社会文化、经济背景和价值取向,避免把自己的价值观和看法强加给来访者;同时心理医生不应以自己的社会文化和经济背景为基础,在制订治疗方案时先入为主,影响和干扰或者试图改变来访者的自主选择;当心理医生不能接受来访者的个人文化和价值观念时,必须将患者转诊,以免耽误治疗时机,影响治疗效果。

**3. 科学**　在自己专业能力范围内,心理医生应根据自己所接受的教育、培训和督导的经历和工作经验,为不同人群提供适宜而有效的专业服务。首先,从事心理咨询与治疗工作,需要掌握和运用心理治疗的知识、技巧去开导患者。对于任何一个来访者,心理咨询与治疗都必须采用规范、恰当、系统的程序和方法,并严格按照这些程序和方法开展工作。只有这样,才能通过规范作业来避免出现临床伦理问题。心理治疗有自身独特的知识体系和治疗技巧。只有掌握了心理治疗的知识,才能在与患者的交谈中了解心理疾病的发生、发展机制,从而做出正确的诊断。只有掌握了心理治疗的技巧,才能在诊断的基础上,有针对性地进行相应治疗,并取得较好的效果。如果不具备心理治疗的知识和技巧,只靠一些常识,像给普通人做思想工作一样地施以安慰和鼓励,是把心理治疗简单化了,无法做到有的放矢,甚至会发生错误的导向。这是不符合医德要求的。其次,从事心理咨询和治疗时,必须以专业的态度处理与来访者的关系。心理医生不得与当前来访者发生任何形式的亲密关系,也不得给有过性和亲密关系的人做心理咨询或治疗。如果建立的专业关系超越了专业界限,应立即终止专业关系并采取适当措施,如寻求督导或同行的建议。最后,合格的心理医生在关注患者的同时更应关注自我保健。心理咨询与治疗是一种情绪劳动,个人内在环境很容易受来访者的情绪感染和干扰。当意识到个人的生理或心理可能受到来访者的影响并对来访者造成伤害时,应寻求督导或其他专业人员的帮助,警惕自己的问题对来访者造成伤害的可能性;必要时应限制、中断或终止临床专业服务。同时,心理学专业还要求,心理医生必须认真考虑并严格遵守谈话的时间要求。守时,对于咨询师来说是必须遵守的规范,即咨询一定要按计划进行,不能随意更改,该开始就开始,当结束就结束。当发现同行或同事发生违反专业规范的情况时,一定要起到监督作用,予以规劝;若造成了严重危害,则需要举报。只有这样,才能维护专业的威严和声誉,切实保护患者利益。

**4. 真诚** 在心理咨询与治疗过程中,需要直接面对来访者。在这样的工作和沟通中,真诚显得尤为重要。首先,需要对心理咨询与治疗本身保有真诚。在工作中,需要介绍自己情况时,心理医生应实事求是地说明自己的专业资历、学位、专业资格证书等情况,在需要进行广告宣传或描述其服务内容时,应以确切的方式表述其专业资格,不得以虚假、误导、欺瞒的方式对自己或自己的工作部门进行宣传,更不能进行诈骗。当来访者不再需要治疗,或者治疗对来访者不再有利甚至可能造成伤害时,心理医生有责任结束治疗。心理医生认为自己已不适合对某个寻求专业服务的来访者进行工作时,应向对方明确说明,并本着为对方负责的态度将其转介给另一位合适的心理医生。其次,对患者的真诚。当来访的患者需要诉说自己最隐私的事情、最痛苦的心情时,心理医生真诚的态度是打开沟通之门的钥匙。心理医生要有深厚的同情心,理解患者的痛苦,耐心听取来访者倾诉苦恼的来龙去脉,在此基础上帮助患者找出症结所在,并通过耐心地解释、支持和鼓励,甚至做出保证,使来访者改变原来的态度和看法,逐渐接受现实和摆脱困境,培养新的适应能力,从而达到帮助来访者的目的。但是,心理医生要避免把自己的情感、判断和利害掺杂进去,以免误导来访者。心理医生必须有健康、正确的基本观点和态度,以及愉快、稳定的情绪,才能影响和帮助患者,以达到改善患者情绪的目的。如果心理医生的观点、态度不当或错误,不但不能帮助患者,而且有可能促使来访者的病情恶化。

## 四、康复治疗的伦理

康复治疗是临床治疗的延伸和重要组成部分,是促进有伤患者和残疾人身心功能恢复的新的治疗学科,也是一门新的技术专业。其服务对象主要是各种身体残障的患者。其目的是使他们能够尽可能地恢复日常生活、学习、工作、劳动以及参与社会生活的能力,融入社会,改善生活质量。其治疗手段主要是物理疗法、言语矫治、心理治疗等功能恢复训练的方法和康复工程等代偿或重建技术。

### (一) 概述

康复治疗的程序一般是先对病、伤、残者进行康复评定,然后根据患者需要和客观条件,制订一个切实可行的康复治疗方案。康复治疗方案通常由康复医师主导,在与相关临床医学科研人员共同协作的情况下进行制订和实施,并在治疗实施的过程中根据病、伤、残者情况的变化及时进行小结,调整治疗方案,直到治疗结束。康复治疗有其自身特性,例如工作对象的特殊性、涉及病种的广泛性、治疗手段的综合性、治疗过程的长期性以及治疗目标的明确性等。与临床医学关注的侧重点不同,康复治疗主要针对病、伤、残者的功能障碍和整体康复。

### (二) 康复治疗的伦理要求

**1. 坚持敬佑生命的伦理理念** 人的生命是神圣不可侵犯的。在康复治疗中,强调这一原则尤为重要。康复治疗的对象主要是身体残障的患者、术后康复患者以及慢病康复患者等人群。康复治疗人员都不能因为这些身体的残疾而贬低患者的生命神圣性,应该给予患者特别的尊重。康复医师只有把尊重生命作为主导思想,才能真正尊重患者。以残疾患者为例,不论是先天或后天、疾病或外伤等所致的各种残疾,都会给残疾者带来终生甚至难以挽回的损失。他们不仅有躯体上的创伤,而且有轻重不等的自卑、孤独、悲观、失望等心理痛苦。因此,在康复治疗中,康复人员要理解与同情他们,绝不能讥笑他们和伤害他们的自尊;要选择效果佳而患者乐于接受的康复治疗方法,以建立起和谐的医患关系,并促进他们的康复。

**2. 坚持道义与自主的合理统一**　道义是指医务人员从专业的角度出发考虑患者需要什么,要求以患者的最大利益为中心。自主是指患者有权从自身理解出发决定自己想要接受什么治疗,要求医务人员尊重患者的自主选择。在康复治疗中,往往存在道义和自主的冲突,如:医务人员从专业角度出发,认为某一治疗对患者康复有益,但是患者和其家属从自身条件考虑,可能拒绝接受这一治疗方案;或者医务人员从专业角度考虑,在患者经过一段时间的治疗后,继续接受治疗对患者的收效和影响甚微,但是却需要花费巨额的医疗费用,这将对患者整个家庭的正常生活造成巨大影响,需要终止治疗,而患者和家属则要求坚持继续康复训练。当最大利益和自主选择相冲突时,这种两难的情形常常使医务人员陷入医德困境。此时,医务人员应该从患者利益最大化出发,与患者和家属协商,将治疗情况和康复效果予以说明,尽最大努力争取利益最大化的实现。倘若规劝和协商无效,且确认患者和家属的要求经过了认真和理性考虑后,应尊重患者的自主选择。

**3. 坚持严谨细致的工作态度**　医务人员必须努力保证提供优良的服务,也必须注意患者能否得到同情和尊敬。医务人员应该特别注意自身的素质、沟通方法、患者心理感受的敏感性以及每天的实践过程。残疾人行动不便,有的生活难以自理。因此,在康复治疗中,医务人员要耐心地在细微之处关怀与帮助他们的生活与训练。训练前,向患者讲清其目的、方法及注意事项,以利于保证安全;训练中,要随时鼓励他们一点一滴的进步,使其逐渐由被动变主动,增加他们重返社会的信心与毅力。在康复治疗中,倾听患者的感受以及与患者沟通,往往比治疗更重要。在康复治疗中,康复科医务人员除了必须扩大自身的知识面外,还要与各种人员密切联系,加强协作,避免发生脱节,出现矛盾要及时解决,共同为达到康复目标而尽心尽力。

**4. 坚持心理与生理并重的目标**　接受康复治疗的患者除遭受疾病带来的身体痛苦外,也可能会承受外观残损所带来的心理压力。这些残损往往是难以复原的。考虑到以后的生活、工作,患者常常表现出以下负面的心理状态:否认、抑郁、愤怒、自责、多疑、自卑等。对慢性病患者来说,由于长期患病不能康复,常会对治疗缺乏信心,出现抑郁、焦虑、怀疑、烦躁、自卑等心理问题,易表现出情感脆弱、易怒、多疑、抑郁、固执等情绪特点。这些负面情绪对治疗效果不利,会干扰患者的康复过程,甚至会使患者情况恶化。因此,医务人员除了关注患者的生理康复,更应该关心患者的心理康复。康复科医务人员需要具备良好的医德素养,只有积极关注患者的情绪问题,改善患者的心理状态,才能让患者得到有效的治疗和照护。诊疗过程中,医务人员需要全面尊重患者,关心患者,尤其是帮助其重塑生命的价值和意义,才能使患者实现真正的康复。

（郑姣琳）

**【复习思考题】**

1. 在临床诊断中如何贯彻及时与准确准则?
2. 如何理解临床治疗中的有效、择优和自主准则?

扫码获取
数字内容

# 第八章
# 特殊人群诊疗中的伦理

**学习要点**

1. 妇科、儿科、老年病科、重症医学科的患者特点。
2. 妇科、儿科、老年病科、重症医学科的伦理问题和对策。

特殊人群是指具有特定的生理和心理特点,或者处于一定的环境中,容易受到各种有害因素的侵袭,导致患病率较高的某些人群。从社会人群的流行病学状况考虑,不同人群所患的疾病各有特点,对医疗的需求也各不相同。随着医学的发展,临床分科越来越细,工作内容也千差万别,医务人员在为特殊人群服务时,其一切医疗实践活动都应实行医学人道主义,有利于患者的康复,有利于为特定患者服务。由于各科工作的差别,医务人员的道德规范既有共性,也有差异。本章将就部分特殊人群在诊治工作中的伦理要求进行论述。

## 第一节 妇产科伦理

妇产科是临床医学四大主要学科之一,主要研究女性生殖器官疾病的病因、病理、诊断及防治,妊娠、分娩的生理和病理变化,高危妊娠及难产的预防和诊治,女性生殖内分泌,妇女保健等。为保障妇女身体和生殖健康及防治各种妇产科疾病起着重要的作用。

### 一、妇产科患者的特点

#### (一) 生理特点

妇女在生理上有月经、怀孕、生产和哺乳等特征,躯体状况变化大。妇女疾病常涉及生殖系统。由于受到传统道德的影响,妇女患病后常产生害羞、压抑和恐惧等心理。此外,产科分娩季节性强,情况变化多而快,如处理不及时,常可造成严重后果。

#### (二) 心理特点

**1. 害羞心理** 性征发育异常,未婚怀孕,性生活异常及不孕症等,常使患者在就诊时感到难以启齿,尤其在男医生面前表现更为明显。由于这种害羞心理,有时患者会隐瞒病情,甚至拒绝妇科检查,给诊治工作带来困难。

**2. 压抑心理** 受我国传统观念的影响,妇产科患者多不愿在公众场合诉说自己的病情,尤其是未婚先孕等涉及敏感问题的当事人,因怕被别人评论讥笑、名誉不好,常有隐瞒的心理,有的连自己的亲人也不肯告诉。此类患者的心理常处于压抑状态,甚至发生身心疾病。有的不孕症妇女会受到家庭、社会的歧视;有的产妇因没有满足家人希望生儿或者生女的要求,会产生压抑心理。

**3. 恐惧心理** 和其他科的患者相比,妇产科患者担心自身的疾病对健康、家庭和社会带来不良影响,比如担心会有性生活障碍引起丈夫的不满;怀孕后胎儿畸形,胎位异常、早产、难产、分娩时疼痛或发生意外;生育问题引起家庭不和等。上述种种担心会使妇女产生恐惧心理,影响疾病的康复;怀孕女性还可能影响胎儿的生长发育,导致难产或产后出血增多等问题。

## 二、妇产科诊疗中的伦理问题

### (一) 隐私保护问题

在进行妇科检查时需暴露隐私部位。涉及某些隐私情形(例如畸形、有性传播疾病、未婚先孕等)的女性患者,在接受妇科体检和询问病史时,更是抱着忐忑不安的心情,怕隐私被暴露而受到歧视,影响夫妻感情或正常生活,或造成夫妻家庭不和,心里充满矛盾。参与诊治的工作人员若没有端正自身态度,没有从专业角度正确认识妇产科疾病,不尊重患者的隐私权,恶意揣测患者的私人生活,随意散播患者的患病情况、病史,就会造成较为恶劣的社会舆论影响,给患者的正常生活、心理健康带来较多压力和麻烦。

### (二) 人文关怀缺失问题

患病后,女性患者更容易产生悲伤情绪。在医疗实践中有的医务人员人文情怀缺失,无法体谅患者的心理,无法理解和同情其处境,态度粗鲁、轻浮。部分医务人员对未婚先孕者态度冷漠,歧视或讽刺、挖苦,以粗暴的操作进行诊治,使她们身心受到创伤,甚至酿成悲剧。

### (三) 男性医生诊疗机会公平性的问题

受传统封建思想的影响,女性身患妇科疾病时不愿接受男性医生诊治,导致我国目前男性妇产科医生的比例不足 5%。到医院看妇产科的时候,很多女性会排斥男医生,拒绝男医生为自己诊治。因不被理解而被患者丈夫动粗的尴尬是不少妇产科男医生有过的经历。

## 三、妇产科诊疗中的伦理要求

### (一) 要有不怕苦、脏、累的献身精神

在妇产科工作中,特别是产科,产妇分娩季节性强,昼夜之间分娩也很不平衡,造成医护工作上的忙闲不均。加之产科病床周转快、夜班多,医务人员经常不能按时就餐和休息。另外,产妇分娩时羊水、出血、粪便以及新生儿窒息时口对口的呼吸抢救、产后恶露的观察等,都是医务人员经常接触的。因此,妇产科工作要求医务人员必须具有不怕脏、不怕累、不怕辛苦、不计工时、全心全意为患者服务的献身精神。

### (二) 要有冷静、果断、敏捷的工作作风

妇女妊娠后,全身器官都会因负担加重而发生变化。妊娠或分娩时,任何器官的功能不全或患有慢性疾病者,随时都有可能发生异常或意外,如妊娠合并心脏病者发生心力衰竭、过期妊娠者突然胎心不好等。即使正常孕妇,也可因妊娠或分娩的变化发生意外,如羊水栓塞、子宫破裂、弥散性血管内凝血等。产科患者变化急剧的特点,不但使产科急诊多,而且容易使医务人员措手不及。因此,妇产科工作要求医务人员:对孕妇做好产前保健,积极而又慎重地及早处理或预防合并症;产前要对孕妇做好全面检查,对其可能发生的情况要做好充分估计,并事先认真做好预防准备;一旦发生紧急情况或意外,要冷静、准确地做出判断,果断地选择处理方案,积极、敏捷地进行应急处理,做到忙而不乱。任何犹豫不决或拖拉的作风,都会造成难以挽回的严重后果。

### (三) 要情感中立,举止端庄得体

男医生为患者检查时,要有女医务人员在场。同时,医务人员要举止端庄、严肃,特别是进行妇科检查时,不能表现轻浮或讥笑患者,要遵守操作规程。检查未婚妇女生殖器官时,要尽量以肛诊代替;因病情需要做妇科检查前,必须征求本人同意。

### (四) 要有维护妇女、家庭、后代身心健康的责任感

在妇产科治疗时,如应用影响性器官和性功能的药物或施行手术,医务人员要严格掌握适应证和剂量,并向患者和家属交代清楚,做到知情同意,同时应尽量减少对患者的不利影响。同样,在进行人工流产、引产、放环和绝育手术时,医务人员也要严格掌握适应证和禁忌证,绝不能参与非法的流产或引产;对来院进行流产的未婚妇女,要像对待其他妇女一样,一视同仁地施行手术,并给予保密;当孕

妇患病时,医务人员在用药时应避免使用引起胎儿畸形的药物,如病情需要,也应向患者或家属交代清楚,待病情稳定后方可施行人工流产或在严密观察下进行怀孕,确保优生。在妇产科工作中的谨慎行事都是为了维护妇女、家庭、后代的身心健康。对此,医务人员除应提高医术外,还要加强自身的道德责任感。

# 第二节　儿 科 伦 理

儿科是全面研究小儿时期身心发育、保健以及疾病防治的综合医学科学。儿科的研究对象是自出生至青春期的儿童,是一门研究小儿-青少年生长发育规律、提高小儿-青少年身心健康水平和疾病防治质量的医学科学,凡涉及儿童和青少年时期的健康与卫生问题都属于儿科范围。

## 一、儿科患者的特点

### (一) 基本特点

患儿大多缺乏独立生活的能力,需要父母或大人的照料。在患病期间,患儿更需要亲人的温暖和体贴。婴幼儿不会自诉病情,年长儿虽能自诉,但限于理解力和表达能力差,不能完整、准确地诉说发病过程的细节和症状,给儿科的诊治工作增加了难度。同时,儿科疾病一般都有发病急、病情变化快的特点,如能及时给予恰当处理,往往可以立即转危为安;若拖延治疗或误诊、误治,不仅会增加患儿的痛苦,甚至可能危及生命。

### (二) 心理特点

小儿在家有父母的照顾、体贴和家庭的温暖,但患病住院后,面对生疏的医院环境、陌生的医务人员和疾病所引起的痛苦,会产生紧张、孤独和恐惧的心理。这种心理的外在表现是:有的大哭大闹;有的忧郁、怪僻、不合群;有的无法与医务人员配合,甚至拒食或拒绝治疗;有的则吵闹着要求回家或自行逃跑等。因此,儿科工作要求医务人员:态度和蔼、说话温和、表情亲切地对待他们;要像父母一样接近他们,了解他们的生活习惯和爱好,做好心理护理。对不懂事的婴幼儿,要安排一些时间抱一抱他们,在床边和他们玩玩,逐渐和他们建立感情,以改善和他们的关系,消除他们的生疏感,使其尽快适应新的环境。对已经懂事的孩子,除了治疗以外,要丰富他们的生活内容,如讲故事、做游戏,给他们收看适合的电视节目,提供做美工、看书等活动,以满足儿童的心理需要。对有缺陷或病态行为的患儿要给予同样的关心、爱护和同情。在诊治中,有些孩子即使不合作,也不要过多地责备,要耐心说服,要恳切地、不厌其烦地多加安慰,在家长配合下让其树立信心。另外,还要关心患儿的生活与医疗,特别要照顾患儿的饮食起居、衣着冷暖、大小便、清洁卫生和服药,尽可能减轻他们的病痛和不适,要注意他们的安全,使其在病房同样能感到家庭般的温暖。

## 二、儿科诊疗中的伦理问题

### (一) 利益冲突问题

儿科医生要维护患儿和患儿家庭的利益,有时患儿的利益和其家庭的利益是不一致的,这种利益冲突造成儿科医学上特有的伦理学问题,也是需要伦理学做出回答的。有缺陷新生儿无法表达愿望,需要法定监护人提出解决的建议,而有些家长面对并不严重的有缺陷新生儿,要求终止其生命,对医务人员造成极大的伦理困扰。

### (二) 医患信任的缺失

在对待疾病治疗上,大多数患儿父母对于患儿能够被治愈,都抱有极大的期望。患儿家属容易夸大病情,期望以此让孩子更早的得到诊疗,或者得到医务人员更多的关注,但其对医疗知识欠缺,对护理操作的必要性与效果难以做出公正、客观的评价。家长希望孩子得到医护人员最好的治疗和护理,往往喜欢选择年纪大、经验丰富的医生,对年资高的医生信任度高、依从性好,而对年轻医务人员会产生不信任。刚刚进入临床的年轻医生,由于缺乏临床经验和沟通技巧,操作技术不够熟练,容易使家长产生怀疑、挑剔、轻视和不信任,所以拒绝年轻医生参与操作的情况时有发生。

### (三) 人文关怀的缺失

有些医生在面对患儿及家长的时候,缺乏耐心与细致,没有因为患儿的特殊性而对其给予更多的关怀和照顾,只注重对患者躯体疾病的治疗,而忽视其心理感受。而患儿在诊疗过程中体验不到医务人员的关怀,便会哭闹,患儿家长一旦感觉患儿情绪不良就容易把不满情绪发泄在医务人员身上,导致儿科医患关系的恶性循环。

## 三、儿科诊疗中的伦理要求

### (一) 常规诊治中的伦理要求

**1. 要有耐心、细致、勤奋的工作作风**　婴幼儿不会自诉病情,年长患儿虽能自诉,但限于理解力和表达能力,往往不能完整、准确地诉说自己疾病的过程和细节。因此,儿科工作要求:医务人员在询问患儿病情时要循循善诱,同时还要耐心听取家长陈述;在体格检查时,因患儿惧怕生人,往往会哭闹不予合作,所以,医务人员要善于转移患儿的注意力,耐心地边哄边做,不拘泥于常规的体位或常规检查顺序,检查要细致,且动作轻快、准确;对于住院患儿,因病情容易变化,加之有些年幼儿不会诉说,不能主动呼唤医务人员,病情变化不易被及时发现,所以医务人员要经常巡视病房,勤观察,细检查,注意孩子的精神状态、体温、脉搏、呼吸、吸吮能力、粪便性状、啼哭的声音等,这些往往是疾病变化的先兆或征兆。一旦发现情况,要及时分析,做出判断,并迅速、准确、有效地予以处理。临床上很多漏诊、误诊的病例,就是检查不细、观察不全所造成的,如对腹痛的患儿,只注意检查腹部,没有注意检查下肢皮肤的紫癜,将过敏性紫癜误诊为消化系统疾病。

**2. 要有对患儿负责的精神**　小儿患病常牵动全家人的心。因此,儿科医务人员首先要理解患儿家长的心情,并积极采取有效的诊治措施,使家长安心,并主动配合诊治;其次,要防止粗心大意,或不按规章制度和操作规程办事,避免造成误诊、漏诊、差错事故,给患儿带来终生的不幸,给自己留下职业遗憾。

**3. 要有治病育人的责任感**　患儿容易受到外界影响,而且对这种影响缺乏评价能力,容易模仿。因此,儿科医务人员要注意自己的一言一行、一举一动对患儿的影响,如:有些医务人员对不合作的患儿说"你再哭就给你打针";有时为劝患儿吃药,本来药很苦,却说"快吃吧,这药可甜呢";对哭闹不合作的孩子进行训斥等。这样可能暂时达到了医务人员的诊治目的,却使患儿对医务人员产生不信任感,心理上也会产生恐惧、怨恨或不满,不利于对患儿的治疗。医务人员在检查和治疗过程中,充分考虑患儿的心理特点,不仅要治愈患儿身体的疾病,而且还应学会如何积极引导患儿配合诊治。

**4. 要严格执行消毒隔离制度,防止交叉感染**　由于幼儿的免疫功能比成人差,身体稚弱,较成人易感染传染性疾病,特别是患病以后更是如此,所以医务人员在门诊要做好预诊和分诊;在病房,应对传染病患儿做好隔离;对体弱、免疫功能低下者和新生儿等,要做好保护性措施,严格执行探视规程,使各项操作达到无菌要求。

### (二) 有缺陷新生儿救治中的伦理要求

有缺陷的新生儿是指出生时即有身体缺陷或智力低下的婴儿。如何对待有缺陷的新生儿,是妇产科和儿科医疗工作中都可能遇到的问题。

**1. 有缺陷新生儿的分级**　医学上一般把有缺陷新生儿分为四级。

Ⅰ级缺陷:缺陷对孩子今后的体能、智力发展没有或仅有轻度影响,孩子成人后,一般都能参与正常的社会生活。

Ⅱ级缺陷:缺陷对孩子今后的体能、智力发展有较大影响,但达到一定年龄后可以矫正或部分矫正,患儿成人后,仅有一定的劳动能力和生活自理能力;或智力受到一定影响。

Ⅲ级缺陷:缺陷对孩子未来的体能、智力发展有严重影响,成人以后将失去全部劳动能力和生活自理能力,或智力高度低下,目前的医学技术无法获得满意疗效。

Ⅳ级缺陷:缺陷特别严重,目前无法救治,新生儿在短期内会死亡。

**2. 对待缺陷新生儿的不同伦理学观点**　　目前,医学伦理学界有不同的看法。对Ⅰ、Ⅱ级缺陷新生儿,人们的看法较为一致,一般都认为要发扬医学人道主义精神,积极救治,帮助缺陷新生儿恢复健康或基本恢复健康。而对Ⅲ、Ⅳ级缺陷新生儿,人们的看法则大相径庭。一种观点认为,人的生命对于每一个人来说都只有一次,因此是神圣的,即使是一个有严重缺陷的新生儿,也应不惜一切代价予以抢救,否则就违背了医学人道主义精神,与医务人员的职业宗旨相背离。而另一种观点认为,生命不是绝对神圣的,而要视其质量和价值。当现有的医疗资源还十分匮乏时,对于有缺陷新生儿的处置要取决于该生命本身的质量和对于社会的意义。一个严重缺陷的新生儿,由于医学无法恢复其生命质量,无论现在还是今后对社会和他人的价值都小,其低质量的生命对其自身也无幸福可言,存活不仅对其本人是一种痛苦,也给资源有限的社会带来负担。因此,在这种情况下,放弃抢救是符合社会整体利益的,也是道德的。

上述两种观点都有其合理性,反映了道德价值的多元化倾向。但从医疗实践的角度看,后一种观点在操作上还缺少法律上的依据,在道德上也还缺乏令大多数人信服的理由。因此,对待有缺陷新生儿,医务人员应坚持医学人道主义的原则,给予积极认真的救治,不能因为新生儿的某些缺陷而给予不公正的对待;对有严重缺陷的新生儿,医务人员有义务向其父母说明情况,引导父母做出科学合理的决策。

# 第三节　老年病科伦理

随着社会的发展、科学的进步、人类物质文明水平的不断提高及生活条件的改善,人的寿命普遍延长,老龄人口逐年递增。目前,我国老龄人口占全国总人口的比例超过15%。随着社会人口老龄化的加速,有关老年人的各种社会问题已逐渐显现,特别是老年人的卫生保健问题已受到整个社会的关注。

## 一、老年病科患者的特点

### (一) 生理特点

老年人由于器官、组织、细胞的自然老化,生理功能减退,大多数生理指标比正常人差或出现异常,机体抵抗力下降,发病率增加,且易患多系统疾病和退行性疾病。患病时,病情变化快而不稳定,其严重程度常与主诉及症状不一致。同时,由于老年人生理功能的衰退,机体正常与不正常的界线也比较模糊,这给检查、诊断和治疗带来了难度。

### (二) 心理特点

老年人除了生理上的正常衰老外,心理上也有着很大变化,包括:①感知觉减退,如敏感度降低,听力衰退。一般来说老年人听力减退较早,由于听力的衰退,常常出现听力失真而影响与外界的信息交流。②记忆力下降。相对而言,老人的机械记忆能力下降更明显,而意义记忆能力较好。近期记忆的保存效果差,远期记忆的保存效果较好。因此,老年人的记忆力下降主要不是储存衰退,而是难以提取。③智力改变。总的来看,老年人解决问题的能力随着年龄增长而下降,逻辑推理能力比青年人差,批判性思维能力也有所下降,因此,老年人捕捉信息及使用信息都显得很笨拙,解决问题的灵活性也受到影响。④情绪改变。老年人情绪体验的强度和持久性随年龄的增长而提高,因而其情绪趋向不稳定,常表现为易兴奋、激怒、喜唠叨和与人争论,一旦强烈情绪发生后又需较长时间才能平静下来。⑤人格特征的变化。由于年龄增长造成人格特征的改变,如更追求身体舒适程度,老年人在心理上常会感到孤独、寂寞、焦虑,猜疑心、嫉妒心加重,变得保守,好发牢骚,好回忆往事,性情顽固等。患病老人的心理则以悲观、恐惧、抑郁和孤独感为主。

老年人年老体衰,对疾病引起的疼痛、不适及治疗所引起的苦痛、损伤耐受性差,同时,由于生理功能的衰退,治疗中易产生不良反应,患者也较难配合医疗护理。此外,由于老年人患的大多是慢性疾病,如高血压、慢性支气管炎、糖尿病、冠心病等,这些疾病的病程长,疗效不稳定,易反复,康复缓慢,且易出现并发症或留下后遗症,增加了治疗和护理的难度。

## 二、老年病科诊疗中的伦理问题

### (一)过度医疗与最优化医疗的矛盾冲突

老年病大多数为慢性病,难以根治,治疗常常难以达到患者与家属的预期效果,进而导致医患之间产生矛盾。满足患者和家属的要求往往会导致过度医疗,缓解治疗又难以使患者与家属满意,这种矛盾冲突常常使医生陷入两难境地。

### (二)卫生资源与费用的使用问题

老年病,尤其是晚期老年病,治疗费用明显增加,使卫生资源短缺的问题更加严重,更重要的是使患者及家属倍感经济压力。老年病科医疗效果与医疗费用的反差常导致医患纠纷。

### (三)患者自主权与家属利益的矛盾

有些老年患者在病危的时候不愿或抵触辅助生命支持系统或复苏急救,而其家属要求医院继续治疗或抢救;或患者病情有望缓解或好转且患者希望得到治疗,但家属基于经济或其他因素建议放弃治疗。

## 三、老年病科诊疗中的伦理要求

### (一)尊重老人,服务周到

老年人大多希望受人尊重、爱戴,好议论,爱提意见,情绪易激动。对此,医务人员应注意从言谈举止各个方面尊重老人的人格和健康权利,虚心诚恳地对待他们提出的意见和建议,尽可能满足其合理要求。即使患者意见不正确或对医务人员有误解,医务人员也应抱以宽容的态度,耐心倾听他们的叙述,不厌其烦地回答询问,反复认真地解释说明。此外,由于老人生理功能减退,行动多有不便,所以医务人员除了要有良好的服务态度外,在就诊、检查、治疗等方面,要想患者所想,尽可能给予方便和帮助。医护人员不仅要为老年患者提供一个良好、舒适的就诊和休养环境,而且要给予全面周到的服务。

### (二)严谨、审慎的治疗操作

由于老人的病程较长,病情变化多且复杂,身心耐受性较差,所以,医务人员在为他们选择医疗手段和制订治疗方案时,应以高度负责的精神审慎从事,切不可粗心大意。要在确定治疗目标后,多设计几种治疗方案,从中选出疗效最好、代价和风险最小的方案加以实施,同时,要征得患者和家属的同意和支持。

### (三)加强心理保健,增强老年人战胜疾病的信心

由于老年人的心理特点,他们在患病期间的心理问题较多,所以,医务人员应重视对老年患者的心理卫生保健。需要做到:认真仔细地观察老年人的情绪和行为变化,经常倾听老年人的陈述;发现心理问题后,应积极寻找对策,给予咨询,对悲观失望者要给予安慰和鼓励,启发和引导;对性情孤僻者要经常与其进行交流,促膝谈心;对心有疑虑者要耐心解释,诚恳相待,尽可能解除他们的疑虑;对心情烦躁不安者要耐心劝导;对一般心理咨询无效者应请精神科医生或心理医生会诊治疗。总之,要用良好的医德医风、高超的医护技术和周到的服务使老年患者产生亲切感、舒适感、安全感和信任感,增强老年人战胜疾病的信心。

### (四)认真落实社区卫生工作,精心做好居家养老的卫生保健

由于老年人生理和心理的特点以及病后行动不便等困扰,他们常不能独自去医院就诊,加上现在

与子女分开单独居住或因丧偶而独身居住的老年人逐年增多,高龄老人和居家养病的老人就医存在很多困难。为此,政府提出社区卫生服务机构要开展居家养老和居家卫生保健服务,要求社区医务工作者为居家的老人建立健康档案,定期上门为他们送医送药,与家属和社区服务工作者一起做好老人的生活和心理服务。医务人员要认真落实政府对社区卫生工作的要求,不辞辛苦,精心组织,价优便捷,互助协作,共同做好老年社区卫生服务。居家卫生服务是一项政府和社会向医务人员提出的社会职责,也是医务人员实现以人为本的道德义务。在农村,乡村医生一直有上门为农村老年人提供卫生保健和生活服务的传统。坚持和发扬这一传统,既实现了乡村医生对社会的责任,也体现了中华民族敬老爱老的优良传统美德。

## 第四节　重症医学科伦理

重症医学科是重症医学在临床中的应用学科。危重病的监护与治疗是近年来兴起的一门临床学科,宗旨是为危及生命的急性重症患者提供新技术和高质量的医疗服务,即对危急重症的患者进行生理功能的监测、生命支持和并发症防治,促进和加快患者的康复过程。这是继复苏后的一种更高层次的医疗服务,是社会现代化和医学科学发展的必然趋势。

### 一、重症医学科患者的特点

病情严重是重症医学科患者的主要特点,主要分为以下几种情形。

1. 严重创伤、大手术后及必须对生命指标进行连续严密监测和支持者。
2. 需要心肺复苏的患者。
3. 器官(包括心、脑、肺、肝、肾)衰竭或多器官衰竭者。
4. 重症休克、败血症及中毒、物理、化学等因素导致的急危重症患者。
5. 严重的多发伤、复合伤患者。
6. 有严重并发症的心肌梗死、严重的心律失常、急性心力衰竭、不稳定型心绞痛患者。
7. 各种术后重症患者,或者年龄较大、术后有可能发生意外的危重症患者。
8. 严重水、电解质、渗透压、酸碱失衡患者。
9. 严重的代谢障碍患者,如甲状腺、肾上腺、垂体等内分泌危象患者。
10. 器官移植前后需监护和加强治疗者。

### 二、重症医学科治疗中的伦理问题

#### (一) 维持生命质量与争取短暂生存期的选择

重症医学科对危重患者实施医疗干预,获取短暂生存期。尊重患者的生命尊严与兼顾医学、患者和家属的利益,究竟哪个是最佳选择,常常使医生陷入两难境地,很难做出选择。

#### (二) 家属出于传统观念、社会压力与理智的两难

患者的家庭和整个社会也成为了重症医疗的利益相关者。家属代表患者做医疗决定时,难免会陷入出于传统观念、社会压力与理智的两难境地。

#### (三) 重症医学科治疗技术与人性化医疗的矛盾

重症医学科患者的特殊性,使得重症医学科病房必须有一定的封闭性,减少了患者与外界接触的机会。如何在拯救危重患者生命的同时,又兼顾对危重患者心理情感的照料,是人性化医疗有待解决的问题。

#### (四) 医疗资源过度使用与健康公正的矛盾

对于不惜代价短期延长患者生命的行为,医生应当劝导患者及其家属接受理性的死亡观,以期达到合理利用医疗资源的目的。医疗资源如何公平分配,实质是生命公正与健康公正的问题。

NOTES

### 三、重症医学科治疗中的伦理要求

#### (一) 给予患者和家属支持

处于危重状态的、神志清醒的患者,在接受重症医学科治疗的同时,几乎都有焦虑、抑郁、惊恐、绝望等心理障碍,需要医务人员和家属提供心理支持和干预。

重症医学科对患者实行封闭式管理,家属往往更焦急、疑虑,渴望了解患者病情变化情况;而患者的疾病往往病情危重复杂,病情进展快,家属因对病情动态变化缺乏了解,易产生误解或怀疑,最终可能导致对医生的信任危机。在重症医学科诊治中,应充分保障患者及家属的知情同意权。

#### (二) 遵守公平、适度原则

依照公平原则,合理选择入住患者,通过强化救治和精心监护,有利于获得预期治疗目标。重症医学科要坚持公正原则,有效、合理地利用与分配卫生资源。

重症医学科中各种新检查、新治疗和新药品的不断出现,要求医生在选用高科技手段进行治疗时,须考虑患方具体经济情况和病情,审慎选择,以使患者获得最优效益,避免与抵制过度治疗或增加患者额外负担。

#### (三) 慎重对待患者的放弃治疗

对于尚有治疗希望者或有意识的老年患者,家属如提出放弃治疗的要求,则须与家属耐心、谨慎地沟通,掌握其拒绝治疗的真实原因,尽可能地减轻患者的治疗压力,从而逐步达成一致意见。

(尹　梅)

### 【复习思考题】

1. 分析不同特殊人群诊疗中对医生伦理要求的差异。
2. 分析老年病科诊疗中对医生的伦理要求。
3. 重症医学科常见的伦理问题有哪些？如何应对？

# 第九章
# 公共卫生伦理

**学习要点**

1. 公共卫生的基本概念、特点和伦理原则。

2. 公共卫生突发事件处置的伦理原则。

3. 传染性疾病的防控内容和伦理要求。

4. 职业病的防控伦理。

5. 慢性病的防控伦理。

6. 地方病的防控伦理。

健康是人类生存和社会发展的基本条件。健康权是一项包容广泛的基本人权,是人类有尊严地生活的基本保证,人人有权享有公平可及的最高健康标准。没有全民健康,就没有全面小康,实现全民健康是中国共产党和中国政府对人民的郑重承诺。中国坚持预防为主、防治结合,提高公共卫生服务的可获取性和均等性,加大传染病、慢性病、地方病等疾病预防控制力度,提升突发公共卫生事件应急能力,推行覆盖全民的基本公共卫生服务,均等化程度不断提高。

## 第一节 公共卫生伦理概述

### 一、公共卫生工作的概念与特点

#### (一) 公共卫生的概念

公共卫生(public health),又称公共健康。该概念是针对注重个体健康的传统疾病治疗医学而提出的。医学事业发展的结果之一是扩大了医学活动的对象。现代医学不仅关注个体健康问题,而且给予群体和社会公众的健康以同等的关注。所以公共卫生亦可以称为人口的健康、群体的健康。

从内涵上看,公共卫生包括静态与动态两个层面。静态是指其工作目标以及围绕实现工作目标而建立的制度、组织、文化等。静态工作目标具体包括制定预防流行疾病的发生战略与战术、提高群体生活质量、延长人群寿命、减少损伤、减少残疾的发生率、促进群体的身心健康水平等。其结果将在统计学层面显示出社会健康状况的改善,而不能在某个个体的具体健康和生存年龄等方面得到证明。动态是指实现与维持目标处于稳定状态的工作过程,包括现状评价、问题分析、政策制定与发展、保障措施的实施等。早期的公共卫生观念及其指导下的行为,与烈性传染性疾病的流行密切相关。在微生物知识、传染性疾病以及预防和治疗知识技术成熟之前,人们根据直观经验,发现对待烈性传染病的唯一有效办法,就是将已发病的人隔离起来,并监视他们的生活,完全避免与其接触。

随着细菌学知识的完善、消毒技术的普及以及 20 世纪免疫接种技术和抗生素的发现与广泛使用,烈性传染病得到一定控制。但人口的快速增长,城市化速度加快,导致公共卫生概念的内涵增加。传统的预防传染病的组织得到保留与扩大。通过有组织的教育和卫生促进活动,改善公众的身体素质和健康水平,延长寿命,预防除传染病以外的其他流行性疾病,也成为公共卫生的新目标。1916年,第一所公共卫生学院在美国约翰·霍普金斯大学医学院成立,标志着公共卫生教育与机构独立于医学教育与机构。随后,其他美国的大学也成立公共卫生学院。至1999年,美国有29所公共卫生学院。这种教育模型在20世纪已经成为培养公共卫生人才的标准模式。

### (二) 公共卫生工作的特点

**1. 工作对象的群体性** 虽然历史上有过经典的预防思想,如《黄帝内经》提出"不治已病治未病"的观念,然而,在现代公共卫生知识诞生和技术成熟之前,临床医学大多只能将出现健康问题的个体作为工作的对象。公共卫生工作真正实现了"不治已病治未病"的理想,将具体有效地防止疾病发生、促进健康的理论与方法,以具体的措施在社会层面实施,以提高全体成员的整体健康水平。公共卫生实施过程一定会落实到个体,但其关注的核心是群体的健康水平。

**2. 工作效果的统计性** 当针对个体实施疾病治疗时,无论有效还是无效,效果都只将在个体层面显现。公共卫生针对群体实施干预,其结果虽然对提高大部分个体的身心健康都有意义,但是最终结果只能显示在群体层面。如采用预防接种的方式预防传染病,可以有效地预防传染病在群体内流行,以前后统计结果的对照变化证明其效果。

**3. 工作过程的公众性** 公共卫生工作要产生实际的效果,需要公众按照专业指引主动地参与并在相当长的时间内保持相应的行为。如果没有多数社会成员的积极参与,没有全社会的共识与支持,目标的实现就有不可克服的障碍。另外,开展公共卫生工作,可能影响部分成员的生活,甚至带来不便。如戒烟运动,目前的研究结果显示戒烟运动能降低相关疾病发生率,提高社会健康水平,但是对于有吸烟习惯的社会成员,在社会压力下,其生活将受到一定的影响。

**4. 工作目标的超前性** 医学从诞生开始,重点是关注已经出现在个体身上的身心痛苦,即问题已经发生,如何将问题的不利影响消除,或者至少是减轻其不利影响。与此不同,公共卫生工作的目标是以将来为工作导向,减少那些将来有很大可能发生的疾病的发生率,从整体上改善群体的健康状况。公共卫生工作的目标体现了其道德关怀的超越性,所关注的是尚未发生的未来的人类痛楚。这一超越的前提是人类对健康和疾病发生、发展规律的认识与控制技术的进步,从而真切地实现了人类对群体和他人将来身心健康的实际关切与改善。

**5. 价值体现的社会性** 公共卫生的最终价值体现在社会层面。公共卫生工作使相对多数的社会成员受益,但不一定确保每一个社会成员都避免受疾病的影响。从总体看,有效的公共卫生工作确实能降低疾病的发生率,提高社会成员的健康水平。

**6. 目标评估的滞后性** 从工作目标的实现时间点看,公共卫生工作的效果评价具有滞后性特点。从已经产生的结果看,公共卫生工作具有巨大的社会、经济等效益,但是并不具有立竿见影的效果。天花曾经是人类最严重的传染性疾病之一,数千年来导致千百万人死亡或毁容。公元1796年,英国人琴纳(E. Jenner)试种牛痘成功,最终发展的结果是有效预防天花的牛痘疫苗。直至1979年10月26日,世界卫生组织(WHO)在肯尼亚首都内罗毕宣布,全世界已经消灭了天花病,并且为此举行了庆祝仪式。天花是人类完全控制的第一个烈性传染病,其科学价值、社会影响和经济利益等,是一个无法完全计算的天文数字。可见,天花预防接种的目标价值的完全显现与肯定,需要等到183年之后。

公共卫生价值评估滞后性特点,在一定程度上影响某些公共卫生工作的展开。因为不是所有人都能以理性的态度对待公共卫生政策与活动,所以需要通过提高全民的知识水平,以及建立相对完善的公共卫生制度,以确保公共卫生的有效展开。

## 二、公共卫生工作难题与伦理要求

### (一) 公共卫生工作难题

重大传染性疾病不是属于某个国家的疾病,而是整个人类的疾病。有效应对各种重大传染性疾病是各国政府的共同意愿,但如何应对重大传染性疾病也成为世界性治理难题。主要表现在如下几个方面。

**1. 难以在短期内充分认识到其伤害程度** 这一问题的原因包括传染病的特殊疾病性质以及防疫力量薄弱两个方面。重大突发流行病本身的性质决定了人类对它的认知匮乏。在突发流行病暴发伊始,人类对它的认知极为有限。重大突发流行病的某些表现与常见的流行病没有差异,容易引起误判。

**2. 难以在重大疫情发生之初就能有效应对** 人们在应对瘟疫时,"诚实、快速、决心、责任、义务、团结、协作"等品质非常重要,对待严重的传染性疾病,人类的正确态度应该是诚实以待。例如,某些国家对艾滋病严格防范,大大降低了艾滋病的危害,公众在一段时期内认为政府是在危言耸听;另外,政府考虑得更多的是地方经济、社会和政治利益,而政府决策如出现偏差,不能及时有效应对,易引发群众的不满和对抗。

**3. 合作难题** 多种全球性问题复杂交织,致使传染性疾病的防控难度加大。突发公共卫生事件是全人类的共同敌人,应对它需要全人类的协作。国际协作受制于各国对疫情的不同认知,受制于国家维护短期利益的行为。

**4. 卫生公共产品的供需失衡状况日渐突出** 一些贫困国家无法向本国国民提供卫生公共产品,导致传染病肆虐。加强公共卫生领域的全球治理颇具紧迫性。公共卫生是全球公益治理领域的重要组成部分,其治理成效在很大程度上依赖于卫生公共产品的供给力度,能否以及如何在公共卫生领域提供更多公共产品是全球公共卫生治理的核心。公共产品供给国结合自身的国家实力和"投入-收益"比例等现实决定公共产品的规模、去向和提供方式。全球卫生治理公共产品主要包括维系各种疾病防控和监测系统的资金、病毒研究实验室的科研成果、医护人力资源等。当前,卫生公共产品呈现出供需失衡的状况。虽然一国对公共卫生安全的享有不会影响其他国家的享有,各国间是互惠互利而非竞争关系,但有能力且有意愿持续不断地提供卫生公共产品的国家较少。卫生公共产品的供给不足、供应过于分散和供需分配不均导致卫生领域的合作难以达成或执行不力,卫生公共产品的全球供给出现集体行动的困境。

### (二) 公共卫生工作的全新道德责任

**1. 应树立大卫生观** 传统卫生观认为医学活动是医药卫生行业的事情,医学活动主体是医务人员与医学研究人员,所服务的对象是患者,活动的场所是医院、医学院及其他卫生事业单位,活动的目的是治疗疾病、恢复健康,依靠的手段是药物和各种医疗器械。其关注的重点是人体已经出现的疾病状态,致力于寻找各种疾病的有效治疗方法。总体来看,传统卫生观是被动地与疾病做斗争的方式,医药卫生行业消极地承担维护健康的责任。

大卫生观的形成,其逻辑前提是人类疾病谱和死亡谱的变化、人口老化、社会和自然环境对健康影响的权重显著增强等。核心是由以疾病、患者及其治疗为中心,扩大到以健康、健康人和保健、康复为中心。医疗卫生事业的范畴也随之发生改变:由治疗服务扩大到预防服务,由关注疾病的自然原因到同等程度地关注社会原因,由生理服务扩大到心理服务,由院内服务扩大到院外服务,由个体服务扩大到群体服务,由技术服务扩大到社会服务,由消极治疗与康复扩大到积极预防和主动提高健康水平,预防保健的责任从医药卫生行业扩大到社会各行各业,卫生事业活动的主体由医务人员扩大到社会其他成员。

大卫生观是指人们对公共卫生的诸多观点和看法,包括价值理念、伦理原则和道德规范等。

第一,大卫生观扩大了医学道德所规范的主体范围。传统的医学道德所规范的对象是医务人员及相关人员,而按照大卫生观的要求与标准,医学道德规范的对象明显扩大。一方面,凡是与卫生、健康相关的政府机构及其工作人员的决策与活动,各种社会组织与社会活动,都有可能受到医学道德的约束;另一方面,每个社会成员的行为也都受到医学道德的规范与约束,如在公众场所吸烟不仅违背公共道德,由于吸烟损害自己和他人的健康,也间接地与医学道德相关联。

第二,大卫生观扩大了医学道德所规范的行为内容。从字面上看,医德只与医学活动甚至只与医务人员相关,可是按照人人参与、全社会参与的要求,人们日常生活中的许多行为将被纳入医学道德约束的范围之内。不符合健康要求的生活方式、有损健康的经济和社会活动、破坏自然环境的行为等,都违背了大卫生观的基本理念,属于应该受到批评、禁止的行为范畴。

第三,大卫生观促进了医学道德评价体系的发展与完善。医学道德评价标准是在医疗卫生工作实践中,根据医学道德的基本原则抽象出来的客观评价标准。传统卫生观以治病救人为中心,大卫生观则加入了维护和促进健康的新要求。合乎医学道德的行为不仅包括促进患者生理结构与功能、心理与社会功能的恢复,还包括促进健康人采取健康的生活方式,促进全社会的发展。

**2. 应以健康教育为工作重点**　要实现公共卫生的工作目标,需要全体社会成员都具备相应的公共卫生知识和技术能力。公共卫生工作者对全体社会成员获取这类知识和技术,负有不可推卸的责任。从途径与效果看,健康教育是促进公民健康水平最直接、有效、经济的手段。所以在具体的工作中,公共卫生工作者应将健康教育工作放在首位。

从公共卫生角度出发实施的健康教育应包括如下方面。

(1)建立组织机构与网络。健康教育应依托现有的教育、医疗卫生、社区、机关、单位等已经成形的组织网络,并充分利用现代传媒的优势,实施有效传播、全员覆盖。

(2)明确教育目的。健康意识、健康知识、健康行为是健康教育的三要素,主要任务包括:提升社会成员自身及对他人的健康责任意识;传播正确的健康知识;促进社会成员理智选择有利于健康的生活方式。

(3)健康教育知识与技术的选择。针对社会成员的健康教育,不能等同于公共卫生的大学与专业教育。所传播的内容应经过公共卫生工作者的筛选编写,并应以新颖、简明、快捷的形式传达给公众。

(4)建立有效的评价机制。健康教育活动开展的效果和针对性,需要通过有效的评价机制衡量。因此,实施教育的同时还要建立有效的评价机制,便于发现并修正问题。实践表明,健康教育是影响并改善公众整体健康水平的最有效方式。目前我国广泛开展的全国爱国卫生运动是一种有效的健康教育形式。

**3. 应以维护公共卫生和实现预防保健为最终工作目标**　公共卫生工作的具体工作目标有两个方面。

(1)维护良好的公共卫生环境条件,从而有利于每一个社会成员的生活。重点关注影响公共卫生水平的常见问题,努力维护公共环境卫生。自然环境自人类出现以来就影响着身心健康。在我国广大的农村地区,这一问题并未完全解决。在农村地区,公共卫生工作的重点应放在提供干净的饮用水、人畜粪便无害化处理等方面。通过减少自然环境导致的疾病发生率,提高全民的健康水平。

随着工业化、都市化进程的加速,工业、生活、农药、放射性、噪声、光污染以及医学污物等成为危害公民健康的新杀手。在我国,这类新的环境问题对健康的影响程度日益明显。从范围看,污染影响的是大气、水源、土壤和整体生活环境。从影响方式看,污染危害可以是爆发式,也可以是渐进式。其中的渐进式污染,危害性可能数年,甚至数十年才显现,易被公众和社会所忽视。因此,公共卫生工作者应牢记工作目标,以科学严谨的态度,认真对待和处理环境卫生问题,确保全社会都有良好的生活环境条件。

(2)开展全民预防保健,减少流行性疾病的发生。医学的进步虽然控制了某些传染病的流行与传播,但并未取得决定性胜利。因此,公共卫生工作者应将预防保健作为另一日常工作的重点,如对传染病进行积极的检疫和防控,及时发现疫情,并采取针对性措施防止疫情扩散。如果已经有相应传染病疫苗,应及时针对健康人群进行免疫接种。对地方病、生活方式病等局限性流行病,公共卫生工作者应及时开展流行病调查,寻找原因和解决办法,通过向特殊人群进行健康教育的方式,控制疾病发生的范围和程度。

### （三）公共卫生工作的伦理原则

**1. 效用原则**　要求全面评价公共卫生行动的正面与负面后果,分析其收益与风险比,以有利于达成公共卫生工作目的和目标。例如,采取某种公共卫生政策,其效用的判断是指该政策给目标人群或全社会成员带来促进健康、预防疾病和降低伤害的好处,以及可能给相关人员带来的风险、负担及其他权利和利益方面的负面影响。这种分析对于是否实施某个方案,或在多种方案中进行选择时尤其重要。

一项公共卫生行动,有时候不可避免会牺牲某些个体的某些权益。恰当的公共卫生行动,一定是社会受益的最大化。此时并不是简单地对个人利益和负担进行加减。如对传染病患者的隔离,必然使当事人的某些权益受到限制甚至损害,但社会整体却从中受益。不过效用原则也要求在能够得到最大可能的受益的同时,实现最小可能的伤害,从另一方面扩大行动的净受益。换言之,不应为了获得最大的健康受益的结果而任意、没有必要地伤害特定个体的利益。只有在损害特定对象利益不可避免,并采取措施使必要的损害最小化,整个人群的受益最大化时,效用原则才能获得伦理辩护。例如,被隔离的传染病患者应得到充分的生活和医学照顾,有时还必须给予一定的经济补偿。

在存在多种公共卫生行动选项时,效用原则是决策的关键性原则。如某个行动选项符合其他伦理原则,但效用较差,就应放弃。

**2. 公正原则**　要求在同一个社会,所有成员都应有均等的机会获得相同的公共卫生资源,或者是按照某种相对公平次序分配资源。该原则主要针对由经济、阶层、种族、文化、宗教信仰等社会因素所造成的资源、风险、负担、受益等分配不公正的社会现实。某些已有的社会不公正损害了部分社会成员的健康水平,因而不符合公共卫生伦理的公正原则。

公正原则包括以下方面。

（1）分配公正:在所有社会成员之间合理地分配资源、受益和负担,包括形式公正和内容公正两方面。形式公正即一视同仁,是一种形式上的平等。如当甲型流感疫苗生产出来后,所有社会成员均应有机会接种。疫苗的生产者、分配者、销售者不应因有直接接触机会而获得优先接种的权利。内容公正则规定了可用来作为分配资源、受益和负担所依据的标准。如为了整个社会在甲型流感流行期能获得良好的医疗服务,医务人员在疫苗有限时接种次序优先;当疫苗充足时,医务人员接种时间优先。实际上,具体公共卫生政策应该选用什么样的优先分配标准,与特定社会文化、信仰、价值取向、经济水平、科技发展水平等复杂因素相关。

（2）程序公正:确保所实施的公共卫生行动过程的公正性。实现程序公正,有其基本要求,如公共卫生信息保持公开与透明,公共卫生行动政策与决策公开,每一个利益攸关方和公众有机会参与。程序公正可以保证公共卫生行动代表不同群体的利益,而且能够反映少数人的观点和利益诉求。

（3）回报公正:对于在公共卫生行动中做出了贡献的人,社会应予以适当的奖励;对于导致公众健康损害者,则应给予相应的惩罚。回报公正有利于社会有效运转。其方式有物质、精神和社会奖惩等。

**3. 尊重原则**　要求在公共卫生工作中应该尊重个人的自主性、隐私权。其一,要求以人为本,人本身是公共卫生活动的目的,而不能单单成为实现公共卫生目的的工具。其二,要求尊重成年人拥有的自我决定和处理个人事务的权利,个人选择不应受他人操控。未成年人或其他特殊情况,应由法定代理人代为处理。

公共卫生工作追求公共卫生行动效用最大化,有可能导致对少数人的不尊重,甚至侵犯部分个体的权益。公共卫生致力于保护公众的健康,而公众虽然是个体的集合,但公众与个体间的权益有时有冲突。如公共卫生工作为了社会公共利益,有时需要限制个人某些权利、利益和自由,但尊重原则要求尊重个人的知情权,并得到同意,最大限度地避免对个人某些权利(如隐私权)、利益和自由的限制。所以每一个公共卫生行动都必须在涉及的个体权益和公众权益之间进行权衡取舍。在伦理上,允许为了公众利益在一定程度上限制个体权益,但其前提是必须采取的公共卫生行动有效且个体权益限制是不可避免、必要和合理的,同时尽可能确保个体权益限制的性质最轻化、程度最小化、时间最短化。

**4. 互助原则**　要求公共卫生工作应该力求得到其他社会部门和社会公众等的支持,全社会互助协同开展公共卫生工作。从公共卫生活动的目的看,个人乃至群体是否健康,在一定程度上取决于社会环境,包括其他人的行为等复杂因素。现代社会的重要特点是个体、民族、国家之间的联系已经变得日益紧密。公共卫生问题的解决,必须由政府、民族、地区、社群、个体之间密切合作,才能真正实现。可见,公共卫生与每个人密切相关,互助原则反映了每个社会成员促进公共健康的共同责任。

## 三、突发公共卫生事件伦理

### (一)突发公共卫生事件的概念

突发公共卫生事件(public health emergencies)是突发公共事件中的特殊类型。突发公共事件是指突然发生,造成或者可能造成重大人员伤亡、财产损失、生态环境破坏和严重社会危害,危及公共安全的紧急事件。《国家突发公共事件总体应急预案》规定:根据突发公共事件的发生过程、性质和机理,主要分为四类,分别是自然灾害、事故灾难、公共卫生事件和社会安全事件;其中的公共卫生事件主要包括传染病疫情,群体性不明原因疾病,食品安全和职业危害,动物疫情,以及其他严重影响公众健康和生命安全的事件。

突发公共卫生事件是指已经发生或者可能发生的、对公众健康造成或者可能造成重大损失的传染病疫情和不明原因的群体性疫病,涉及人数众多的重大食物中毒和职业中毒事件,以及其他危害公共健康的突发公共事件。按照《国家突发公共事件总体应急预案》规定,突发公共事件按照其性质、严重程度、可控性和影响范围等因素,一般分为四级:Ⅰ级(特别重大)、Ⅱ级(重大)、Ⅲ级(较大)和Ⅳ级(一般)。

近年来,我国的突发公共卫生事件应急能力全面加强。应急法律制度基本建立,应急体制机制不断优化,在全国分区域设置了4类36支国家级和近2万支、20多万人的地方卫生应急处置队伍。2014年,国家公共卫生应急核心能力达标率升至91.5%,远超全球70%的平均水平。近年来,国家加快卫生应急体系建设,有效地应对了人感染H7N9禽流感、埃博拉出血热、中东呼吸综合征、寨卡病毒等突发急性传染病疫情,以及在汶川地震、天津港火灾爆炸事故等一系列重大灾害事故后提供紧急医学救援和灾后卫生防疫工作。

### (二)突发公共卫生事件的特点

**1. 突发性**　人们往往对突发公共卫生事件发生的时间、地点、暴发方式、程度等,都难以准确把握。原因有三个方面:①人类远未完全认识复杂的自然世界,如艾滋病发病之前人类并不知道有该病毒的存在;②在已有知识范围内,控制自然的技术手段仍不完备,如人类已知艾滋病为艾滋病病毒感染,但目前尚未发明有效的治疗办法;③某些人在特定情况下会犯错误,如明知共用针头、性滥交可能感染艾滋病病毒,却总有人会冒险。

**2. 复杂性**　当公共卫生事件发生后,其影响表现在诸多方面,处理解决起来非常不易;如果处置不当,可能导致损失扩大,影响范围扩大,甚至发展为社会问题。

**3. 破坏性**　公共卫生事件不仅会带来直接的人员伤亡和财产损失,还会对人们的心理形成强烈冲击,进而造成社会生活各个层面的损失。

**4. 持续性**　在人类历史上,突发公共卫生事件时有发生,并未杜绝;就某个具体的突发公共卫生事件而言,一旦发生,一定存在一个持续的过程,一般分潜伏期、暴发期、高潮期、缓解期、消退期几个阶段。

**5. 可控性**　人类基于已有的知识、经验和技术,通过努力可以一定限度地降低突发公共卫生事件发生的频率和次数,减轻其危害程度,使之不超出一定的范围。这是人类在认识与改造自然方面进步的必然结果与重要标志。

### (三)突发公共卫生事件处置中的伦理原则

**1. 预防第一,防治结合原则**　当公共卫生事件发生之后给予受害者及时、有效的治疗,是基本的伦理要求。不过,尽管突发公共卫生事件不可能完全避免,且发生之后将带来更多的问题,但还是应该建立相对完备的机制,预防其发生,或在发生后及时控制其影响范围与程度,这是更重要的伦理要求。因此"预防第一,防治结合"是处置突发公共卫生事件的重要伦理原则。只有积极预防,常备不懈,有备无患,才能最大限度减少突发公共卫生事件的不利影响。

**2. 政府责任第一,并与个人责任相结合原则**　在现代社会,应对公共卫生事件的主要责任者是政府及其相关部门。政府负有领导、制定预案、监测和预警、决策、指挥、信息通报、资源储备与调配、经费筹措、急救医疗网络建设等系列责任。政府相关部门应通力协作,并引导公众行为,指导社会预防。涉及事件的个人也有责任,应承担对自己和他人的健康义务。如传染病感染者和疑似患者、密切接触者,应当配合进行相应的医学隔离治疗与观察措施,并主动采取避免传染的卫生行为。政府和个人共同负责,形成互补。

**3. 患者利益第一,医患利益兼顾原则**　突发公共卫生事件发生后,医务人员必须根据预案或安排,在严重威胁自身健康的突发事件面前,冲锋在前,切实负起对患者和公众的责任,给予受害者以最佳的救治,最大程度地保障受害者的健康和生命安全。在保障患者利益的同时,应最大程度地保障医务人员不因本职工作而产生身心健康问题,或者出现其他方面的损失。首先,确保医务人员有足够的卫生防护措施。因为医务人员是公共卫生突发事件应急处理的主力军,其在应对过程中承担着极大的风险,如果医务人员因其职务行为而受损,全社会将失去有效的防护机制,所以这也是对全社会的保护。其次,对确实遭遇不幸的医务人员,政府应给予本人、家属格外的照顾与补偿。

**4. 集体利益第一,并与个人兼顾原则**　社会主义集体主义原则认为集体利益与个人利益是辩证统一的,而且集体利益高于个人利益,必要时个人应为集体利益做出程度不同的牺牲。在突发公共卫生事件中,有时为了保全公众的最大利益,个人应放弃甚至牺牲自己的一部分利益,尽自己努力防止突发事件负面影响的扩散;在处理突发事件时,个人有义务和责任,自觉地接受和配合有关部门采取的必要紧急措施。

当然,在这一过程中,个人的基本权利应该得到尊重与保护。如对感染者、疑似感染者、密切接触者采取隔离治疗与观察等措施时,应提供足够的生活便利,采取有利于其及早治愈和恢复、促进身体健康的得力方案。应杜绝任何歧视、拒绝治疗和帮助的行为。

## 第二节　传染性疾病防控伦理

### 一、传染性疾病的含义

传染病(infectious diseases)是由各种病原体引起的能在人与人、动物与动物或人与动物之间相互传播的一类疾病。病原体中大部分是微生物,小部分为寄生虫,寄生虫引起者又称寄生虫病。有些传染病,疾病预防控制部门必须及时掌握其发病情况,及时采取对策,发现后应按照规定及时向当地疾病预防控制机构报告,因此被称为法定传染病。目前,中国的法定传染病有甲、乙、丙三类,共41种。

传染病可经过各种途径传播,可由直接接触已感染的个体、感染者的体液及排泄物、感染者所污染到的物体传播,也可通过空气传播、水源传播、食物传播、接触传播、土壤传播、垂直传播(母婴传播)、体液传播、粪口传播等。

不同于一般疾病,传染病有病原体,具有传染性和流行性,感染后常有免疫性,有些传染病还有季节性或地方性。传染病的传播和流行必须具备三个环节,即传染源(能排出病原体的人或动物)、传播途径(病原体传染他人的途径)及易感人群(对该种传染病无免疫力者)。如果能完全切断其中的一个环节,就可防止该种传染病的发生和流行。传染病可以按病原体分类,也可以按传播途径分类。传染病的预防应采取以切断主要传播环节为主导的综合措施。不同传染病的传播环节有所不同,在防控中应具体分析,充分利用,除主导环节外对其他环节也应采取措施,更好地预防和控制各种传染病。

## 二、传染性疾病的防控内容

传染病防控是各级疾病预防控制机构的主要业务工作内容,即运用法律、行政、技术手段消除和管控传染源,切断传播途径,保护易感人群,预防、控制和消除传染病的发生与流行。

国家通过制定有关法律,要求各级政府按照预防为主的工作方针,确定不同时期的防控重点,动员群众,整合资源,针对重点地区和重点人群,组织全社会共同参与防控工作,主要应做到以下两点。

### (一)坚持预防为主的积极防疫思想

与一般疾病相比,传染病患者的治疗十分重要,同等重要的还有对易感人群的保护,控制其流行范围,避免社会灾难。人类通过主动预防彻底消灭天花;通过预防接种,部分烈性传染病,尤其是易发于儿童的烈性传染病得到有效的控制,明显降低了传染病的发病率。

### (二)严格执行隔离消毒措施和操作规程

传染病的危害性,除了损害患者本人的身心健康之外,还在于传染他人,形成群体感染。人类在经过了极其惨痛的教训之后,才总结出系列预防控制传染病流行的方法。

隔离和消毒是传染病管理与防治工作中最重要的环节,也是公共卫生工作者与传染病斗争的重要内容。隔离是通过物理阻断的方式,防止传染病扩散。隔离对象包括:传染病患者,即将已经确诊的具有传染性的患者进行隔离治疗;疑似传染病患者,即在传染病流行期间,将疑似传染病的患者进行隔离观察;医务人员,即对与传染病患者、疑似患者、传染病动物、疑似动物接触的医务人员,也必须采取必要的隔离措施。

消毒主要是采取有效措施杀灭传染病患者可能散播的细菌、病毒或其他传染源,对象包括居住的场所、日常用品、排泄物、分泌物、接触或使用过的医疗器械等。与传染病接触的医务人员,在离开病区时,必须采取消毒措施,避免将传染源带出病区。

公共卫生工作人员和医务人员必须以高度的道德责任感,切实按照科学方法做好各种预防措施,绝不能因自己的疏忽,给公众的健康带来威胁。

## 三、传染性疾病防控的伦理要求

### (一)一般性传染病防控的伦理准则

**1. 尊重传染病患者的权利**　在人类历史上,传染病患者曾经被视为灾星;在当今社会,传染病患者容易受到歧视和排挤,有时甚至发生惨剧。医务人员应该认识到传染病患者是传染性疾病的受害者,任何指责、歧视、排挤传染病患者的做法都是错误的。在工作中,公共卫生工作者应尊重传染性疾病及疑似患者的各项正当权益。

**2. 遵守国家法律规定**　我国已经建立了传染病防治体系,及时发现、隔离、治疗各种传染病。相关的医务人员应按照国家法律规定,主动关注、通报疫情。这既是法定义务,又是最基本的公共卫生道德要求。

### (二)性病防控的伦理准则

**1. 尊重性病患者,消除其心理顾虑**　部分性病患者因性关系混乱而染病,患者本人并没有故意染病,但该类患者往往承受极大的道德与舆论压力。他们既担心治疗的时间、费用、后遗症等问题,又担心亲戚朋友知道真相而丢面子、受歧视,还担心传染家人,其内心充满恐惧、后悔、自责、焦虑不安等负面情绪。公共卫生工作者在处理相关事务时,应与对待一般传染病患者一样,热情、细致、耐心、周到,维护其自尊,获得其主动配合。严禁对其嘲笑、挖苦、讽刺、歧视等。

**2. 主动采取预防控制措施,防止扩散**　性病是传染性疾病,危害患者家人和公众健康。公共卫生工作者和医务人员在发现性病疫情之后,有责任按规定向有关机构和部门报告;还应积极建议患者通知其性伴侣到医院进行详细检查治疗。

为患者保守秘密是医务人员的基本道德义务,在性病防控和治疗过程中也不例外。但保密有一个前提和限度,即不能危害他人和公众利益。因此,在性病防控和救治过程中,正确处理保密与维护公众和他人利益之间的冲突十分重要。

**3. 传授正确知识,预防可能引发的心理疾病**　只要采取科学措施,性病可防可治。许多患者不了解预防性病的科学方法,结果多次被感染,或得病后不主动采取预防措施,将疾病传给其性伴侣。因此,公共卫生工作者应积极向社会传播防控性病的知识和方法,以及常见的、由性病引起的心理疾病及其防控,另外还应积极传播性道德、性态度、性行为等方面的知识。

### (三) 艾滋病防控的伦理准则

**1. 协调艾滋病检测信息保密与公开之间的冲突**　我国实行艾滋病自愿检测制度;血站、单采血浆站应当对采集的人体血液、血浆进行艾滋病检测;采集或者使用人体组织、器官、细胞、骨髓等,应当进行艾滋病检测;医疗卫生机构应当按照国务院卫生主管部门制定的预防艾滋病垂直传播技术指导方案的规定,对孕产妇提供艾滋病防治咨询和检测。《艾滋病防治条例》规定,艾滋病病毒感染者和艾滋病患者有义务将感染或者发病的事实及时告知与其有性关系者,但同时规定,未经本人或者其监护人同意,任何单位或者个人不得公开艾滋病病毒感染者、艾滋病患者及其家属的姓名、住址、工作单位、肖像、病史资料以及其他可能推断出其具体身份的信息。因此,公共卫生工作者是否把信息告知与艾滋病病毒感染者和艾滋病患者有性关系者,就是一个伦理难题。

**2. 协调行为指导干预与保护个体自由的冲突**　有效控制艾滋病的传播,需要对高危人群的行为进行指导,这是被实践证明的行之有效的措施。高危人群的特定行为往往违反社会道德甚至法律规定,他们对医务人员往往非常警觉,不易接近,而且艾滋病易感人群和易感生活方式具有社会边缘性,往往属于法律规制与打击对象。因此,在对易感人群进行有效指导时,不能简单地进行道德评判,合法性与否需要法院或其他权威机构作出判断。

## 第三节　非传染性疾病防控的伦理要求

### 一、慢性病的防控伦理

#### (一) 慢性病及其防控

慢性病的全称是慢性非传染性疾病,不是特指某种疾病,而是对一类起病隐匿,病程长且病情迁延不愈,缺乏确切传染性生物病因证据,病因复杂,且有些尚未完全被确认的疾病的概括性总称。在临床实践中,具有代表性的慢性病主要包括心脑血管疾病、糖尿病、恶性肿瘤、慢性阻塞性肺疾病、精神异常和精神病等。慢性病病程长,严重影响患者的生命质量,造成严重的社会经济负担,严重损害社会劳动能力,是导致死亡的主要原因,所以预防与控制慢性病十分重要。

近年来,我国的慢性病防控效果显著增强。国家已建立慢性病和慢性病危险因素监测网络;老年人健康管理和高血压、糖尿病患者管理等作为国家基本公共卫生服务免费向公众提供;国家实施脑卒中、心血管疾病高危筛查,口腔疾病综合干预,癌症早诊早治等项目。截至 2016 年底,脑卒中高危人群筛查和干预项目累计筛查 610 余万人,发现高危人群 82 万人,开展随访干预 95.2 万人次;心血管病高危人群早期筛查与综合干预项目累计筛查 338.9 万人,发现高危人群 77.6 万人,随访管理 52.4 万人次;儿童口腔疾病综合干预项目为 1 亿儿童提供免费口腔检查,为 516.8 万儿童提供免费窝沟封闭,为 222.9 万儿童提供免费局部用氟;癌症早诊早治项目累计筛查 214 万高危人群,发现患者 5.5 万人,整体早诊率高于 80%。

#### (二) 慢性病防控的伦理准则

**1. 全面贯彻实行三级预防理念与措施**　三级预防是在社会层面防控慢性病的最有针对性的方法。第一级预防亦称为病因预防,是预防慢性病发生的第一道防线,包括三方面:一是针对个体的预防措施;二是针对环境的预防措施;三是针对社会致病因素的预防。

公共卫生应特别关注健康的社会决定因素,即除直接导致疾病的因素外,社会分层和条件的差异,导致居住、饮食、卫生和工作环境等方面的差异而间接决定疾病在不同个体间发生概率存在差异。可见,社会决定因素是导致疾病发生的根源。

第二级预防亦称"三早"预防,即早期发现、早期诊断、早期治疗。在疾病初期采取预防措施,可有效延缓慢性病进程,提高患者生活质量,减少社会损失。这一阶段的公共卫生,应加强慢性病"三早"预防的知识和技术宣传普及,并通过普查、筛检和定期健康检查,以及教育公众进行自我监测,及早发现疾病初期患者,并提供及时治疗。

第三级预防亦称康复治疗,即对疾病进入后期阶段的预防措施。由于机体对疾病已失去调节代偿能力,将出现伤残或死亡的结局。此时应采取对症治疗,并辅以各种康复治疗,减少痛苦,延长生命,力求病而不残、残而不废,促进康复。此阶段,应通过建立公平的医疗费用负担机制和医疗服务获取机制,实现慢性病预防与控制目的。

2. 加强对患者和家属相关知识的教育指导　慢性病患者往往将带病长期生活。慢性病患者寻求医学帮助的基本模式往往是"症状驱动式",即患者已经不能承受疾病症状之苦才寻求治疗,但实际上很多慢性病可以通过采取恰当的行为与生活方式控制症状,而患者或其家属因为缺失相关知识和方法,所以无法做到。因此,应加强对患者及其家属的相关知识教育和健康行为指导。

3. 关注慢性病患者的心理需求并提供社会支持　慢性病患者长期承受疾病的痛苦及多种压力,如担心失去工作能力与机会、个人被家庭和社会抛弃、带给家庭负担、缺少医疗费用而失去治疗机会等。这些担心与压力本身就是值得关注的不良心理问题,此外还是慢性病发展变化的新致病因素。所以,应给予慢性病患者足够的心理和社会支持,改善其心理状态,增强其战胜疾病的信心,分担个人与家庭的生活压力,改善慢性病患者的生活质量。

## 二、职业病的防控伦理

### (一) 职业病及其防控

职业病,是指特定职业的劳动者因工作接触到粉尘、放射性物质或其他有毒、有害物质,但防护措施不力等而引起的疾病。根据《职业病防治法》规定,职业病的构成必须具备四个条件:①患病主体是企业、事业单位或个体经济组织的劳动者;②必须是在从事职业活动的过程中产生的;③必须是由接触粉尘、放射性物质和其他有毒、有害物质等职业病危害因素引起的;④必须是国家公布的职业病分类和目录所列的职业病。卫生部在 1972 年首次公布职业病 14 种,2013 年公布的规定职业病共有10 类 132 种。随着社会的发展,职业病越来越多。这与人类对自然的控制和改变程度,如大工业生产中有毒、有害因素增多,以及精细的职业分工密切相关。上述法定职业病是严格意义上的职业病。

从广义的角度看,凡是由特定职业活动引起的特定疾病,如长期强迫体位操作、局部组织器官持续受压等,典型诊断如网球肘、鼠标手等,公共卫生也应予以关注。广义的职业病,既是公共卫生问题,也可以通过恰当的公共卫生工作预防和控制。

职业病防治事关劳动者的身体健康和生命安全,事关社会的经济发展和稳定大局。随着政策调整、经济发展和科技进步,我国在职业卫生领域取得了长足发展,但也存在一定问题。目前,我国面临经济高速发展、产业结构调整优化的新时期,随着经济的快速发展以及工业化、城镇化和经济全球化的不断推进,职业病危害问题也日渐突出,职业病防治形势严峻。自《职业病防治法》实施以来,我国职业病防治体系逐步健全,相关宣传更加普及,全社会防治意识不断提高,有效控制了职业病的增长。随着工业化进程的不断推进,为实现后工业化时代的职业病防控目标,即生产安全事故稳中有降、事故死亡人数减少,以下两点应特别注意。

第一,以《国家职业病防治规划(2009—2015 年)》为指导,推进职业病防治体系建设。建立健全用人单位负责、行政机关监管、行业自律、职工参与和社会监督的职业病防治工作格局。

第二,对于煤炭行业、有色金属行业等职业病高发行业,以及职业性耳鼻喉口腔疾病、物理因素所致职业病、职业性传染病等相关职业人群,需进一步增强职业病防治法律意识,普及职业病防治知识,改进生产工艺,增强用人单位的职业危害防范意识。

### (二)职业病防控的伦理准则

**1. 坚持"预防为主,防治结合"的工作态度** 职业病预防重于治疗。随着相关知识的增长和技术的进步,相当一部分职业病已经有了成熟的预防方法。公共卫生工作者应以《职业病防治法》为指导,贯彻"预防为主,防治结合"的职业病防治方针,积极主动地宣传职业卫生知识和技术,加强对特定职业劳动者的健康保护。

**2. 坚持"深入一线,监督指导"的工作方式** 公共卫生工作者要深入一线,从相关劳动场所的设计审查、竣工验收,到开工后的经常性监督检查,从对相关劳动者进行培训与职业病预防行为指导,及时开展体检,到发现职业病问题后的及时报告与进行治疗,都要开展第一手工作,取得第一手资料。同时,既对生产单位,又对劳动者进行监督和指导。

另外,公共卫生工作者还应对社会发展中新出现的职业病问题开展研究,以深化对职业病的认识,促进职业病预防与控制工作。

## 三、地方病的防控伦理

### (一)地方病及其防控内容

地方病又称水土病,是由水源、土质原因引起的具有地域性的疾病。其特点是发生在某一特定地区,同特定自然环境密切相关,在一定地区长期流行,且有一定数量的患者表现出共同的病征。在中国分布广泛的地方病有碘缺乏病、水源性高碘危害、地方性氟中毒、地方性砷中毒、大骨节病和克山病等。

地方病主要分为化学元素性、自然疫源性、与生活习惯相关性和原因未明地方病四大类。化学性地方病病因是当地水或土壤中某种/某些元素或化合物过多、不足或比例失常,再通过食物和饮水作用于人体所产生的疾病。元素缺乏性地方病主要是碘缺乏病、地方性克汀病等;元素中毒性地方病主要是地方性氟中毒、砷中毒、硒中毒、钼中毒。自然疫源性地方病病因为微生物和寄生虫,是一类传染性地方病,包括鼠疫、布鲁氏菌病、乙型脑炎、流行性出血热、血吸虫病、疟疾、棘球蚴病等。与生活习惯相关性地方病主要包括燃煤污染性地方性氟中毒、砷中毒和大量饮用砖茶导致的饮茶型氟中毒。原因未明地方病主要包括大骨节病、克山病等。

近年来,我国的地方病流行趋势得到有效控制。截至 2015 年底,全国水源性高碘地区有 90.8% 的县非碘盐食用率在 90% 以上,94.2% 的县保持消除碘缺乏病状态,这在全球 128 个采取食盐加碘措施的国家和地区中处于领先水平;95.4% 的大骨节病病区村达到消除标准,94.2% 的克山病病区县达到控制标准;燃煤污染型地方性氟中毒地区的所有县改炉改灶率达到 98.4%,饮水型地方性氟中毒地区有 93.6% 的农村人口实施了降氟改水工程。燃煤污染型地方性砷中毒地区全部完成改炉改灶,查明的饮水型地方性砷中毒地区全部完成改水。

根据《"健康中国 2030"规划纲要》《健康中国行动(2019—2030 年)》《关于实施健康扶贫工程指导意见》精神,我国依法全面落实地方病防治措施,建立与经济社会发展水平相适应的长效工作机制,加大贫困地区地方病防控工作力度,稳步推进地方病控制和消除工作,巩固防治成果,持续控制和消除重点地方病危害。为充分发挥卫生健康行政部门、疾病预防控制机构(包括地方病防治机构)、基层医疗卫生机构和医院在地方病预防控制工作中的作用,明确各相关单位的职责、任务和工作内容,规范防治工作流程和考核标准,提高防治效果,国家卫生健康委员会制定了《地方病预防控制工作规范(试行)》(以下简称《规范》)。

《规范》围绕碘缺乏病、水源性高碘危害、地方性氟中毒、地方性砷中毒、大骨节病和克山病,从机构职责和人员,工作计划和实施方案,监测与调查,干预与管理,信息管理,能力建设,综合评价等 7 个部分对卫生健康行政部门、疾病预防控制机构、基层医疗卫生机构及医院的职责、任务和基本工作流程进行了规定。

各地在实施《规范》过程中,要紧密联系地方病相关规划、方案,有效衔接预防和治疗等各环节,分工协作,各负其责,最大程度地提高地方病防控效果。同时,卫生健康行政部门要与其他部门密切协作,创造有利于健康的社会、经济、生活环境,落实综合预防措施,有效控制和消除地方病危害。地方各级卫生健康行政部门可以根据《规范》基本要求,结合当地实际情况,制定本地区的地方病防治实施细则。

### (二) 地方病防控的伦理准则

1. **应有吃苦耐劳的工作精神**　地方病多发生在经济不发达,交通不方便,生活条件差,卫生保健条件落后的地区。在开展地方病的预防保健与疾病控制工作过程中,公共卫生工作者要能够吃苦耐劳,主动深入到条件艰苦的地区,坚持在一线发现问题,现场指导与解决问题。

2. **应强化相关知识教育与专业指导**　地方病的预防与控制,需要生活在特定地区的每一个社会成员都了解地方病的预防与控制知识,熟练掌握相应的预防与控制技术,并采取恰当的行为方式以避免疾病的发生。因此,公共卫生工作者应广泛开展认真细致的教育与训练工作,并检查受教育者的行为表现,核实教育效果。教育工作不能够只走形式,而是要落实到每一个居民的具体生活之中。

3. **应加强公共卫生体制与制度建设**　在地方病流行地区,加强当地的公共卫生体制建设,才能将地方病的预防与控制转为经常性的工作。除了建立专门的地方病预防与控制体系之外,通过已有的社会体制实施公共卫生活动也十分重要,如:依托已有的教育体系,强化有关知识教育和技术培训;依托已有的行政体系,强化预防与控制措施的落实;依托已有的医疗卫生体系,强化地方病的监测与治疗。公共卫生是医疗卫生工作的重要组成部分,有其自身的性质与特点。这决定了公共卫生工作独特的道德属性、道德责任与道德原则。在开展具体的疾病预防与控制、突发公共卫生事件处置、实现职业病防控和地方病防控等公共卫生工作过程中,各相关主体有着不同的道德责任和道德行为准则。

(常运立)

### 【复习思考题】

1. 为什么艾滋病预防与控制有相对独立的道德要求?
2. 慢性病的防控中,患者和家庭需要注意哪些伦理问题?
3. 职业病预防与控制的道德要求有哪些?
4. 地方病预防与控制的道德要求有哪些?

# 第十章
# 生 殖 伦 理

**学习要点**

1. 生育控制的伦理依据、人类辅助生殖技术的伦理要求。
2. 消极优生、避孕、人工流产、绝育的伦理原则。
3. 生命伦理观的发展。

半个多世纪以来,人类在生命科学及其应用技术领域取得了一系列辉煌成就。人们在为这些伟大成就欢呼雀跃时,也关注到了它们所带来的消极效应以及由此引发的一系列伦理问题。

## 第一节　生命伦理与优生学伦理

### 一、生命伦理

现代生物学赋予生命以新的含义:生命是生物体所表现出来的自身繁衍、生长发育、新陈代谢、遗传变异以及对刺激产生反应等复合现象。生命是由核酸和蛋白质等物质组成的多分子体系,它具有不断自我更新、繁殖后代以及对外界产生反应的能力。

#### (一)人的生命概念

不同于一般动植物的生物学生命,人的生命有着独特的性质。辩证唯物主义认为,人是自然存在和社会存在的有机统一,人不仅是独立的生物存在,也是具有意识和自我意识的社会性动物,具有理性、思维、情感和意志等社会属性,人的生命应包括生物学生命和社会学生命两个方面。

生物学生命从人的自然生命出发,把受精卵或胚胎作为人的生命的开始,认为即使一个受精卵也有它的尊严和价值,任何影响受精卵或胚胎正常发育的行为都是不道德的,甚至是违法的。因为这些行为要么阻碍了受精卵发育成为正常人的可能性,要么影响了胚胎作为"人"的正常发育。这种生物学生命的观点,把人看作一个纯粹的生物存在,而忽视了人的生命的社会性。

社会学生命的标准认为,生命的开始必须以胚胎发育到可以离开母体且存活为前提,同时又必须得到父母和社会的承认。首先是父母的承认,但更重要的是社会的承认,并由社会授予婴儿权利。这种标准固然考虑到了生命的社会性,但却否认了生命标准的客观性,把父母或社会的"接受"看作生命的唯一标准,必然走向相对主义,最终导致标准的混乱,并可能成为某些弃婴行为的辩护借口。因此,人的生命的界定不能仅从自然生命出发,但也离不开自然生命。自然生命是人的生命的基础和必要条件,是人的意识和自我意识以及社会属性的载体。

马克思认为:"人的本质并不是单个人所固有的抽象物。在其现实性上,它是一切社会关系的总和。"也就是说,人的本质属性在于它的社会性。因此,对人的生命的认识,也必须从其社会性上去把握。这包括两个相互联系的基本方面,即"自我意识"和"社会关系"。自我意识是人的社会生命的本质特征,它把人的生命与其他灵长类、受精卵、胚胎、胎儿以及脑死亡者的生命区分开来。正是自我意识导致个体发展的整个生命过程中的质变:当个体发展到产生自我意识时,人的自然生命发展为人的社会生命,而当人的自我意识不可逆转地丧失时,又复归为人的自然生命(如植物人),或二者同时消失。但是,自我意识的产生离不开社会实践,大脑仅仅是思维的外壳,只有在社会生活和社会关系的实践过程中,自我意识才能得到产生和发展。我国学者邱仁宗认为:"人是在社会关系中扮演一定角色的有自我意识的物质实体。"该界定不仅说明了人的生命的自然性,同时也强调了人的生命的社会性,全面地反映了人的生命之本质。

### (二) 生命伦理观

生命伦理观是人们对生命所持的价值观念,代表着人们对生命看法的历史变迁。在人类社会早期,生产力水平低下,人类对于大自然带来的灾害和自身的疾病无法理解,无能为力;人的生命极其短暂,人类生存面临威胁。因此,增加人口数量、延长寿命是人类的基本要求。面对短暂而有限的人的生命,自然人的生命极其宝贵,应该珍惜、善待和救治每一个人的生命,从而产生了保护人的生命的医学科学和维护生命的医疗职业。这一时期的生命伦理观主要是生命神圣论。

当面对大量需要救治的患者,而卫生资源相对匮乏,无法满足人类全部需要的时候,生命质量论和价值论就成为了人们对待生命不同救治态度的理论依据。生命质量论认为可以根据人的生命自然素质的高低优劣,采取不同对待,通常用健康程度、治愈希望、预期寿命等体现;生命价值论则根据生命对自身、他人和社会的效用不同而差别对待。根据生命价值主体不同,生命价值分为内在价值和外在价值:前者是指生命拥有的对自身的效用;后者是指生命拥有的对他人、社会的效用。生命质量论及生命价值论的问世,标志着人类的生命观和伦理理念有了历史性的转变,是人类要求改善自身素质,以求更大发展的反映,是人类自我意识的新突破。生命质量论及生命价值论比生命神圣论在视野上更加开阔,在情感上更加理智,在思维上更加辩证。生命质量论和生命价值论的形成与发展对医德建构、医德观念与医德理论的发展,具有积极的意义,使医学伦理学研究方法及理论基础更加进步与科学。生命质量论及价值规则将传统医学伦理学由单纯强调维护生命的理论格局,拓展到注重生命质量和价值的伦理新格局,把个体生命利益与群体及人类的生命利益联系起来,把动机与后果联系起来,把珍惜生命与尊重生命质量和价值联系起来,从而使医学伦理学和生命伦理学体现得更加科学和完善。从这个意义上讲,生命质量论及生命价值论是医学伦理学与生命伦理学体现科学化、现代化的重要理论标志,能够指导临床工作者对生命质量极度低下、生命零价值甚至负价值的患者,不再给予无效治疗、无益治疗等"不可为"的措施,而选择"有所不为"的临床决策。

在生命神圣论的基础上,人们提出了生命质量论和生命价值论,从而形成了人类对自身生命的完善认识:生命神圣-质量-价值论。

## 二、优生学的发展与伦理挑战

优生作为一种实践,有着悠久的历史。随着原始社会婚姻关系的进步,禁止直系血亲之间的通婚在很大程度上具有优生意义。在许多原始部落,遗弃或处死生下来有显著残疾的婴儿,可以被认为是一种不得已的优生措施,防止了某些致病基因的扩散。然而,优生作为一门学科,仅仅只有一百多年的历史。

### (一) 优生学的建立和发展

1883 年英国博物学家高尔顿(Francis Galton,1822—1911)在达尔文进化论的启发下创立了优生学(eugenic)。高尔顿将"优生学"界定为"对于在体力或智力上有可能改善或损害后代种族素质的动因的研究"。高尔顿将人类学、心理学、遗传学、统计学等方面的研究结合起来,以探讨人类智能和遗传的关系。在高尔顿的倡导和推动下,优生学很快在各国传播。1910 年美国在纽约冷泉港建立了优生学记录馆。1912 年在英国伦敦举办了第一次国际优生学会议,成立了国际永久优生委员会。令人遗憾的是高尔顿等学者过分地强调智能的遗传性,宣扬民族优劣,把阶级差别、阶层差别与遗传混为一谈,以至于第二次世界大战期间,他的这些观点被种族主义和法西斯主义分子利用,成为了种族灭绝政策的理论依据。直到第二次世界大战结束后,优生学才渐渐步入正轨。

伴随着社会的发展和进步,人们逐渐深刻地认识到优生学的重要性,把遗传咨询、产前诊断和选择性流产三者的结合称为"新优生学"。新优生学是防止出生缺陷、提高出生素质的一门综合性很强的发展中的科学。现代优生学已成为运用遗传学原理,借助社会措施和医学手段,以改善人类遗传素质的综合性学科。它的宗旨是将遗传学规律运用于人类生育,从而保证和提高人类素质。可值得警醒的是,在大力发展优生学的同时,还要时刻警惕历史上的优生悲剧重演,因此在开展优生工作的过程中始终不能离开伦理学的指导和法律的监督。

### (二) 优生学的伦理意义

**1. 有利于提高人口素质** 当今世界,科学技术的提高、国家经济的发展以及社会文明的进步,从根本上讲都取决于人口素质的提高。人口素质直接关系到家庭的幸福、民族的兴衰和国家的富强。21世纪各国的竞争,归根结底是国民综合素质的竞争,其中体力素质和智力素质是前提和基础。

**2. 节约有限社会资源和促进家庭幸福** 不少缺陷儿通过救治虽然能存活下来,但终生无自理能力,更没有劳动能力。这样的缺陷儿不仅给家庭带来了沉重的精神负担和经济负担,不利于家庭幸福,也给社会造成巨大的损失。开展优生工作,能够避免和减少先天性缺陷儿的出生,从而减少这些缺陷儿的社会抚养费用,有利于节约大量有限的社会资源。

### (三) 优生学的伦理挑战

1960年,美国遗传学家斯特恩(C. Stern)提出了消极优生学和积极优生学的观点。消极优生学主要研究如何采取有效的社会措施,防止或减少有严重遗传性和先天性疾病的个体出生,排除或减少影响优生的有害因素,降低人群中有害基因的频率,以改进人群的遗传素质,如采取加强婚姻管理、提倡适龄生育、进行遗传筛查、做好遗传咨询、进行产前诊断、围生期保健等措施。我国目前采取的优生措施主要是从消极优生的角度,减少遗传病和先天性畸形的发生,达到提高人口素质的目的。但在实施消极优生中面临很多的伦理难题,主要集中表现在如何对待事实判断和价值判断之间的关系、如何处理个人权利与社会责任的关系等方面。

积极优生学则致力于研究如何促进体力和智力优秀的个体繁衍,对人类优良性状和基因给予巩固、延续和发展,使优质人口增加,使下一代的素质超过上一代。积极优生学的主要手段包括人类生殖技术和基因工程等,其面临的伦理问题不仅涉及医学技术方面,还包括心理、社会、经济、道德和法律等方面,需要进行充分的伦理分析。

## 三、优生学措施的伦理内涵

### (一) 消极优生伦理

**1. 加强婚姻管理** 《中华人民共和国民法典》第六编第二章第一千零四十八条明确规定,直系血亲或者三代以内的旁系血亲禁止结婚。一般群体中每种遗传病的患者数量虽然不多,但致病基因的携带者却相当多,近亲之间往往携带某些相同的致病基因。因此,近亲结婚会导致子代患常染色体隐性遗传病、多基因遗传病的危险性增高。近亲结婚的严重危害是使遗传病的发生率明显增加。有缺陷新生儿的生产,不但给家庭和个人的成长带来痛苦,给国家和社会增加负担,而且势必导致我国人口质量的降低。因此,禁止近亲结婚是十分必要的。

除了以上禁止结婚的情形,《中华人民共和国母婴保健法》还规定了暂缓结婚的情况:经婚前医学检查,对患指定传染病在传染期内或者有关精神病在发病期内的,医师应当提出医学意见,准备结婚的男女双方应当暂缓结婚,包括有性传播疾病、麻风病未治愈的患者,精神分裂症、躁狂抑郁症、其他精神病发病期以及各种法定报告传染病所规定的处于隔离期的患者。此类患者在发病期间暂缓结婚。

**2. 提倡适龄生育** 妇女在20岁以下,35岁以上妊娠,更容易导致不良的生育后果,所生孩子不仅死亡率高,而且智力发育障碍和先天性遗传病患病率高,因此社会提倡适龄生育。个人有适龄生育的义务,一般也会有在最佳年龄生育的愿望。但这种愿望往往同个人事业和个人其他利益相冲突。解决这一冲突的基本伦理思路有两条:第一,凡是其他社会义务与适龄生育这一优生要求发生冲突的,原则上应当使其他义务暂时服从于优生义务,但不排除特殊情况下做出相反的决定的必要;第二,凡属个人享乐、家庭经济利益要求和其他家庭义务要求与适龄生育要求发生冲突时,应尽可能服从适龄生育要求,社会或他人都不能进行强行干预。

**3. 进行遗传筛查**   遗传筛查(genetic screening)是以群体为对象,检测个体是否携带致病基因,或易感基因、风险基因,以防止可能的疾病在个体身上发生或者遗传给后代。

20 世纪 60 年代,美国学者古斯里(Guthrie)等就提出了检测血液中苯丙氨酸浓度的方法,并将该方法运用于大规模筛查新生儿苯丙酮尿症。由于有的遗传病在不同种族的发生率有较大的差异,如镰状细胞贫血在黑种人中发病率较高,对该病的遗传筛查被质疑为种族歧视。

有人认为每个社会成员都有义务使自己的孩子得到健康的生命,法律也保证每个人有生命健康权,亦即父母有生育能享有健康生命权的孩子的义务。按照这一义务,下一代具有患病风险的夫妇"不应该"生育孩子。"不应该"就意味着失去生育的权利,但绝大多数的人则认为应该把决定权留给当事人。

尽管遗传筛查是对潜在儿童和社会履行义务的最好办法,也能够得到伦理辩护,但遗传筛查必须强调自愿原则,绝非强制;在遗传筛查前,应向当事人提供筛查的目的、可能的结果以及可能的选择等信息;未经当事人同意不得将筛查结果透露给雇主、保险商、学校或其他人,以避免歧视的发生等。

**4. 做好遗传咨询**   遗传咨询(genetic counseling)是指医学家或临床医生应用遗传学和临床医学的基本原理和技术回答遗传病患者及其亲属所提出的问题,并就发病原因、遗传方式、诊断、防治、预后以及患者同胞或子女中此病的再发风险率等问题给予解答,对患者及其亲属的婚姻、生育等问题给予必要的医学指导。

遗传咨询是一种特殊的医学形式。它所涉及的疾病主要由基因或遗传物质异常所致;咨询的目的主要不是治疗,而是分享相关的信息,这些信息是接受咨询者做出理性决定的前提。遗传咨询的对象主要是已生育过有遗传病或先天畸形患儿的夫妇;夫妇双方或一方可能为遗传病致病基因携带者或有遗传病的家族史者;接触致畸或放射性物质者;常见遗传病筛查发现异常者;不明原因的反复流产或有死胎/死产等情况的夫妇。

遗传咨询中最重要的伦理学问题是如何对待事实判断和价值判断之间的关系。遗传咨询过程是一个信息交流的过程,涉及与遗传病风险相关的信息,如遗传方式、特定亲属发生遗传病的风险、应对风险的各种可供选择的方法等信息。在信息传递中必然涉及生殖计划、生育控制和流产等一系列将由接受咨询者(又称"受咨人")做出决定的问题。医学家或临床医生对这些问题尽管有自己的意见,但必须将价值判断和事实描述区分开来,传递给受咨人的信息应该是生出一个有病婴儿的风险、有一个正常儿童的可能,以便受咨人在此基础上做出理性的决定,而不是依据自己认可的价值标准企图说服有遗传疾病的夫妻不再生育,以降低遗传病患儿的出生率。

**5. 进行产前诊断**   产前诊断(prenatal diagnosis),又称宫内诊断或出生前诊断,是预测胎儿在出生前是否患有某些遗传病或先天畸形的有效方法,如观察胎儿外形、分析胎儿染色体核型、检测基因和基因产物等。妊娠 4~5 个月期间进行产前诊断具有特别重要的意义:在此期间对胎儿可能出现的遗传病和先天畸形进行检测,是实现优生、预防患儿或缺陷儿出生、提高人口素质和生命质量的有效手段。

《中华人民共和国母婴保健法》规定,如果产前诊断发现胎儿患严重遗传病、有严重缺陷,或因患严重疾病继续妊娠可能危及孕妇生命安全或严重危害孕妇健康等情况,医生应当与患者夫妻说明情况,并提出是否终止妊娠的医学意见,但最终的决定权应当在患者本人知情的情况下由患者自主选择。

反对流产的人会否定产前诊断,因为这可能会导致流产;而不反对流产的人却认为让胎儿接受检测是当事人的权利,因为这样可以避免生出有缺陷孩子的风险。这里牵涉的是个人权利与社会责任这一根本性的问题。胎儿作为一个并非社会人的人类生命实体,没有绝对的生命权利。若胎儿出生后,需要付出的治疗代价很大,且经治疗后并不能过一种独立自主的、有尊严的生活,那还不如不出生为好。另外,父母对社会负有责任,不应为社会生出有缺陷的孩子,因为其有害效应既严重,又久远,且不可逆转。所以,产前诊断和流产在伦理学上是可以接受的,但接受产前诊断与否一定是出自未来父母的自愿,包括产前诊断的自愿和终止妊娠的自愿。临床医生应尽可能将与之有关的信息告知当事人并尊重其选择,以便其在利弊权衡之后做出理性的决定。

**6. 围生期保健**　指对孕 28 周至产后 1 周内,以母体为中心进行系统检测和保健指导,包括围绕围生期可能发生的生理、病理变化,采取一系列有利于孕妇、胎儿、新生儿健康的保健措施。世界卫生组织为了全球人口素质的提高,确定了优生五项,并提倡各国开展这项检验工作。优生五项又名致畸五项,英文缩写为 TORCH,是一组可引起宫内胎儿感染甚至导致新生儿出生缺陷的病原微生物,包括:弓形虫(toxoplasma,TOX)、风疹病毒(rubella virus,RV)、巨细胞病毒(cytomegalovirus,CMV)、单纯疱疹病毒(herpes simplex virus,HSV)、其他(others,如梅毒螺旋体、微小病毒 B19 等)。孕妇如果感染此类微生物则可能导致流产、早产、胎儿畸形及死亡,分娩时胎儿经产道感染也可导致严重的新生儿疾病。近年来围生期医学致力于防止引起早产、新生儿窒息、产伤等所能影响后代智力和健康因素的研究。这些新生学科虽然并不着眼于改变人群的基因频率,但对于改善人类的素质具有重要的实际意义,受到各方面的重视。

### (二)积极优生伦理

积极优生主要是开展人类辅助生殖技术的研究,其内容不仅涉及医学技术,还包括心理、社会、经济、道德和法律等方面。

**1. 人工授精**　人工授精(artificial insemination),是指用人工方式将精液注入女性体内使其妊娠的方法。人工授精技术涉及捐精者精液贮存的问题。随着冷冻精子技术的发展,精子库已在许多国家相继建立。男性不育症者可以从那里获取精子以供妻子人工授精时使用。

**2. 体外受精-胚胎移植(in vitro fertilization and embryo transfer,IVF-ET)**　指从女性卵巢内取出卵子,在体外与精子发生受精并培养 3~5 天,再将发育到卵裂球期或囊胚期阶段的胚胎移植到女性宫腔内,使其着床发育成胎儿的过程,俗称“试管婴儿”。体外受精是 20 世纪 70 年代才发展起来的高技术成果,不但可以解决妇女不孕问题,而且具备“优生”的作用。如对于具有娩出 X 连锁疾病患儿危险性的夫妇,可以不必在怀孕后再根据胎儿性别的预测决定取舍,而只要将 X 精子和 Y 精子分开,并选用 X 精子做体外受精,就可以避免患 X 连锁疾病的婴儿诞生。体外受精作为积极优生措施具有积极意义。

## 第二节　生育控制伦理

生育控制(control of reproduction)是指对人的生育权利的限制,包括对正常人生育权利的限制和对异常特定人的生育权利的限制。前者依据人口与社会经济发展的客观要求,在全社会范围内,实现人类自身的计划化,以抑制人口的过度快速增长,保障人类更好地生存与发展;后者旨在提高出生人口质量、提高未来人口素质。

### 一、生育控制概述

#### (一)生育控制的伦理阻碍

生育控制技术有着漫长的发展历史,对其道德价值的争议从未停止。因为人类对生育过程的干预和控制不单纯是医学技术问题,它还涉及生育观、生命观和人类整体利益等问题。

不适度的人性论和自由论的观点在西方一部分人中较为流行,这些人在人性、人权和自由中兜圈子,掩盖社会与个人之间的利益矛盾,一方面震惊于人口的“爆炸”性增长,另一方面又拒绝实行生育控制。

NOTES

### (二) 生育控制的伦理依据

**1. 人口理论支持生育控制**　人口理论是解释和说明人口现象、人口过程和人口规律的学说体系。马克思主义人口理论,把人口现象、人口过程和人口规律放在生产力和生产关系、经济基础和上层建筑的客观矛盾中加以考虑和研究,形成了科学的人口观。它是进行生育控制的主要伦理学依据,其内容主要包括如下方面。

(1)"两种生产"理论。马克思主义认为,人类为了生存和发展,必须同时进行人类自身生产(人的生产)和物质资料生产(物的生产)。人类社会的存在、延续和发展有赖于两种生产的协调发展。从历史角度来看,要使这两种生产比例协调,必须增强人类对两种生产的调控能力,因而生育控制是必需的。

(2)社会生产方式决定人口发展的观点。人口现象不是一种孤立的社会现象,人口观的发展、运动和变化要受到物质资料生产方式的制约:当生产力水平低下时,社会发展对劳动力需求就会增加;相反,如果生产力发展快,劳动效率提高,社会发展对劳动力需求量就会相对减少。

(3)人口对社会经济发展作用的观点。人口对社会经济发展起着巨大的作用。当人的生产和物的生产相适应时,社会经济顺利发展;反之,如果人口增长过快或过慢,人口发展不适应生产力水平及生产关系的发展变化,那么资源开发和经济发展就会受阻。

(4)人口对生产与消费关系作用的观点。人是生产者和消费者的统一:作为生产者,人能创造财富;作为消费者,人需要耗费财富。社会财富的积累有赖于人作为生产者。但人作为生产者需要一定的条件,如年龄、体力、智力、生产工具等,而人作为消费者却是无条件的。

**2. 人口形势要求生育控制**　持续过快增长的世界人口是当今最为严重的问题之一。从世界人口发展形势来看,几乎每隔 35 年世界人口即翻一番,照此速度发展下去,到 21 世纪中叶,就会达到地球资源所能养活人口数量的极限。自 20 世纪 80 年代中期开始,世界粮食产量的增长一直落后于人口的增长,其原因是缺少待开发的耕地以供开垦,致使人均耕地面积日益减少,加之过量使用化肥导致农作物产量下降,世界粮食生产面临着日益减少的局面。粮食短缺、资源开发殆尽和环境污染的现象已引起了各国科学家和政治家的思考和关注。

**3. 价值观念转变使生育控制成为现实**　生育控制只有得到更多人的支持和理解,才可能成为人类控制自我再生产的有效手段,而这必须以价值观念的变化作为前提。

**4. 医学科学的发展为生育控制提供技术支持**　人口增减取决于每一年的出生人口与死亡人口之差,而影响生死之差的主要因素就是医学对人的生与死这两个环节的干预。首先,医学对人类死亡的干预改变了人口规模。中华人民共和国成立以前,中国的生育状况就以早婚、早育、多产为特征,但由于医疗卫生条件极差,死亡率高,故形成了高出生率-高死亡率-低增长率模式。中华人民共和国成立后,在我国形成了高出生率-低死亡率-高增长率的模式。

## 二、生育控制引起的伦理问题

### (一) 避孕的伦理分析

避孕就是用人为的方法破坏受孕条件、阻止妊娠的节制生育的措施,是生育控制的主要手段之一。避孕作为暂时剥夺人的生育能力的一种技术和方法古已有之。公元前 1900—公元前 1100 年,古埃及的医学草纸书中已记载有防止妊娠的药方,如用鳄鱼粪、金合欢粉末、药西瓜瓤和椰枣等杀死男性的精子以达到避孕的目的。同样,在古代印度、希腊、罗马和中国都有过关于避孕的记载和避孕药方在民间的流传。尽管这些技术和方法大多数无效或效用可疑,但至少表明古代的人们对生育机制已有粗浅的认识,萌发了控制生育的愿望,并对避孕产生了明显的伦理思考。

现代科学的避孕方法始于 20 世纪。目前应用的避孕方法主要包括自然控制生育法和人为控制生育法两大类。自然控制生育法是根据妇女生殖系统周期性的正常生理变化,通过日程表法,观察宫颈黏液和测量基础体温,避开易受孕的排卵期,从而达到避孕的目的。人为控制生育的方法有器具避孕法和药物避孕法。常用的避孕器具有女性宫内节育器和阴道隔膜,男性避孕套。20世纪50年代口服避孕药的研制和广泛应用给人类社会带来了巨大的变化,使人口爆炸的危机趋于缓和,同时也使妇女摆脱了无休止的生儿育女的羁绊。口服避孕药的问世被誉为20世纪最伟大的发明之一。

**1. 避孕的伦理认识**　尽管避孕技术在今天已为越来越多的人所接受,已成为许多国家控制人口过度增长的有效手段,但避孕技术曾在很长一段时间内得不到社会的承认,甚至被指责为不道德。其理由有三:①传统观念认为,婚姻与生育是密不可分的;②避孕预先扼杀了一个人的生命,是杀人的行为;③当时的避孕技术和方法无效,不安全,存在严重的副作用。然而,随着人们对生命认识的深入以及高效安全的避孕技术的问世,反对避孕的理由已失去了其合理性。

目前避孕技术已在世界范围内得到广泛运用,但避孕所产生的社会后果仍然存在争议。因此,在避孕技术的运用上还需要解决如下的认识问题。

(1)避孕技术的使用会不会引起性关系的混乱? 这种可能性在一定范围内是存在的,因为避孕技术的运用会减轻人们对性行为后果的心理压力,从而改变人们的性观念,使性关系更加自由和随意,甚至超越道德的界限,弱化人们的性道德责任感。然而,我们不能因为害怕性关系混乱而反对避孕。避免性行为混乱的关键在于加强教育,以道德和法律来进行约束和控制。

(2)避孕技术的运用会不会使人们最终放弃生育的义务,导致家庭的瓦解以致影响社会的利益与人种的延续? 生育对人类个体来讲,既是权利也是义务,然而,避孕使婚姻与生育分离,久而久之可能会使人们不愿再承担生育的义务。研究发现越来越多受过良好教育的女性崇尚"丁克"(double income and no kid,DINK)家庭,婚后主动放弃生育,使某些国家和地区人口出现负增长。这一现象引起了社会学家们的忧虑。如果妇女普遍放弃生育义务,那么人类社会将面临一场毁灭性的灾难。

(3)避孕会不会导致更多的人工流产? 有的科学家认为避孕与人工流产成正比,即采用避孕技术的人越多,则相应地由避孕失败所导致的人工流产者也就越多。然而,事实上无论是鼓励避孕还是禁止避孕,都有可能导致更多的人工流产,二者不存在必然联系。人工流产的多少主要取决于当时的社会文化氛围,尤其是现在人们已普遍认为生育不是绝对的义务,因此一旦避孕失败就会求助于人工流产。把避孕说成是导致人工流产增多的因素,是缺乏依据的。

**2. 避孕的道德价值**　尽管关于避孕技术的运用所带来的社会影响的讨论仍将继续下去,但避孕作为生育控制的有效措施已得到人们广泛接受。其原因在于:①避孕有利于控制人口增长。人口的"爆炸式"增长令人悚然而思,人类的生存面临着种种难题。因此,人类必须控制自身再生产,掌握自身再生产的主动权,而避孕为其提供了有效的措施。②避孕有利于保障妇女的权利,提高妇女的社会地位。过多地生育导致妇女难以参加广泛的社会活动,致使妇女不但合法的政治地位和社会地位难以保障,甚至经济上也得依赖丈夫,这是妇女受到不平等对待和歧视的重要原因。避孕技术的运用可以使妇女从过度生育的负担中解脱出来,把更多的时间和精力投入到工作和学习中,实现自己的人生价值。

### (二) 人工流产的伦理分析

人工流产是在胎儿出生前以医学手段人为地、有意地终止妊娠,根据其性质分为治疗性人工流产和非治疗性人工流产。无论是从医学实践还是从伦理原则考虑,治疗性人工流产较少存在伦理上和法律上的问题。而非治疗性人工流产则与一系列的伦理问题纠缠在一起。

**1. 人工流产的伦理争议**　由于人工流产涉及母体和胎儿的权利以及这种权利与社会整体利益关系如何确认等复杂问题,所以,在人工流产问题上存在着保守派与自由派之间相互对立的观点。保守派认为生命始于受孕,因此,胎儿就是人,就具有同人一样的权利,一切形式的人工流产都是不道德的。而自由派则持相反的观点,认为胎儿不是人,至多不过是母亲腹腔中的一块组织,与阑尾差不多。既然胎儿不是人,就不拥有人的任何权利,胎儿必须在得到亲属的认可和社会的授权以后才能成为人,人工流产在任何阶段,由于任何理由而进行,伦理上都是可以接受的。

保守派和自由派在人工流产上的伦理纷争,归根结底集中在两个问题上:一是胎儿的本体论地位,即胎儿是不是人?二是胎儿的道德地位,即胎儿是否拥有出生的权利?在判断胎儿是不是人时,必然涉及对人的生命的定义和理解。保守派从纯生物学意义上理解人的生命,认为人的生命就是能完成吞咽、消化、吸收、排泄等生理过程的生物个体。根据生物学标准,人的生命出现的标志就是受孕,胎儿是人的生命发展过程中的一个阶段。既然人的生命已经开始,那么胎儿的权利就应该得到充分保护,人工流产就是杀人的行为,就应该被禁止。而自由派以社会意义、社会价值及在社会生活中担任一定角色等作为标准理解人的生命,与此相适应的是承认授权标准,即认为人的生命应当以胎儿是否得到亲属或社会承认为标准。

然而,无论从纯生物学意义或纯社会学意义上界定人的生命,都具有片面性:前者自然划入生命绝对神圣论;后者对生命的分析控制带有盲目性和空洞性。马克思主义认为:人是自然属性和社会属性的统一体,是生物学生命与社会学生命的有机统一,即人的生命就是能在社会关系中扮演一定社会角色的具有自我意识的活的生物实体。其中生物学生命是社会学生命的载体,没有生物学生命便没有社会学生命,但并非个体生物学生命存在,社会学生命就必然存在,例如,由动物养大的孩子就因没有社会价值和不扮演社会角色而不具有社会学生命,而人的社会学生命是人的生命的本质,是人区别于动物的根本属性。因此,在评价和判断胎儿是否是人的时候,应从胎儿生命的生物学价值和社会学价值两方面进行综合分析。

胎儿与人在生物遗传学上有连续性,是生物人发展过程中一个不可缺少的阶段。因此,胎儿不是一般的"非人",它既不同于动物,又不同于母体中的一块组织,它是可以发展成为现实人的"准人"。但胎儿因未处于社会关系中,尚没有形成自我意识,不具有人的社会学生命,同现实人比较又存在着质的差异,所以胎儿又不等于人。胎儿是具有人类生物学生命的特殊实体,是有待于取得完全资格的"潜在人",这就是胎儿的本体论地位。

胎儿的道德地位直接与人工流产的道德论证相关。对胎儿的权利应给予必要的尊重,但胎儿的权利是相对的,只要有充分的理由,剥夺胎儿的出生权利,即人工流产,在道德上是可以接受的。那么,在哪些条件下人工流产是合乎道德的?

在胎儿的利益与母亲的利益或社会的利益发生矛盾时,根据两利相权取其重、两害相较取其轻的原则,为了维护社会的利益和胎儿母亲的合法权益,剥夺胎儿的出生权利是符合伦理道德的。

**2. 人工流产的道德价值** 人工流产是目前直接影响国内妇女生育水平的四大因素之一。由于目前任何一种避孕手段都不能确保万无一失,尤其是短效节育方法失败率很高,一旦避孕失败就造成计划外妊娠,这不仅使孕妇难以完成正常的工作学习,危及孕妇的身心健康,甚至形成较高的畸胎率等,所以人工流产作为避孕失败后妊娠处理中不可缺少的补救措施,具有重要的道德价值。

由于人工流产涉及妇女和胎儿的权利,所以必须进行认真的道德判断和分析,凡属于人工流产适应范围,均可以进行人工流产手术:①个人控制生育目的;②避免异常婴儿出生的优生目的;③维护妇女权益的目的。此外,避免大月份引产也是一项重要要求。

然而,对那些出于性别选择考虑,而要求做人工流产手术者,应坚决予以禁止。联合国将出生人口性别比的正常值设定为(103~107):100,如果男女性别比例超出这个范围,将会带来极其严重的社会伦理问题,导致男女婚配比例失调。这种失调将会引发一系列的社会后果,如买卖婚姻、调亲换亲、拐卖妇女、性犯罪增多等。

### (三)绝育的伦理分析

绝育是指用手术、药物等医学手段使人长久或永久地丧失生育能力。通过切断、结扎、电凝、环夹或用药等方法堵塞女性输卵管或男性输精管,从而阻断精子和卵子相遇,起到永久性避孕的作用。现代绝育术可以分为两大类。一类是从绝育意愿分类,即自愿和非自愿绝育:自愿绝育即得到接受绝育术者本人的知情同意;非自愿绝育即无须得到本人同意,例如有些国家的法律规定,严重智力低下者必须接受绝育术。另一类是根据绝育目的分类:①治疗性绝育,即为了保障育龄夫妇的身体健康和生命安危,对不宜生育者实施绝育术;②避孕性绝育或出于夫妇个人的考虑,或由于社会控制人口数量、提高人口质量的社会需要,实施绝育术使夫妇达到不再生孩子的目的;③优生性绝育,由于夫妇一方或双方有严重遗传病,为保证遗传病不再传递到后代,而进行的绝育术;④惩罚性绝育,历史上有些民族对犯罪或反社会行为,尤其是强奸和其他性犯罪,用绝育作为惩罚手段。

**1. 绝育的伦理争议** 绝育把婚姻与生育彻底分离开来,使婚姻成为不能或不再能生育的婚姻。因此,绝育术从一出现就遭到了人们的非议,尤其是当绝育成为控制社会人口增长的手段时,遭遇到前所未有的阻力。在西方国家,绝育作为个人的权利已被社会承认,但出于社会理由而行绝育术却遭到大多数人的反对。如美国的"人类改善基金会"曾主张对精神病和先天性缺陷者实施绝育,因为这些人的缺陷基因会通过遗传延续下去,给国家造成威胁,所以为了国家利益应牺牲这些人的个人自由,但这个主张遭到了绝大多数人的反对。

**2. 绝育的伦理价值** 尽管绝育术从诞生之日起就被置于争议之中,但面对严峻的世界人口形势,绝育术具有不可忽视的道德价值:①对那些患有不宜妊娠的疾病的妇女,绝育术通过防止妊娠来维护其健康,具有其他治疗难以取代的作用;②对遗传病基因携带者或患有严重遗传性疾病的夫妇,绝育可避免有严重遗传性缺陷的婴儿出生,有利于人类素质的提高;③对不适于应用其他节育方法而要求避免怀孕者,绝育是一种安全有效的措施。

现在人们已不再怀疑绝育的必要性和可行性,只要是合理的绝育,伦理学上都能接受。合理应包括两个方面:一是目的合理,即为了控制人口数量和优生优育,为了疾病的预防和治疗,为了满足个人不愿多育的要求等;二是手段合理,术式得当,能保证受术者的健康。

### 三、生育控制的伦理要求

生育控制是人类自觉地对自身的生育行为从自然选择转向人工选择的开始。它不仅是一个医学技术问题,还会影响到个人的健康、家庭的稳定、社会的发展、国家的繁荣和人类的进步。因此,在生育控制过程中必须遵循一定的伦理要求。

**1. 知情尊重的原则** 生育控制的对象是人,生育控制的主体也是人。在生育控制中要将人本身看作目的,而不是将其仅仅当作是达到目的的手段。要在知情同意的前提下,尊重女性和男性在生育控制问题上的选择自主权。

**2. 合理有利的原则** 任何生育控制手段都是个人权利与社会、国家整体利益的统一。生育控制应有利于育龄男女的身心健康,有利于个人的全面发展,有利于家庭的幸福和生活质量的提高。

**3. 公正平等的原则** "法律面前人人平等",应严格按照相应的法律法规公正平等地对待所有育龄男女,而不能因为年龄、民族、地域、社会地位、经济状况、文化程度及其他方面的不同而提供有区别的服务。

## 第三节 人类辅助生殖技术伦理

现代生殖技术极大地冲击了人类传统的自然生殖方式和围绕自然生殖方式所形成的一系列社会伦理观念和法律制度,其产生的一系列伦理问题需要认真思考和对待。

### 一、人类辅助生殖技术概述

人的自然生殖过程由性交、输卵管受精、胚胎植入子宫、子宫内妊娠、分娩等步骤组成,然而,某些疾病、遗传、环境因素可能会导致自然生殖过程发生缺陷,这就需要对自然生殖过程进行改变、控制或改造,于是产生了辅助生殖技术(assisted reproductive technology, ART)。

#### (一) 辅助生殖技术概念

辅助生殖技术是指在体外对配子和胚胎采用显微操作等技术,用以代替人类自然生殖过程中某一环节或全部过程,帮助不孕夫妇受孕的一组方法。

目前,临床上运用的生殖技术主要包括人工授精、体外受精-胚胎移植及其衍生技术。至于无性生殖,即生殖性克隆,尽管技术上已存在实现的可能性,但由于会引发一系列严重的伦理问题、法律问题以及社会认同问题,遭到国际社会普遍强烈地反对。

### (二) 实施辅助生殖技术的伦理意义

**1. 治疗不孕不育**　辅助生殖技术最基本和最重要的价值是解决不孕不育问题,帮助不孕不育家庭拥有自己的孩子。孩子是联结家庭的纽带,对婚姻的巩固起着至关重要的作用。然而,由于环境污染、生存发展压力的增大,越来越多的家庭遭遇不孕不育的困扰。根据世界卫生组织 2023 年 4 月 3 日发布的报告显示,全球有约 17.5% 的成年人受不孕不育症影响,这表明不孕不育症已成为一个全球性的重大卫生挑战。辅助生殖技术为不孕症家庭带来了希望的曙光,其合理的运用有利于维护家庭的稳定和增进家庭的幸福。

**2. 实现优生优育**　辅助生殖技术在临床上能够切断遗传病的传递,是确保人口质量和促进优生的重要手段。若一对夫妇都是隐性遗传疾病同一致病基因的携带者(杂合子),那么他们生出患儿(纯合子)的概率为 1/4;若丈夫为某种显性遗传病患者,那么这对夫妇生出患儿的概率则为 1/2。对于这样的家庭若采用供精人工授精技术,则可以免去其后代发生遗传病的痛苦,确保生育健康的孩子。第三代试管婴儿技术,在移植前对胚胎进行筛选,将没有遗传病基因的胚胎移植入子宫,也有利于优生优育。

**3. 提供生殖保险**　辅助生殖技术能够提供生殖保险服务,即把精子、卵子、受精卵和胚胎利用现代科学技术进行冷冻保存,可随时取用,满足人们的生育需求。例如,已婚男子在行绝育术之前,军人在出征参战之前,探险家在探险出发之前,从事某种影响生育的职业(如接触放射性物质)之前,因病必须接受某些影响生育的药物、放射线和手术治疗之前等,都可以将自己的精液冷藏于精子库中,作为生育保险。此外,独生子女家庭如果独生子女在成长过程中不幸夭折,也可以使用辅助生殖技术再生育子女。

## 二、人类辅助生殖技术引起的伦理问题

### (一) 人工授精

人工授精是指收集丈夫或自愿捐精者的精液,由医生注入女性生殖道,以达到受孕目的的生殖技术。按照精液来源不同,人工授精可分为夫精人工授精(artificial insemination by husband,AIH)和供精人工授精(artificial insemination by donors,AID)。前者又称同源人工授精,即用自己丈夫的精液进行人工授精,适用于因生理或心理障碍,不能通过性交受精或患少精子症的男性患者;后者又称异源人工授精,即使用捐精者的精液进行人工授精,主要用于有无精症、严重遗传性疾病的患者。

人工授精技术应用于临床始于 20 世纪 50 年代。1953 年美国科学家首次应用低温储藏的精子进行人工授精并获得成功。这以后,人工授精技术作为治疗男性不育症的手段在临床被广泛运用。1983 年,我国湖南医学院(现中南大学湘雅医学院)生殖工程研究组用冷冻精液人工授精取得成功。

人工授精技术改变了人类只能依靠自然生殖方式繁衍后代的历史,为无数不孕夫妇带来了福音,但同时也对传统的伦理道德带来了前所未有的冲击和挑战。

**1. 生育与婚姻分离**　自古以来,人类的生育与婚姻就像一枚硬币的两个面,无法分离;传统道德也将生儿育女看作是婚姻的永恒体现。然而,人工授精技术在为不育症夫妇带来希望,使他们也能够享有生儿育女的权利,体验到天伦之乐的同时,也改变了生育的自然途径,切断了生育与婚姻的必然联系。由于生殖技术不需要夫妻间的性行为就可以培育后代,以人工技术操作代替夫妻间的性行为,把生儿育女与夫妻间的结合分开,把家庭的神圣殿堂变成了一个"生物实验室",这是对传统伦理道德观念的挑战。

**2. 亲子关系破裂**　传统伦理道德的亲子观念非常注重父母与子女之间的生物学联系,即血缘关系,而生殖技术的应用却使父母与子女间的生物学联系发生了分离。AID 把精子的来源扩大到了丈

夫以外的另外一个男性,由此诞生一个新的问题:"谁是父亲?"这使得生物学的父亲与社会学的父亲发生了分离,遗传学的父亲与法律上的父亲发生了分离,从而扰乱了血缘关系和社会人伦关系,使传统的亲子观念受到了冲击,使由生殖技术带来的亲子关系分离的案例时有发生。国际上多数国家倾向于把夫妻双方一致同意采用异源人工授精所生子女视为婚生子女。除非妻子进行此项手术丈夫不知情或未曾同意,丈夫对婴儿才有否认权。

**3. 未婚单亲家庭**　辅助生殖技术能满足单身妇女不结婚而生育子女的愿望,利用 AID 技术,可以使未婚、离婚、丧偶的女性不结婚而生育后代。对此,学术界存在两种不同的态度。少数学者认为获得子女是每个人的权利,单身妇女生育后代体现了生育自由,因而主张允许,不赞同干涉;但多数学者基于社会基本伦理道德,主张限制或禁止非婚妇女实施 AID 技术,认为单身妇女用 AID 技术建立的家庭,是一个只有母亲而没有父亲的不完整的家庭,缺乏正常的家庭结构,这种环境有可能影响孩子的健康成长,不利于整个社会的稳定和发展。

**4. 血亲通婚的危险**　在辅助生殖技术的应用中,一个供精者的精液往往会被用于多名妇女,而捐精者与受者、参与操作的医务人员与捐精者之间是互盲的。这些通过 AID 出生的同父异母的兄妹之间互不知情,到了适婚年龄,有可能发生相互婚配,生儿育女。这既增加了血亲通婚的风险,增大后代患遗传病的机会,也有悖法律和伦理道德。因此,应严格规范 AID 技术的应用:①限制同一供体的供精次数;②限制同一供体的精液的使用次数,同一供体的精液最多使 5 名妇女受孕;③同一供体的精液要在地区上分散使用。

**5. 精液商品化及影响**　围绕精液商品化问题,我国学术界一直存在着激烈的伦理纷争。赞成者认为精液商品化可以解决精液供给不足的问题,中国精子库普遍存在捐献者过少可能引发授精过于单一的问题。但大多数学者认为商品化引发的伦理问题,会大大抵消"商品化后精液供给量增加"所带来的好处。其可能导致的负面影响集中表现在以下几个方面:其一,供精者由于利益的驱动,可能隐瞒自己患遗传病或传染病的病史,使遗传病或传染病通过 AID 传给后代;其二,精液商品化可能促使供精者为牟利多次供精,从而造成血亲通婚的发生;其三,精子库由于竞争或追求盈利忽视精子的质量,或为追求高质量,即所谓"最佳"精子,导致人类基因库单一而缺乏多样性;其四,精液商品化可能会带来其他人体组织、器官商品化的连锁效应。因此,国内外大多数学者认为,有正常生育能力的健康男性自愿捐出精液用于人工授精,促进他人家庭幸福和社会进步,是值得赞赏的人道行为。

### (二)体外受精-胚胎移植

1978 年 7 月 25 日,英国兰开夏奥姆医院诞生了世界上第一个"试管婴儿",我国内地首例试管婴儿于 1988 年 3 月 10 日在北京医科大学第三医院(现北京大学第三医院)诞生。目前体外受精-胚胎移植(IVF-ET)技术已经走过了三代。第一代 IVF-ET 技术主要解决女性输卵管堵塞、无卵或卵功能异常而产生的不孕问题;第二代 IVF-ET 技术即卵浆内单精子注射(ICSI),解决男性少精或弱精而产生的不孕难题;第三代 IVF-ET 技术即胚胎植入前遗传学诊断/筛查(PGD/PGS),减少遗传病的发生,解决优生优育问题。IVF-ET 技术作为人类生殖医学史上的一次技术革命,在给人类带来巨大积极效应的同时,也带来了一系列伦理问题。

**1. 谁是 IVF 婴儿的父母**　如果说 AID 提出"谁是父亲"的问题,那么 IVF 要解决的问题就扩大为"谁是试管婴儿的父母"。在 IVF 中,因配子来源和妊娠场所的不同,试管婴儿的生殖方式有多种。这样一来,试管婴儿就存在数个父母的可能——"遗传学父母"(精子和卵子的提供者)、"孕育母亲"(代孕者)、"社会学父母"(养育者)。那么,他们中究竟谁与 IVF 婴儿产生伦理和法律上的亲子关系呢?从世界各国的立法来看,大多认为养育父母应该是合乎道德和法律的父母。对于一个人的成长,提供遗传物质、胚胎营养场所固然重要,但更重要的是后天的养育,真正的亲子关系应该是通过长期的养育行为建立的,所以在有数个父母的情况下,法律确认的合法父母是养育父母,通过 IVF-ET 所生的婴儿是他们的婚生子女,享有婚生子女的一切权利。

**2. 胚胎的道德地位**　由于 IVF-ET 的成功率偏低,且在植入、着床、妊娠等环节上还可能出现失败,为保证临床妊娠率,很多国家都将冷冻储存胚胎作为 IVF-ET 周期的常规程序。这样也就带来了对多余的胚胎如何处理的伦理问题:能否对受精卵和胚胎进行操纵? 将多余的胚胎销毁或丢弃是否构成杀人? 这些问题的关键在于对受精卵和胚胎的伦理和法律地位的认定,也就是说受精卵和胚胎像其他生命存在形式一样有价值吗? 大多数客观、理性的学者认为,受精卵和胚胎并不是完全意义的社会人,而仅仅是作为人的生命的开端,仅仅具有生物学生命而不具有作为社会的人应该具有的自我意识和理性,也没有在社会上扮演一定的角色,因此,它们不应具有与社会的人同样的道德地位。但是,既然受精卵和胚胎是人的生命的开始阶段,它具有发展成完全意义的社会人的可能性,它们与一般动物的受精卵和胚胎就是不同的,出于人性尊严的考虑,对它们是不能任意操纵的。因此,有些国家立法不允许用胚胎进行研究,如德国和法国,而英国允许用受精后前 14 天的胚胎进行研究,同时必须征得接受体外受精夫妇的同意,否则国家有关部门或辅助生殖机构在规定的时限内对胚胎予以销毁,禁止商品化。

**3. 性别选择的伦理问题**　在辅助生殖技术中,性别选择的方法之一就是通过对体外受精培育的胚胎进行植入前遗传学诊断,查明胚胎性别,再将所需的男性或女性胚胎植入妇女子宫继续孕育。随着辅助生殖技术的发展与完善,日趋成熟的性别选择技术冲击着传统的生育伦理观念。

人的自然生殖过程中性别的自然选择保持了两性的大致平衡,这是人类长期进化的结果。辅助生殖技术的介入使人类在生育性别选择上从别无选择到技术上的选择自由,这是人类对生命科学不断探索的结果,是人类生育技术发展的重大进步。但从伦理学角度来说,性别选择不仅涉及生育当事人的个人生育意向和行为,它还影响到整个社会男女性别结构比例的平衡。如果人们对生育性别选择采取放任的态度,只考虑个人需求,势必会造成人口性别比例失衡,不利于人类的繁衍和社会稳定。因此,在生育性别选择上既要尊重个人意愿,又要符合人类社会的根本利益。

在我国,重男轻女的传统生育文化影响深远,至今在很多地方还根深蒂固。自 1982 年始,我国出生人口性别比已持续 30 多年超出正常水平,2004 年男女性别比达到最高峰为 121.2∶100,一些省份长期维持在 130∶100。违规使用性别鉴定技术(如 B 超)及与此相应的终止妊娠技术(人工流产)也是男女性别比例失调的主要原因之一。目前辅助生殖技术中的性别选择技术,特别是胚胎植入前遗传学诊断技术费用高、技术难度大、普及率很低,但随着生殖科学的快速发展和辅助生殖技术瓶颈的突破,安全、有效、价格低廉的性别选择技术成熟运用之日不会遥远,因此,应给予高度重视,严格掌握性别选择的适应证,做到未雨绸缪。

**4. 代孕的伦理问题**　"代孕"即代替他人孕育,是指能孕妇女接受他人委托,借助人工辅助生殖技术将他人的胚胎植入自己子宫,代替他人孕育胎儿以及分娩新生儿的行为。代人妊娠的妇女被称为代孕母亲。

代孕涉及的伦理问题集中表现在以下三方面。一是交易合理性问题;二是亲属关系的问题;三是儿童抚养问题。对于代孕行为,各国的规定并不相同。有的国家将代孕关系看作契约关系,"代孕"中权利和义务的设立取决于当事人的意愿,如美国。有的国家则对代孕行为进行管制和监督,若无政府许可,不得实施代孕,如英国。有的则禁止代孕行为,如我国和法国。

**5. 错用或滥用的可能**　"错用"是指实施辅助生殖技术的动机本来是合乎道德的,但是某些原因导致了难以接受的伦理后果。"滥用"是指辅助生殖技术操作者本就动机不正,从而导致种种伦理问题。例如,英国一位人工授精专科医生,对患者夫妇声称是使用其丈夫的或在精子库购买的精液,实际上使用自己的精液进行人工授精,使 6 000 多个人工授精儿出生,因此获"世界上产子最多父亲"的称号,后患无穷。

## 三、辅助生殖技术的伦理要求

30 多年来,我国人类辅助生殖技术的研究和运用取得了突飞猛进的发展,经历了从常规体外受精-胚胎移植技术到卵胞质内单精子注射、胚胎植入前遗传学诊断等过程。人类辅助生殖技术作为人类自然繁衍方式的一种补充,解决了很多不孕患者的生育问题,但同时也带来了不少伦理问题,有的问题至今还缺乏理性的认识。因此,需要谨慎应用。卫生部2001年颁布了《实施人类辅助生殖技术的伦理原则》,2003年公布了修订后的《人类辅助生殖技术和人类精子库伦理原则》;2015年国家卫生计生委印发了《人类辅助生殖技术配置规划指导原则(2015版)》《关于规范人类辅助生殖技术与人类精子库审批的补充规定》和《关于加强人类辅助生殖技术与人类精子库管理的指导意见》;2021年国家卫生健康委员会发布了《人类辅助生殖技术应用规划指导原则(2021版)》,规定从事辅助生殖技术和人类精子库的医务人员应该遵照执行。

### (一) 有利于患者的原则

1. 综合考虑患者病理、生理、心理及社会因素。医务人员有义务告诉患者目前可供选择的治疗手段、利弊及其所承担的风险,在患者充分知情的情况下,提出有医学指征的选择和最有利于患者的治疗方案。

2. 禁止以多胎和商业化供卵为目的的促排卵。

3. 不育夫妇对实施辅助生殖技术过程拥有选择方式的权利。技术服务机构必须对此有详细的记录,并获得夫、妇或双方的书面知情同意。

4. 对于配子和胚胎,如未征得知情同意,不得做任何处理。

### (二) 知情同意的原则

1. 必须在夫妇双方自愿同意并签署书面知情同意书后方可实施。

2. 必须让辅助生殖技术适应证的夫妇全面了解风险与收益。须使其了解:实施该技术的必要性、实施程序、可能承受的风险以及为降低这些风险所采取的措施;该机构稳定的成功率、每周期大致的总费用及进口、国产药物选择等与患者做出合理选择相关的实质性信息。

3. 接受辅助生殖技术的夫妇任何时候都有权提出中止该技术的实施。

4. 必须告知接受辅助生殖技术的夫妇随访的必要性。

5. 有义务告知捐赠者进行健康检查的必要性并获取书面知情同意书。

### (三) 保护后代的原则

1. 医务人员有义务告知受者通过人类辅助生殖技术出生的后代与自然受孕分娩的后代享有同样的法律权利和义务,包括后代的继承权、受教育权、赡养父母的义务、父母离异时对孩子监护权的裁定等。

2. 医务人员有义务告知接受人类辅助生殖技术治疗的夫妇,他们通过对该技术出生的孩子(包括对有出生缺陷的孩子)负有伦理、道德和法律上的权利和义务。

3. 如果有证据表明实施人类辅助生殖技术将会对后代产生严重的生理、心理和社会损害,医务人员有义务停止该技术的实施。

4. 医务人员不得对近亲间及任何不符合伦理、道德原则的精子和卵子实施人类辅助生殖技术。

5. 医务人员不得实施代孕技术。

6. 医务人员不得实施胚胎赠送助孕技术。

7. 医务人员不得实施以治疗不育为目的的不安全技术。

8. 同一供者的精子、卵子最多只能使5名妇女受孕。

9. 医务人员不得实施以生育为目的的嵌合体胚胎技术。

### (四) 社会公益原则

1. 医务人员必须严格贯彻国家人口生育法律法规。不得对不符合规定的夫妇和单身妇女实施人类辅助生殖技术。

2. 医务人员不得实施非医学需要的性别选择。

3. 医务人员不得实施生殖性克隆技术。

4. 医务人员不得将异种配子和胚胎用于人类辅助生殖技术。

5. 医务人员不得进行违反伦理和道德的研究工作。

### (五) 保密原则

1. 互盲原则。凡使用供精实施的人类辅助生殖技术,供方与受方夫妇应保持互盲,供方与实施人类辅助生殖技术的医务人员应保持互盲,供方与后代保持互盲。

2. 机构和医务人员对使用人类辅助生殖技术的所有参与者(如卵子捐赠者和受者)有实行匿名和保密的义务。匿名是藏匿供体的身份;保密是藏匿受体参与配子捐赠的事实以及对受者有关信息的保密。

3. 医务人员有义务告知捐赠者不可查询受者及其后代的一切信息,并签署书面知情同意书。

### (六) 严防商业化的原则

1. 机构和医务人员对要求实施人类辅助生殖技术的夫妇,要严格掌握适应证,不能受经济利益驱动而滥用人类辅助生殖技术。

2. 供精、供卵只能以捐赠助人为目的,禁止买卖,但可以给予捐赠者必要的误工、交通和医疗补偿。

### (七) 伦理监督的原则

1. 为确保以上原则的实施,实施人类辅助生殖技术的机构应建立生殖医学伦理委员会,并接受其指导和监督。

2. 生殖医学伦理委员会应依据原则对人类辅助生殖技术的全过程和有关研究进行监督,开展生殖医学伦理宣传教育,并对实施中遇到的伦理问题进行审查、咨询、论证和建议。

(蒋 明)

**【复习思考题】**

1. 人工流产存在哪些伦理争议?人工流产实施中应遵循哪些伦理要求?

2. 如何看待新时代我国人口政策的变化?

# 第十一章
# 死 亡 伦 理

扫码获取
数字内容

**学习要点**
1. 传统死亡标准和脑死亡标准的内容。
2. 安乐死的伦理争议。
3. 安宁疗护与死亡伦理的道德原则。
4. 死亡教育的重要意义。

死亡是生命的重要组成部分。随着现代医学科技的发展,医学对生命的干预深度在逐渐增加,尤其在生命的终末期。心脏复苏技术及各种生命维持技术的使用使得死亡不再是一件自然的事情。人工干预死亡过程带来了一系列伦理问题,在临床实践中常常出现被延迟的死亡。人工干预死亡还引发了对安乐死的争议。安宁疗护则是医学界为了给终末期患者及其家属更加人性化的照顾,给予患者医疗支持而不是治疗的缓和做法。这种做法让现代医学科技更有人情味。然而真正要让人们理性面对死亡,合理处理涉及自身的死亡事件,死亡教育是必不可少的。

## 第一节　死亡观与死亡标准的伦理之争

在现代社会,对死亡要予以严格界定,却常常发生困难。例如,对于那些处于生命末期的临终患者来说,何时停止对他们的抢救在临床上常常令医务人员感到困惑。这显然是人们对死亡的标准认识不一致而引起的。

### 一、死亡观

#### (一) 死亡态度的历史演变

对于一切有生命的动植物来说,死亡都是其发展的必然归宿。人们对于死亡的认识在情感上经历了一个漫长的历史过程。

人们对死亡的认识受各个时期的政治、经济、文化等条件影响。原始社会由于生产力极为低下,无力抗御一些天灾人祸,常由自然因素造成大批人死亡。到了原始社会末期,出现了社会大分工,生产力有一定的发展,人们开始思考"死亡"问题。

随着科学技术的发达、生产力的发展、社会的进步,人们对死亡的观念发生了根本性的变化。人们不再把死亡看成是神的意旨,而是将其看成是生命过程的一个重要组成部分,体现了新旧交替、永恒发展的宇宙普遍规律,从而消除了对死亡的恐惧,认识到有生必有死是不以人的意志为转移的客观规律,只能面对这一事实而无法逃避。正视事实,努力实现自己人生的价值,以有意义的人生和坦然的心态平静地接受死亡的降临,这才是应有的人生态度和处世方式。

#### (二) 死亡的本质

人体生物学认为,死亡是人体的器官、组织、细胞等整体衰亡,是人的生命的终结。死亡不可逆转,不可能"死而复生"。显然,生物学的死亡观是"纯"科学的,它把人体、人的生命视为客体,仅从躯体的生存与消亡着眼,完全摒除了人的社会属性和人的丰富精神世界的一面。

117

人类除自然死亡与意外死亡以外,大多数人是病理性的死亡,即身患疾病最后不治而亡。许多人是在临床上被诊断为死亡的。医务人员在作出死亡判断时,通常是以心肺、循环功能的丧失为依据。50多年前,国外开始以脑死亡作为判断死亡的标准,或以心、肺循环终止和脑死亡双重标准予以衡定。

通常,人们总把死亡理解为生命的终端,如中国传统的观点是出生为始,入死为终,即所谓出生入死。西方人也有类似的见解。古罗马哲学家卢克莱修说:一定的生命的一定的终点永远在等待着每个人;死亡不能避免,我们必须去和它会面。西方的古老格言说:每个人必定都要死是确凿无疑的;而一个人何时何地死则是十分地不确定。

正确地理解死亡及其意义十分重要。就人类整体而言,死亡关系到地球上人类的生存与发展;对人类个体来说,死亡可以促使人去领悟生命的真谛以及生存、生活的价值意义。

首先,死亡是人类繁衍发展必不可少的内在要素与特殊的推进器。我们这个星球面积与资源是有限的,如果人不死亡,地球容纳不了人类,自然资源就无法满足人类的生存需要。死亡既能自然调控人口增长的速度,又能让死亡的机体参与大自然的能量循环,为新的机体提供能量。可见,死与生是相连的,死亡有利于人类的生存。

人类智慧的更新、人类素质的提高也与死亡密切相关。人的衰老过程会引起智力的衰退,这是自然规律。倘若没有死亡,老人将愈来愈多,人口的日益膨胀又使新生儿出生率降低或停滞,整个人类的思维能力最终也会随之退化。有婴儿,才不断有新鲜的遗传组合注入人类,使人类的智力不断地进化。

西方哲学家海德格尔认为:死亡不能只理解为"临终"这一生理上的结局,而应看成是人的存在的一种方式。死是包容一个人的整个生活及承担自身责任的实际存在,它贯穿整个人生的过程,并决定着生的内容、内涵、价值与责任,以及生活的走向。正确认识死亡有助于人们反思生命的价值和意义。

了解死亡与死亡的意义,对我们破除死亡的神秘感和恐惧感,以及以理智的心态看待安乐死等问题是大有裨益的。从某种意义上说,只有整个社会大多数人接纳了正确的死亡教育,对死亡有了一定程度的深入了解,才可能更深刻地思考安乐死之类的问题,并以平常的心态看待死亡和选择死亡的方式。

## 二、死亡标准的伦理之争

### (一) 传统的死亡标准

死亡是人的本质特征的消失,是机体生命活动过程和新陈代谢的终止。死亡的实质是人的自我意识的消失,它是生命过程的一部分。医学上把死亡分为三个阶段:一是濒死期,这是死亡过程的开始阶段,也称临终状态;二是临床死亡期,是濒死进一步发展的阶段,宏观上是人的整体生命活动已停止,微观上组织代谢过程仍在进行;三是生物学死亡期,是死亡过程的最后阶段,是中枢神经系统和重要生命器官的消亡过程,是不可逆发展的结果。

关于死亡的概念,不同时期有不同的理解,它是一个不断发展的概念。

传统的死亡概念长期以来都把心肺功能看作生命最本质的东西,生命结束、死亡来临的时刻就是心脏停止搏动,呼吸停止。从古至今的医学都是如此认识,死亡成为心跳、呼吸停止的代名词。这种看法在人类历史上沿袭了数千年,直到20世纪50年代还是如此。1951年美国《布莱克法律词典》第四版仍以传统的"心死"给死亡下定义:"生命之终结,人之不存,即在医生确定血液循环全部停止以及由此导致的呼吸、脉搏等动物生命活动终止之时。"我国出版的《辞海》也把心跳、呼吸停止作为死亡的重要标准。临床医学中使用的传统死亡标准是脉搏、呼吸、血压的停止或消失,接着是体温的下降。

但是,几千年来被人们看作天经地义的死亡标准在实践中屡次遭到动摇。心脏暂时停止搏动,通过抢救可以恢复心跳、维持生命的案例越来越多。现代,由于人工维持心脏循环和肺呼吸功能的技术很有成效,往日由于心跳和自主呼吸停止而必然要死亡的人,今天却可能在价格高昂的机械帮助下维持非"心肺死亡"状态。大量的人工维持"植物性生命"存在的现实提出了这样的问题:其一,大脑功能完全不可逆地丧失,在人工方法维持下的"植物人生命"是不是具有人的生命特征,或者说是否是真人的生命? 其二,维持这种植物人的"生命"是否有价值? 在医疗经费和资源很有限的情况下,为了维护一个"植物人"的心跳和呼吸而花费巨额的费用,是对有限资源的不当分配,既影响了普通患者的医疗和卫生保健水平的提高,也给"植物人"患者的亲属、朋友等人带来了极大的心理压力和体力、财力、工作上的负担。而上述问题的产生,均归结到对死亡概念的认识。解决问题的关键在于建立死亡的新概念和标准。由此人们提出了"脑死亡"的概念。

### (二)脑死亡标准

**1. 脑死亡概念**　所谓脑死亡是全脑不可逆地丧失功能,包括大脑、小脑和脑干的功能。脑功能与心肺功能本来是密切联系的,脑功能的不可逆停止必然导致心肺功能的丧失,然而现代医学技术却可以把它们分离。现代医疗技术可以使一个人在脑部大面积或全部损伤后还能维持其心肺功能;反之,在使用体外循环装置做心脏手术时,可以有意使心肺功能暂时可逆地停止。这种心脑的分离使传统的标准受到冲击。在我国,脑死亡尚未获得法律上的认可。

从现代医学研究积累的大量医学基础和临床的实验资料来看,死亡并不是瞬间来临的事件,而是一个连续进展的过程。生命的主导器官主宰整个有机体,例如,对于呼吸衰竭者停止给予抢救,患者将会停止自主呼吸。但是倘若呼吸停止时间过长,就会造成脑组织缺氧,而脑组织对缺氧的耐受性又非常低,大脑皮层完全缺氧6~8分钟,就可以使脑皮层坏死到不可逆转的程度。广泛脑细胞坏死一经形成,自动呼吸就不能恢复,即使心跳、血压仍可维持,患者实际也已进入死亡状态。

死亡是一个物质变化过程,同样也有其从量变到质变的规律。从病理生理学角度讲,脑死亡的过程中机体的新陈代谢分解要大于合成,组织细胞的破坏要大于修复。一旦脑死亡确定,那么人的机体便处于整体死亡阶段,这是因为:①脑死亡的确定决定了机体各种器官在不久的将来很快出现死亡。这种变化是不可逆转的。②脑死亡后即使心跳仍在继续,但是作为人的意志、信念、态度、素质、知识等则完全消失。作为人的特征性的东西完全消失,这个人就不复存在。

**2. 脑死亡鉴定标准**　医学界从20世纪50年代开始提出,在60年代初达成共识:死亡是一个复杂的分层次进行的过程,心肺死亡并非绝对意义的整个人体死亡,心搏、呼吸的停止只是死亡阶段之一,并不就表示大脑等器官的真正死亡;临床急救技术和心肺机的更新,心肺功能已证实可被人工替代,而迄今为止大脑功能一旦不可逆停止,则不可恢复,传统心肺死亡标准因此而被脑死亡标准所修正。

脑死亡是指某种病理原因引起脑组织缺血、缺氧、坏死,致使脑组织功能和呼吸中枢功能达到不可逆的消失阶段,最终导致病理死亡。目前,世界上较有权威性的脑死亡判定标准基本公认1968年美国哈佛医学院特设委员会的标准,简称哈佛标准。哈佛标准的内容主要包括:①不可逆的深度昏迷。患者完全丧失了对外部刺激和身体的内部需求的所有感受能力。②自主呼吸停止。人工呼吸时间停止3分钟仍无自主呼吸恢复的迹象,即为不可逆的呼吸停止。③脑干反射消失。瞳孔对光反射、角膜反射、眼运动反射均消失,以及吞咽、喷嚏、发音、软腭反射等由脑干支配的反射都消失。④脑电波平直或等电位。凡符合以上标准,并在24小时或72小时内反复多次检查,结果一致者,即可宣告其死亡。但哈佛标准同时规定,用过镇静剂、低温(低于32℃)或其他代谢原因导致的可逆性昏迷应当排除在外。另外对婴幼儿的脑死亡诊断必须慎重。

哈佛标准有以下四个伦理学、医学方面的优点。①对于符合严格且定义完善的全脑死亡的生物医学标准的人类生命,不要求为其延长而采取强化的、不顾一切的进一步措施;②可以避免因人工延长"脑死亡"的生命而付出道德、情感、文化、社会以及经济方面的代价;③有利于器官移植;④一条简单的生物医学标准就可以确立有生气的生命与无生气的生命之间差异的生命伦理学共识:"整个脑的所有功能终止。"

　　继哈佛标准后,不少国家和组织也相继提出了脑死亡标准。1968年,世界卫生组织建立的国际医学科学组织委员会规定死亡标准为:对环境失去一切反应;完全没有反射和肌肉张力;停止自主呼吸;动脉压陡降和脑电图平直。1970年,加拿大提出脑死亡的指征为:呼吸停止,用呼吸机12小时以上仍不能自主呼吸,其间要反复检测,每次2分钟;血压下降,不用药物就不能维持正常血压;体温下降,如无覆盖就降低到36.7℃以下;瞳孔散大、固定,角膜反射消失;其他脑干反射及神经功能丧失,四肢瘫软,无自主活动;进行两次脑电图检查(每次20~30分钟,间隔6小时),均无脑皮质活动。1972年,北欧一些国家确立的斯堪的纳维亚标准为:①传统的临床体验;②脑电活动;③颅内的循环停止。他们把大脑和通往脑部的血液循环结合起来,认为有已知原发或继发的脑损伤,无反应的昏迷,呼吸停止和不存在包括脑干反射在内的所有脑功能丧失是死亡。1973年,日本的上木、竹内、桂田等人提出的血压标准为:原发性大面积脑损伤深度昏迷,双侧瞳孔放大,瞳孔和角膜均无反射,血压降至44mmHg以下并持续6小时以上。1974年,英国的一份医学杂志提出的脑死亡标准为:①无自主呼吸(每次脱离呼吸机3分钟再做检测,两次检测间隔为12小时);②各种脑干反射消失,但脊髓反射可存在,枕骨大孔以上无运动反应。

　　脑死亡标准的提出,是因为脑神经科学的兴起,使科学家清楚看到脑在人生命中所扮演的关键角色。脑、肺、心是一个三角互联系统,脑居三角的顶端,协调及结合心、肺与其他器官的功能。脑的所有功能若无可挽回地终止,便会导致心、肺及其他器官也一个接一个不可逆转地丧失功能,因此,全脑死亡是判断一个整体的人死亡的指标,是传统死亡定义的最可靠医学表达方式。

　　在裁定死亡的临床测试上,传统的心肺功能测试对于一般情况仍是可靠的,且能反映全脑死亡这一判断,因为"全脑死亡"必然导致"肺死"(不可逆转地不能自行呼吸),再导致"心死"(无可挽回地停止自行搏动)。可是,对于一个采用人工呼吸器的昏迷患者,情形却不同,因为就算患者的脑干已不可逆转地终止功能,人工呼吸器却接管了对心肺的协调功能,肺功能及心功能继续运作一段时间,使呼吸及心跳这些"生命特征"成为缺乏意义的表象。于是,由于高科技的干预,本来可靠的心肺功能测试便变成了不可靠的指标,所以便需要另找临床诊断的测试,以裁定患者是否已进入全脑死亡的状态中(脑干反射测试,如瞳孔对光反射消失、角膜反射消失、对身体任何部位的疼痛刺激不能引起运动反应等)。

　　在医学实践上,脑死亡标准也面临着挑战。例如,如何处置所谓的"植物人"?植物人不是脑死亡。一个"植物人"虽已丧失了意识功能,但其尚会自行呼吸,心跳也正常,面部及躯体还会有各种表情或动作,要将这样的一个人判定死亡,对绝大多数人来说是难以接受的。我们能否找到一套可靠的临床标准来判断"植物人"的大脑是否已不可逆转地失去了功能?因此,脑死亡标准不应是模糊的概念,而应有一系列的具体条件规定。此外,由于生物医学的发展,出现了许多特殊情况,使死亡观念本身受到了巨大冲击。例如,活着时冷冻算不算"死亡"。根据部分地区的规定,脑电波停止即表示死亡。有些专家也认为,断定脑死亡是以大脑功能的停止且不可逆转为前提的,冷冻后的脑细胞很可能得到保存,因此不能简单地认定为死亡。通过这个争论可明显看出,随着科技的发展,确定脑死亡标准是一个复杂的事情,不可能一劳永逸地得到一个绝对标准,死亡标准也要随着科技的进步不断发展。

### 3. 脑死亡标准的伦理意义

　　(1)有利于关于"人"的标准的确立:人同动物虽然都是生命的存在形式,但有着本质的区别,最根本之处在于人是具有自我意识的实体。如果一个人永久地失去了意识,没有思维功能,没有感觉知觉,没有情感体验,那么,其真正生命在任何意义上说都已停止了,作为人的生存价值也随之丧失了。以脑死亡为人死亡的标准,就意味着意识功能是否存在成为是否死亡的重要条件,有利于从人的本质特征去确定"人"的存在。

　　(2)有利于对人的生存权利的维护:以脑死亡作为标准,有利于人们在患者脑死亡阶段到来之前,竭尽全力抢救患者,或者使患者劫后余生,得以康复,或者抢救无效,毫无遗憾地死去。呼吸和心跳停止并不表明人体必然死亡。中国古典医籍中就有关于扁鹊使虢太子死而复生的记载。中国民间在人死后有"停尸三天"的风俗,一方面是丧事准备的需要,另一方面也是排除假死可能的需要。而人的大脑一旦处于不可逆的昏迷状态,死亡也在所难免。如果确定脑死亡标准,那么在患者心跳停止时,他人和医务工作者仍有抢救的义务,从而使某些心搏骤停者的复苏成为可能。

（3）有利于人体器官移植:现代医学上器官移植术的发展已使医学对供体的需求量日有所增,移植用的遗体器官必须非常新鲜,才使接受器官移植者有存活的可能,故对供体的需求时限要求较高。由于我国尚未确立脑死亡标准,活体器官来源十分困难,影响器官移植技术的进一步研究与临床运用。

（4）有利于医疗资源的合理利用:现代医学中,人工维持心肺功能的技术取得了长足进步,帮助了许多过去无法救治的患者。但会用于部分只能依靠机器维持生命的临终患者。如果延长的是一种无意识的"植物性"生命状态,实际上也失去了延长生命的实际意义,从而也就等同于浪费了更多更好的医药资源。确定脑死亡标准,在一定程度上会克服这种弊端,使有限的医药资源和人力资源得到更为合理的利用。

## 第二节　安乐死的伦理问题

由于医学科学的迅猛发展,人类死亡的疾病谱发生了根本变化,肿瘤、心脑血管病等慢性病已取代烈性传染病,成为主要死亡的原因。这些疾病使死亡过程明显延长,特别是晚期癌症患者,临终前十分痛苦,渴望以痛苦更少的方式尽快结束生命。于是人们开始关注安乐死。

### 一、安乐死的内涵与历史发展

#### （一）安乐死的内涵

安乐死源于希腊语的 euthanasia,即"无痛苦、幸福的死亡""无痛致死术"。现在,安乐死尚没有统一的定义。美国《布莱克法律字典》认为安乐死是"从怜悯出发,把身患不治之症和极端痛苦的人处死的行为或做法"。《牛津法律指南》的安乐死定义是:"在不可救药或病危患者自己的要求下,所采取的引起或加速死亡的措施。"美国医学会认为安乐死的通常定义应当是:"出于仁慈的原因,以相对迅速并且无痛的方式造成不治之症和病痛患者死亡的行为。"

#### （二）安乐死的历史发展

从 19 世纪开始,安乐死作为一种减轻死者痛苦的特殊医护措施在临床实践中应用。进入 20 世纪 30 年代,欧美各国都有人积极提倡安乐死,主张安乐死的人们还发起和组织运动。1936 年,英国率先成立了"自愿安乐死协会"。1939 年 9 月,现代西方精神分析学派的创始人,奥地利心理学家弗洛伊德(Freud)自感疾病已无可挽救时,向医生提出安乐死的要求。他说:"如果我不能坚持活下去的话,你将尽力帮忙,现在我万分痛苦,这样下去是毫无意义的。"最后,他以自愿安乐死的方式结束了自己的生命。

从 20 世纪 70 年代起,由于医疗技术的提高,许多复苏技术,如起搏器、除颤器、呼吸机、人工透析机等相继问世,使自然死亡发生了变革,挽救了不少以往无法复苏的生命,这无疑是医学史上一个重大的飞跃。然而人们看到,盲目地使用复苏术,虽然延长了一些已经无法挽救患者的生命,但对个别患者来说,延长生命等于在痛苦和煎熬中延长死亡。这种行为被有些人认为是不人道的。随着西方民主、民权运动的高涨,死亡的权利运动和安乐死运动不断发展,安乐死运动重新兴起。1967 年,美国建立了安乐死教育基金会。1976 年,在东京举行了国际安乐死讨论会,会议宣称要尊重人的"生的意义"和"死的尊严"的权利。现实迫使人们不得不认真地从医学伦理学和法学角度对安乐死进行热烈的讨论。2001 年 4 月,荷兰议会通过了《安乐死法案》。至此,荷兰是世界上最早通过(主动)安乐死法案的国家。目前,"自愿安乐死"团体在世界上大量出现,已遍及欧美 20 多个国家,亚洲各国也有程度不同的反应。当前,安乐死在我国尚未立法。

## 二、安乐死的伦理问题

### (一) 安乐死的争议

安乐死观念的提出和实施,冲击了传统的伦理道德观念,使伦理学和法律面临了新的问题,引起的争论十分激烈。其焦点在于是否符合道德,争论的双方都不同程度地将人道主义、功利主义作为自己的伦理根据。

**1. 反对安乐死的观点**    反对安乐死的论证所依据的伦理学理论有道义论或后果论。

(1) 依据道义论反对安乐死的论证:①安乐死违背了生命神圣的原则。安乐死涉及故意夺取人的生命,因而在道德上是不允许的。②安乐死违反了医生治病救人的基本义务。这种观点认为,医学的最大敌人是死亡,避免死亡才是医生治病救人的基本义务,是医学的目的。安乐死有悖于医学的目的、医生的基本义务和医生的人道主义职责。

(2) 依据后果论反对安乐死的论证:①安乐死阻碍医学的进步。安乐死的实践可能会由于过早地把患者判定为"不治之症"而放弃积极抢救。这样做还会弱化医学人道主义的绝对至上命令和医学改善这种状况的努力,从而妨碍医学的进步。②导致医生"道德滑坡"。如果安乐死合法化,会破坏医患之间传统的信任关系,削弱对临终患者的同情和关怀;面对痛苦不堪的患者,医生会觉得实施安乐死更容易、更有效,久而久之就会改变医生对医学目的的理解,进而导致医生在人道主义的意义上"滑坡"。

**2. 赞成安乐死的观点**

(1) 个人有优化自己生命过程的权利,即人有权让自己生活质量更高,也有权选择以何种方式如何度过生命最终阶段。应当具有在生命最终阶段,当患者极端痛苦时,如何维持生命尊严的权利。

(2) 维持一个毫无生命质量和生命价值的生命是没有意义的,延长这样的生命实际上增加了患者死前的痛苦,同时也会给社会带来严重的负担。

(3) 对于死亡已不可避免、遭受着难以忍受痛苦的患者,解除痛苦比延长生命更重要。让这些患者继续忍受临死前的极端痛苦是不人道的,使患者免于忍受痛苦正是为了患者的利益,因而是人道的。

(4) 判断一个垂死患者是否值得继续活下去,不仅要考虑到患者的利益,还要考虑其亲属、朋友和社会的利益,把大量的资金、人力与物力用在无望的患者身上实际是一种浪费,不如把有限的药物和医疗设备用于其他有康复希望的患者。

上述观点的对立,说明了安乐死受到社会意识、经济、文化及科学发展水平的影响,尤其是传统观念、习惯的影响。同时,也说明了人对于不同情况、不同种类的安乐死(例如主动和被动、自愿和非自愿等)的认识和理解存在差异,因而评价、判断很难统一。因此,分析安乐死问题,必须用科学的立场,以人道主义的道德观,按医学伦理学的原则来研究和讨论。

### (二) 安乐死的伦理思考

从世界范围的安乐死案例来看,不论是患者亲属、医生、律师,还是法官,都是从患者最佳利益这个基点来考虑的。即使当人们根据负担/收益(或风险/收益、成本/效益、损害/好处)来决定是否进行某项治疗时,人们所说的负担或收益也常常是针对患者本身而言的。当有意义的生命已不再成为可能时;当死亡已经不可避免时;当已达到医疗极限时;当患者无法忍受巨大的疼痛和痛苦,希望能够在医学的帮助下早日解脱,安宁地、有尊严地死亡时;放弃治疗应该是合乎道德的。

患者最了解自己的生命价值和人生的意义,作为一个有行为能力的理性人,根据其在特定情形下所获得的信息而设定和追求自己的人生价值。当医学的干预与其本人的"好的"人生相冲突时,患者有权拒绝这样的医学干预,有权做出加速结束生命的决定,有权要求医生为其决定提供人道的医学帮助。尊重患者的自主权,实际上也就是尊重他们自己的意愿,维护他们的尊严。

## 第三节　安宁疗护伦理

出于各种原因,大多数临终患者还是在普通医院中度过生命的最后历程。从面临死亡直到接受死亡来临,他们经历了大量的痛苦和磨难。医院为了随时抢救临终患者,建立了一套完整的技术操作体系,如心脏起搏器、人工呼吸器等各种抢救和监护设备。使用这些技术是为了挽救患者或是延长他们的生命,却很少能减轻患者的痛苦。在医疗实践中,不少医务人员只是立足于"救命"的目的,而不惜一切代价、不顾患者的实际需要和意愿去实施临床诊疗方案,很少考虑如何去尊重这些患者的意愿,满足他们的真正需要和减轻他们的痛苦。事实上,大部分针对临终患者的治疗措施已无济于事,只是一种被动的应付手段,有些患者难以忍受,要求终止治疗,但医务人员鉴于道德和法律,仍按常规疗法进行;医生和患者都知道有些措施是为了延长患者的死亡期,但又因受社会、家属的影响,必须照常进行,似乎只有这样才是正确的选择,才可避免医疗纠纷,是一种符合道德的医疗行为。现实医疗中,那种被动、多余的诊治手段是过时的生物医学模式在医疗活动中的反映,它不能满足临终患者心理和社会的需要。如此做法,既增加了患者的痛苦,又耗费了大量不必要的卫生资源,是对患者、家属和社会都不利的一种医疗行为。因此,临终患者需要现代医学模式的安宁疗护。安宁疗护与临终关怀、缓和医疗,在表述上有差异,但是在内涵上是一致的。

### 一、安宁疗护的内涵及历史发展

#### (一)安宁疗护的内涵

**1. 安宁疗护的概念**　安宁疗护的英语为 hospice,这个词源于中世纪人们对朝圣者或旅游者提供的重新补充体力的驿站,后引申为专门收容患不治之症者的场所。hospice 又译为安宁疗护中心,即为生命垂危的患者建立的医院。安宁疗护中心与一般的医院不同。一般的医院所关注的是如何使患者的生命延长,免于死亡,所采用的医疗及护理关怀手段为手术、药物及护理等。而安宁疗护中心所采取的主要手段为:照顾及关怀日益衰竭的临终患者;对临终患者进行姑息治疗,以减轻患者的疼痛,控制其他症状或缓解患者生理及心理上的痛苦;为患者提供咨询及安慰服务;与患者及家属讨论死亡的意义、本质、权利及如何面对死亡等问题,以消除患者及家属对死亡的恐惧及焦虑,维持临终患者生命最后阶段的尊严,使患者安详、平静地死亡。

安宁疗护所倡导的是一种人性化的关怀理念,通过提供安宁疗护,帮助临终患者提高对生命、对死亡及生活价值的认识,使他们在生命最后阶段得到支持、安慰及鼓励,因此,安宁疗护是为临终患者及其家属提供生理、心理和社会全面支持与照护的医疗保健服务。

安宁疗护是指为现代医学治愈无望的患者提供缓解极端痛苦,维护生命尊严的一系列立体化社会卫生保健服务。安宁疗护的范围包括帮助临终者安宁走完生命最后历程,对于临终者家属提供生理和心理关怀等。

安宁疗护的宗旨包括三个方面:照护为主、尊重患者的权利与尊严、重视患者的生命质量。在临终患者生命的最后阶段,对患者着重于减轻痛苦,满足其生理、心理、社会文化及感情、精神等多方面的照护,尊重人格的尊严及价值,根据患者的意愿,提供与其适合的安全、舒适的护理照护。

**2. 安宁疗护的特点**　与一般的普通病房或医院相比,安宁疗护医院或病房有以下特点。

(1)安宁疗护医院或病房收住的对象主要是临终患者,其中大部分是晚期癌症患者或患有类似疾病、心身备受病痛折磨的人,他们比普通患者更需要关怀与心身的照顾。

(2)安宁疗护医院实施的是以临终患者为中心的整体照护,它不以治疗疾病为主,而是支持、照护患者,控制患者的症状,减轻患者的疼痛,姑息治疗及对患者进行全面的关怀。

(3)安宁疗护医院重视患者的尊严与价值,真正体现了对患者的人文关怀。它不以延长患者的生存时间为主,而以提高临终阶段的生命质量为宗旨,尽可能地了解及满足患者的各种需要,特别是控制患者的疼痛及其他症状,尽可能地使患者处于舒适状态,并能理解患者的各种心理需求,应用相应的心理照护方法,给予患者心理上的支持,使患者正视现实,摆脱死亡的恐惧,认识生命的价值及其弥留之际生存的社会意义,使患者在有限的时光内,安详、舒适地度过人生的最后时光,至死保持人的尊严与价值。

(4)安宁疗护医院或病房充满了家庭式的温暖、关怀与爱抚。它既为患者提供服务,又为患者的家庭提供有关服务。除了多方面满足患者的需要外,又注重对临终者亲友的关怀、帮助与安慰,使他们及时从悲哀与痛苦中解脱出来。

(5)安宁疗护病房实行 24 小时的全天候服务。无论何时,出现何种情况,只要患者需要,医务人员都应为患者提供服务。

### (二)安宁疗护的历史发展

安宁疗护的历史发展,在西方可追溯到中世纪西欧修道院为重病的朝圣者、旅游者所提供的照护。

安宁疗护作为医疗卫生领域的深层次服务项目,始于 20 世纪 60 年代。1967 年 7 月,英国的桑德斯博士首次在英国创办了圣克里斯多弗安宁疗护医院,对临终患者提供各种全面的专业化服务,使患者能在安宁疗护中心得到温馨体贴的照护。从此以后,世界各国,尤其是欧美等发达国家的医务工作者一直致力于安宁疗护的研究及临床实践,取得了令人瞩目的成就。

1974 年,美国康涅狄格州的纽黑文安宁疗护中心开始接受临终患者。到目前为止,在美国已有200 多家各种类型、规模不一的安宁疗护中心或医院,英国目前有 300 多家。据不完全统计,世界上目前已有 80 多个国家和地区提供了安宁疗护的服务与研究。从世界范围来看,安宁疗护的研究在一些发达国家,如美国、英国、日本等都较成熟,对死亡的教育已普及并深入人心,安宁疗护已发展成一门独立的学科。

我国的安宁疗护历史可以追溯到 2 000 多年前的春秋战国时期人们对老者和临终者的关怀和照顾。安宁疗护在中国的最初意义是指尽量满足临终者的需要,以尽量减少他们的遗憾,让他们无牵无挂地离开人世,如将其远方的亲人召回相见,或说上几句宽慰的话,或尽量满足其各种吃穿要求等。这样的安宁疗护,往往只局限于家庭对临终者的照顾或仅仅是出于一种生前尽孝的伦理观念,很难解决临终者的实际问题,忽视了临终者的心理、感情及精神等方面的需要,如内心的焦虑、沮丧、恐惧及绝望等。中国传统文化常强调死亡的价值,如宋代李清照的“生当作人杰,死亦为鬼雄”,汉代司马迁的“人固有一死,或重于泰山,或轻于鸿毛”等,都强调了死亡的意义及价值。

死亡是每个人都将面临的问题,任何人也无法逃避,但预期的死亡常会给人带来莫大的压力。人们焦虑、恐惧,是因为那是未知的世界;人们忧伤、哀愁、痛苦,是因为面临着永久的分离。在中国的传统文化和风俗习惯中,大家都忌讳谈到死亡。当死亡来临时,其实人们心里清楚,但为了避免对方的焦虑不安,彼此都言不由衷,因而留下了许多遗憾及悲哀。从另一方面来说,我国古老传统的儒家文化观念使生命神圣的死亡观点根深蒂固,使人们对死亡及濒死态度持否认及不接受的态度。因而,人们对死亡的态度是回避的,具体表现为对死亡的讳莫如深及寿终正寝,而且离死亡越近忌讳越重,完全对死亡采取恐惧回避的态度。而安宁疗护的发展也受此观念的影响。

安宁疗护与安乐死的目的虽然都是在医疗上为无能为力的患者,尽可能地减少其在死亡前躯体及精神上的痛苦,但两者在概念上存在着本质的区别。安乐死强调死的尊严,主动终止生命。而安宁疗护则在于让患者活得有尊严,注重家属及患者的内心体验及感受,使临终患者有尊严、舒适地度过生命最后阶段,安静而庄严地离开人世。

我国安宁疗护的研究及实践始于 20 世纪 80 年代末。1988 年 7 月天津医科大学率先成立了天津安宁疗护研究中心,在我国首先开展了安宁疗护的研究与实践,使该中心成为国内安宁疗护培训及教育中心之一。同年 10 月,上海建立了我国第一所安宁疗护医院——南汇护理院,使安宁疗护在我国迈出了可喜的一步。

1992年5月26日,天津召开了首届东西方安宁疗护国际研讨会,全国有28个省、自治区、直辖市的医务人员及有关专家学者参加了会议,与国外专家一起交流了经验,提高了我国安宁疗护的学术水平。与会者认为,安宁疗护是对临终患者的完善照护,不仅体现在对其尊严的维护,且在一定程度上可以减轻家庭和单位的负担,也是发展社会生产力的一部分内容,是一种有百利而无一害的善举。此后,安宁疗护研讨会在我国有组织地多次召开,各地开办了安宁疗护医院和安宁疗护病房,如天津医科大学肿瘤医院、北京松堂关怀医院、南京鼓楼安怀医院等。安宁疗护受到了患者和家属的欢迎。近些年来,北京协和医院在安宁疗护方面做了特别多的理念创新和积极实践。

安宁疗护对我国的许多医务工作者来说仍是较陌生的概念。常常可以看到一些身患绝症、无救治价值且将不久于人世的患者去大城市的一流医院就医,而被拒之门外。这不是医务工作者不讲人情,而是许多医院确实不具备条件照顾关怀临终患者。我国目前还缺乏相应的人力、物力及其他保障体系以建立相应的安宁疗护机构。因此,仍然需要政府及社会各界的共同努力,借鉴发达国家的经验,建立适合中国国情的安宁疗护机构和安宁疗护学科。

## 二、安宁疗护的研究内容

安宁疗护作为一门新兴的独立学科,有其特定的研究内容和对象。安宁疗护的特定研究对象是临终患者,主要以晚期癌症患者为主体。安宁疗护以临终患者及其家属的需求,以及如何为其提供全面护理的实践规律为研究对象。对临终患者实施安宁疗护,目的在于减轻患者的疼痛,减轻患者心理上的焦虑不安及痛苦,缓解患者对死亡的恐惧和不安,正确认识自己的生命价值,满足患者的生理、心理及精神需要,使患者在有限的生命的最后岁月中,在充满人性温情的气氛中,安详、舒适而有尊严地离开人世,逝者无憾,生者无愧。

安宁疗护研究内容包括以下几个方面。

1. 临终患者的需要 包括生理、社会、精神、文化等多方面的需求。

2. 临终患者的全面照护 包括患者的生活、心理照护、症状的处理,特别是疼痛的控制问题,以及尽量满足患者的各种社会需要,如完成未尽的心愿,解决同事间、事业及家庭上未解决的问题等。

3. 临终患者的家属需求 包括家属对临终患者的医护要求、患者的心理需求及提供居丧服务等。

4. 死亡的教育问题 死亡教育是实施安宁疗护的一项重要内容,包括对临终患者及其家属的死亡教育问题。其目的在于帮助濒死患者减轻、消除对死亡的恐惧,使患者及家属学会准备死亡、面对死亡、接受死亡,从而使患者感到自己活得庄严、死得尊严。对临终患者家属进行死亡教育的目的在于帮助他们适应患者病情的最大变化和死亡,保证他们缩短痛苦过程,减轻他们的悲痛程度,认识自身继续生存的价值和意义。

死亡教育的内容涉及很多领域,如死亡标准、死亡价值、死亡态度、死亡心理、死亡时机、死亡地点、死亡方式选择以及死后居丧服务等。

5. 安宁疗护的模式 从每个国家的社会文化背景出发,采取什么样的模式才能更好地开展安宁疗护工作。

6. 安宁疗护的基本原则与特点 安宁疗护医院或病房与普通医院或病房相比较,具有什么样的特点,应遵循什么样的医护原则等。

7. 安宁疗护的组织管理与实施。

8. 安宁疗护服务人员的组成与培训。

9. 安宁疗护与其他学科的关系等。

### 三、安宁疗护的服务要求与伦理原则

#### （一）安宁疗护的服务要求

安宁疗护医院或病房或居家病床，与普通的医院或家庭病房比较有以下特点：一是医务人员服务的主要对象是临终患者；二是不以治疗疾病为主，而是以减轻症状、支持疗法和全面照护为主；三是不以延长患者的生命为目的，而是以提高生存质量、维护患者的生命尊严与价值为主；四是不仅注意患者的躯体痛苦，而且更注意心理关怀和社会支持；五是不但关怀临终患者，而且对其家属也予以慰藉和居丧照护。

**1. 尊重患者权利**　有些临终患者未进入昏迷状态，仍具有情感、思维和想象等，仍有自己个人的利益和权利，家庭、医务人员和社会应尊重他们享有的权利。

临终患者的权利有：①有权被人们以活人看待，直到死亡；②有对自己生命抱有希望的权利，尽管这种希望可能是变化无常的，难以预测的；③有权以自己的方式表达对接近死亡的感受和情绪反应；④有权对自己的医疗护理做出决策，即要求从治愈疾病的目标转变为舒适护理的目标；⑤有权消除面对痛苦、孤独的死亡，要求以安详、尊严的方式死亡；⑥有权要求对自己提出的疑问获得忠实的回答，不被欺骗，有权要求保守自己的隐私；⑦有权在"接受死亡"中获得家人的帮助，而自己的家人也能获得他人的帮助；⑧有权与相同信仰的人进行交流，不因"我的理念与别人不同"而被批判；⑨有权对属于自己的家产钱财分配等做出决定；⑩有权要求死亡后的遗体受到尊重；⑪有权接受那些细心、敏锐且善解人意的医务人员照顾。

在上述权利中，关于是否应该将病情真实地告诉患者或临终患者，是目前讨论比较多的伦理问题，也是涉及临终患者享受个人权利和利益的道德问题。有些人强调保护性医疗，不主张将真实病情和预后告诉某些晚期肿瘤患者或临终患者，以防产生不良后果。但是，也有不少人认为剥夺一个人了解有关其自己的疾病或死亡的真相，就是剥夺他们的尊严，也就损害了其作为人的道德地位。因此，当患者想知道真相并早已有疑虑时，应及早告诉患者，让其争取时间处理各项事宜，如工作、家产、钱财、子女抚养及老人赡养等，免得带着满腹心事告别人间。从患者利益出发，向晚期肿瘤患者或临终患者说明病情时，护士要和医生的交代口径一致，态度诚恳，语言温和。患者该知道的一定要讲清楚，以便使患者放心；而暂时还不能让患者知道的要慎言守密。总之，能否和临终患者谈及真实病情，要视是否符合患者的根本利益而定。

**2. 安宁疗护教育**　安宁疗护工作要靠全社会的理解和支持。首先，应在社会上利用多种渠道加以宣传教育，让人们懂得安宁疗护的意义和作用，让社会都知道，做好临终患者的关怀，不仅是患者子女、亲朋好友和医务人员的责任，而且是全社会的责任，是中华民族优良道德品质的体现。

安宁疗护教育包括两方面的内容。一是向患者进行死亡教育，树立正确的死亡观。医务人员要教育患者：现代的医学科学技术手段已经大大地延长了人的寿命，但任何人都无法逃避死亡。疾病是生命存在的正常形式，是一种自然现象。人要消灭疾病、消除死亡，是徒劳的，也是不符合自然发展规律的。平静的、无痛苦的、有尊严的死亡，才是终末期患者生命质量的期望和追求。二是要向社会进行安宁疗护的教育，把安宁疗护作为人口老龄化社会问题来加以关注，要加强医务人员及有关人员的心理、社会和伦理教育。目前的医学教育仍然属于生物-医学模式下的教育，强调患者的疾病诊治，而诊治又是根据患者的生理需要展开，一旦发现患者无法治愈，失望的又往往是医务人员。他们的言行和态度常常给患者造成一种绝望情绪，直接影响临床工作的开展。

当前，医学教育和护理专业教育都缺乏对临终患者的认识及有关医护知识的掌握。医护人员不能正确对待这些特殊对象，而使医护工作处于被动状态。因此，安宁疗护教育是整个医学教育的重要组成部分，并且随着社会发展，需要在实践中不断去拓展安宁疗护教育事业，真正做到深入人心，使整个社会都关心它，重视它。

**3. 尊重临终患者的生活**　尽管死亡是生命运动发展的必然过程，但是临终患者仍有生活的权

利,任何人都有尊重他们生活的义务。临终也是生活,只不过是一种特殊的生活状态。尊重临终患者最后生活需求的实质是对患者人格的尊重,不能认为临终患者只是等待死亡而对生活毫无价值。因此,医务人员要认识患者最后阶段生活的意义,并在与患者接触时进行交谈,指导患者理解生命弥留之际的意义,安慰和鼓励他们,让希望充满他们的最后生活。同时,医务人员要照顾临终患者的日常生活习惯,给他们更多的选择自由,尽量满足他们合理的要求,增加或安排他们与家属会面的机会和时间,让他们说完自己心里的话;让他们参加力所能及的活动,尽量帮助他们实现一些自我护理,以增加生活的乐趣,至死保持人的尊严等。总之,医务人员要像对待其他可治愈的患者一样,平等地对待临终患者,让他们实现临终生活的价值。

**4. 临终患者的护理**　临终关怀除医疗工作外,更大量的是护理工作,内容包括:①在医疗方面,采取以生活护理和临床护理为主、治疗为辅的医疗措施,在治疗上则以姑息、支持疗法为主。②注重心理关怀,通过谈心、暗示等心理疗法缓慢疏导患者的情绪,减少患者的痛苦,帮助濒死者平静地离开人世。③生活照顾周到,提供理发、剪指甲、翻身、换尿布、喂食等服务,尽量满足患者的生活需求。④组织各种活动,提高临终患者的生活质量。如医院可带领一些病情已趋缓的临终患者观赏人文风景,并随车载有轮椅、担架、水瓶、马桶、急救用的氧气瓶等。对有些情绪低落的临终患者,护理人员则可陪同患者回家"探亲"。⑤布置临终室。在临终室内插上鲜花,铺上清洁床单、枕套,让患者好像在一个舒适的"家"中度过生命的最后时刻。

**5. 同情和关心临终患者的家属**　由于临终患者可引发家庭生活的失衡、经济状况的改变、精神支柱的倒塌等一系列问题,所以患者家属的心理常处于应激状态。他们在感情上难以接受即将失去亲人的现实,在行动上四处求医以期待奇迹的出现和亲人生命的延长。当感到亲人死亡不可避免时,他们又心情沉重、苦恼,甚至会烦躁、发火,或纠缠不休地找医务人员等。因此,临终患者家属的精神痛苦不亚于患者的躯体痛苦,安慰、劝导家属并且与家属相互配合,是临终医护工作的特点。

医务人员面对家属的应激情绪和行为,要能够设身处地地予以理解和同情,使他们伤感的情绪得以缓和。要关心和体贴家属,真心实意地帮助他们解决一些实际问题,如针对他们悲伤的原因,采取相应的措施冲淡忧郁的气氛;帮助他们安排好陪伴患者期间的饮食、休息,以减少精神和体力上的疲劳;经常与他们交谈,增加相互间的信任和合作等。另外,对于患者家属希望自己的亲人在临终阶段能得到最好的照顾和尽到"孝心""爱心"的愿望,护士要做好患者身心两方面的护理,让家属放心,对家属提出的愿望要尽力满足,如支持并指导家属为患者做些力所能及的护理工作,让其心灵得到慰藉,让患者也能享受天伦之乐。安排适当的时间和地点,如让患者和家属谈谈心里话、交代遗言等能充分表达相互感情的场所,使患者和家属都感到满足而心中无憾。医务人员一定要了解,对患者家属的同情和关心也是对临终患者的安慰。

**6. 做好临终患者的尸体料理**　尸体料理的目的是使尸体清洁无味、五官端详、肢体舒展、位置良好、易于鉴别。护士对死者进行良好的尸体护理,既体现对死者的负责、同情和尊敬,又是对亲属的安慰。在尸体料理中应遵循以下道德要求。

(1)严肃认真、一丝不苟:在尸体料理中,护理人员应始终保持尊重死者的态度,不随便摆弄,不随意暴露,严肃认真地按操作规程进行料理。动作敏捷果断,不拖延时间,以防尸体僵硬造成料理上的困难。

(2)对他人、对社会负责:为避免惊扰其他患者和避免恶性刺激,在条件许可情况下,患者临终前应移至抢救间或单间病房,以便死后能在此处进行尸体料理。若床位紧张,可设置屏风遮挡其他患者的视线。遇有传染病患者死亡,其尸体料理必须严格按照隔离消毒常规进行,对病室及死者用物应给予彻底的终末消毒,以防传染病的传播。

(3)妥善处理遗嘱和遗物:护理人员要尽心尽责地保管和处理好死者的遗嘱、遗物。死者遗嘱应移交死者家属或生前单位领导,要尊重死者的"隐私",切勿到处乱讲遗嘱的内容。死者的遗物应清点并交给家属;如果家属不在,应由两名护士共同清点、记录,交有关人员代为保管,并通知家属认领。

切不可草率从事,更不应将死者贵重物品据为己有,做违背道德良心的事。

（4）认真做好死者家属的工作:死亡对患者来说是生命的结束,但对家属则是悲哀的高峰。他们对死者的留恋之情所产生的肝胆欲碎的痛苦难以控制,甚至久久不能解脱。因此,要做好死者家属的保护工作,理解家属的悲痛心情,并给予适当机会让他们发泄心中的悲痛。要耐心劝导家属节哀。亲人病逝后,家属若能了解到这是不可避免的结局,一般会减少悲痛。因此,护理人员要选择适当时机,向家属详尽地讲明病情;要劝导家属节哀保重,让他们认识到已为亲人尽了最大的努力;要劝导家属面对现实,化悲痛为力量,让他们认识到安排好将来的工作和生活是对亲人最好的悼念。在尸体料理后,主动地让家属与亲人作最后的告别,护送家属离开医院,使他们得到心理安慰,尽早从悲痛中解脱出来。

**7. 创建适宜的临终环境**    这是安宁疗护实践的重要组成部分,需要全社会献计献策。事实上,现在各老年护理院床位紧、人手缺,加上条件有限,不可能为临终患者提供舒适的环境。如果家庭和社区有条件,那么临终患者在亲人的陪伴下会感到安全和舒适。为此不少人向社会呼吁,应有一个适宜的临终环境,创建社区护理病房。安宁疗护不能仅靠专业化的安宁疗护医院,而应紧紧依靠中国已逐步建成的三级医疗卫生网,充分利用社会的卫生资源,把一些退休的医务人员组织起来作为骨干力量,发挥社区医疗网作用,使患者能在亲人和熟悉的医务人员照顾下走完人生最后的路程。如这一条路能继续走下去,则中国的安宁疗护在较短时间内就可以在广大城市和一部分农村展开,使大多数临终者受益;同时也可以在一些业务量不足,而医疗服务供给相对充足的一、二级医院开设安宁疗护病房,弥补目前临终病房不足的矛盾,使医院能在经济效益和社会效益两个方面都获得好的结果。

**8. 设立临终咨询机构**    临终问题是每个家庭和个人都会面对的实际问题,设立临终咨询机构对于解除个人和家庭的后顾之忧能起到积极的作用。例如:有些患者希望在家里进行治疗,而在生命的最后一刻又希望转入医院;有些患者能遵医服药,但不能解除身心痛苦;又有些家属急需了解安宁疗护的服务知识和特殊情况处理的办法等。因此,设立咨询服务机构是安宁疗护实践中的又一个内容。它可以通过患者家属上门咨询、书面咨询和电话咨询等多种途径,对家属和患者提出的问题给予解答。患者死后,还可以为家属提供居丧方面的咨询和帮助,使安宁疗护真正成为一项受全社会重视和欢迎的立体型卫生服务工程。

### （二）安宁疗护的伦理原则

1. **照护为主的原则**    临终患者的治疗与护理,不以延长患者的生命数量为主,而以对患者的全面照护为主,以提高患者临终阶段的生命质量,维护患者临终时作为人的尊严与价值。

2. **全方位服务的原则**    主要包括对临终患者生理、心理、社会等方面的全面照护与关心,为患者及家属提供 24 小时全天候服务,不仅关心患者,也关心患者的家属;既为患者生前提供服务,又为患者死后提供丧葬服务等。

3. **人道主义原则**    对临终患者提供更多的爱心、关怀、同情与理解,尊重他们做人的权利与尊严。这既包括尊重他们选择生的权利,也包括尊重他们选择度过临终阶段方式的权利。

4. **适度治疗原则**    临终患者的基本需要有三个:保存生命、解除痛苦及无痛苦地死亡。既然临终患者保存生命无望,治疗就不以延长生命为主,而以解除或减少患者的痛苦为主。

通过对安宁疗护研究内容的掌握,在遵循安宁疗护的思想伦理原则,即照护为主的原则、全方位服务的原则、人道主义原则、适度治疗原则的基础上,了解并运用安宁疗护的具体要求为临终患者及其家属提供生理、心理和社会全面支持与照护的医疗保健服务。

（杨　阳）

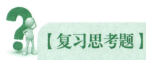

【复习思考题】

1. 简述脑死亡标准的具体内容及其意义。
2. 在临床实践中如何做好安宁疗护工作?

# 第十二章
# 人体器官移植伦理

## 学习要点

1. 人体器官移植技术存在的伦理争论。
2. 人体器官移植技术的伦理原则。
3. 人体器官移植技术伦理问题的分析方法。
4. 人体器官移植技术的伦理发展。

器官移植技术是人类健康的福音。但这一技术和其他医疗技术相比,涉及人员众多,实施环节复杂,从诞生之日起就伴随着巨大的伦理争议和法律问题,需要完备的伦理原则和法律规定进行调整和规范。

## 第一节 器官移植技术概述

### 一、器官移植的概念与分类

所谓"移植",是将身体有活力的一部分(细胞、组织或器官),通过手术或其他途径转移到同一个或另一个个体的特定部位,而使其继续生存的方法。其中,被移植的部分称为移植物;献出移植物的个体叫做供者、供体或捐献者;接受移植物的个体叫做受者、宿主或受体。

人体器官移植,是指摘取器官捐献人具有生理功能的心脏、肺脏、肝脏、肾脏、小肠或者胰腺等器官的全部或者部分,将其植入接受人身体以代替其病损器官的活动。狭义的人体器官移植只包括心、肝、肾等大器官的移植,广义的人体器官移植还包括人体细胞和组织的移植。

以供体和受体的遗传学上的特征为标准,器官移植主要分三种:同种异体移植、异种移植和自体移植。所谓同种异体移植,就是从一个人移植给另外一个人。它又分为同种同质移植和同种异质移植。同种同质移植,也叫同卵双生移植,因为供者、受者的抗原结构完全相同,移植后几乎不会发生排斥反应;同种异质移植中供体与受体属于同一种属,如人与人,他们的组织相容性抗原不同,移植后会发生排斥反应。这是临床上应用最广的一种移植。所谓异种移植,就是将器官从猴子或其他动物身上移植到人身上。自体移植,指移植物取自受者自身,如将自己的皮肤、骨髓、血液等先行割下或抽出,再于适当时机移植或输入。

根据器官的来源,器官移植可以分为活体器官移植、遗体器官移植、胎儿器官移植、异种器官移植、人造器官移植等。根据死亡的标准不同,遗体器官捐献分为两类:脑死亡遗体器官捐献和心死亡遗体器官捐献。

### 二、器官移植技术的发展

1905 年,奥地利医生爱德华·泽尔将一个因眼部外伤失明的男孩的角膜移植给了一个患眼病的工人。这是人类首例同种异体角膜移植手术。因为角膜上没有血管,所以排斥反应要轻微得多。尽管受者术后一只眼睛感染,但另一只仍然恢复了视力并终身保持。而脏器的移植难度更大,直到

1954 年,美国外科医生约瑟夫·默瑞才成功地进行了第一例同卵双胞胎之间的肾移植。1959 年又进行了首例活体非亲属供肾的肾移植。1962 年,他又成功地首次用死者的肾脏进行了移植。这些手术后的患者都获得了较长的存活时间。约瑟夫·默瑞在人类器官移植史上的伟大成就,也标志着人体器官移植技术终于从想象走到了现实。

在将人体器官移植技术从想象变为现实并逐步改进提升的过程中,科学家们克服了三大技术难题。

(1)血管的缝合问题。在仅有止血带的时代,血管的精密切合是一个天堑般的难题。1902 年,法国医生卡雷尔在向巴黎最好的裁缝学习后,发明了血管的"三线缝合法"。运用该方法,可解决出血与血栓问题,只是受当时材料工艺的限制,他用的缝合线竟是护士的头发。但此术一出,血管问题得到了解决,卡雷尔发明的技术也一直沿用到今天。

(2)免疫排斥问题。20 世纪上半叶各国进行了不少器官移植实验,但都因排斥反应而失败。揭开这背后玄机的,是英国医生梅达沃。梅达沃通过对烧伤患者的植皮观察,发现异体皮肤不到一周就被排斥而脱落,且二次异体植皮时排斥加速,因而得出结论"异体移植物的排斥是由免疫机制引起的"。更重要的是,他在一处农场用小牛做实验,观测到异卵孪生小牛间的皮肤移植并没有排斥,进而发现了"获得性免疫耐受现象",为移植排斥难题的解决打开了方向。在此基础上,医学界陆续发现了多种有临床实效的免疫抑制药物,如硫唑嘌呤、环磷酰胺等。1979 年,环孢素的开发应用使异体器官移植技术取得极大突破,移植成功率迅速提高。

(3)被移植器官的保存问题。器官摘取后如何能在被移植前保存活性,是器官移植绕不过的难题。1967 年和 1969 年,两名美国人贝尔泽和科林斯分别创制出器官的降温和灌洗技术。使用这种技术,供移植的肾脏从身体摘取后活性可达 24 小时。再加上飞机高速飞行的便利,以及器官移植网络的逐步健全带来配对捐受双方的高效率,都保证了送往手术台的供体器官能最大限度地保持活性。

这三项技术难题的攻克,科学家们付出了艰辛的努力,也为人类生命与健康带来了巨大的贡献与福祉。因此,发明血管缝合术的卡雷尔、发现免疫排斥和获得性免疫耐受的梅达沃以及首例人体器官(肾脏)移植手术实施者约瑟夫·默瑞,分别于 1912 年、1960 年和 1990 年获得诺贝尔生理学或医学奖。

当前,器官移植已经是一项广泛开展的外科手术。数据显示,全球器官移植数量(包含活体移植)逐年上升,已由 2015 年的 12.66 万例,增长至 2019 年的 15.38 万例。除胰腺和小肠移植外,肾脏、肝脏、肺脏移植量均呈上升趋势,其中肺脏同比上升幅度最大。单个器官移植技术逐步成熟的同时,多器官移植和器官联合移植的研究也渐渐展开。除了直接移植外来器官和组织外,人们还期盼着人体的器官能像机器的零件一样,可以在体外进行生产,一旦体内的组织、器官出现问题,就用"新的零件"更换,组织工程学(tissue engineering)因此应运而生。它以少量种子细胞经体外扩增后与生物材料结合,构建出新的组织器官,用于替代和修复病变、缺损的组织或器官,重建生理功能。特别是将干细胞与 3D 打印的生物材料相结合,通过使用从器官移植患者自身体内获取的细胞来构建替代器官,可最大限度地减少免疫排斥的风险进而减低对免疫抑制药物的依赖。这种方式在未来可能将成为器官供体短缺的重要解决方案。

同时,科学家们还将目光投向了不同种属的动物器官。1905 年,法国的研究者进行了世界第一例异种器官人体移植手术。将兔肾植入肾衰竭儿童体内,手术很成功,但 16 天后由于排斥反应,儿童死于肺部感染。1984 年,在美国洛杉矶,有医生给一个早产女婴做了狒狒心脏移植,女婴存活 1 周后死亡。2022 年 1 月 7 日,美国马里兰大学医学中心的巴特利·格里菲斯团队将一颗经基因编写的猪心脏移植给一位患者。患者存活 2 个月后,于 3 月 8 日去世。在术后几周内患者的移植心脏功能良好,已克服了超急性排斥反应,猪心脏的血流量、流速、压力符合人体血液循环动力学要求。但数天后患者病情开始恶化,医院在明确其没有康复希望后,给予了姑息治疗,患者临终前几小时内仍能与家人交流。医学技术领域的每一次失败都是人类迈向前进的重要尝试。此次猪心脏的移植虽然最终还是失败了，但仍然向人们展示了用异种器官移植缓解人类供体器官短缺的美好前景。

我国器官移植技术则开始于 20 世纪 60 年代，虽起步较晚但发展迅速。目前我国已开展了数十种临床同种异体器官或组织移植，包括肾、肝、心、肺、小肠，以及脑肾联合、肝肾联合、心肺联合等多器官移植，并在胚胎器官移植、脾移植、胰岛移植等方面形成了我国自己的特色或优势。自 2010 年启动公民逝世后器官捐献试点工作起，我国死亡器官捐献量逐步增加，已成为全球器官捐献和移植第二大国。器官移植年手术量占全球年总量的比例也从 2015 年的 7.9%（10 057 例）增加至 2019 年的 12.6%（19 462 例）。据中国人体器官捐献管理中心数据显示，截至 2024 年 2 月 4 日，我国人体器官捐献系统共完成器官捐献 50 723 例，捐献器官 155 725 个。但这个数字还远远不能满足患者的移植需求。随着外科技术、药理学、免疫学、遗传学和基因工程技术的发展，我国器官捐献与移植的事业必将进一步发展壮大。

## 第二节　人体器官移植的伦理问题

### 一、移植技术的伦理问题

由于涉及人和人的组织、器官，人体器官移植技术不可避免地要受到伦理的考量。总体来看，人体器官移植技术是能够得到伦理的支持和肯定的。首先，人体器官移植符合伦理学"善"的标准。"善"和"恶"是伦理学最基本的范畴。器官移植技术被创造和应用的目的是挽救患者生命，减轻患者痛苦，延长人类生存时间，其目标本身就是"善"的。该技术被广泛应用后，无数本来病入膏肓的患者因此获得了新生，许多曾经是不可战胜的疾病患者重新看到了希望的曙光。无论是作为目的还是手段，这种技术都符合人类整体利益，符合"善"的要求，是一种应该得到伦理认可的行为。

其次，人体器官移植弘扬了伦理学中"利他"的要求。虽然许多哲学家不赞成将"利他"定义为"绝对善"，"利己"定义为"绝对恶"，但"利他"仍然是社会伦理中大力推崇和褒扬的行为。人体器官移植时，必须由供体将器官自愿捐献给受体，使受体恢复健康，这是一种利他行为。且除了极少数国家允许有偿捐献外，绝大多数国家都要求无偿捐献。因此，能够捐献器官的人，需要有一种大爱无疆的情怀，一种奉献自己拯救他人的利他精神。这种"利他"被认为是人类生命的互助，是"利他主义"善行的最高体现。

但人体器官移植技术也存在着伦理的争议。当前，患者接受器官移植后往往需要终身服用免疫抑制剂。这带来两个问题：一是可能会降低患者的免疫功能，导致其易被细菌和病毒感染；二是极大地增加了患者的经济负担。人体器官移植的费用远高于一般医疗技术。整个移植手术过程中，从检查、手术到术后的抗排斥，每个环节都要花费大量的金钱。而器官移植手术的研究开发费用非常高，国家为此投入了大量的人力和财力。因此有人提出了疑问：为了一种只有部分人得益的技术，投入如此高的成本，是否公平？而且，器官移植不是每例都能成功的，失败的案例也不少。每次医务人员向待移植患者和家属进行移植前告知时，都会说"不能保证手术一定成功"。患者花费了高昂的费用，面对的却是一个充满风险的结果，又是否符合医学伦理学中的"有利"和"不伤害"原则呢？这些问题都值得深思。

### 二、器官来源的伦理问题

当前，人体器官移植中所供移植的器官来源有遗体器官、活体器官、异种器官以及利用 3D 生物打印和组织工程等技术生产的人造器官等类型。每种来源都有相关的伦理问题值得探讨。

### (一) 遗体器官

一个人在死亡后,器官捐献出来用于救治他人,在道德上是一种高尚的利他行为,因此,遗体器官用于移植,是伦理上争议较少的一种器官来源方式,也是器官移植的主要发展方向。但捐献器官数量不足一直是困扰遗体器官捐献的首要问题。我国遗体器官移植的来源一直不充足。2010 年 3 月,中国红十字总会和卫生部开始在全国试点开展人体器官捐献试点工作,建立中国人体器官捐献体系。2010 年 12 月,卫生部印发了《中国人体器官分配与共享基本原则和肝脏与肾脏移植核心政策》,对我国人体器官分配与共享的基本原则、肝脏分配与共享核心政策、肾脏分配与共享核心政策进行了规定。2013 年 7 月,我国人体器官分配与共享系统正式上线运行。同年 8 月,国家卫生计生委发布《人体捐献器官获取与分配管理规定(试行)》,对我国人体器官获取组织(Organ Procurement Organizations,OPO)的组织机构及工作流程进行了规定,人体器官分配与共享系统在全国被强制使用。

经过多年的器官移植实践和舆论的大力宣传,我国公民逝世后器官捐献总体向好。2021 年《中国器官移植发展报告》显示:2021 年,中国完成公民逝世后器官捐献 5 272 例、器官移植手术 19 326 例;每百万人口器官捐献率(PMP)从 2015 年的 2.01 上升至 2021 年的 3.73。但这个数字与我国每年仍有大量患者需要移植的需求相比仍然有巨大的差距。器官捐献数量不足的问题,不仅在我国存在,也是一个世界性的难题。

根据中华医学会器官移植学分会发布的《中国公民逝世后器官捐献流程和规范(2019 版)》(以下简称《流程与规范》)的相关内容,我国公民逝世后器官捐献的流程主要包括信息的登记、捐献的评估与确认、器官的获取及分配,后续包括遗体、人道救助、相关文书归档等 8 个环节。从目前实施的情况看,器官捐献环节仍然在以下几个方面存在伦理问题。

**1. 是否真正能体现捐献者意愿**　根据《流程与规范》,公民可在户籍所在地、居住地或住院地的人体器官捐献办公室、登记站或器官捐献网站完成器官捐献登记手续。但从目前的实际情况来看,我国完成器官捐献的案例中生前自愿登记捐献较少,95% 以上的捐献主要由人体器官捐献协调员主动挖掘和协调促成。大量捐献者均是由外伤或疾病导致了不可逆的脑损伤或脑死亡的公民,其生前并未表达不同意捐献器官的意愿,由其近亲属(包括配偶、成年子女、父母)向所属地的 OPO 表达同意捐献器官的意愿,来进行公民逝世后的器官捐献。虽然法律上推定近亲属可以代替患者表达意愿,但这种表达的背后,无法避免地掺杂着如果继续治疗的话,近亲属必须承担的巨大经济压力,以及在捐献器官后可以获取一定经济救助等多种因素。患者的真实意愿是否被体现存在疑问。在实践中还有另外一种情形:丧失自主意识的患者没有我国《人体器官移植条例》规定的可以代替其表达意愿的配偶、成年子女或父母,而是由其兄弟姐妹表达捐献意愿。一些器官移植伦理委员会也认可这种捐献。这种与法律规定不相符合的捐献是否合法存在疑问,而且兄弟姐妹属于旁系血亲,捐献意愿中有多大原因是经济因素,体现了患者多少的真实意愿,就更值得商榷了。

**2. 脑死亡作为死亡标准的问题**　《流程与规范》中,将器官捐献获取流程分为三类:脑死亡状态(C-Ⅰ)、心死亡状态(C-Ⅱ)、脑-心双死亡(C-Ⅲ)状态。国家卫健委脑损伤质控评价中心推出了《脑死亡判定标准与技术规范》,并在全国开展了脑死亡判定质控合格医院的评定。要求有脑死亡判定所需仪器设备(诱发电位、脑电图仪和经颅多普勒仪),院内一定数量的医生有脑死亡培训和判断资质证书,医院方能取得合格证书。

从器官捐献的质量而言,脑死亡器官捐献优于心死亡器官捐献。但实践中大部分捐献案例还是心死亡捐献,这说明脑死亡在我国尚未被大众及社会认可,接受脑死亡对患者家属来说是一种死亡观、生命观的巨大转变。有人甚至认为这完全是为了增加可移植器官的供应量而人为规定的死亡标准,是一种基于仍然活着的健康人群利益考虑的纯功利主义做法,被宣告脑死亡的人实际上并没有走完其生命的历程,但为了仍然活着的人的利益被人为提前终止生命,这种做法存在伦理上的瑕疵。

**3. 器官捐献获取流程中医师职责问题**    在器官捐献获取流程中,有三种人员是必不可少的。一是由外伤或疾病导致不可逆脑损伤或脑死亡患者的主管医师。他们发现潜在器官捐献者后,征询直系亲属是否有器官捐献意愿并向对应的 OPO 报告;告知家属患者的病情和状态,征求终止治疗意见;在确认捐献后适时宣布患者死亡。二是具有脑死亡判定资质的专家,负责判定患者是否已经脑死亡。三是 OPO 的人体器官移植协调员,负责征询确认患者家属捐献意愿,评估意愿的真实性和可行性,协助亲属办理器官捐献相关手续,见证器官捐献,并将捐献信息录入中国人体器官捐献登记管理系统。前两类人员都属于医师。其中主管医师的职责是救治患者,但发现潜在器官捐献者时,要初步询问患者家属是否有捐献意愿。如果患者家属要进行器官捐献,将先于传统的自然死亡时间撤除呼吸机,拔除气管插管,停用升压药物,并宣布患者死亡。这些似乎都和医师应该"不惜代价抢救患者生命"的认知不相一致,极易引起患者家属反感和误解。因此,主管医师对家属的询问只能是在分析判断家属可能有捐献意愿后初步告知,对器官捐献不能过多参与。在心死亡器官捐献中,即使家属已经确认捐献,在撤除生命维持设备后,如果发现 60 分钟内患者的心跳未停止,必须将患者转回重症监护室。从事人体器官获取和移植的医师必须严格和抢救与宣布死亡的过程分离,不能参与其中。

具有脑死亡判定资质的专家在履职中也存在利益冲突。与心死亡只需要判断心跳、呼吸均停止相比,脑死亡属于专业的判断,需要专业人员用专业仪器在严格程序下完成。目前全国符合要求取得"脑死亡判定质控合格医院"证书的医院仅有 50 多家,而且基本都设有 OPO。这些医院之所以申请脑死亡判定资格,很大程度上就是为了更好地开展器官移植。没有脑死亡判定资格的医院,聘请的脑死亡判定专家也是来自对应的设有 OPO 的医院。如何避免在大众无判断权的情况下,对死亡的专业判定被器官捐献的潜在利益所引导,是必须严格规范的问题。

### (二) 活体器官

由于遗体器官捐献数量不足,活体器官成为重要的移植器官来源。相对于遗体器官移植,活体器官移植手术准备时间充分,所摘取的活体器官离体缺血时间短、组织配型情况好、器官质量高,总体受体排斥反应发生率低,无论是受体生存率还是生存时间均有优势。但因为是在活人身上实施,所以存在着更激烈的伦理争议。

**1. 对供者的伤害**    活体器官捐献是以移植健康人的部分器官和组织为代价挽救另一条生命,这种捐献本身对供体就是一种伤害。虽然医务人员在实施手术的过程中努力将风险降低到最小程度,但供体由于器官捐献而导致的并发症还是屡有发生。这种损害健康人身心利益的做法本来是和医学伦理的"不伤害"原则相违背的,仅仅因为损害的目的是拯救另一条生命,从功利主义的立场来考量,收益大于风险,才获得了伦理上的辩护。但这种收益除了生命本身的价值外,还必须包含活体器官供体自身由捐献带来的不含经济因素的伦理利益。因此,我国最新的器官移植法规将活体器官的供体和受体严格限定于配偶、直系血亲和三代以内旁系血亲,删除了养父母子女、继父母子女等因帮扶形成的亲情关系的规定。一般说来,只有因血缘和家庭而产生的联结,才会产生强大的非经济"利他"伦理利益,从而确保活体器官捐献的收益大于风险。即使如此,这种以伤害健康人为代价换取患者健康的行为始终是不得已的。2015 年,我国公民逝世后器官捐献量还与亲属间活体捐献量相当,到 2019 年前者已经远超后者,甚至是两倍左右。可以看出,当遗体器官捐献的数量逐步增加后,活体器官移植的减少是必然趋势。

**2. 个人自愿与家庭自愿的冲突**    《人体器官捐献和移植条例》与原卫生部《关于规范活体器官移植若干规定》(以下简称《若干规定》)均明确界定了器官捐献应该遵循自愿、无偿原则。按照法律规定和伦理阐释,自愿的内涵应当是"每一个人自主决定自己责任的自由",指每个人可以按照自己的意愿依法行使权利,不受干涉。但《若干规定》又要求活体器官捐献还要同时取得捐献人配偶、有完全民事行为能力的父母、成年子女的书面同意,说明此问题上的个人自愿并不完整,家庭自愿也介入其中。这种将个人自愿与家庭自愿作为共同要件的规定,我国法律法规仅此一处。作出这种规定可以解释为活体器官移植本身是发生在家庭成员之间的互助行为。器官捐献者捐献器官后,身体健康状况将受到影响,其他家庭成员基于家庭关系对其帮助与扶持义务将会增加,因此必须事先取得他们同意,否则可能会使捐献人失去家庭的帮助。我们可以设想,当捐献人愿意捐献器官时,家庭成员出于经济因素可能会不同意。当捐献人不愿意捐献器官时,家庭成员如果都同意,来自各方的压力可能会使捐献人无法表达自己真正的愿望,为了迎合家庭的利益被迫作出牺牲。这两种可能性都会使捐献人"自愿"的权利受到损害。

### (三) 异种器官移植

异种器官移植首先要关注的是移植安全问题。与人体器官移植不同,异种动物之间的免疫排斥问题更为复杂,接受异种器官的人体风险更大。而且异种移植可能会把动物身上的疾病传递给人类,甚至诱发新的病毒。人类对动物病毒的感染没有免疫能力,一旦暴发,后果不堪设想。其次是人与动物关系问题。用于异种器官移植试验最多的是黑猩猩、狒狒和猴子,它们是灵长类,属于人类近亲。摘取这类动物的器官用于试验遭到动物保护组织的反对。为了避免争议,现在的异种移植试验大量采用猪作为实验对象。

前述美国马里兰大学猪心脏移植案例中,虽然器官供体猪在出生前曾接受过 10 处特异性基因改造,包括敲除 3 处可能引起免疫排斥的基因,插入 6 处防止血液在心脏凝结的人类基因,以及敲除 1 处过度生长基因,但研究者在患者去世后,仍然在移植的猪心脏中检测到猪巨细胞病毒,并认为该病毒感染是导致患者死亡的原因。但该项手术仍是世界医学史上心脏异种移植领域的一项里程碑。

### (四) 人造器官

人造器官目前主要有三种:一是完全用没有生物活性的高分子材料仿造机械性人造器官,并借助电池作为器官的动力;二是将电子技术与生物技术结合起来的半机械性半生物性人造器官;三是利用动物身上的细胞或组织制造的生物性人造器官,目前应用较多的是以 3D 生物打印人体器官为代表的组织工程器官。人造器官移植的伦理难题首先来自于种子细胞。目前种子细胞的来源有四个方面:异种细胞、同种异体细胞、自体细胞及干细胞。其中异种细胞的伦理问题与异种器官移植有相同之处,而自体细胞伦理问题较少;易产生伦理问题的主要是同种异体细胞及干细胞。这两种种子细胞都主要利用终止妊娠的人类胚胎提取。我国科技部和原卫生部联合下发了 12 条《人胚胎干细胞研究伦理指导原则》,明确了人胚胎干细胞的来源定义、获得方式、研究行为规范等,要求进行人胚胎干细胞研究,必须认真贯彻知情同意与知情选择原则,签署知情同意书,保护受试者的隐私。其次是人造器官是否可以作为器官移植的合法供体问题。目前用于器官移植的供体限于真正的人体器官,而人造器官并非真正的人体器官,其是否可以作为器官移植的供体没有得到法律的确认。第三是人造器官的定性问题。如果将人造器官定位为生物制品或生物材料,是否可以如同其他生物制品一样进行研发、制造、交易、使用,还是像人体器官一样进行限制,都是需要界定的问题。由于这一领域的研究目前尚未制定出成熟的政策法规,需要管理部门与科学家紧密结合,制定出既有利于患者,又能促进科技发展的产品标准和伦理、法律规范,促进我国人造器官的研究更好地发展。

## 三、器官分配的伦理问题

器官分配最大的伦理矛盾就在于捐献的器官数量远远不能满足待移植患者的需求。以 2019 年为例,全年中国公民逝世后器官捐献 5 818 例,器官移植手术 19 454 例。但截至 2019 年底,全国仍有 47 382 人等待肾移植、4 763 人等待肝移植。心脏、肺脏分配系统于 2018 年 10 月 22 日启用后,至 2019 年底,仍有 338 人等待心脏移植,89 人等待肺脏移植。捐献器官是稀缺的资源,如何分配给患者进行移植,分配的标准是什么,怎样才能做到公平公正,是非常重要的伦理问题。

医学标准是器官分配的首要标准。医学标准的内容包括受体的年龄、健康状况、疾病状况、免疫

NOTES

相容性等因素。当一个可供移植的器官出现时,应该移植给最迫切地需要它、适合接受它、让它能发挥效能的患者,这是器官分配的基本前提。医学标准很多都可以量化,因此在伦理上争议较小。但单凭医学标准是无法实现器官的分配的,需要考虑社会标准。这类标准的内容就要复杂得多,地理位置远近、等待时间长短、受体及近亲属是否有过捐献历史和受体自身情况等都可以纳入社会标准的考量范围。社会标准是医学伦理学要讨论的重点内容。

2013 年 7 月,我国人体器官分配与共享计算机系统(China Organ Transplant Response System, COTRS)正式上线运行,在全国强制使用。具有器官移植资质的医院,必须通过该系统进行捐献器官的获得和分配。继 2013 年发布了《人体捐献器官获取与分配管理规定(试行)》后,国家卫健委又于 2018 年发布了《中国人体器官分配与共享基本原则和核心政策》(以下简称《原则和政策》),对捐献器官的分配与共享进行了规定。

从《原则和政策》的内容来看,分配与共享的标准主要为以下几个方面。

(1)医疗紧急度。肾脏、肝脏、心脏与肺脏的分配与共享均在系统中设置了移植等待者医疗紧急度评分。等待者列入等待名单后,分配系统根据特定临床数据自动计算出一个反映器官移植等待者当前病情的分值。医疗紧急度评分具有时效性,随着特定临床数据的变化而变化。移植医院应当在移植等待者病情变化或医疗紧急度评分有效期满前,及时更新相关医学数据。符合超紧急状态的肝移植等待者和符合紧急状态的心脏移植等待者在全国分配层级优先分配。

(2)地理因素。地理因素也是判断分配与共享的一项重要标准。以肝脏移植为例,《原则和政策》中规定,按照器官捐献者与肝脏移植等待者的相对地理位置进行器官匹配。分为移植医院、组建联合 OPO 的移植医院、省(区、市)和全国四个层级的移植等待者名单逐级扩大分配区域,直到匹配到合适的等待者。

(3)等待时间。在同一分配层级内、医疗紧急度或其他匹配因素相同的移植等待者,等待时间较长的优先获得器官分配。

(4)年龄因素。肾脏分配时,因肾脏疾病和透析治疗对少年儿童正常的生长发育带来严重的不良影响,应当尽早进行肾移植手术,所以给予小于 18 岁的肾移植等待者优先权。12 岁以下的儿童捐献者的肝脏将优先分配给 12 岁以下的儿童肝移植等待者。小于 18 岁的捐献者捐献的心脏、肺脏也将优先分配给小于 18 岁的等待者。

(5)等待者个人情况。为鼓励公民逝世后器官捐献,同一分配层级内如果等待者的直系亲属、配偶、三代以内旁系血亲在逝世后曾经捐献器官的,或等待者本人登记成为中国人体器官捐献志愿者 3 年以上的,在排序时将获得优先权。另外等待者如果本人曾经进行过活体肝脏、肾脏捐献,在需要分配相应器官时,也将获得排序优先。

(6)其他医疗因素。如为了提高肾移植术后生存率,给予抗原无错配或人类白细胞抗原(HLA)配型匹配度较高的肾移植等待者一定的优先权;肝移植等待者与器官捐献者的 ABO 血型应当相同或相容。对于与器官捐献者 ABO 血型不相容的肝脏匹配,仅限于超紧急状态或 MELD/PELD 评分≥30 分的肝移植等待者;心脏、肺脏应优先分配给与捐献者 ABO 血型相同的等待者,其次是 ABO 血型相容的等待者等。

从以上几方面可以看出,整个分配与共享规则的基本原则是避免器官的浪费,提高器官分配效率,在确保尽量降低等待者死亡率的前提下,优化器官与等待者的匹配质量,提高移植受者的术后生存率和生存质量。同时保证器官分配与共享的公平性,减少生理、病理和地理上的差异造成器官分布不均的情况,并鼓励公民逝世后器官捐献,以促进我国器官移植事业的发展。纳入分配系统的均是符合公众认可的一般伦理规则,也是可以量化评判的标准,在系统中按照一定的计算方法为移植等待者评分。除儿童和青少年优先外,等待者的地位作用、社会价值及余年寿命等带有主观色彩的标准没有进入计算系统。

从现行规则来看,我国捐献器官的分配与共享基本做到了公平公正,几年来器官捐献者的数量和接受器官移植手术的人数都在不断增长。在符合医学标准的前提下,如果捐献者生前对捐献对象有过明确的指示,应该尊重其意愿。还有一些标准是否需要纳入在伦理上也存在争议,如受体的合格性问题。如果患者的疾病是由之前的一些可归咎行为,如酗酒、吸烟等引起,是否应该将其排除在接受器官的名单之外,以便让那些真正因为疾病而需要器官的人获得器官?

关于非本国公民能否允许得到器官的问题,在全世界范围都存在。2007 年 6 月,卫生部办公厅发布的《关于境外人员申请人体器官移植有关问题的通知》中明确规定:"外国居民申请到我国实施人体器官移植的,医疗机构必须向所在省级卫生行政部门报告,经省级卫生行政部门审核并报我部后,根据回复意见实施。"美国则是限制非本国公民获得美国器官的患者数量不能超过整个移植项目患者的 10%。欧盟国家内部则是患者可以自由流动。每个国家因文化背景和社会传统不同,在这些问题上的规定不一而足。我们必须结合本国实际情况制定完善器官分配规则,保证器官分配尽可能地公平。

## 第三节　人体器官移植的伦理原则

### 一、人体器官移植现行国际伦理规范

自从器官移植技术问世以来,世界卫生组织、相关学会和各国都陆续制定了器官移植伦理和法律规范。其中影响最大的是世界卫生组织的器官移植指导原则。

早在1991年,世界卫生大会就以 WHA44.25 号决议批准了世界卫生组织人体器官移植指导原则。2008 年,WHO 在"继续审查和收集全球关于同种异基因性移植的做法、安全性、质量、有效性和流行性的数据,以及伦理问题的数据,包括活体捐献"的基础上,更新了人体器官移植指导原则,并于 2010 年 5 月第 63 届世界卫生大会上在 WHA63.22 号决议中批准了《世界卫生组织人体细胞、组织和器官移植指导原则》(以下简称"指导原则"),由 11 个部分的内容组成。

指导原则 1 为摘取器官的许可方式。《指导原则》将"明确同意"和"推定同意"都视为合法的方式,认为采取哪一种方式要取决于每个国家的社会、医学和文化传统,由国家当局负责定义根据国际伦理标准获得和记录细胞、组织和器官捐献的同意意见的程序、本国器官获得的组织方式。

指导原则 2 规定了医生的回避。"确定潜在捐献人死亡的医生,不应直接参与从捐献人身上摘取细胞、组织或器官,或参与随后的移植步骤;这些医生也不应负责照料此捐献人的细胞、组织和器官的任何预期接受人",目的是避免由此引起的利益冲突。

指导原则 3 是对活体捐献的规定。要求活体捐献人一般应与接受人在基因、法律或情感上有关系。活体捐献必须在真实和充分知情抉择的前提下进行。

指导原则 4 规定对未成年人器官的摘取。整体上禁止以移植为目的摘取法定未成年人的细胞、组织或器官。能许可的主要例外是家庭成员间捐献可再生细胞(在不能找到具有相同治疗效果的成人捐献人的情况下)和同卵双胞胎之间的肾移植(当避免免疫抑制可对接受人有足够的好处,而且没有可在未来对捐献人产生不利影响的遗传病时,方可作为例外)。但在任何可能情况下都应在捐献前获得未成年人的同意。且对未成年人适用的内容也同样适用于没有法定能力者。

指导原则 5 是对器官买卖的禁止性规定。规定器官只可自由捐献,禁止买卖,但不排除补偿捐献人产生的合理和可证实的费用,包括收入损失,或支付获取、处理、保存和提供用于移植的人体细胞、组织或器官的费用。

指导原则 6 规定了禁止通过商业性的方式征求器官。可以依据国内法规,通过广告或公开呼吁的方法鼓励人体细胞、组织或器官的无私捐献,但禁止对细胞、组织或器官的商业性征求。这种商业

NOTES

性征求包括为细胞、组织或器官向个人、死者近亲或其他拥有者(如殡仪员)付款。该原则的对象既包括直接的购买者,也包括代理商和其他中间人。

指导原则7规定了对商业性方式获得器官的进一步限制。如果用于移植的细胞、组织或器官是通过剥削或强迫,或向捐献人或死者近亲付款获得的,医生和其他卫生专业人员应不履行移植程序,健康保险机构和其他支付者应不承担这一程序的费用。

指导原则8加强了指导原则5和7的规定。禁止所有参与细胞、组织或器官获取和移植程序的卫生保健机构和专业人员在细胞、组织和器官的获取和移植中牟取利益,不能接受超过所提供服务的正当费用额度的任何额外款项。

指导原则9规定了器官的分配问题。在捐献率不能满足临床需求的地方,分配标准应在国家或次区域层面由包括相关医学专科专家、生物伦理学专家和公共卫生专家组成的委员会界定,确保分配活动不仅考虑到了医疗因素,同时也顾及了社区价值和普遍伦理准则。分配细胞、组织和器官的标准应符合人权,特别是不应以接受人的性别、种族、宗教或经济状况为基准。且移植和后续费用,包括适用的免疫抑制治疗,应使所有的相关患者能够承受得起。也就是说,任何接受人都不会仅仅因为钱财原因被排除在外,且分配应该公平,对外有正当理由并且透明。

指导原则10是对移植程序的规定。要使细胞、组织器官移植的效果达到最佳,需要具有一个以规则为基础的程序。该程序贯穿从捐献人选择到长期随访过程中的临床干预和间接体内法步骤。在国家卫生当局的监督下,移植规划应监测捐献人和接受人,以确保他们获得适宜的保健,包括监测负责其保健的移植队伍方面的信息。评价长期风险和获益方面的信息,对于获得同意的过程和充分平衡捐献人以及接受人的利益都极为重要。对捐献人和接受人带来的益处一定要大于捐献和移植引起的相关风险。在临床上没有治疗希望的情况下,不可允许捐献人进行捐献。

指导原则11是对移植透明性的规定。要求组织和实施捐献和移植活动以及捐献和移植的临床后果,必须透明并可随时接受调查,同时保证始终保护捐献人和接受人的匿名身份及隐私。

WHO作为一个国际组织,它所制订的规则对于加入组织的成员国具有普遍指导意义,但并不具有强制性。因此,WHO的"指导原则"内容虽然全面,但比较宏观,许多地方都是以"由国家和当局具体定义"来指代,将具体的规则制定权交给了器官移植地的立法机构。但"指导原则"的内容代表着世界上大多数国家对器官移植规则的集体认可,对各国器官移植规则的制定仍然具有较强的指导意义。

除WHO的《指导原则》外,国际移植学会1986年发布的针对活体肾脏捐献和遗体器官分配的伦理准则,国际移植学会与国际肾病学会2008年发布的《伊斯坦布尔宣言》所界定的针对器官移植旅游、器官移植交易、器官移植商业化的十三项伦理原则,以及美国等器官移植技术发达国家所制定的器官移植准则,都是在国际上影响比较大的伦理法律规范。

## 二、我国人体器官移植的伦理原则

综合我国器官移植的法规政策,参考人体器官移植的国际伦理规范,我国医务人员在开展器官移植时应该遵守以下伦理原则。

### (一)患者利益至上原则

患者利益至上原则要求在人体器官移植技术的应用中,必须把是否符合患者利益作为医师行为伦理评价的第一标准。换句话说,只有医师的行为能够增进患者利益,才可以获得伦理辩护。

就当前医学发展水平来说,器官移植对患者仍然是一种风险过大的治疗方法。器官移植的成功率、预后状况、经济代价、对患者机体的损伤等方面都还没有达到理想状态,一些器官移植尚具有人体试验性质,手术痛苦大,患者存活率低。器官移植技术领域存在着"发展、掌握人体器官移植医学技术"与"救治、维护患者健康利益"之间的伦理矛盾,容易出现医疗机构及其医务人员重视技术发展、轻视患者利益的情况。患者利益至上原则要求在两者矛盾的处理中,把患者的健康利益放在首位,绝对不能以发展、掌握人体器官移植医学技术为借口,让患者承担不适当的风险、遭受不必要的损害。

### (二) 知情同意原则

在医学领域,知情同意原则意味着医师必须作出充分信息披露以便使具备表意能力的患者在充分理解的基础上自愿地就某种医疗方案、医疗行为和医疗措施做出是否同意的决定。具体到器官移植技术,该原则要求必须让器官的供体、受体及其家属知晓(医师应该披露)关于将要实施的器官摘取或器官移植手术的相关事实与风险信息,并获得关于手术的书面同意。

具体来讲,对于受体及其家属,知情的内容至少应包括:患者病情的严重程度;包括器官移植在内的所有可能的治疗方案;器官移植的必要性;器官移植的程序;器官移植的预后状况(包括可能的危险和死亡率情况);对并发症和排斥反应的预防和改进措施;需要终身随访和器官移植以及服用免疫抑制剂的费用等。同时告知受体有选择接受与不接受器官,及选择器官来源的权利。对于受体的选择,医方必须完全尊重和接受。

活体捐献者必须被告知有关器官摘除手术的目的、性质、结果和风险的信息,如摘取器官对供者的健康影响、器官摘取手术的风险、术后注意事项、可能发生的并发症及其预防措施等。同时,他们还必须被告知法律所规定的给予他们的权利和保障。他们尤其需要知道自己有权利从有经验的健康专家那里获得独立的关于此行为风险的建议,这些专家并不参与器官或组织的摘除和移植工作。

特别需要注意的是,在器官移植中,手术的知情同意必须采取书面形式,即签署知情同意书。

### (三) 保密原则

保密原则即医师应该尊重供体和受体的隐私权。所谓“隐私”是指个人生活中不愿为他人所知晓的秘密。“隐私权”则是指自然人享有的对自己的生活秘密进行支配并排除他人干涉的权利。而“患者的隐私”是指患者在医疗活动中因医学需要而被医方合法获悉,但不得非法泄露的个人秘密,包括患者的病情、病史、身体秘密等。

在器官移植中,该原则要求从事人体器官移植的医务人员应当对人体器官供体、受体和器官等待者的个人资料和数据信息保密。这种保密,一方面包括对社会和他人保密,如摘取了供者的何种器官、移植给谁,以及受者接受了什么器官、健康状况如何等;另一方面,在遗体器官捐献中要坚持“匿名捐献”,即不可向受体透露器官捐献者及其亲属的个人信息,同时也不能向捐献方透露受体的信息。也就是说,要在供者与受者之间尽量保持“互盲”。对于活体器官捐献来说,患者家属的医学检查结果应该作为保密信息,尤其当配型合适而家属不愿意捐献器官时。

同时,需要注意的是,医师应给予患者合理保障义务高于医生保障隐私权的义务。当两种义务出现冲突时,医师的合理保障义务是优先的。移植系统必须保证器官和组织捐献与移植的可追踪性信息的收集和记录,以排除器官移植造成的从捐献者到受体的疾病传播风险和保存或运输资源(器官)过程中器官被污染的风险。

### (四) 禁止商业化原则

器官移植中禁止器官商业化的原则体现在:任何组织或者个人不得以任何形式买卖人体器官,不得从事与买卖人体器官有关的活动。从事人体器官移植的医疗机构实施人体器官移植手术时,除向接受方收取摘取和植入人体器官发生的手术费、药费、检验费、医用耗材费及保存和运送人体器官的费用以外,不得收取或者变相收取其他费用。

### (五) 尊重和保护供体原则

在器官移植中,供体和受体应得到平等的尊重和保护。之所以提出此原则,是由于在人体器官移植中,人们的注意力更多地集中在器官的受体身上,很容易忽视器官供体的利益。但器官移植手术能否成功,供体器官是否合适十分关键。不管是遗体器官供体还是活体器官供体,都做出了很大的贡献,应该受到尊重和得到保护。知情同意是对供体的尊重与保护最重要的手段,除此之外,还有一些特殊的方面。

第一，对捐献者的遗体应该尊重。同意死亡之后捐献器官用于移植的捐献者，理应得到整个社会的尊重。医师更应当尊重死者的尊严，在摘取器官时，态度应严肃认真，内心应充满对死者的敬意；摘取器官时不能有不必要的伤害；不能有侮辱性的动作；对于摘取器官完毕的遗体，应当进行符合伦理原则的医学处理，除用于移植的器官以外，应当恢复遗体原貌；同时，对离体器官的处置必须符合公序良俗的要求。

第二，在遗体器官捐献中，除非捐献人已经依法确认死亡，否则不能从其身上摘取任何器官或组织。这是遗体器官捐献的底线原则。

第三，在遗体器官捐献中，我们应该坚持"患者与捐献人分开原则"，如照护捐献者、摘取与使用器官或照护受体的医务人员应该是不同的。同时，医师必须坚持患者利益至上，不能因器官移植的需要而对可能的捐献者放松执行合法、合理的医疗标准。尤其是医务人员应采用通行的受到社会认可的死亡标准，不能因为急于获得移植器官而过早摘取器官。

第四，对于活体器官供者，除了应予以尊重外，还要给予必要的保护，促其伤口早日愈合，恢复健康。特别是捐献器官不同于一般的手术，器官的残缺一般会意味着生命质量的下降，活体器官供者是做出了很大牺牲的，所以要精心护理，尽量使其恢复原有的健康水平。

第五，只有当没有获得合适的遗体捐献器官，并且没有其他可选择的具有相似疗效的治疗方案时，才可以从活体器官捐献者身上摘取器官。

### （六）伦理审查原则

伦理审查原则是指器官移植必须接受伦理委员会的审查，并在伦理审查通过后方可实施。我国对人体器官移植伦理委员会的组成要求为：它应由医学、法学、伦理学等方面专家组成；该委员会中从事人体器官移植的医学专家不超过委员人数的 1/4。

伦理审查原则是一个程序原则。这一原则要求每一例器官移植及器官摘取都应在术前接受伦理委员会的审查。移植医师应该在术前按照规定的时间向伦理委员会提交关于进行器官摘取手术或器官移植手术的申请；伦理委员会在接到申请后应该按照规定的时间和程序开展独立的审查工作，并按照公认的伦理原则决定是否允许手术。

我国《人体器官捐献和移植条例》规定了人体器官移植伦理委员会对"人体器官捐献人的捐献意愿是否真实""有无买卖或者变相买卖人体器官的情形""人体器官的配型和接受人的适应证是否符合伦理原则和人体器官移植技术管理规范"等事项进行审查，最终保证人体器官移植的公平、公正。

### （七）器官分配公平原则

人体器官是稀缺的医疗资源，器官分配公平公正与否不仅影响着人们对器官移植技术的信任度，也直接反映并影响着社会公平和社会稳定。公平公正即同样的患者要被同样对待。在器官分配中，政府需要建立全国统一的器官捐献的登记、联网、查询、信息共享系统和全国统一的器官分配系统，同时，还要设计并强制执行合理的器官分配规则。

2010 年以前的很长一段时间，我国由于缺少全国性器官移植登记、分配的协调管理机构，没有器官供应与分配的网络体系，器官的获得和分配各自为政，既导致了低效，也造成不公。目前，我国的人体器官移植共享系统已经运行，良好的器官分配与共享体系初步构建，公平公正得到基本保证。从我国器官移植制度的发展历程可以看到，完备的人体器官移植法律体系与伦理原则体系是实现公平与公正的制度保证；增加器官供给渠道和保证接受者能承担手术等有关费用是实现公平与公正的关键环节；一定程度的公开和监督是实现人体器官移植公平公正的程序保证；建立人体器官移植工作体系是实现公平与公正的组织保证。只有不断地进行制度建设并完善，器官分配的公平公正才能得到真正的保证。

（张　珊）

【复习思考题】

1. 试分析遗体器官的来源存在哪些方面的伦理冲突。
2. 器官的分配与共享应遵守哪些伦理原则和要求?

NOTES

# 第十三章

# 前沿医学技术伦理

## 学习要点

1. 基因技术在医疗健康领域应用的伦理争议及对策。
2. 干细胞技术的伦理争议及对策。
3. 医疗人工智能应用的伦理争议及对策。

人类进入 21 世纪,基因技术、干细胞技术和医疗人工智能技术等前沿医学技术的发展正在深刻地影响着人们的生活,同时也带来了全新的社会伦理问题。这些前沿医学技术尚处于发展的初期,存在安全风险,技术运用的收益是否大于伤害? 同时,这些前沿医学技术的应用是否违背人的自主性,进而损害人的尊严? 是否会加剧稀缺医疗资源的分配不公,进而损害社会的公平正义? 这些问题都是伦理争论的热点。

## 第一节 基因技术伦理

### 一、基因技术概述

#### (一) 基因技术的概念

基因(gene)是指携带有遗传信息的 DNA 序列,是控制生物性状的基本遗传单位。基因通过指导蛋白质的合成来表达自己所携带的遗传信息,从而控制生物个体的性状表现。人类对基因的认识是不断发展的。19 世纪 60 年代,遗传学家孟德尔提出生物的性状是由遗传因子控制的观点。20 世纪初期,遗传学家摩尔根通过果蝇的遗传实验,发现基因存在于染色体上,并且在染色体上是呈线性排列。20 世纪 50 年代,生物学家沃森和克里克发现了 DNA 分子的双螺旋结构,开启了分子生物学的大门,奠定了基因技术的基础。到 20 世纪 70 年代,生物学家伯格利用限制性内切酶和连接酶,首次实现两种不同生物的 DNA 体外遗传重组实验,获得第一批重组 DNA 分子,标志着基因技术的诞生。所谓基因技术,就是在分子水平上对人的基因进行干预和控制的活动。基因技术的出现,使得人类可以找到与疾病相关的基因,修改甚至替代人类遗传物质,进而达到消除疾病、增进健康的目的。

#### (二) 基因技术在医疗健康领域的应用

**1. 人类基因组计划(human genome project,HGP)** 对人类基因组开展整体测序、结构分析和功能研究,从而认识基因和疾病的关系。该计划的主要任务是完成对人类 DNA 的测序,包括遗传图谱、物理图谱、序列图谱和转录图谱的测序工作。该计划的主要研究方向包括:结构基因组学研究、功能基因组学研究、医学基因组学研究、营养基因组学研究、比较基因组学研究、蛋白质组学研究、基因调控研究、生物信息学研究,以及有关基因组的伦理、法律和社会问题研究。全球性人类基因组计划于 1990 年正式启动,由美国、英国、法国、德国、日本和我国科学家共同参与,最终确定人类基因组含有 32 亿个碱基对和 3 万个基因,破译了人类全部遗传信息。截至 2003 年 4 月 14 日,人类基因组计划的测序工作已经完成。人类基因组计划开辟了基因组学的新纪元,大大促进了对基因功能的了解,揭示了生命现象的遗传学本质,把生物医学带入了基因医学的新时代,对人类和医学发展具有重要意义。有人甚至将人类基因组计划与曼哈顿原子弹计划、阿波罗登月计划并称为"三大科学计划"。

**2. 基因检测(genetic testing)**　通过测定遗传标志物,检出遗传性病理状态,或者检出能导致病理状态的遗传特征。所谓遗传标志物,是指与遗传有关的异常基因或者基因片段、异常的酶或者蛋白质等。根据基因检测目的的不同,可以将基因检测分为基因诊断(genetic diagnosis)和基因筛查(genetic screening)。基因诊断的对象是特定的个体,主要是遗传疾病的高危者,为相关主体作出合理的医疗健康决策提供必要资讯,如出生前的基因诊断可以为孕妇夫妇和医生提供有关胎儿健康情况的信息,是基因诊断的重要部分。基因筛查的对象是特定的群体,一般在没有表现出遗传疾病症状的人群中进行,目的是了解某种遗传疾病的基因携带率、发病率及其分布等,为遗传病的防治提供依据。基因诊断和基因筛查使用的技术是相同或者相似的,都是运用分子生物学技术,制备特异的 DNA 或 RNA 探针或者寡核苷酸引物,检测特定基因是否存在、缺失或者突变;二者在实施中产生的伦理问题也大体相同。

**3. 基因治疗(gene therapy)**　将人的正常基因或有治疗作用的基因通过一定方式导入需要修复或者治疗的人体靶细胞,以纠正基因的缺陷或者发挥治疗作用,从而达到治疗疾病的目的。严格意义上的基因治疗,必须满足以下四个条件:一是其作用对象是人(患者);二是所选用的物质对象为核酸;三是治疗机制在于影响基因的表达;四是对疾病相关基因应具有高度的选择性。基因治疗的实质是将具有治疗作用的基因安全、靶向地转入病变组织细胞中,因而基因转移技术是决定基因治疗成败的关键。根据基因治疗的靶细胞不同,可以把基因治疗分为体细胞基因治疗和生殖细胞基因治疗两大类。体细胞基因治疗是将特定基因转移到体细胞使之表达基因产物,由于只涉及体细胞遗传物质的改变,不存在遗传给后代的问题;生殖细胞基因治疗是将特定基因转移到生殖细胞(精子、卵细胞或早期胚胎)中并使之表达,由于转移的基因会遗传给后代,所以对相关个体和人类基因库造成持久的影响。

## 二、基因技术引发的伦理争议

### (一)人类基因研究的伦理问题

**1. 生命神圣的冲击问题**　生命神圣论认为生命是神圣不可侵犯的,具有至高无上的价值,因此,医学伦理要求必须尊重和关爱生命。虽然在当代医学中,生命神圣论需要和生命质量论、生命价值论等进行权衡,但生命神圣是医学人道主义形成和发展的重要基础,对于强化医学救死扶伤的根本宗旨具有至关重要的意义。过去,生命神圣主要是建立在生命的神秘感之上的,而人类基因研究对生命的解密,同时也解除了人对生命的神秘感,接下来就是对生命神圣感的消失。生命失去神圣感,必将侵蚀生命神圣的根基。在人类基因研究突飞猛进的今天,社会必须关注基因研究的发展进程,了解其性质、意义、影响和后果,及时确立伦理原则,以引导和规范基因研究及其成果的运用而造福人类。但现实是,与其相关的道德准则还没有同步完善起来,人们在思想上、道德上的准备是不够充分的。

**2. 遗传数据库的伦理问题**　人类遗传数据库包括与人类遗传有关的任何遗传数据和信息,包括序列、突变、等位基因、多态性单倍体、单核苷酸多态性及其他多态性等。与一般的生物医学数据不同,遗传数据和信息不仅影响个人的生命健康,而且涉及血缘亲属的健康利益。事实上,每个人的基因组中都可能含有脆弱或者异常的基因。如果这些数据和信息被披露,可能直接威胁其切身利益甚至生存空间,比如,他们可能受到来自各个方面的歧视。因此,遗传数据和信息应当被看成是一个人非常重要和基本的隐私,是一个人的生物身份证,受到隐私权法律保护。基因隐私权包括:基因信息保密的主体、基因信息知情的范围、基因信息维护的义务和基因信息支配的权利等。随着基因技术的发展,通过任何一个细胞就可以了解一个人的基因信息,进而判断这个人可能的疾病甚至是个性的倾向。遗传数据库可能侵害基因隐私权已经引起社会的广泛关注。此外,基因研究的国际化,使得发展中国家的原始遗传数据可能成为发达国家新的掠夺对象。如何为遗传数据的收集、储存、管理和使用

NOTES

制定一个国际公认的伦理准则,也是遗传数据库建设中十分重要的任务。

**3. 遗传信息的商业化问题**    资本介入人类基因研究一方面为研究注入了雄厚的资金支持,推进了人类基因研究,但另一方面也带来了人类基因研究的商业化问题,例如,一些国家批准给遗传信息资源(包括基因序列和基因数据库)授予专利。关于人类基因可否授予专利权,以及如果可以授予专利权的话,应当如何确定专利权的保护范围,同时涉及研究者、投资者和患者/受试者的利益,至今尚在讨论之中。一种意见认为,专利应当保护基因序列本身,这可以鼓励一些在基因研究方面拥有雄厚技术实力的大公司加大投资和研发力度。而科学界更加主流的意见则认为,人类基因组序列的基本遗传信息不是专利意义上的发明创造,应该免费向社会公众开放。

### (二)基因检测的伦理问题

**1. 基因检测的自主性问题**    是否自主接受基因诊断和基因筛查是基因检测中最核心的伦理问题。基因诊断的结论将对患者或受试者的生活产生广泛而深刻的影响,因此,基因诊断必须建立在遗传病患者或者高危者自主同意的基础上,遗传病患者或者高危者不接受基因检测的意愿应当受到尊重。对基因筛查而言,不仅需要取得被筛查者个体的知情同意,还需要取得社区或者群体的知情同意。因此,当某项基因筛查被纳入公共卫生计划,成为义务性的筛查时,必须进行更加严格的伦理论证。

**2. 遗传信息的保密问题**    基因检测方原则上应当向患者或受试者本人披露遗传信息,但是,考虑到遗传信息披露后,患者或受试者可能不得不面临一些重大的关于生命健康的行为抉择,进而对其构成巨大的压力,因此也应当允许患者或受试者有不知情的权利。同时,遗传信息一旦被泄露给第三方,患者或受试者本人可能面临巨大的社会危机,例如婚姻破裂、保险拒赔、社会歧视等,因此基因检测方有义务对遗传信息进行严格的保管并保守秘密。当然,由于遗传信息不仅影响患者或受试者本人的生活,还会影响其配偶和血缘亲属,所以是否可以向他们披露基因检测结果也是需要从伦理上进行讨论的问题。

**3. 基因检测的风险问题**    目前,虽然一些基因检测的可靠性比较高,但是,受到现有技术条件的限制,许多基因检测的确定性和可靠性是不够理想的。因此,对于有些基因检测结果,可能对个体的诊断并不具有很强的指导意义。如果简单地根据基因检测结果作出关于生命健康的行为决策或者生育决策,可能损害患者或受试者的利益。因此,对于基因检测也有一个风险和收益的权衡问题,需要在风险/收益分析的基础上对某项检测的必要性和可行性进行伦理学上的审查和论证。

### (三)基因治疗的伦理问题

**1. 基因治疗的有效性和安全性问题**    基因治疗的关键是确定致病基因,但问题在于,因基因与疾病之间往往不存在一对一的线性因果关系,某些致病基因可能同时又是其他疾病的抗病基因,在特定情况下对机体起着重要的保护作用。即使找到了致病基因,就目前的技术水平而言,目前还没有有效的方法来控制基因的插入位置,也没有有效的办法来控制基因的适当表达:一旦基因片段在插入时出现易位,就可能引起基因变异,对患者造成伤害;插入的基因片段在细胞基因组内能够稳定到何种程度,在新的个体内能否充分表达,进而获得产生具有相应功能的蛋白质,也是不确定的;作为载体的腺病毒和反转录病毒具有致癌性,也可能使患者产生继发性的癌症。因此,虽然已经出现了一些体细胞基因治疗的先例,但总体而言,基因治疗仍然处于研究试验阶段。而生殖细胞的基因治疗更加复杂。由于插入到生殖细胞中的基因片段将不可逆地引起人类基因组的重大变化,进而对人类的未来产生重大影响,在安全性和有效性问题没有解决的情况下开展生殖细胞的基因治疗是严重违背伦理的行为。

**2. 基因治疗对人类尊严的影响问题**    基因的天然性决定了人类个体的独特性和唯一性,是人类尊严不可分割的一部分。基因治疗人为改变了人类遗传信息,从这个意义上看,它涉及一个非常敏感的伦理学问题,那就是人类是否扮演了不应该扮演的角色。这是一个争议巨大的问题,关系到人类尊严、自由、价值观、传统、文化和完整性。

**3. 基因治疗稀缺资源公平分配问题**　目前,基因治疗的费用昂贵,如果基因治疗的费用以社会化的方式分担,有限的公共医疗资源是否应当分配给昂贵的基因治疗,在伦理上是存在争议的;如果基因治疗的费用主要由私人按照市场化的方式承担,能负担得起昂贵的基因治疗费用的只能是极少数,而一般的社会公众则望尘莫及。这就可能违背医学作为社会公益性事业救死扶伤的初衷,造成强者更强、弱者更弱的不公平结果。

## 三、基因技术的伦理准则与对策

### (一) 基因技术的伦理准则

基因技术在医疗健康领域的广阔应用,衍生出许多新兴的分支学科,但是,作为遗传学的分支领域,基因技术又表现出一些共同的伦理特点,比如:与人的尊严和价值紧密相关;遗传信息不仅影响患者本人,而且会影响整个家庭,包括下一代;对大多数遗传病只有诊断措施,而缺乏有效治疗手段等。一般而言,基因技术的发展要经历三个阶段:临床前研究阶段、人体试验阶段和临床应用阶段。不同发展阶段面临不同的伦理问题,伦理规范的重点也相应不同。因此,从医学伦理的角度看,必须区分特定基因技术处于何种发展阶段,进而采取不同的伦理标准进行规范。总的指导原则是:临床前的基础研究阶段要宽松,临时试验要规范,医疗准入要严格,以实现基因技术发展中科学性和伦理性的有机统一。

基因技术凸显了人与人之间本质上所具有的关系性,由此带来的伦理问题也引起国际社会的普遍关注。1997年,世界卫生组织就医学遗传学和遗传服务中的伦理问题举办会议,提出了《医学遗传和遗传服务中伦理问题的国际准则》,并于1998年作为世界卫生组织文件发布。根据该准则,把遗传学的知识应用于医学实践时,必须充分考虑到医学伦理学的基本原则,包括:对个人和家庭应是有利的;损害个人及其家庭利益的事情不能做;通知个人后充分尊重其自主选择权;不能违背个人和社会公平正义。该准则特别强调:遗传数据只能用于给家庭或种族的成员谋福利,而决不能用来诬蔑或歧视他们;遗传检验必须是自愿的,对于成年的个人或人群不得实施强迫性遗传检验;产前诊断只应在有需要时进行,并不得根据产前诊断结果强迫其父母继续或终止妊娠,唯有受试者而不是医生或政府享有有关生育的决定权,其中妇女是有关生育的所有问题中最重要的决策者;公平正义决定了所有人都有权得到疾病的遗传学服务;任何时候遗传资料都应是保密的;所有人都有权得到相应的遗传咨询;应当向公众和医疗保健人员进行遗传学教育;等。

2019年,世界卫生组织成立人类基因编辑问题治理和监督的专家咨询委员会,负责审查与基因编辑相关的科学、伦理、社会和法律问题。2021年,该委员会发布了《人类基因组编辑管治框架》和《人类基因组编辑建议》,提出基因编辑应用应当综合考虑伦理问题,以确保各国更加安全、有效、符合伦理地使用人类基因编辑技术。

### (二) 基因技术的伦理对策

**1. 人类基因研究的伦理对策**　1997年,联合国教科文组织通过了《世界人类基因组和人权宣言》,并于1999年成为联合国大会的正式决议。

(1) 针对人的尊严与人类基因组,该宣言指出,人类基因组意味着人类家庭所有成员在根本上是统一的,也意味着对其固有的尊严和多样性的承认;不管其具有什么样的遗传特征,每个人都有权使其尊严和权利受到尊重,这种尊严要求不能把个人简单地归结为其遗传特征,并要求尊重其独一无二的特点和多样性;具有演变性的人类基因组易发生突变,它包含着一些因每个人的自然和社会环境,尤其是健康状况、生态条件、营养和教育不同而表现形式不同的潜能;自然状态的人类基因组不应产生经济效益。

(2) 针对有关人员的权利,该宣言规定:在对某个人的基因组进行研究之前,必须对有关的潜在危险和好处进行严格的事先评估,并应征得有关人员事先、自愿和明确的同意;如有关个人不具备表示同意的能力,除法律授权和规定的保护措施外,只有在对其健康直接有益的情况下才能对其基因组进行研究;任何人都不应因其遗传特征而受到歧视,因为此类歧视的目的或者作用均危及他人的人权和基本自由以及对其尊严的承认。

（3）针对人类基因组的研究和从事科学活动的条件,该宣言同时指出:任何有关人类基因组及其应用方面的研究,尤其是生物学、遗传学和医学方面的研究,都必须以尊重个人的或者某种情况下尊重有关群体的人权、基本自由和人的尊严为前提;鉴于对人类基因组进行研究的伦理和社会影响,在从事这一研究的范围内,应特别注意研究人员从事活动所固有的职责,尤其是在进行研究及介绍和利用其研究成果时严格、谨慎、诚实和正直的态度。

2019 年,国务院通过并公布《人类遗传资源管理条例》。该条例所称人类遗传资源包括人类遗传资源材料和人类遗传资源信息。前者是指含有人体基因组、基因等遗传物质的器官、组织、细胞等遗传材料;后者是指利用人类遗传资源材料产生的数据等信息资料。该条例规定:国家加大对我国人类遗传资源的保护力度,开展人类遗传资源调查,对重要遗传家系和特定地区人类遗传资源实行申报登记制度;国家支持合理利用人类遗传资源开展科学研究、发展生物医药产业、提高诊疗技术,提高我国生物安全保障能力,提升人民健康保障水平;外国组织、个人及其设立或者实际控制的机构不得在我国境内采集、保藏我国人类遗传资源,不得向境外提供我国人类遗传资源,外国组织、个人及其设立或者实际控制的机构需要利用我国人类遗传资源开展科学研究活动的,采取与我国科研机构、高等学校、医疗机构、企业合作的方式进行;采集、保藏、利用、对外提供我国人类遗传资源,不得危害我国公众健康、国家安全和社会公共利益,对人类遗传资源信息的对外提供或者开放使用实行备案并提交信息备份,可能影响我国公众健康、国家安全和社会公共利益的,应当通过国务院科学技术行政部门组织的安全审查;采集、保藏、利用、对外提供我国人类遗传资源,应当符合伦理原则并按照国家有关规定进行伦理审查,应当尊重人类遗传资源提供者的隐私权,取得其事先知情同意并保护其合法权益,应当遵守国务院科学技术行政部门制定的技术规范;禁止买卖人类遗传资源,但为科学研究依法提供或者使用人类遗传资源并支付或者收取合理成本费用,不视为买卖。

**2. 基因检测的伦理对策**    基因检测应当遵循以下伦理规范:基因检测和遗传咨询服务应当公平分配;所有基因检测都应当是自愿的,在检测之前应当将检测的目的、可能的结果、后果与风险等相关情况告知受检者,获得其知情同意,并应确保受检者有根据其意愿和道德信仰拒绝接受检测的权利;在基因检测前后应当进行遗传咨询,在咨询的过程中应当尽可能不具任何倾向性,由受检者或其家庭在获得准确、全面、公正信息的基础上作出自己的选择;检测结果发现有遗传病,如果有治疗和预防的方法,应当毫不迟延地提供;遗传检测结果未经本人同意不得向第三方披露;产前诊断只是为了给父母或医生提供一些有关胎儿健康状况的信息,有关生育的决定只能由父母或者母亲决定;除非有强奸或乱伦或者为了排除性遗传连锁性疾病,不得用来做亲子鉴定或性别选择。对于遗传筛查,应当重视文化、社会和价值观的差异,并注意对社区的保护和防止歧视;一般而言,遗传筛查是国家公共卫生计划的一部分,它要求为遗传病提供及时的预防或治疗手段,因此只有出现了肯定的治疗或预防措施时才有必要实施群体筛查,在缺乏有效的预防或治疗措施时可以进行匿名的流行病学筛查。

**3. 基因治疗的伦理对策**    基因治疗颠覆了传统的治疗手段。相对而言,体细胞基因治疗不影响生物学后代,不涉及人类基因组的重大变化,引起的伦理争议更小。但是,这样的研究性质仍然是试验性的,它们有风险,效益尚不确定。因此,其实施必须满足涉及人的生物医学研究的伦理要求,包括:足够多的动物实验证明该基因治疗是安全的、有效的;患者对该基因治疗的知情同意;伦理委员会同意该基因治疗等。

国际人类基因组组织（HUGO）伦理委员会在《关于基因治疗研究的声明》中,鉴于体细胞基因治疗在治疗疾病中的重要潜在效益,提出如下建议:①认识到体细胞基因治疗研究特别需要公众的监督和不断审查;②建议国家确保它们有一个国家性的伦理机构,其使命包括体细胞基因治疗;③支持继续进行符合本声明的体细胞基因治疗;④鼓励研究者、专业团体、资助者及政府倾听并且回应公众对体细胞基因治疗研究的效益、风险和伦理行为的关注;⑤建议所有的研究接受严格的质量和安全控制,并遵从国际伦理规范;⑥建议鉴定物质利益冲突,通过尽可能透明的途径,特别是向研究受试者宣布,并及时加以处理;⑦提议应建立伤害赔偿计划,向因研究后果直接受到伤害的参与者和其他人给予赔偿;⑧认识到研究者和媒体在以负责任的和有内容的方式报告基因治疗研究进展中的重要作用;⑨号召广泛讨论为了增强特性和生殖细胞系干预而未来可能利用基因转移技术的适宜性。

## 第二节　干细胞技术伦理

### 一、干细胞技术概述

#### (一)干细胞的概念

大多数生物学家和医学家认为干细胞是来自于胚胎、胎儿或成人体内具有在一定条件下无限制自我更新与增殖分化能力的一类细胞,能够产生表现型与基因型和自己完全相同的子细胞,也能产生组成机体组织、器官的已特化的细胞,同时还能分化为祖细胞。通过研究和掌握干细胞分化发育的规律,可以在人工条件下促使干细胞定向分化、发育为所需的细胞、组织乃至器官,为解决目前一些疑难疾病,如帕金森病、早老性痴呆、白血病等,以及十分紧缺的组织和器官移植的来源问题带来新的可能。

#### (二)干细胞的分类

根据干细胞的来源,可以把干细胞分为成体干细胞(adult stem cell)和胚胎干细胞(embryo stem cell)两类。

成体干细胞是指人体各种组织或器官内具有自我更新和分化潜能的特定多能或专能细胞。它存在于人体的各种组织和器官中,如骨髓、大脑、皮肤、脂肪、肝脏、角膜、胃肠道、肌肉等,以及胚外组织,如羊水、脐带、脐带血、胎盘、羊膜。成体干细胞在正常情况下大多处于休眠状态,但在诱导下可以产生新的干细胞或者分化形成新的功能细胞,表现出不同程度的再生和更新能力。目前已分离到造血干细胞、神经干细胞、上皮干细胞、间充质干细胞等,科学家利用人工方法将人的皮肤细胞制成的诱导性多能干细胞(iPS 细胞)也属于成体干细胞的一种。

胚胎干细胞是从人的早期胚胎中分离出的多潜能细胞,具有体外培养无限增殖、自我更新和多向分化的特性,能被诱导分化为机体几乎所有的细胞类型。人胚胎干细胞包括人胚胎来源的干细胞、生殖细胞起源的干细胞和通过核移植所获得的干细胞。由于无限增殖及多向分化潜能,胚胎干细胞能够制造比成体干细胞更多的不同类型的干细胞,在人类疾病的治疗方面具有广阔的应用前景。

### 二、干细胞技术引发的伦理争论

#### (一)成体干细胞移植技术的伦理问题

成体干细胞移植技术,是指将患者自体或异体具有生物活性的成体多能干细胞或诱导分化成一特定的细胞类型后,移植到患者体内继续增殖,以修复损伤组织和器官。围绕成体干细胞移植技术的伦理争论,主要集中在技术的可靠性、技术是否用于非医学目的以及技术应用的利益冲突等方面。从技术应用的可靠性看,干细胞的自我更新和分化是难以控制的,仅仅依靠动物实验并不足以准确反映人体对干细胞移植的反应;从技术应用的目的看,成体干细胞及其衍生物可能被用于非医学目的,如用于增高、增加智商或提高运动成绩等;从技术应用的利益关系看,干细胞技术的运用蕴含着巨大的商业利益,可能导致研究者、投资者、管理者等相关主体陷入利益冲突。这些伦理问题,基本上可以按照公认的生命伦理原则进行处理。

#### (二)人胚胎干细胞来源的伦理问题

对于人胚胎干细胞,特别是干细胞的来源问题,则存在非常尖锐的伦理争论。这些争论涉及的一个关键问题,就是胚胎是不是人,或者说胚胎的哪个阶段标志着人的生命的开始。由于文化和信仰的不同,不同的国家和地区对人的胚胎的地位认识也不同。一种观点认为人的生命是从受精卵开始,对人的胚胎进行研究就是对人的不尊重,故从伦理上反对一切胚胎干细胞研究;另一种观点根据胚胎的不同发育阶段赋予其不同的道德地位,因此早期胚胎只是生物细胞组织,而不是具有道德主体地位的人,这将允许在严格的伦理约束下开展胚胎干细胞研究。在我国,由于不存在将胚胎视为人的道德或宗教传统,对胚胎干细胞的研究引起的伦理争议比一些欧美国家要小,但是也要求胚胎干细胞研究遵守国际公认的生命伦理准则。

### 三、干细胞技术的伦理对策

#### (一) 成体干细胞技术的伦理对策

为使成体干细胞技术更好地为治疗人类疾病、增进人民健康服务,国家人类基因组南方研究中心伦理学部于 2013 年 12 月发布了《人类成体干细胞临床试验和应用的伦理准则(建议稿)》,规定了成体干细胞技术要遵循的伦理原则,包括科学性原则、无伤害/受益原则、知情同意原则、公正性原则、公益原则和非商业化原则。

目前,成体干细胞移植技术可分为三类。第一类,不在体外进行特殊技术处理的人类原代细胞或组织,如造血干细胞、角膜、软骨细胞等的移植,以治疗血液系统疾病、角膜损伤和软骨损伤。该类技术目前已经属于常规治疗范畴。第二类,经体外扩增和诱导分化培养等特殊处理的成体干细胞,如神经干细胞、间充质干细胞等用于各种疾病的临床试验治疗。该类技术目前正处于深入探索阶段,需要在系统的安全性和有效性评价的基础上开展规范的临床试验研究。第三类,经基因处理后的成体干细胞,如成体干细胞基因治疗、iPS 细胞治疗、以成体干细胞为载体的非医学目的的干细胞移植。该类技术目前尚处于基础性临床前研究阶段,应努力创造临床试验的条件,非医学目的的成体干细胞移植应明令禁止。

根据《人类成体干细胞临床试验和应用的伦理准则(建议稿)》,成体干细胞技术的伦理规范,要严格区分临床前研究、临床试验和临床应用的界限,不得任意超越。临床前研究和临床试验研究,是医药临床科学试验的两个重要阶段,只有经过这两个阶段的科学试验,取得了安全性和有效性的充分证据,经过科学评估和伦理审查,并经国家医药卫生主管部门批准,方可转化为临床应用。未经科学证明,即将成体干细胞以商业化形式直接面向患者市场,将对患者身体、心理和经济造成伤害,在伦理上是不能允许的。但是,对于一些危重又无有效疗法的患者,在自愿同意的情况下,医务人员可用其自体或异体的成体干细胞作为一种试验性治疗或创新疗法提供给个别患者,但应当满足特定的一些条件。

(1)试验性治疗的对象应是个别晚期肿瘤或严重疾病患者,确实无其他更好的药物和医疗技术可供选择。

(2)临床医生应提出试验性治疗的全面书面计划,包括:选择成体干细胞治疗技术的科学合理性根据;有临床前研究的安全性和有效性科学数据;临床工作者的资质;患者确系自愿,有合格的知情同意书;有符合科学要求的干细胞技术操作设施;有治疗毒副作用的措施及处理并发症和不良反应的计划;有随访计划。

(3)临床医生应承诺利用他们从个别患者那里获得的经验来达到普遍性知识,书面报告还应包括:用系统和客观的态度来确定治疗结果;将治疗结果,包括阴性结果或不良事件在学术会议或专业杂志上向医学界报告;在一些患者身上获得良性结果后及时转入正式的临床试验。

(4)书面计划须向省级干细胞临床研究管理工作领导小组办公室审批。

#### (二) 胚胎干细胞技术的伦理对策

为保证促进我国胚胎干细胞研究的健康发展,科技部和卫生部于 2003 年 12 月发布了《人胚胎干细胞研究伦理指导原则》,明确了人胚胎干细胞的来源定义、获得方式、研究行为规范等,并声明中国禁止进行生殖性克隆人的任何研究。针对胚胎干细胞的来源,上述指导原则只允许通过四种方式获得用于研究的人胚胎干细胞:①体外受精时多余的配子或囊胚;②自然或自愿选择流产的胎儿细胞;③体细胞核移植技术所获得的囊胚和单性分裂囊胚;④自愿捐献的生殖细胞。同时规定,进行人胚胎干细胞研究,必须遵守以下行为规范:①利用体外受精、体细胞核移植、单性复制技术或遗传修饰获得的囊胚,其体外培养期限自受精或核移植开始不得超过 14 天;②不得将已用于研究的人囊胚植入人或任何其他动物的生殖系统;③不得将人的生殖细胞与其他物种的生殖细胞结合。进行人胚胎干细胞研究,研究人员应当在实验前,用准确、清晰、通俗的语言向受试者如实告知有关实验的预期目的和可能产生的后果和风险,获得他们的同意并签署知情同意书;研究单位应成立包括生物学、医学、法律或社会学等有关方面的研究和管理人员组成的伦理委员会,其职责是对人胚胎干细胞研究的伦理学及科学性进行综合审查、咨询与监督。同时,反对在胚胎干细胞研究和应用中的商业炒作和牟取暴利行为,禁止买卖人类配子、受精卵、胚胎或胎儿组织。

## 第三节　医疗人工智能伦理

### 一、医疗人工智能概述

#### (一)人工智能的概念

在中国电子技术标准化研究院发布的《人工智能标准化白皮书(2018 年版)》中,人工智能(artificial intelligence,AI)被定义为:利用数字计算机或者数字计算机控制的机器模拟、延伸和扩展人的智能,感知环境、获取知识并使用知识获得最佳结果的理论、方法、技术及应用系统。作为计算机科学的一个分支,人工智能企图在揭示智能本质的基础上,生产出一种新的能以人类智能相似的方式作出反应的智能机器,使机器能够胜任一些通常需要人类智能才能完成的复杂工作。与机器不同,人工智能有学习能力,有演化迭代。早期阶段的人工智能是运算智能,当前大数据时代的人工智能是感知智能。未来随着类脑科技的发展,人工智能将向认知智能时代迈进。

#### (二)人工智能在医疗领域的应用

人工智能在医疗领域的应用是高速发展的科技前沿。根据人工智能是否能真正实现推理、思考和解决问题,可以将人工智能分为弱人工智能和强人工智能。目前,虽然在强人工智能方向还没有出现重大的突破性进展,但部分弱人工智能的临床应用已经实现。人工智能正在从实验室里的验证转向在复杂的现实环境中的应用。目前,人工智能在医疗领域的应用主要包括以下几个方面。

**1. 人工智能在临床诊断决策中的应用**

(1)疾病筛查和预测:人工智能可以应用在医疗领域进行疾病的筛查,比如精神疾病诊断、孤独症筛查、通过病灶筛查糖尿病视网膜病变等。此外,人工智能也可以协助脑疝预测、慢性肾病预测、心脏病患者死亡预测、骨关节炎发展预测和流行病风险预测等疾病预测。

(2)医学影像分析:影像判读系统的发展是人工智能技术的产物。早期的影像判读系统主要靠人手工编写判定规则,未能得到广泛推广。随着人工智能的发展,通过对医学影像的特征进行提取和分析,可以辅助临床医生做出更好的判断,甚至在某些方面直接替代医生做出判断。

(3)临床决策支持:利用人工智能技术和大数据平台,可以构建临床决策支持系统,为制订临床决策的医疗卫生专业人员提供专家支持计算机程序,其通过人机对话,根据患者数据做出有关的决策建议,提高决策有效性。比如,基于大规模的证据搜集、分析和评价,通过在数秒的时间内阅读海量的医学专著、论文和研究报告等非结构化的数据,Watson 系统能够提供癌症、糖尿病、心脏病等重大疾病的诊断服务。当然,Wstson 系统的意义主要是辅助决策,而不是凌驾于医生之上或者直接替代医生。

**2. 人工智能在临床治疗中的应用**

(1)手术机器人:人工智能在临床治疗中的应用,最杰出的代表就是达·芬奇手术机器人。它是当今世界上应用最广泛和最成熟的机器人外科手术系统。达·芬奇手术机器人拥有双摄像头、双光源独立采集同步视频信号来放大手术视野,并在医生的操作下,利用手术器械系统模拟医生的手术过程。在进行达·芬奇机器人手术时,医生只需要在操控系统处操作即可完成精细化的手术操作,非常适合在狭小的手术空间内进行精细的操作,能减小伤口创伤面,减轻患者痛苦,加快术后恢复,在胸心外科、普外科(肝胆、胰腺、胃肠道)、泌尿外科、心血管外科等方面具有明显优势。

（2）康复机器人:目前主要适用于脑卒中、脑部损伤、脊柱损伤、神经性损伤、肌肉损伤和骨科疾病等原因造成的上肢或下肢运动功能障碍,帮助患者对大脑运动神经进行重塑,恢复大脑对上肢运动的控制,从而提高患者日常生活能力。

（3）人工智能医疗器械:是指采用人工智能技术的医疗器械。人工智能是一种算法,所以软件都可以使用人工智能技术。随着软件技术的发展,绝大多数医用电气设备均含有软件组件。大到放射治疗设备等产品,小到心电图机等产品,均含有软件组件,以实现数据采集、运行控制等功能。

**3. 人工智能在健康管理中的应用**　在健康管理方面,人工智能主要通过可穿戴设备实时采集用户的各种数据,并通过对基因数据、代谢数据和表型数据的分析,为用户提供健康预警,并在饮食、起居等方面提供健康生活建议,帮助用户规避健康风险。健康管理的服务对象并不一定是患者,普通人也需要健康管理,而且随着生活水平的提高,人们对自身健康进行严格管理的需求正变得更加迫切。此外,人工智能设备还被广泛应用于慢性病管理,如针对糖尿病患者实时监测患者生命体征(心率、血压等指标)以评估新陈代谢状态,从而指导患者进食、锻炼、降糖药物使用,甚至还能进行无创血糖预测。

**4. 人工智能在医学研发中的应用**　在药物挖掘中应用人工智能,可以对药物的活性、安全性及副作用等进行计算机模拟和预测,有效提升药物研发的成功率,缩短新药研发周期。2015 年,硅谷的某药物研发企业根据已有候选药物,利用人工智能算法,在 24 小时内分析测试了超过 7 000 种药物,将控制埃博拉病毒的候选药物查找了出来,为人类的健康与安全作出了重要贡献。

## 二、医疗人工智能引发的伦理争议

### （一）医疗人工智能的责任问题

人工智能医疗的应用在解决重要问题的同时也带来了新的风险。一旦人工智能出现硬件故障或者算法错误,由于无法感知患者在治疗过程中的身体反应,人工智能往往不能根据临床情况的变化及时调整治疗方案。比如,在英国 2015 年的一例"达·芬奇"心瓣修复手术中,由于机械手臂乱动打到医生的手,不仅把患者心脏放错了位置,而且戳穿了患者的大动脉。从这个角度看,技术的发展并未赋予人工智能人性,人工智能缺乏人文关怀,还无法像医生一样思考和处理医患关系。但在一些国家和地区,已经开始或者建议将智能机器人拟制为"电子人",并赋予其特定的权利和义务。因此,人工智能医疗发展带来的一个潜在问题就是,人工智能本身是否为"人",是否应当承认人工智能具有伦理上和法律上的人格?而这种颠覆性的伦理和法律理念将给现行的医患纠纷处理规则带来巨大的不确定性。

### （二）医疗人工智能的隐私问题

人工智能的深度学习需要使用海量规范化的数据,医疗人工智能的发展高度依赖患者数据的采集和判断,而医疗健康数据在挖掘、存储、传输和反馈的每一个环节中都有可能被泄露,一旦这些碎片化的个人信息被整合,往往可以对个人身份进行再识别,从而给患者的个人信息和隐私保护带来重大风险。近年来,全球医疗健康行业的数据泄露事件频发,既包括黑客入侵、未授权访问等网络攻击,也包括内部人员窃取、丢失等情形。我国虽然在医疗健康数据保护方面出台了一些规定,但从总体上看,完备的患者信息和医疗数据保护体系尚未形成。由于缺乏相应的风险防范措施和应急处置预案,客观上仍然存在隐私泄露和数据歧视等伦理风险。

### (三) 医疗人工智能的准入问题

由于缺乏统一的质量标准、评估体系和准入门槛,目前医疗人工智能技术在算法模型、产品性能和应用效果等方面良莠不齐。比如,喂食给人工智能的数据质量将直接影响人工智能诊断结果的准确率,数据质量上的系统性偏差将导致一些医疗人工智能技术出现系统性偏差。又如,由于机器学习背后的技术黑箱,有时即使是专科医生也难以解释 Watson 系统推荐的治疗方案,将这种缺乏透明性的算法模型直接应用到患者身上在道德上存在争议。而在极端的情况下,算法模型本身可能就带有偏见。此外,不同人工智能医疗应用在防止操作系统失误或者网络恶意攻击伤害等方面的防御性举措也各不相同。面对如此复杂的人工智能医疗应用,如何判定其安全性和有效性已经得到验证进而可以进入临床,是一个亟待解决的问题。

### (四) 医疗人工智能的依赖问题

在将人工智能技术应用于医疗健康领域的过程中,过分依赖人工智能技术的力量,而忽视对患者人性的尊重和考量。一方面,人工智能技术在为医生决策提供更多临床决策参考的同时,容易使医生形成对技术的迷信和依赖,影响自身专业技能提升,同时人工智能技术隔断部分医患沟通,容易导致医生忽视患者的心理感受和心身互动的复杂过程,增加医患关系物化的风险。另一方面,这种对技术的依赖不仅发生在医生身上,也会发生在患者身上,体现为患者对人工智能技术等所谓先进治疗手段的主观要求和过度消费,引发过度医疗等。

## 三、医疗人工智能的伦理对策

2021 年,世界卫生组织发布了《卫生健康领域人工智能伦理与治理指南》。该指南提出并阐释了人工智能在卫生健康领域应用的六项伦理原则,即:保护人类自主性,促进人类福祉、安全以及公共利益,确保透明度、可解释性和可理解性,促进责任和问责,确保包容性和公平性,促进负责任和可持续的人工智能。这些原则为人工智能在卫生健康领域的应用提供了基本的伦理指导框架。为了更好发挥医疗人工智能卫生健康领域的作用,不能仅仅从技术的角度进行把握,还应当坚持以人为本,从人文的角度对人工智能技术在医疗卫生和健康领域的应用进行审视,加强伦理审查,仔细评估人工智能的风险-收益比,塑造卫生健康领域人工智能的更多伦理共识。

### (一) 明确责任承担,审慎对待人工智能的主体地位

人是目的本身,主体地位的取得应当以人的理性或者人类利益为基础。就目前医疗人工智能的发展状况而言,总体上仍然属于弱人工智能阶段,人工智能本身还不构成道德上和法律上的“人”,人工智能医疗只是由人类设计、受医生控制、辅助医生进行诊疗的工具,最终对诊断结论和手术操作作出判断并承担责任的主体仍然是医生。因此,人工智能不是责任主体,医生可以偏离人工智能医疗推荐的治疗方案并对其采纳的医疗方案负责。为了更加公正地分配医疗人工智能可能产生的风险,可以建立社会化的风险分担机制,如建立强制责任保险或者设置社会化的赔偿基金等。

### (二) 重视隐私保护,坚决维护信息数据的安全

在人工智能应用中加强隐私保护,需要加强人工智能应用的风险研判和防范,综合运用技术创新、伦理规范、法律制度等手段方式,防止其野蛮生长,确保在符合伦理规范的前提下实现人工智能健康发展。在技术层面,要加快研发和应用隐私保护的安全技术,可将用户隐私保护需求嵌入人工智能系统设计中,让最大限度保护隐私成为系统的默认规则。在伦理层面,要探索和确立保护个人隐私的原则。

人工智能从业人员要加强自律,规范技术应用的标准、流程、方法,最大限度尊重和保护个人隐私。在法律层面,应加快制定加强隐私保护的法规制度。当前,我国隐私保护法律体系还不能完全适应人工智能发展需求,应在相关法律法规中进一步强化隐私权保护,并在条件成熟时制定针对人工智能应用中保护公民隐私的法律条文细则,充分保障公民在人工智能应用中的知情权和选择权,严格规范人工智能应用中个人信息的收集、存储、处理、使用等程序,反对窃取、篡改、泄露和其他非法收集利

用个人信息的行为。

### （三）加大监管力度，明确医疗人工智能的准入条件

2019年6月17日，我国新一代人工智能治理专业委员会发布《新一代人工智能治理原则——发展负责任的人工智能》，明确提出和谐友好、公平公正、包容共享、尊重隐私、安全可控、共担责任、开放协作、敏捷治理等八项治理原则，在鼓励和支持人工智能发展的同时，也从治理的角度对其可能产生的负面影响和风险进行防控。因此，要发展负责任的人工智能医疗或卫生健康领域的人工智能，应当成立由医学、计算机、伦理、法律等多领域专家组成的人工智能医学伦理委员会，对人工智能在卫生健康领域的应用可能产生的伦理问题进行研究，并建立人工智能医学伦理道德评价体系，仔细评估人工智能医疗的风险和收益，出台统一的人工智能医学伦理规范指南，为卫生健康领域人工智能的研发和应用提供预警，确保人工智能在卫生健康领域的应用风险最小、效益最大。

针对医疗人工智能技术在算法模型、产品性能和应用效果等方面良莠不齐的现状，要建立健全人工智能在卫生健康领域应用的质量标准、评估体系和准入门槛，通过建立系统的评价体系对人工智能进入临床的关键环节进行把关，确保人工智能医疗安全可控。人工智能技术的设计者应确保满足对明确定义的使用案例或适应证的安全性、准确性和有效性的监管要求，在设计或部署人工智能技术之前应发布或记录足够的信息，确保人工智能技术为开发者、医疗专业人员、患者、用户和监管机构所理解或了解。在医疗人工智能的安全性和有效性得到证实以前，应当将其纳入临床试验或者涉及人的生物医学研究范畴进行管理，避免不合格的人工智能应用过早进入临床。

### （四）强化引导教育，合理利用人工智能的辅助优势

医生是生命的照护者。掌握最先进的医疗技术，是每位医生不可或缺的技能。在技术上，医生要做最先进技术的领悟者、掌握者、施予者，给患者最恰当的治疗，体现当代医学科技水平。人工智能时代，医生应明确人工智能在医疗实践中的地位，不过度排斥也不过度依赖，而是主动掌握，将人工智能变成人的助手或者辅助诊断治疗的工具，从而更好地完成医疗工作。同时，维护和促进人类健康是医学的终极目的，应在诊疗中更加注重人工智能难以替代的人文关怀，领悟生命的本质，全面照护患者。此外，也应注重对社会公众的积极引导与教育，使公众以正确的眼光看待人工智能。

（张洪松）

### 【复习思考题】

1. 为什么基因技术的发展会引起激烈的伦理争论？这些争论的核心问题是什么？

2. 成体干细胞技术和胚胎干细胞技术有何不同？为什么胚胎实验必须限定在囊胚发育的14天内进行？

3. 人工智能技术在医疗健康领域的应用带来了哪些伦理问题？应当遵循怎样的伦理规范？

# 第十四章
# 医学大数据和"互联网 + 医疗"伦理

扫码获取
数字内容

**学习要点**

1. 医学大数据的概念。

2. 医学大数据应用的伦理争议及其应对。

3. "互联网 + 医疗"的优势和风险。

4. "互联网 + 医疗"的伦理争议及其应对。

随着电子病历和互联网、生命科技的发展,医学大数据建设及其应用发展迅速。医学大数据的应用是提取和产生有价值数据的过程。医学大数据及其应用具有其独有的挑战和要求。基于大数据的研究分析不仅成为卫生健康领域医药研发机制的重要手段,促进精准医学和个性化诊疗的探索实践,对于精准医疗服务和公共卫生,特别是重大传染病的防控也发挥了重大作用。同时,互联网诊疗是我国"互联网 +"战略在医疗服务领域的重要规划。近年来,互联网诊疗活动和互联网医院逐渐成为医疗服务体系的重要组成部分,在疫情防控过程中对缓解医疗压力也发挥一定作用。本章将分别对医学大数据及其应用以及"互联网 + 医疗"两项内容进行介绍,重点阐释医学大数据和"互联网 + 医疗"的优势、风险及其相应的伦理问题。

## 第一节 医学大数据及其伦理问题

### 一、医学大数据概述

#### (一)医学大数据的定义与特征

**1. 医学大数据的定义** 对于大数据目前还没有一个被广泛接受的定义。2012 年 8 月,美国国会发表的一份报告将大数据定义为"大容量的高速、复杂和可变数据,需要先进的工艺和技术,以实现信息的捕获、存储、分配、管理和分析"。国际医药信息协会(International Medical Informatics Association,IMIA)数据挖掘和大数据分析工作组提出的定义为"大数据是其规模、多样性和复杂性需要新的架构、技术、算法和分析来管理并从中提取价值和隐藏知识的数据"。2015 年,有学者在 196 篇文献综述的基础上,尝试提出关于医学大数据定义的建议。建议当数据集 $\log(n*p)$ 超过或等于 7 时限定为"大数据集",该定义提出了医学大数据的"量"及其整体结构特点。确切地说,其定义的是"大数据集",可以延伸到"大数据库"。因此,可以将医学大数据定义为:在医学领域中具有数量巨大、变化速度快、多样化和价值密度低等主要特点的数据集合。

**2. 医学大数据的属性特征** 虽然没有公认的定义,但是大数据有公认的属性和特点。最初"3V"属性是比较公认的大数据的特征,具体指大容量(volume)、多样性(variety)、快速性(velocity)。事实上,并不是所有符合"3V"特点的大数据都是有价值数据或者科技资源,因此,准确性(veracity)作为大数据的第四个特点被引入和接受。现在人们普遍认为大数据是由四个要素组合而成,"它们的联合出现代表了一种前所未有的组合",被称为大数据的"4V"特征。

医学大数据具有大数据公认的属性特征。

（1）大容量：应用电子病历的不同机构的数据、同一机构不同时期的数据在互联网时代都能汇集整合，数据被整合后仅医疗保健数据就会爆炸式增长。医学数据不仅具有大容量基础，且每年增量巨大。随着生命科学和组学技术发展及巨额基金的投入，组学数据的样本量正逐渐增加。我国于2017年启动了"中国10万人类基因组计划"，全球或区域性多国合作等也逐渐扩展。根据全球基因组学与健康联盟（Global Alliance for Genomics and Health，GA4GH）利用其提出的粗略模型对全球做出的估计，到2025年将有超过6 000万患者在医疗环境中进行基因组测序。

（2）多样性：医学大数据具有典型的多样性特征，并体现在来源多样性、内容多样性、个体数据的多样性等多个层面。仅以健康医疗数据为例，随着各种检测技术和设备的发展，健康体检和临床诊疗数据内容是极其多样的，如结构化和自由文本数据捕获的电子病历、生化检验结果、诊断影像和数据等。其数据多样性随着检测方法的更新不断增加。异构存储导致大数据分析的复杂化。

（3）快速性：反映在数据的快速产生及数据变更的频率上。比如一份哈佛商学院的研究报告称，在2012年时，谷歌每天就需要处理20PB（1PB=$2^{20}$GB）的数据。各种可穿戴设备的出现，使得血压、心率、体重、血糖、心电图（EKG）等的监测都变为现实。信息的获取和分析的速度已经从原来的按天计算，发展到了按小时、按秒计算。

（4）准确性：大数据的准确性是指数据收集、记录的客观性和真实性。准确性在医学大数据领域十分重要。基础数据的准确性是基于数据决策的个性化医疗和数据驱动的临床诊疗决策实现的基础和前提。

此外，对于医学领域等，还引入了大数据的可变性（variability）和价值属性（value），进而统称为医学大数据的"6V"特征。可变性与多样性中的异构特征是6V大数据与单以数量定义的大数据集和大数据库的关键区别。价值属性是大数据的综合评价特征，大数据的其他属性共同成就价值属性。大数据的价值属性通常需要通过大数据分析来实现。

### （二）医学大数据的类型

**1. 根据数据来源区分**　医疗大数据可分为健康医疗大数据、组学大数据、公共卫生大数据和其他等四类。前三类是目前重要的具有代表性的医学大数据，分别来源于临床业务数据、组学研究、公共卫生和疾病防控，具有不同的数据构成比例和内容特征，并有一定的融合交叉趋势。随着新一代测序技术的发展应用，测序结果精确性不断提高且成本不断降低，这成功地推进了临床基因组学的发展，越来越多的基因及其表达的组学数据成为临床业务数据的一部分。"其他"主要指来源于物联网移动监测和媒体（包括自媒体）的数据等。

**2. 根据数据内容及其产生手段区分**　医疗大数据可分为表型数据和基因型数据。这是医学大数据的专门分类，对应人体"宏观和微观"，共同构成人体整体数据信息。表型的概念起源于对基因型的补充。一般认为，表型数据是个体和疾病相关异常的可遗传特征，主要包括个体体征、生化指标、病理学及影像学特征等。临床医学数据是表型数据的重要来源，被成功验证并应用于临床的基因表达分子也应归属于表型数据。随着大规模电子病历记录（electronic medical record，EMR）数据库的出现，术语"表型"已演变为表示患者群体共享的特征表型组学。表型组是捕捉其遗传组成和环境因素相互作用产生的所有可观察属性（表型），包括人口统计信息。基因型数据，是指通过基因检测技术，包括新一代测序技术等高通量检测分析技术，如全外显子测序和全基因组测序产生的基因或基因组数据。表型数据和组学数据整合分析被认为有助于精准医学的发展，因此被认为是从精准医学角度的分类。

### （三）大数据的理解误区

对于大数据存在理解误区。首先，概念上认为大数据是大量数据是错误的。仅仅从字面解释大数据容易产生认识上的误区。大数据包含大量数据，但如前所述，大数据还需要具有容量之外的其他属性。

其次，对于大数据的功能存在理解误区。大数据具有很多优势，但大数据不能用于解决所有问题。事实上大数据不是万能的。基于大数据产生的结果理论上也只能无限接近于客观事实，而且，是处于统计学正态分布的群体结果。多数群体有特殊性个体，基于大数据产生的结果和结论并不能适用于所有对象或个体,如血型与人的性格分析,就是基于大数据基础上的统计学总结。

最后,大数据不是全体数据。大数据的应用并不是全数据模式。大数据虽然更多是开源的、实时的,但是大数据应用是有价值数据的提取和分析,仍需要是相对规范的和/或有效数据集成。鉴于数据的复杂、繁杂和归属等问题,获得全体数据是不可能的,所以大数据也不可能达到全体数据标准。此外,大数据并非都是好数据。大数据时代数据庞杂,应用中更需要进行选择和筛选。这也决定了大数据不是万能的。

## 二、常见医学大数据的应用

### (一) 健康医疗大数据及其应用

**1. 健康医疗大数据的构成**　健康医疗大数据是重要的医疗保健病历记录宝库,主要采集于健康体检和临床医疗工作中。根据产生和记录内容,健康医疗大数据可以分为四个主要类型,分别是健康体检大数据、临床诊疗大数据、临床护理大数据和远程物联网护理或监测产生的大数据。这些不同构成的健康医疗大数据分别具有各自的特点和优势。我国还有独特的中医健康医疗大数据。中医药是我国传统医学发展的基础,也是我国医学大数据的优势之一。中医健康医疗大数据历史悠久,独具特色,是最具个性化的临床诊疗大数据。

**2. 健康医疗大数据的应用**　健康医疗大数据已经逐渐应用于健康相关医学研究和新药研发工作,以及为政策制定提供卫生经济学数据等。

基于健康医疗大数据的研究有两种方案:一种是单独用于研究研发,主要包括真实世界研究和基于数据的诊断软件研发;另一种是作为表型组学的资源与基因组学数据的整合分析,主要用于发病机制研究、疾病预防预测以及用于诊断治疗的生物标志物的寻找。

健康医疗大数据是真实世界证据的重要来源。纵向上,通过对单一机构的诊疗经验总结,对疾病诊疗方法效果的长期观察与研究,可以对管理、经济和效率等进行分析,发现问题,总结经验,提升诊疗水平,以及促进诊疗和精准服务管理的持续改进,具有重要价值。横向上,可通过基于电子病历数字化储存和互联网技术的研究优势,多机构合作、共享进行多中心诊断和治疗效果比较研究,有助于减少研究结果的偏倚性。这两种方式的应用有助于克服以往病例数少和容易产生偏倚的缺点,使真实世界研究与随机对照研究共同促进药物研发的临床验证。

健康医疗大数据为数据驱动的临床诊疗决策提供了数据基础,大数据与机器学习技术融合实现数据驱动的决策和智慧医疗保健。对于临床服务,主要是辅助临床医生诊断和治疗方案选择,这对于基层医生和初级医生具有很好的支撑,可以降低误诊和漏诊率。基于智能健康评估的自助性软件研发,对于百姓自测的科普性应用也是一个应用和研发领域。

### (二) 组学大数据及其应用

**1. 组学数据特点和来源**　组学(omics)数据来源于生物样本,经当代基因组学和后基因组学技术加工,产生了大量关于生物体基因信息及其表达的复杂变化和调控过程的原始数据。从基因组学、转录组学、蛋白质组学和代谢组学等四种主要的组学测量类型开始,出现了多种组学分支学科,包括表观基因组、相互作用组、药物基因组、抗体组学、疾病组等。目前组学数据包括基因及其表达、功能实现全过程个体综合动态组学,以及不同组学之间的相互作用和相互关系。组学数据主要指对不同种类的分子概况、变化和相互作用的全面了解。这些组学数据不仅巨大,而且是异构的,通常以不同的数据格式存储,因此个体组学数据呈现大数据化,需要进行高通量的检测和数据分析。组学大数据的整体结构特点是相对低样本量和个体数据"大数据化"。

**2. 组学研究及其趋势**　组学发展及不同组学之间的关系为精准医学提供了基础,有助于为快速发现与疾病预测、诊断和治疗效果提示相关的生物标记,阐述疾病遗传基础,以及为疾病预后提供依据。

组学研究及高通量组学数据分析是精准医学的具体措施。趋势是表型和基因型的整合分析。组学数据分析离不开表型,其与临床业务数据表型数据的整合越来越受到重视。科技研发的用途表现

NOTES

为两个方面:共病表型分析和深度表型分析。共病表型分析主要依赖于电子病历记录中的数据,通过定义共病表型,并验证以确保其准确性和普遍性,进行表型分析,发现共病分子表型。深度表型分析也称为计算表型分析,使用机器学习(machine learning, ML)技术来发现先前定义的队列的新成员,或发现全新的分子表型并研究其特性共病表型和深度表型分析都是精准医学和个性化诊疗研究的重要路径。促进疾病分型,进而指导一些明确疾病生物靶或者多因素中重要疾病机制,促进精准诊断和靶向治疗,促进临床个性化治疗。

随着组学技术和数据分析能力提升,组学研究逐渐呈现大规模整合组学和系统组学研究趋势。整合组学,即整合多种组学测量(如基因表达水平和代谢物浓度),是一个活跃的研究领域,许多成功的应用验证了生物系统多个组织层之间的相互作用。系统组学,如疾病组学,研究疾病相关不同的基因表达之间存在的协调和平衡机制。有学者提出通过个人动态整合个人组学谱(integrated personal omics profile, iPOP)的概念,即整合个体基因组学、转录组学、蛋白质组学、代谢组学和自身抗体谱的分析方法;认为多组学或整合组学信息不仅决定着人的遗传易感性,而且还能实时监测其生理状态。

### (三)公共卫生大数据及其应用

**1. 公共卫生数据类型及其共享特点** 公共卫生数据涉及疾病监控和慢性病防治等公共卫生工作。随着重大传染病在全球频发,在疫情防控的过程中积累了丰富的数据资源。例如,人口层面的检测数据属于狭义的公共卫生大数据,在结构上具有大样本数量和个体低变量特点,具体包括疫情发展动态数据、疫情发展和疫苗接种等涉及大规模人群的数据。

重大传染病暴发及其防控过程通常产生四大类数据,除了人口层面监测数据外,还涉及生物样本检测产生的病原体和感染者的基因组等组学数据,确诊病例的临床诊疗数据,以及药物疫苗研发和其他实验性(试验性)干预措施相关数据。这四类公共卫生相关数据具有健康诊疗数据或组学数据的特点。只有当疫情发展影响区域超过一定范围,确诊病例的临床诊疗数据已同时具有了健康诊疗大数据的特点,可同时被认为是公共卫生大数据的重要构成。

**2. 公共卫生大数据应用** 通常适用专门的法律法规,满足一定条件时公共卫生大数据属于法定的允许非授权共享和处理的数据。典型的应用是通过共享和大数据分析进行疫情监测防控。

公共卫生事件,特别是灾难和传染病暴发期间,数据共享应用直接影响疫情防控工作实效。监测数据对于事件处理和事后总结以及制订预测措施等具有重要价值。人口层面的监测数据共享在重大传染病疫情期间作用更为明显,有助于及时作出科学防控决策,更快、更好地进行整体协调。同时,监测大数据等传染病数据也为重大传染病数据驱动的研究开辟新的前沿。基于大数据和机器学习等技术也有利于重大传染病的防控和防治研究。公共卫生大数据挖掘分析有助于疫情防护和后续预防的整体布局。对于其他灾难性公共卫生事件,如食物中毒或者地质灾害等,则通过卫生健康与气象等大数据进行综合分析,起到预测、预报和预防的作用。

随着基因检测技术的快速发展和成本降低,基因检测应用到公共卫生领域,为疫情防控提供了新的方法,如对新发现的病原体进行基因检测,包括基因测序,有助于进行药物和疫苗研发。同时,生物样本大规模检测形成的分子流行病数据和疾病分子的群体情况,包括相关疾病的同一基因异常情况和不同基因表达情况的群体数据,也是公共卫生大数据的重要来源。这些数据有利于在分子水平进行公共卫生研究,有利于克服传统流行病学的某些局限性,其整体方案设计和分析问题与传统流行病学研究相似。

## 三、医学大数据的伦理问题及对策

### (一)医学大数据的伦理问题

**1. 数据应用与隐私保护存在矛盾关系** 医学数据会涉及个人健康、疾病、遗传物质等个人敏感信息,这些信息具有隐私性质,采集人类遗传资源等也会涉及提供者的其他隐私。《中华人民共和国民法典》《中华人民共和国个人信息保护法》《中华人民共和国生物安全法》《中华人民共和国人类遗传资源管理条例》等有关法律法规对此有所规定。医学数据中的个人敏感信息安全对个人及其家庭的工作、生活具有潜在影响。

大数据应用和数据共享应用面临隐私保护的巨大挑战。互联网和大数据分析在提供便利和精准服务的同时，还引起隐私泄露的巨大风险。可以说，数据共享和大数据带来服务的精准与信息和隐私泄露的隐患是成正比的：服务越精准，信息泄露隐患越大。隐私的内容、范围、泄露的速度和影响等均与传统服务和传播有所不同，随着产生大数据的技术和科技发展而不断扩展和变迁。

大数据应用的隐私保护要求数据应用应该采用去识别化（包括匿名化）的数据。隐私保护还需采取技术和管理措施加强隐私保护。类似地，大数据中个人水平数据的完整度与数据的潜在价值呈正相关。共享的数据越完整，包含的信息越多，数据再使用的科学价值越大，但其个人健康隐私信息泄露的风险也越大；反之，健康隐私信息如过度保护，则大数据缺乏应用价值。

**2. 知情同意内涵和程序变化与执行困难的关系**

（1）知情同意内涵的变化：在互联网和大数据分析时代，原有单一的针对研究项目特定的知情同意书也不能满足数据共享研究的需求。在内容方面，传统的伦理审核主要针对涉及人的生物医学研究，要求项目实施的范围不能超过知情同意的范围。但是医学大数据往往涉及后续研究，其知情同意内容更加繁杂。一些内容冗长的知情同意书，并不利于参与者真正充分了解和理解相关内容，并做出正确决定。即使签署了同意书，参与者对研究信息通常仅有非常有限的理解。

在程序方面，互联网的普遍应用，知情同意可以通过在线的形式履行，即使不采用在线履行的方式，也可以使用数字化形式，如电子知情同意书、视频等。数字化和信息技术使知情同意采用绿色、互动、动态和生动直接的方式进行，但同时也有一些不足，如知情同意往往通过"点击同意"完成，这种方法有时并不利于对个人信息主体的保护。

（2）知情同意的履行困难：与其他领域相比，医学大数据应用中切实履行知情同意面临更多挑战。为保护隐私，在储存或使用数据时往往采取去识别化的方式，然而，去识别化不利于履行新的知情同意；去识别化数据的再利用如超出第一次知情同意的范围，往往很难再履行知情同意。实践中履行时间或费用成本过高导致知情同意履行困难，或因去识别化而无法识别个人信息主体，导致无法履行知情同意。

### （二）医学大数据的伦理对策

**1. 充分保障个人敏感信息和隐私的安全**

（1）保证个人敏感信息安全：为了保护个人信息权益，规范个人信息处理活动，促进个人信息合理利用，我国自2021年11月1日起施行《中华人民共和国个人信息保护法》。该法规定，只有在具有特定的目的和充分的必要性，并采取严格保护措施的情形下方可处理医疗健康和涉及生物识别的医学数据等敏感个人信息，即遵循合法、正当和必要原则处理这些信息。

医学大数据中存在大量去识别化信息。所谓去识别化，也被称为去标识化，是指个人信息经过处理，使其在不借助额外信息的情况下无法识别特定自然人的过程。去识别化信息仍属于个人信息，应该需要特别注意保证这些个人信息的安全。

匿名化数据与去识别化信息的处理规则不同。根据《中华人民共和国个人信息保护法》规定，个人信息是以电子或者其他方式记录的与已识别或者可识别的自然人有关的各种信息，不包括匿名化处理后的信息。该法明确，匿名化，是指个人信息经过处理无法识别特定自然人且不能复原的过程。

（2）探索隐私分类分级管理：指导对医学大数据收集、储存和应用过程的分级管理和配备相应的技术支撑。对涉及人类遗传信息的数据更应该加强管理。除了通过伦理审查，以及按照《中华人民共和国人类遗传资源管理条例》进行审批或备案，应签署数据转移或数据使用协议，明确约定数据使用范围和隐私保护措施、数据销毁时间和方法等。因特殊目的涉及隐私内容的应用，如不使用涉及隐私的信息无法进行研究时，经个体信息主体明确授权可以进行相关研究，但应该经审核决定后进行，且研究等数据应用优先采用后台挖掘的方式，且必须采取相应措施保障隐私安全。

NOTES

（3）规制大数据的用途：医学大数据已经成为科技资源和经济资源。我国从大数据建设向大数据应用转变。基于医学大数据的服务将不仅仅限于公益性科学研究,大数据挖掘分析和作为真实世界证据的健康医疗大数据也是医药研发及其临床验证的重要手段。基于大数据的商业用途也有助于社会总体成本的降低,促进医药成本的降低。但是,医学大数据的商业用途在个人权益保护方面应更为严格。用于商业用途的数据必须履行知情同意,并保障个人隐私。涉及对个人生活、工作影响较大的数据,应用整体挖掘结果。一些个体数据,如全基因组数据,严禁用于对个人参与者具有潜在危害的商业用途,如入职体检、商业保险等,避免导致个人生活和工作中的基因歧视。

**2. 积极应对知情同意内涵的新变化**

（1）采取适当的泛知情同意：泛知情同意（broad consent）非常适合医学数据的共享和大数据的建设与应用,包括定期重新签署、分层泛知情同意、选择退出等类型。可以根据需求采取不同泛知情同意类型,为个人信息主体提供可以选择同意或不同意的机会;要保证个体参与者可以对部分用途有机会要求重新签署或者表达选择退出的权利;在收集数据前已经签署特定用途知情同意书或泛知情同意书,如果数据共享或再使用方案在已签署同意的范围之内,无须另行签署;对于泛知情同意的签署,应该提供给个人信息主体足够的材料和更充分的时间考虑,以及明示提供给个人信息主体选择不予参加和/或随时退出的自主权利;签署泛知情同意的后续数据共享和应用,应该遵从个体参与者的意愿,并保证在原有同意范围内并按照预先约定的目的、用途共享应用;如果出现个人信息主体明确提出重新签署意思表示的情况,应该重新履行知情同意;无法重新签署的数据不能继续采用。选择退出同意模式必须经过广泛充分告知,促进知情同意的切实履行。

（2）满足条件者允许知情同意豁免：为了最大限度挖掘现有数据,包括大数据的再利用,满足一定条件的数据共享应用可以申请知情同意豁免。对于强制登记数据,如果无明示的拒绝意思表示时,也可以申请知情同意豁免。

为了促进数据的再利用,经过一定的程序,满足一定条件时,允许公益性医学大数据研究和应用的知情同意豁免。但是,这是个体知情同意的例外情况,必须严格根据豁免的条件由伦理委员会或数据审查委员会经过严格的审查之后做出决定。申请知情同意豁免,申请者应向伦理委员会提供要求豁免的明确理由;对于应用超出已经签署知情同意书范围的,应明确区分先前已获得同意和需要重新履行但无法获取知情同意的内容。目前国际上,豁免知情同意一般需要同时满足如下三个条件：①数据共享和再利用应具有重要社会价值和科学价值;②对个体参与者的潜在风险无或者很小;③无法履行知情同意或履行成本过高（包括社会或群体福祉代价）,或者只能利用所申请数据才能进行分析（无法再行收集或者重新收集成本过高）。根据《中华人民共和国个人信息保护法》,应优先采用匿名化数据。

（3）使用电子知情同意书：采取一些措施避免其潜在缺点并发挥其优势,包括对潜在参与者的身份通过其他方式确认（例如在线身份验证服务、传递身份证图像或生物特征）,参与者可以使用密码或指纹在其账户中签名,从而尽量减少重复注册或在多种身份下欺诈参与的可能性。

（4）尊重"不知情权"：知情同意作为一个尊重人们自主选择和保护其免受风险的过程,重点和难点在于如何提示对个人信息主体不利的信息。应避免"一刀切",而是根据具体情况进行调整,并采用不同的知情同意模式。同时,在重视尊重知情权的同时,也要重视尊重公民的不知情权。所谓不知情权（right of ignorance）,主要是指对遗传信息以及遗传异常信息有选择不知情的权利。

# 第二节　"互联网＋医疗"及其伦理问题

## 一、"互联网＋医疗"概述

### （一）"互联网＋医疗"的内涵及发展

"互联网＋医疗"是远程医疗的一种服务方式。WHO定义远程医疗是当服务提供者和患者之间存在距离时提供的在线医疗服务。

根据《"健康中国 2030"规划纲要》和《国务院关于积极推进"互联网＋"行动的指导意见》（国发〔2015〕40 号）（以下简称为《"互联网＋"指导意见》），国务院办公厅 2018 年 4 月 25 日印发了《国务院办公厅关于促进"互联网＋医疗健康"发展的意见》。为指导公立医院开展网络支付业务，进一步改善患者就医体验，国家卫生健康委办公厅于 2018 年 10 月 15 日印发了《关于公立医院开展网络支付业务的指导意见》（国卫办财务发〔2018〕23 号）。

《"互联网＋"指导意见》在健全"互联网＋医疗健康"服务体系中，提出发展"互联网＋医疗"服务：①鼓励医疗机构应用互联网等信息技术拓展医疗服务空间和内容，构建覆盖诊前、诊中、诊后的线上线下一体化医疗服务模式；②允许依托医疗机构发展互联网医院；③支持医疗卫生机构、符合条件的第三方机构搭建互联网信息平台，开展远程医疗、健康咨询、健康管理服务，促进医院、医务人员、患者之间的有效沟通；④医疗联合体要积极运用互联网技术，加快实现医疗资源上下贯通、信息互通共享、业务高效协同，便捷开展预约诊疗、双向转诊、远程医疗等服务，推进"基层检查、上级诊断"，推动构建有序的分级诊疗格局；⑤优化"互联网＋"家庭医生签约服务，并相应地完善"互联网＋"药品供应保障服务。

我国互联网医院近年来成长很快，来自国家卫健委的有关信息显示，在政策持续支持和先进技术支撑下，互联网医疗服务加速起步，从 2018 年 12 月的 100 多家到 2021 年 6 月的 1 600 多家。互联网医院已发展成为我国医疗服务体系的重要组成部分。

### （二）"互联网＋医疗"的服务类型

为贯彻落实《国务院办公厅关于促进"互联网＋医疗健康"发展的意见》有关要求，进一步规范互联网诊疗行为，发挥远程医疗服务积极作用，提高医疗服务效率，保证医疗质量和医疗安全，2018年 7 月 17 日国家卫健委和国家中医药局印发了《互联网诊疗管理办法（试行）》《互联网医院管理办法（试行）》《远程医疗服务管理规范（试行）》（以下简称"三个部门规章"），提出了利用互联网作为媒介，根据使用的人员和服务方式将"互联网＋医疗"服务分为三类。互联网医疗仍然由卫生健康行政部门和中医药主管部门负责互联网诊疗活动的监督管理。

**1. 互联网诊疗活动**　《互联网诊疗管理办法（试行）》所称互联网诊疗是指医疗机构利用在本机构注册的医师，通过互联网等信息技术开展部分常见病、慢性病复诊和"互联网＋"家庭医生签约服务。《中华人民共和国医师法》也已明确规定，执业医师按照国家有关规定，经所在医疗卫生机构同意，可以通过互联网等信息技术提供部分常见病、慢性病复诊等适宜的医疗卫生服务。

**2. 互联网医院**　《互联网医院管理办法（试行）》所称的互联网医院包括作为实体医疗机构第二名称的互联网医院，以及依托实体医疗机构独立设置的互联网医院。互联网医院可以为患者提供部分常见病、慢性病复诊、家庭医生签约服务。互联网医院可以使用在本机构和其他医疗机构注册（相当于允许多点执业）的医师开展互联网诊疗活动。

**3. 远程会诊医疗**　《远程医疗服务管理规范（试行）》所称远程医疗服务包括两种情形。其一是某医疗机构（邀请方）直接向其他医疗机构（受邀方）发出邀请，受邀方运用通信、计算机及网络技术等信息化技术，为邀请方患者诊疗提供技术支持的医疗活动，双方通过协议明确责权利。其二是邀请方或第三方机构搭建远程医疗服务平台，受邀方以机构身份在该平台注册，邀请方通过该平台发布需求，由平台匹配受邀方或其他医疗机构主动对需求做出应答，运用通信、计算机及网络技术等信息化技术，为邀请方患者诊疗提供技术支持的医疗活动。邀请方、平台建设运营方、受邀方通过协议明确责权利。《中华人民共和国医师法》也明确规定，国家支持医疗卫生机构之间利用互联网等信息技术开展远程医疗合作。

### （三）"互联网＋医疗"发展的基础和意义

**1. "互联网＋医疗"发展的基础**

（1）互联网和数字通信技术的普及：中国互联网络信息中心（China Internet Network Information

Center,CNNIC）发布了第53次《中国互联网络发展状况统计报告》（以下简称《报告》）。《报告》显示，截至2023年12月，我国网民规模达10.92亿，互联网普及率达77.5%。截至2023年12月，我国网络支付用户规模达9.54亿，较2022年12月增长4 243万，占网民整体的87.3%。互联网、移动电话、微信文本和语音消息的普及应用快速发展，移动互联网与线下经济联系日益紧密，移动支付使用不断深入，为"互联网＋健康医疗"服务提供了广阔前景。

（2）"互联网＋医疗"的自身优势：互联网诊疗具有成本效益，提高了效率，节约了时间和费用成本，具有远程医疗的潜在优势。表现在：①不受实体机构就诊地点的限制，可以通过远程获得服务；②不受实体机构就诊时间的限制，理论上可以在一天中的任何时间获得服务；③更为隐秘，有利于隐私保护等。

互联网诊疗方式适合工作繁忙，或因身体、心理等不便离开住所到实体机构就诊的人群，或对职业原因、咨询问题敏感的人群等。例如，精神疾病的低依从性是治疗效果较差的原因之一，有研究表明，远程服务可以提高偏执型精神分裂症患者治疗的依从性。而且，远程心理服务能够促进生活或工作在乡村、边远地区或没有实体机构服务地区的心理健康问题的来访。《报告》显示，2021年我国网民总体规模持续增长，城乡上网差距继续缩小。我国现有村已全面实现"村村通宽带"，贫困地区通信难等问题得到历史性解决。截至2023年12月，我国农村网民规模达3.26亿人，占网民整体的29.8%。

**2."互联网＋医疗"发展的意义**

（1）互联网医疗有望缓解实体机构压力，并解决我国医疗资源不平衡分布的问题，也会减少相应的服务费用。

（2）互联网诊疗方式为我国医联体提供科学合理、可行的运行管理模式：医联体内的医疗机构可以实现执业医师多点执业。上级医疗机构的医生可以直接借助互联网医院，为医联体内的基层机构的患者直接进行诊疗。互联网诊疗方式不仅有利于医联体内部医师多点执业方式的多样化，更能缓解医师的就诊空间和时间压力，使医生能够通过互联网对医联体内的患者进行便利转诊，和根据需求进行慢性病管理，进一步节约百姓就医的医疗成本。因此，医联体利用互联网技术可以加快实现医疗资源的上下贯通，提高基层医疗服务的能力和效率，推动构建有序的分级诊疗格局。

（3）"互联网＋医疗"适合慢性病管理：运用互联网家庭医生和人工智能护理等，有利于将社区养老和医养结合，形成智慧养老方案。2021年第七次全国人口普查结果数据表明：我国老年人口比例上升较快，人口老龄化程度加深。我国60岁及以上人口的比重已达到18.70%，总数达2.6亿；65岁及以上人口比重达到13.50%，达1.9亿，而且呈现明显加快趋势，心脑血管疾病等慢性病管理成为卫生健康医疗和家庭的沉重负担。

## 二、"互联网＋医疗"的伦理问题及对策

### （一）"互联网＋医疗"的伦理问题

**1."互联网＋医疗"的潜在风险**　互联网诊疗方式具有远程服务的缺陷，存在医疗潜在风险。表现在：①交流非同步及其缺陷。与实体机构面对面的诊疗同步不同，远程服务信息或反馈信息不及时；视频面对面或电话服务虽无信息延迟，但视频存在不清晰或无法进行"望诊"的问题。因此，"互联网＋医疗"不适合急诊病例和首次就诊。有些问题也不太适合互联网或电话咨询，如需要察言观色的皮肤科疾病或需要进行体征检查的神经科疾病。②非面对面交流导致医生了解或获得的信息不全面，缺乏非语言的线索和语调问题（电话除外），可能会产生误解而引起误诊误治。信息真实性可能存在瑕疵，互动的信息虚拟或者部分内容是不真实的。③技术支撑的限制。"互联网＋医疗"对电脑或手机所需要的网络环境有要求，如网络异常等可能造成沟通中断、回复延迟等。④互联网等通信技术引起的数据安全和隐私泄露问题，包括网络信息可能被医生以外的人看到，转发错误且无法撤回或撤销等。

2. **"互联网+医疗"的伦理挑战**  "互联网+医疗"在伦理方面的挑战主要表现在如下几个方面：个人隐私泄露的风险增加，影响范围大；在线互联网诊疗是否适合患者，是否有利于患者；在知情同意的内容和程序方面，全面考虑互联网诊疗的优势和风险，尤其必须充分告知潜在风险，要配合协助患者在自愿的基础上对是否采用这种服务方式做出合理的决定等。

### （二）"互联网+医疗"的伦理对策

1. **严格遵循有关法律和部门规章规定**  因为互联网诊疗活动属于医师的执业行为，应对上述潜在风险和伦理挑战，首先需要严格遵循《中华人民共和国医师法》等法律和上述"三个部门规章"的规定。"三个部门规章"提出了利用互联网作为媒介的不同服务方式、我国开展和进行互联网诊疗服务的相关要求以及"互联网+医疗"的执业范围限制，有助于应对上述伦理挑战。国家对互联网诊疗活动和互联网医院均实行准入管理。对于开展互联网诊疗活动的医疗机构、人员等提出了相关规定。

（1）开展互联网诊疗的机构：分为两种类型。一种是由取得《医疗机构执业许可证》的医疗机构提供互联网诊疗活动，并不是互联网医院。新申请设置的医疗机构拟开展互联网诊疗活动，应当在设置申请书注明，并在设置可行性研究报告中写明开展互联网诊疗活动的有关情况。如果与第三方机构合作建立互联网诊疗服务信息系统，应当提交合作协议，并要求"医疗机构与第三方机构的合作协议应当明确各方在医疗服务、信息安全、隐私保护等方面的责权利"，以加强隐私保护。已经取得《医疗机构执业许可证》的医疗机构提交相关材料经审核后，其执业许可的服务方式中包括或增加"互联网诊疗"。

另一种提供互联网诊疗活动的方式是互联网医院。互联网医院的优势在于不仅为本机构，而且为其他机构的医师提供互联网诊疗平台。医疗机构开展互联网诊疗活动应当按照《医疗机构病历管理规定》和《电子病历基本规范（试行）》等相关文件要求，为患者建立电子病历，并按照规定进行管理。机构要具有相关医疗管理制度和设施等，如建立医疗质量和医疗安全规章制度，应当具备满足互联网技术要求的设备设施、信息系统、技术人员以及信息安全系统，并实施第三级信息安全等级保护。基层医疗卫生机构实施"互联网+"家庭医生签约服务，在协议中告知患者服务内容、流程、双方责任和权利以及可能出现的风险等，签订知情同意书。这些规定有助于加强互联网诊疗活动中的隐私保护和知情同意。

（2）开展互联网诊疗活动的人员要求：根据《互联网诊疗管理办法（试行）》要求，只有注册执业医师、护士才能开展互联网诊疗活动。而且，医师开展互联网诊疗活动应当依法取得相应执业资质，具有3年以上独立临床工作经验，经其执业注册的医疗机构同意，并应当能够在国家医师、护士电子注册系统中查询。此外，医疗机构应当对开展互联网诊疗活动的医务人员进行电子实名认证，鼓励有条件的医疗机构通过人脸识别等人体特征识别技术加强医务人员管理。

（3）互联网诊疗执业范围限制：《互联网诊疗管理办法（试行）》规定，互联网诊疗活动只能在线开展部分常见病、慢性病复诊。医师应当掌握患者病历资料，确定患者在实体医疗机构明确诊断为某种或某几种常见病、慢性病后，可以针对相同诊断进行复诊。当患者出现病情变化需要医务人员亲自诊查时，医疗机构及其医务人员应当立即终止互联网诊疗活动，引导患者到实体医疗机构就诊。不得对首诊患者开展互联网诊疗活动，也不能对疾病急性期和慢性疾病急性发作时采取在线互联网诊疗。

医疗机构开展互联网诊疗活动应当严格遵守《处方管理办法》等处方管理规定。医师掌握患者病历资料后，可以为部分常见病、慢性病患者在线开具处方。在线开具的处方必须有医师电子签名，经药师审核后，医疗机构、药品经营企业可委托符合条件的第三方机构配送。此外，医疗机构开展互联网诊疗活动时，不得开具麻醉药品、精神药品等特殊管理药品的处方。为低龄儿童（6岁以下）开具互联网儿童用药处方时，应当确认患儿有监护人和相关专业医师陪伴。

这些规定明确了互联网诊疗活动的范围，提出了相关的处方管理要求，对于保护患者权益具有很好的规制作用。

2. **开展"互联网+医疗"临床诊疗规范的培训**  "互联网+医疗"的伦理规范，需要通过管理培训提高临床医学伦理学素质和执业医师的执业道德。培训应至少包括以下内容：首先，在互联网诊疗活动中，执业医师和护士应注意遵循有关临床伦理原则。以尊重原则为例，应该尊重患者的个人偏好，对于诊疗各个方案，特别是具有行为干预性治疗或有潜在个人副作用等情况，要切实履行知情同意。知情同意内容应包括"互联网＋医疗"服务方式本身的优势和风险，特别是可能的风险。此外，如果在互联网诊疗活动中拟收集相关数据用于研究，也应该先履行知情同意。

其次，严格遵循互联网诊疗活动执业规则。按照《医疗机构病历管理规定》和《电子病历基本规范（试行）》等相关文件要求，开展互联网医疗服务要为患者建立电子病历，并按照规定进行管理，以便患者可以在线查询检查检验结果和资料、诊断治疗方案、处方和医嘱等病历资料。互联网诊疗允许在线开具处方。在开具处方前，医师应当掌握患者病历资料，确定患者在实体医疗机构明确诊断为某种或某几种常见病、慢性病后，可以针对相同诊断的疾病在线开具处方。与实体机构诊疗一样，互联网医院发生的医疗服务不良事件和药品不良事件按照国家有关规定上报。互联网诊疗活动要求开具处方，医师要更为谨慎和高度注意，因为远程的服务的特点和缺陷，很可能无法及时联系患者，一旦出现错误将造成无法弥补的损害。开展互联网诊疗活动的医师必须对患者进行风险提示，获得患者的知情同意。

此外，"互联网＋医疗"服务，应加强隐私保护。互联网环境下，一旦隐私泄露，可能难以控制，对患者造成的损害将远超过实体医疗。因此，要求互联网医院应当严格执行信息安全和医疗数据保密的有关法律法规，妥善保管患者信息，不得非法买卖、泄露患者信息。发生患者信息和医疗数据泄露时，医疗机构应当及时向主管的卫生健康行政部门报告，并立即采取有效应对措施。

对于互联网的风险及其防控措施等机构也应进行相应的培训。对拟开展互联网诊疗的医师应该考核认定。相关医师也应提高风险意识，注意相关知识的培训，以保证互联网诊疗活动的患者安全。

3. **注重开展"互联网＋医疗"科普**    应该利用自媒体等平台广泛开展"互联网＋医疗"服务的科学普及活动，让公民知道急诊和首诊是不适合和不允许互联网诊疗活动的，全面了解"互联网＋医疗"服务的优势和风险；避免夸大优势、淡化风险，力避对服务风险认识不足，医患双方共同降低相关风险，最大限度发挥互联网诊疗服务的优势。

（关　健）

【复习思考题】

1. 医学大数据应用的两大重要伦理问题的挑战和应对措施是什么？
2. "互联网＋医疗"的伦理挑战及其应对有什么特殊性？

扫码获取
数字内容

# 第十五章
# 医学科学研究伦理

**学习要点**

1. 医学科学研究的特点。

2. 人体试验的伦理问题。

3. 人体试验的伦理原则。

4. 动物实验 4R 原则的主要内容。

医学科学研究是利用人类已掌握的知识和工具,用临床观察、临床试验、社会调查分析等方法探求人类生命活动的本质和规律以及与外界环境的相互关系,揭示疾病发生、发展的客观过程,探寻防病治病、增进健康的途径和方法的探索活动。医学科学研究的两种主要方式是人体试验和动物实验。这两种方式均存在不同的伦理争议和伦理问题,需要明确和遵循相应的伦理原则。作为医学科研人员,探求生命运动和疾病发生、发展规律也需要以遵循伦理原则为基础,必须遵循医学科学研究的道德要求,自觉加强科研诚信建设。

## 第一节 医学科学研究及其伦理问题

### 一、医学科学研究概述

#### (一) 医学科学研究的含义

医学科学研究,是指以客观的生命现象作为研究客体,运用科学的手段和方式,认识和揭示生命的本质、结构、功能及其发生、发展客观规律的探索性实践活动。构成这种活动的基本要素就是问题、实验观察和理论思维。其基本任务是认识和揭示疾病的发生、发展和转归过程,提出防治的有效措施和方法,并以此提高医学科学水平,促进人类健康,保证社会安定和繁荣。

医学科学研究主要包括人体试验(涉及人的生物医学研究)和动物实验(动物科研)。医学科学研究涉及生命、人体、医患关系、医疗政策、卫生经济、医疗保险、医药公司、人类物种存续等多方面问题,与其他自然科学研究相比,医学科学研究有其自身的特点。医学科研人员会面临更严重的矛盾冲突和利益纠结,因此,对医学科研实践进行正确的价值选择与道德规约具有重要意义。

#### (二) 医学科学研究的特点

**1. 研究对象的复杂性** 医学科学研究的主要对象是生命。生命现象是物质世界长期演变、进化的产物,与非生命现象具有共同的存在根据和规则,但作为高级的物质存在方式,生命现象又具有不同于非生命现象的客观属性和逻辑。因此,生命现象不能简单地还原、归结为一般物质的本质及其规律性,而应特别强调生命现象的特殊机制及其规律性。已有的生命科学研究表明:与非生命现象相比,生命的本质及其物质结构、功能、进化规则、个体差异等要复杂得多,可以说是世界万事万物中最难把握的现象,其中人的生命现象更是极其复杂。人体被佛、道、中医称为"小宇宙",人是宇宙的缩影。

**2. 研究过程的复杂性** 首先取决于研究对象的复杂性,医学科学研究的研究对象,尤其是人类,不仅有生理活动,还有复杂的心理活动和明显的社会属性;其次还取决于研究本身的复杂性。无论是对生命群体、个体的观察归纳,还是对群体、个体的实验分析,其实验设计、实施过程会受到许多不可控因素的干扰和影响,使得医学科学研究所需时间长,干扰因素多,可重复性验证困难,研究过程的连续性、可控性和客观性差;加之,对人体和动物开展的研究,还会受到伦理制约,试验(或实验)需要严密设计,严谨论证,严格保护受试者或实验动物的权利或福利。

**3. 研究结果的复杂性**　研究对象和研究过程的复杂性,决定了某一具体医学科学研究结果的复杂性。同样的研究往往得出不同的结果,而且,当研究结果以结论形式出现时,无不已经注入研究者的主观认知因素,例如世界观、方法论,甚至个性特点,这就使研究结果更趋复杂化。19 世纪八九十年代,德国的 W·鲁通过对早期蛙胚的实验研究提出了著名的"发育镶嵌学说",从而成为"实验胚胎学"的创始人之一。与他同时代的学者 H·德里施,在用海胆作为实验对象检验鲁的镶嵌学说的实验中,却得出了与镶嵌学说相反的结果。后世的生命科学史学家认为,鲁和德里施二人在实验结果上出现的矛盾,首先是他们所使用的研究对象和实验技术不同所致,其次缘于他们对分化原因的不同理解和解释,比如鲁更强调内因,而德里施则更强调外因。

**4. 研究影响的复杂性**　非生命现象的研究成果及其运用,直接影响和改变的只是非生命界,其带来的正负效应界限比较分明,而且人们有信心通过各种手段控制,使其正效应远远大于负效应,一般不会引起太大争议。但是,医学与人体生命科学研究的成果及其运用,无论对生命界,还是对整个物质世界,不仅具有直接影响,还会产生间接影响。就其影响性质而言,由于此类研究结果直接、长远地作用于人类命运,正负效应的界限短时间内难以划清,人们对其安全性、负效应的忧虑要沉重得多,可能产生特别大的争议。近些年,更多医学科学研究,如基因编辑技术、异种移植和人体冷冻技术等,带来更深远的思考,这些研究对人类的影响是无法估量的。

## 二、医学科学研究的伦理问题

### (一) 医学科学研究的伦理问题

**1. 研究主体与研究对象之间的利益矛盾**　医学科学研究的研究主体是科研人员,开展研究的目的是发现新知识,研究对象是生命现象。但是,在医学科学研究中,除了观察性研究,更多的研究在研究方案的设计中,都要对研究对象进行各种人为控制甚至干预,让研究对象在受控条件下活动,以方便研究主体观察、记录和得出结论。那么,这种控制或干预对研究对象是正当的吗? 对于两者之间的利益矛盾,至少需要考虑以下两点。首先,生命历程中的各种现象是自然而然发生和进展的,对生命自然过程的控制和干预需要有充足的伦理辩护。其次,即便是对罹患疾病的生命体进行控制或干预,因研究目标不是治疗疾病,所以其控制或干预手段并非直接地或必然地能够给研究对象带来好处,甚至会延误疾病治疗,加速疾病进程。

**2. 研究对象与医学科学发展之间的利益矛盾**　这一对矛盾与上一对矛盾相似。医学科学研究的目的是通过研究人类生命本质及其疾病的发生、发展和防治、消灭的规律,以增进人类健康、延长寿命和提高劳动能力。无论研究对象是人还是非人的其他生命,都没有义务为了医学科学研究的利益而去损害自己的利益。二者之间的利益矛盾是天然存在的。如果一项医学科学研究对医学发展可能有明显的意义,但对研究对象可能造成损伤,甚至出现不可预测的损害后果,此时,在研究对象健康价值与医学科学发展价值不能两全的情况下,需要开展严格的伦理讨论,谨慎开展此类研究。

**3. 研究人员群体内部的利益矛盾**　医学科学研究项目开始之前,研究人员之间可能会出现分工的矛盾,例如主课题与子课题的矛盾,主持人与课题组成员的矛盾等;在研究过程中,也会有信息如何共享,先行完成的课题可否先行一步独立公开发表论文及成果,不同研究人员的教育背景、理论偏好、科学声望、获得认可的追求的矛盾,不同研究人员的宗教信仰、民族情结、政治立场产生的矛盾等;研究结束后,成果如何分享,包括署名、荣誉和奖金分配等,这些均需要研究人员有良好的医学科研道德素质与伦理自觉。

**4. 研究过程中的利益矛盾**　主要体现为科研不端行为。医学科研不端行为是指在生物医学研究的计划、实施、评议研究或报道研究结果中伪造、篡改、剽窃或违背人体生物医学研究国际伦理准则等科学共同体公认的科研行为准则的行为。在医学科学研究领域,科研不端行为主要表现在以下五个方面:研究选题与资源配置不合理;数据的收集、保护和共享存在重大偏倚;学术报告署名与学术成果出版不真实;科研管理与同行评议缺乏严肃、公正;研究对象的保护措施不足。因此,必须加强医学科学研究中的伦理建设,既强化医学科学研究道德的他律机制,又强化研究人员的自律素质,从而有效减少医学科学研究中的不端行为。

### (二)医学科学研究的伦理准则

**1. 尊重科学,严谨治学**　科学来不得半点虚假,医学科学研究必须尊重事实,坚持真理。医学领域假的科研成果不仅危害科学进步,更违背国家、人民的利益,这是医学科研道德绝对不允许的。在医学科学研究中,项目方案设计是否基础扎实、内容严谨,研究过程是否严格遵循项目方案设计,实验材料、数据等是否客观、精确、可靠,直接影响着科研的进展及其结论的正确性,在科研成果实际运用到临床治疗和健康保健领域后,还可能影响到患者疾病的转归、群众生命的安全。在研究中,如果研究人员只按自己的主观愿望和要求,随心所欲地取舍数据,甚至伪造资料、杜撰结果,都是不符合科研道德的行为,有损医学科学研究的信誉。

**2. 动机纯正,勇于创新**　纯正的动机能激励研究者发扬勇于创新、直面挑战、百折不挠、奋斗不息的精神。医学科学研究的复杂性和艰巨性要求研究者不图名利,遵循医学伦理基本原则,遵循医学科学研究的道德要求,坚持救死扶伤、防治疾病、增进健康的目标。同时,创造性是医学科学研究活动的一个突出特征。创新是科研的生命。创新精神和创造意识对医学科学发展具有重大的意义。研究人员勇于创新的伦理素质主要包括:科学精神与人文精神的统一;实践品格与理性素养的统一;科学的怀疑精神与坚持真理的统一;精英意识与群体意识的统一。

**3. 谦虚谨慎,团结协作**　科学研究是有继承性的,任何一项科学研究,都是以前人的研究基础和研究成果为起点的。牛顿曾形象地比喻说"如果我比笛卡尔看得远些,那是因为我站在巨人肩膀上的缘故"。医学科学研究中的疾病和健康问题,需要临床医学与生物学、物理学、化学、计算机科学、心理学、伦理学、社会学等多学科的相互交叉与渗透才能获得解决。一项科技成就的取得需要各方面力量的有机组合,包括情报的相互提供、思想的互相交流、实验的互相配合、同事间的互相帮助、部门间甚至国际上的相互协作等。医学科研协作精神具体表现为协作各方相互平等、相互尊重,资源共享、相互支持,信守诺言、遵守协议,成果分配实事求是、公平合理。

## 第二节　人体试验伦理

### 一、人体试验概述

人体试验,也被称为"涉及人的生命科学和医学研究"。2023年我国颁布施行的《涉及人的生命科学和医学研究伦理审查办法》中明确此类研究包括以下活动:①采用物理学、化学、生物学、中医药学等方法对人的生殖、生长、发育、衰老等进行研究的活动;②采用物理学、化学、生物学、中医药学和心理学等方法对人的生理、心理行为、病理现象、疾病病因和发病机制,以及疾病的预防、诊断、治疗和康复等进行研究的活动;③采用医学新技术或者新产品在人体上进行试验研究的活动;④采用流行病学、社会学、心理学等方法收集、记录、使用、报告或者储存有关人的涉及生命科学和医学问题的生物样本、信息数据(包括健康记录、行为等)等科学研究资料的活动。

人体试验可以得到伦理学辩护。人体试验天然地存在着主动与被动的矛盾,科学利益、社会利益与受试者利益的矛盾,自愿与被迫的矛盾。但是,人体试验是医学科学研究成果从动物实验到临床应用的唯一中介,是医学科学研究不可缺少的必要环节,是医学科学研究必经的最后阶段。在伦理规约下开展人体试验在道德上是可以接受的,也是道德所要求的。理由有三点。首先,把只经动物实验研究的药品和技术直接、广泛地应用于临床是对广大民众健康和生命的不负责任;取消人体试验,相当于用所有的患者做试验,这是极危险的,也是极不道德的。第二,动物实验不能完全取代人体试验。种属之间有巨大的差异性,人更有不同于动物的心理活动和社会特征,人的某些特有的疾病不能用动物复制出疾病模型。经动物实验所获得的研究成果必须经人体试验进行最后验证,才能确定其在临床中的应用价值。第三,医学科学研究所追求的不仅仅是理论上知识的积累,它最终会在整体上使更多的人和社会受益。人体试验的目标是以提高诊断、治疗和预防水平为目标,从而更好地维护与增进人类健康,促进医学发展。因此,人体试验不仅是必然、必要的,而且也可以得到伦理的辩护和支持。

人体试验至少存在以下四个认识误区。第一,参加人体试验的受试者就是"小白鼠"。事实并非如此。现代人体试验有科学、完备、周密的试验设计,试验方案要得到国家相关部门的批准或备案,还要得到各研究机构伦理委员会的审查和批准;研究者会被要求严格按照试验方案对受试者状况进行严密监护和记录,有任何不良反应都要及时上报并紧急处理;受试者出现试验导致的损害时,会得到赔偿。第二,参加人体试验对受试者不会有太大帮助。对于健康受试者来说确实如此,因为人体试验的目的是获得新知识,而不是为了治疗或帮助受试者。但对于患者受试者来说,参加临床试验有可能是一个获得最新疗法的机会,可能成为疾病的转机。第三,参加人体试验的受试者都是没有其他选择的晚期绝症患者或经济条件差的人。事实并非如此。人体试验的试验药物或疗法涵盖所有疾病的种类和不同阶段,并不局限于晚期病症。而且,招募受试者要在自愿的前提下,根据研究方案设定的入排标准严格筛选,绝不会把晚期绝症患者当作医学研究的工具,也绝不是受试者用来赚钱的工具。第四,参加了人体试验,受试者就不能退出了。事实并非如此。虽然,人体试验会给受试者免费提供试验和对照药物/器械,与试验相关的各项检查项目全部免费,多数人体试验还会给受试者提供一定金额的交通、误餐补助,健康受试者更可以获得较大金额的补助。但是,"拿人手短,吃人嘴软""得人钱财,替人办事"的心理是错误的,受试者有"不需要任何理由随时退出"的权利,退出试验后医生会将受试者转入标准治疗而绝不会有任何歧视。

## 二、人体试验中的伦理问题

### (一) 风险与受益的伦理问题

人体试验的风险主要包括试验本质的风险和设计性风险。从本质上来说,人体试验因其要在人体尝试一种未(全)知的药物、器械或疗法,所以它本身就是一种风险;设计性风险主要源于现代人体试验普遍采用的双盲法与安慰剂,当前它们被认为是科学的试验设计,是试验消除偏见、达至客观效应的需要,但同时也给受试者带来风险。

研究预期受益分为受试者受益和社会受益。受试者参加试验的受益有可能包括缓解病症、对所患病症取得更深刻的认识、在研究期间获得研究者特别的监护、提前获得有临床应用前景的新药治疗等。但患者也可能参加与其所患病症无关或虽有关但不提供任何诊断或治疗益处的试验,健康受试者则更无法从试验获得任何直接受益。这类对受试者没有直接受益的研究,由于它增加了人类的医学知识从而使科学受益,使社会受益。

科学利益、社会利益与受试者利益在实践过程中是矛盾的。需特别注意,对受试者健康的考虑应优先于对科学和社会利益的考虑,受试者的权益、安全和福利应得到首要考虑并加以保护。任何一项人体试验如果有可能对受试者造成身体上或精神上较严重的伤害,那么无论其科学价值、社会价值有多大,无论其对医学的发展和人类的健康具有多么重要的意义,也不能进行。

### (二) 受试者招募的伦理问题

在人体试验中,研究者与受试者目标不同而引发伦理问题:受试者想以自己的获益为目的,享有试验利益;研究者只能将受试者作为科研手段,让其承受试验负担。显然,让受试者承受负担,而把由此换来的收益让他者(研究者、申办方、资助者等)享有是不合理的。因此,招募或选择受试者应遵循

"公平分配负担与收益"原则,具体包括:①不伤害原则。要求试验方案应该利大于害,或局部损害可治疗恢复,或身心健康基本不受影响;对于利害不明的试验方案,应严格把关,慎重开展;对于有害无利或害大于利的试验方案,应禁止开展。②公平选择受试者。受试者的选择应有明确的医学标准,不允许用非医学标准来选择或排除受试者,不能有种族歧视、性别歧视和年龄歧视。③特殊受试者的特殊要求。以犯人为受试者应进行额外的安全审查;以孕妇、胎儿、儿童、残疾人和精神病患者等作为受试者,一般只能进行如果他们不参加试验就不能解决他们健康问题的人体试验。

### (三) 知情同意的伦理问题

知情同意是最重要的伦理原则,在法律上是受试者及研究者双方利益的共同保障。但是,知情同意各环节也最容易出现伦理问题。存在的伦理问题主要有以下三个方面:①并非真实的自愿同意。同意应以自愿为前提,任何以诱惑、欺骗或强迫手段获得的"同意"都是违背知情同意原则的,是无效的,是不道德的。其中,要特别注意,隐蔽性的利诱会削弱受试者的理性和自主决定的能力。同时,受试者任何时候都有撤销同意的自由。②只有知情同意结果(知情同意书),没有知情同意过程。知情同意更重要的是交流过程,而不只是签署知情同意书。研究者和受试者要对试验的全部信息做充分的、可理解的交流。③知情同意缺乏连续性。知情同意书的签订并不意味着告知义务的结束。人体试验项目是一个长期的过程,当研究的程序、条件等情况发生变化,研究者必须及时通知受试者,使其了解发生变化的试验信息,必要时需重新获得知情同意。

### (四) 随机对照、安慰剂与双盲法的伦理问题

随机对照是现代人体试验的一个科学原则,也是一个道德原则。设计科学的随机对照,可以消除偏见,正确判断试验结果的客观效应。常用的对照类型有空白对照、标准对照、安慰剂对照、自身对照和历史对照等,其中安慰剂对照存在的伦理问题最为严重。

安慰剂对照以剥夺或部分剥夺受试者知情同意权为前提,其目的是保证研究及其结果客观可靠。在此情况下,受试者的知情同意自主权与医学科学发展的功利追求发生了严重碰撞:安慰剂的应用意味着必须停止对患者的治疗,患者很有可能因此而错过最佳治疗时机。因此,对危重患者、病情发展变化快的患者,不能设计安慰剂对照试验。

双盲法是在设计对照组的情况下,受试者和试验观察者都不知道谁分配到哪一组。此方法可以更大限度地避免主观因素对试验结果的判断和影响,保证试验结果的客观性和科学性。但双盲法在伦理上也存在障碍:患者(受试者)有权知道自己接受治疗(试验)过程的全部信息,但双盲法则违反了这一原则。因此,双盲法应严格遵循《赫尔辛基宣言》的伦理要求,全力保障受试者权益。

## 三、人体试验的伦理原则

### (一) 维护受试者利益原则

人体试验必须以维护受试者利益为前提和出发点,这是人体试验首要的、根本的伦理准则。维护受试者利益强调对受试者的安全、健康和权益的考虑必须高于对科学和社会利益的考虑,力求使受试者最大程度受益,并尽可能避免伤害。这条根本原则需要以下原则的配合落实,才能得以实现。

### (二) 科学性原则

科学的试验设计不一定就是符合伦理的,但不科学的试验设计一定是不符合伦理的。保证人体试验符合伦理原则,避免对受试者造成伤害,其前提条件是确保人体试验方案设计严谨科学,具体要求包括:有确实可靠的动物实验数据;人体试验全过程要有充分的安全防护措施,要有有效措施处置各种不良事件;须在具有相当学术水平和临床经验丰富的医学科研工作者的亲自参与和指导下进行;试验结束后,必须作出实事求是的科学报告,不得篡改、编造试验数据。

### (三) 尊重受试者原则

尊重受试者自我决定权。这是对受试者人格完整性的尊重。受试者的自我决定权是指具有行为能力的受试者在获得较充分的相关信息基础上,就人体试验的相关事项(是否参加试验、是否退出试

验等)独立做出决定的权利。为保障此原则的实现,要做到事前无胁迫,事后无不利影响。

尊重受试者知情权。受试者的知情同意是人体试验的重要前提。研究者必须告知受试者必要的、充分的、能够被正确理解的信息(包括但不止试验目的、试验方法、持续时间、风险与应对措施、补偿及赔偿、退出的权利等),在此基础上,受试者在不受强迫或不正当影响、引诱、恐吓的情况下,自主、理性地表达同意或拒绝参加人体试验的意愿。

尊重受试者隐私权。对受试者个人试验资料采取有效的保密措施,包括生活秘密、私生活空间及私生活的安宁状态。具体要求包括:人体试验禁止采用实名制;受试者全名不得出现在病历报告表等所有记录及文件中,通常以代码替代;相关信息的传阅除研究者外,仅限于申办者、伦理委员会、药监部门等在符合相关规定的情况下进行。

### (四)公正原则

人体试验中的公正原则包括三个方面。首先是分配公正,包括:受试者的选择与排除都要依据科学的入选与排除标准,受益与负担要合理;研究设计应尽量采用随机双盲对照,以保证受试者被随机分配到不同组别。第二个方面是程序公正,包括:人体试验应在卫生行政管理部门备案;试验方案、知情同意书、招募广告等应申请进行伦理审查;试验过程应接受伦理委员会跟踪审查等。第三个方面是回报公正,包括:应该免除或减轻受试者因参加试验而承担的经济负担;受试者如因参加试验而受到损害,有权得到免费医疗,并得到经济或其他方面的援助或补偿;如果受试者由于参加试验而死亡,其家属有权得到赔偿。

### (五)伦理审查原则

伦理审查是保障人体试验符合伦理要求的必要组织程序,它对于确保人体试验的正当性具有不可替代的作用。人体试验本身内含着十分尖锐的伦理矛盾。化解矛盾一方面依赖于研究者自律,另一方面依赖于对研究者加以他律。伦理审查便是他律的一个切实可行的机制。在我国,实施伦理审查的主体叫"伦理委员会""科研伦理审查委员会"或"药物(医疗器械)临床试验伦理委员会"。国际常用名称还有"机构审查委员会"(Institutional Review Board,IRB)。《赫尔辛基宣言》(2013)第23条对伦理审查机构及其审查程序做出了框架性规定:在研究开始前,研究方案必须提交相关伦理委员会进行考量、评论、指导和批准;委员会必须独立于研究者、资助者和任何其他不当影响;委员会必须监督正在进行的研究;研究者必须向委员会提供试验的全部信息,尤其是任何不良事件的信息;修改研究方案必须得到委员会批准;研究结束后,研究者必须向委员会提交包含研究结果和结论摘要的最终报告。

## 第三节 动物实验伦理

### 一、动物实验概述

#### (一)动物实验的概念

实验动物(laboratory animals)也叫实验用动物,是专门培育供实验用的动物。2004年修订的《北京市实验动物管理条例》第二条将"实验动物"定义为"经人工饲养、繁育,对其携带的微生物及寄生虫实行控制,遗传背景明确或者来源清楚的,应用于科学研究、教学、生产和检定以及其他科学实验的动物"。可见,实验动物不同于一般野生动物,不是在自然中生育成长的;它本身携带的微生物和寄生虫是受到控制的;它的存在目的与伴侣动物、农场动物、娱乐动物不同,它是为了生命科学的发展及人类健康而被应用于科学研究、教学、生产和检定的动物。常用实验动物包括小鼠、大鼠等啮齿类动物,兔、犬、猪、羊以及非人灵长类动物等。它们因与人类相似度较高,被用于胚胎学、病理学、解剖学、生理学、免疫学等生物学基础研究和药物评价。

动物实验(animal experiment)是在实验室内使用实验动物进行的科学研究。动物实验的目的是通过对动物生命现象的研究,进而推广到人类,以探索人类的生命奥秘,防治人类疾病,延长人类寿命,提高人类生命质量。

动物实验应该由经过培训、具备研究学位或专业技术能力的人员进行或在其指导下进行。多年来,实验动物做出了巨大牺牲,提高了治疗手段的功效,同时延长了人类的寿命。在未来相当长时期内,我们仍不得不使用动物进行实验。尽管动物实验对生物医学、生物技术的发展起着非常重要的作用,但动物实验一直引发巨大争议,受到动物保护主义的严峻挑战。

### (二) 动物实验的意义

动物实验在现阶段仍然具有重要的意义和价值。动物实验是人类直接认识生命现象的重要媒介,它对于人们认识有机界各种规律的作用是无可争辩和无可取代的。生物医学界中很多里程碑的科研成果都是通过动物实验做出来的。

使用医学实验动物是医学生物学研究的重要手段,直接影响医学各领域课题研究成果的确立和发展水平。现代医学各领域许多最重要的进步都是以动物实验研究与探索为基础的,如探索人类疾病的发病机制、医学新知识的获得、医疗新方法的应用、寻找治疗新途径、评价新药效果和安全性等,往往需要首先开展动物实验。其他领域比如产业公害、食品公害、化妆品毒性等直接影响人体健康的问题,也必须首先通过动物实验加以解决。没有实验动物的巨大贡献,人类对于生命的理解绝对不可能达到现在这个程度。如果禁止使用动物进行医学实验,将未经动物实验的产品、器械、治疗方法直接用于人类,那相当于是用人类/人体直接做实验,相比之下是更加不妥当和不符合伦理的。

实验动物一直为科学研究和人类的健康作出巨大的贡献和牺牲,对今天生物医药领域的发展有着不可替代的推动作用。为了人类的利益,千千万万实验动物奉献了生命,为医学事业做出了巨大贡献。作为已步入文明社会的人类,应该重视实验动物伦理,尊重动物、保障动物福利应该成为科技人员和医学生的自觉行为。

## 二、动物实验的伦理观点

### (一) 人类中心论

人类中心主义是一个不断发展的流动命题,有其历史变动性和多义性,并非所有阶段所有类型的人类中心主义都会危及人与动物的关系。

传统人类中心主义是引发人与动物关系失衡、紧张态势的理念根源。传统人类中心主义建立在征服和宰制自然的基础上,宣称"人是万物的尺度",整个自然界的存在就是为了满足人类的各种需要,自然界一切非人的存在包括动物都是人类征服的对象,是可供人类解剖和任意操纵的客体。在狭隘的传统人类中心主义支配下,人类肆无忌惮地掠夺和透支动物界,导致动物界系统因动物物种逐渐减少而破缺和失衡。

相较之下,现代人类中心主义则更加视野开阔。现代人类中心主义并没有一味地排斥非人类存在物的内在价值,而是将以人为中心的伦理学向外延伸,不仅按照人的"利益平等"原则将道德关怀延伸到子孙后代,而且还延伸到非人类存在物。这样的人类中心主义在很大程度上超越了以往狭隘的传统人类中心主义藐视动物、野蛮开发动物资源的局限性,开始以一种整体主义的观念看待人与动物的关系,将对动物界和自然界的维护视为是对人类永续幸福与安宁的维护。

经由从传统到现代的一系列变迁,人类中心主义并没有也不可能完全消失,它只是改变了存在的方式和其中所包含的意义。人类在任何时候都无法舍弃人类中心主义。作为一个深层的法哲学理念,它将继续筹划着人类未来生存和发展的方式。对于人类中心主义,既不能全盘肯定,亦不能全盘否定,而是需要扬弃与重构。

### (二) 动物权利论

世界动物保护运动的倡导者彼得·辛格(Peter Singer)指出,人类可以爱护动物,但这种关爱以等级制为基础,"是一种仁慈的专制制度",含情脉脉的外表无法掩盖物种歧视的事实。需要建立一种非人类中心主义的动物保护观,赋予人与动物平等的基础。

动物权利论认为动物拥有自身固有的内在价值,由于这种价值不是人赋予的,而是自然本身生成的,所以动物也具备自身独立的道德主体地位,拥有属于自己的生存权利。承认动物拥有权利,一个合理的逻辑后果就是,动物不再是人的财产或者工具,而是跟人一样的主体性存在,人必须像对待自己的同类一样公平地对待动物。这为动物保护主义提供了一个不同于动物福利的伦理依据。

动物权利论认为动物和人一样拥有绝对无差别的权利,人类没有权利让动物来承担由人类造成的痛苦。甚至部分持有较为极端观点的"废奴派"认为,不管基于什么目的、在什么情况下、用任何方式使用动物都是错误的,即使研究有很大价值,或者对动物是无痛的,只要把动物关进笼子里就是奴役,即使宠物也是一样。激进的动物权利者认为动物实验使动物遭受痛苦、紧张甚至牺牲,侵犯和违背了动物的权利,是不道德的,因此,动物权利论反对任何形式的动物实验,甚至要求停止饲养经济动物、娱乐动物等行为。

但是,众所周知,动物实验承载的人类医学事业的意义,如果完全废除动物实验,必然又激起医学界的抵制,更会对人类健康带来直接的风险和威胁。因此,动物权利论所引发的伦理问题亟待解决。

### (三) 动物福利论

动物福利论是一种较为折中的观点。动物福利是指人类应该合理、人道地利用动物,要尽量保证那些为人类作出贡献的动物享有最基本的权利。动物福利论认为动物实验能够促进人类生命医学的进步,促进人类整体的健康,因此,不反对人类对动物的广泛利用。但是,鉴于实验过程中动物要遭受不同程度的痛苦,动物福利论主张在利用动物进行实验研究的过程中,应关注动物的生存状态,提供适当的生存条件,减少其所受痛苦,即动物实验要符合动物福利的要求。

动物福利主义者也被称为"最低限要求者"。动物福利主义者要求尊重动物的生命尊严,他们可以忍受在一定条件下做动物实验,倡导对研究进行严格的限制与检查。他们认为是否进行动物实验要取决于研究潜在的价值、动物的痛苦程度和动物的类型,强调研究的可能价值应该要高于动物承受的痛苦或是做出的牺牲。

动物福利思想在生产者、消费者、科学家、政府等多方利益、观念、知识的冲撞与磋商中形成。1822 年英国议会通过了《防止残忍和不当对待家畜的法案》(简称《马丁法案》),这是世界首个禁止人类残忍对待动物的专门性法律,标志着动物福利事业的诞生。1926 年,伦敦大学兽医学院查尔斯·休姆教授提出"动物福利"术语,呼吁以科学方式解决动物问题。1964 年鲁斯·哈里森出版《动物机器》一书,暴露了集约化养殖和工业式农场经营中隐蔽的动物痛苦,进一步引发了社会各方长达十五年对于动物福利问题的辩论。经过各方长期争论和磋商,1979 年英国农场动物福利委员会(FAWC)确立了农场动物福利的"五大自由"思想,为动物福利科学的研究确立了基本框架,指明了发展方向。

动物福利主义的"五大自由"思想包括:①免于饥饿和口渴的自由,即动物随时可以获得新鲜饮用水和食物来保持充分的健康和活力;②免于不适的自由,即为动物提供适当的环境,包括住所和舒适的休息区;③免于痛苦、伤害或疾病的自由,即对动物进行疾病预防、快速诊断和治疗;④表达自然行为的自由,即为动物提供足够的空间、适当的设施以及同类伙伴;⑤免于恐惧和焦虑的自由,即确保动物能够避免精神痛苦的条件与治疗。

综合来看,动物福利论是目前较多人支持的一种观点。人类中心论和动物权利论的立场较为极端,动物福利论则是一种较为折中的观点。它认为人类要在使用动物做研究的过程中给予动物更多的保护。它强调动物的基本权利、动物福利,要求科研工作者在遵守伦理原则的基础上开展动物实验,推进科学发展。

### 三、动物实验的伦理原则

#### （一）伦理原则的发展：从 3R 到 4R

医者仁心，对待动物也不应例外。生命无高低贵贱之分，对生命善始善终，不仅是人类对道德底线的维护，也是医者对健康事业的守护。法国科学家彭加勒曾说过：即使对低等动物，生物学家必须仅仅从事那些实际上有用的实验，同时在实验中必须用那些尽量减轻疼痛的方法。

1959 年，英国动物福利社团"动物福利大学联盟"（UFAW）出版了《人道实验技术的原则》，书中将"痛苦""人道"等伦理词汇定量化，同时界定了不人道的概念，以及不人道的来源、发生和预防。而且，书中提出了重要的实验动物的人道使用标准——3R 原则，即替代、减少和优化。我国科学技术部《关于善待实验动物的指导性意见》（2006）认可并解释了保护实验动物的 3R 伦理原则。

1985 年，美国芝加哥"伦理化国际研究基金会"在 3R 基础上增加了"责任"原则，进一步构成了保护实验动物的 4R 伦理原则。4R 原则既没有完全否定动物实验的必要性，同时又强调了对实验动物生命的维护和尊重，是解决动物实验与伦理道德矛盾的可行依据。

#### （二）4R 原则的主要内容

1. **替代（replacement）原则**　是指如果可能的话，使用其他的代替品来代替动物。常用的替代方法分为绝对替代和相对替代。绝对替代是指在实验中不使用动物，而使用没有知觉的实验材料代替活体动物，现在比较先进的做法是编写程序，运用计算机技术进行模拟实验，比如细胞芯片的使用；相对替代是指使用低等动物或者动物的细胞、组织、器官替代高等动物进行试验，并获得相同的实验效果，比如能避免活体操作，就不要使用活体动物，能使用低等实验动物（鱼、蛙、鼠等），就不使用高级灵长类动物（猴子、猩猩等）做实验。

2. **减少（reduction）原则**　是指在科学研究中，要尽可能减少实验中使用动物的数量。通过科学的实验设计与样本量计算，在保证实验数据可以有效获得和进行统计分析的前提下，尽可能少地使用实验动物。避免不合理的实验方案和统计办法，提高实验动物的使用率。具体的方法如：充分利用已有的数据（包括以前已获得的实验结果及其他信息资源等）；一（动物）体多用，重复使用；用低等动物，以减少高等动物的使用量；使用高质量的动物，以高质量换取少数量；使用正确的实验设计和统计学方法，减少动物使用量。

3. **优化（refinement）原则**　又称为改善原则，是指在一定要使用动物做研究的情况下，通过改进和完善实验程序，尽量减轻动物的紧张、疼痛和不适。参与实验的研究员、动物饲养员、动物实验操作者等动物操作人员应该接受相关培训，自身具备娴熟的实验技能，给动物创造一个好的实验环境或减少给动物造成的疼痛和不安，最大程度减轻动物痛苦，提高动物福利。其主要方法包括：优化实验方案设计和实验指标选定，如选用合适的实验动物种类及品系、年龄、性别、规格、质量标准，采用适当的分组方法，选择科学、可靠的检测技术指标等；优化实验技术和实验条件，如麻醉技术的采用、实验操作技术的掌握和熟练、实验环境的适宜等；改善实验动物的居住环境以更适合它们的生存需要；在需要结束实验动物的生命时，应该采取安乐死。为实验动物画好休止符，是对生命的尊重，也是对科学的敬畏。

4. **责任（responsibility）原则**　是指所有科学家、研究赞助者和管理者乃至政府和代表人民的立法机构，都有责任保护动物，维护动物的福利，使实验动物仅用于绝对必要的（没有其他方法可得时）、伦理学上得到辩护的，以及所用数量和动物所受痛苦保持在最低限度的研究。因此，要求医学科研人员在动物实验中增强伦理观念，呼吁实验者对动物要有责任感。不仅要加强从业人员的技术培训和考核，更要加强动物实验中相关人员的人性化教育，培养医学人文思想，在动物实验中通过"换位思考"的方式，考虑动物的感受，感知动物的伤痛，不把动物仅仅看做工具，而是视为真正的生命，对其施与负责任的实验操作。

综上所述，4R 原则要求动物研究要在法规和伦理的控制下进行，要求研究者正确并负责地使用动物作为实验对象。4R原则不仅可以减少实验动物的痛苦,而且有助于提高实验结果的准确性,为解决动物实验的伦理争论提供了一条可行的道路,既满足了科学发展的需要,又满足了人们对动物的道德关切。科学与伦理从冲突逐渐走向相对稳定,这是科学实践与更大范围的社会、政治、伦理等因素相互磋商的共同结果。

(邓　蕊)

【复习思考题】

1. 在当代医学科研中,如何避免利益冲突?
2. 你认为人体试验的受试者应当由于参与人体试验项目而获得较高的收入吗?
3. 关于动物实验伦理争议的三种观点,请思考它们的来源及文化背景。

# 第十六章
# 医学伦理委员会与伦理审查

扫码获取
数字内容

**学习要点**

1. 医学伦理委员会的内涵和作用。
2. 医学伦理审查的原则和依据。
3. 医学伦理审查的内容。

研究是作为科学的医学所不可缺少的,也是使人受益的医学所不可或缺的。在涉及人的研究问题上,需要权衡两个价值:一是医学进步为社会及其全体成员带来的益处;另一是对有可能参加人体研究的个人的权利和利益的保护。社会应根据基本的伦理原则鼓励其成员参加在科学上和伦理上都经过严格审查的涉及人的医学研究;同时应该对研究者进行研究伦理的教育,建立健全严格的伦理审查机制,以保护参加涉及人的医学研究的受试者。这里涉及两个重要的概念:医学伦理委员会和医学伦理审查。

## 第一节　医学伦理委员会

医学伦理委员会(medical ethics committee,MEC)和其所进行的伦理审查,是患者或受试者在临床实践、生物医学研究和人体试验中尊严、权利得到维护的重要保障。

### 一、医学伦理委员会的发展和建设

#### (一)医学伦理委员会的产生和发展

美国是第一个建立受试者保护制度的国家,也是第一个设立机构伦理委员会的国家。早在1953年,美国就出台了最早的关于临床研究程序的集体讨论指南,并在部分大学建立了委员会审查制度。但真正推动美国伦理审查委员会发展的是一系列惨无人道的人体试验丑闻的揭露,引发社会公众对科学研究的信任危机。1962年,美国食品与药品管理局(Food and Drug Administration,FDA)要求研究者必须先获得受试者的知情同意,才能进行人体试验。1966年,美国健康、教育和福利部(Department of Health,Education and Welfare,DHEW)发布第一部关于保护人类受试者的联邦规章。该章程要求机构应建立本地的机构伦理委员会对联邦资助的医学人体研究进行前瞻审查。同时,一些国际组织也已制定有关医学伦理的原则和指南,如国际和谐会议(ICH)提出的《好的临床实践》(Guidance for Industry-E6 Good Clinical Practice:Consolidated Guideline),国际医学科学组织委员会(CIOMS)和世界卫生组织提出的《涉及人的生物医学研究的国际伦理指南》,世界医学会提出的《赫尔辛基宣言》。1975年美国《医学伦理学杂志》讨论了医院伦理委员会的组成和职能。同年4月新泽西州一名21岁女性卡伦·昆兰(Karen Quinlan)的昏迷事件,以及围绕她是否脑死亡和由谁决定是否拆除用于维持生命呼吸机的法律诉讼激起了公众巨大关注。1976年1月新泽西州最高法院判决,并建议医院伦理委员会在未来的案例中担任咨询角色,由此开创了成立医院伦理委员会的先河。1979年,《贝尔蒙报告》的出现,奠定了美国联邦法规保护人类受试者的伦理基石。1984年,美国医师学会作出了每个医院建立一个生命伦理学委员会的决议,以协商由医学和疾病引起的生命伦理学复杂问题。到 20 世纪 80 年代末,美国 60% 以上的医院成立了医学伦理委员会。如今医疗机构成立医学伦理委员会更加普遍。

### (二) 我国医学伦理委员会的建设

中华人民共和国成立以来,我国医药卫生体制改革不断地深入发展,使医疗卫生领域内的政策格局也在同时发生变化。市场经济带来的多元价值观也唤醒了患者的权利意识;教育文化水平的提高使患者做医疗决策选择的自主性明显增高。医学的高科技化发展使我们面临着诸多的生命伦理学难题,在这样的社会和医学技术背景下,我国的医学伦理矛盾也变得日益突出和尖锐。为了协调解决这些矛盾,1988 年 7 月,协和医科大学张琚在《医院伦理学委员会及其在我国建立的设想》的论文中首次提出了建立医院伦理委员会的设想。1989 年中华医学会医学伦理学分会法规委员会委托天津市起草了《医院伦理委员会组织规则(草案)》,于 1990 年 10 月,由该委员会第二次会议原则通过,并在我国部分医院开始组建医院伦理委员会。1999 年国家药品监督管理局为使我国药品临床试验科学、规范,保障受试者的权益,保证药品临床试验的质量,下达《药品临床试验管理规范》;2003 年国家食品药品监督管理局发布《药物临床试验质量管理规范》并于 2020 年进行了修订。卫生部于 2001 年颁布了《实施人类辅助生殖技术的伦理原则》(2003 年修订),对药物临床试验和实施人类辅助生殖技术的伦理审查作出明确的规定,推动我国医院伦理委员会的建设进入实质性操作的新阶段。卫生部于 2007 年 1 月颁布《涉及人的生物医学研究伦理审查办法(试行)》。2016 年国家卫生计生委为保护人的生命和健康,维护人的尊严,尊重和保护受试者的合法权益,规范涉及人的生物医学研究伦理审查工作,进一步修订《涉及人的生物医学研究伦理审查办法》。至 2022 年,国家药品监督管理局注册的药物临床试验机构有 1 900 余家,医学研究登记备案网已登记在案的各类医院和研究机构的伦理委员会近 5 000 家。

### (三) 医学伦理委员会的概念

我国卫生部 2007 年颁布的《涉及人的生物医学研究伦理审查办法(试行)》中使用“伦理委员会”“医学伦理专家委员会”和“机构伦理委员会”三个名称。2016 年《涉及人的生物医学研究伦理审查办法》、2020 年《药物临床试验质量管理规范》(GCP)中使用“伦理委员会”名称。在一些伦理学教材、著作和文章中,还使用诸如“医学伦理委员会”“医院道德委员会”“医院伦理委员会”“生命伦理委员会”“独立伦理委员会”等名称。

美国使用的“institutional review board,IRB”,有的学者直接翻译为“机构审查委员会”,有的则意译为“伦理审查委员会”,而“hospital ethics committee,HEC”则翻译成“医院道德委员会”“医院伦理委员会”“医学伦理委员会”等。HEC 和 IRB 在内涵上有一定差异:IRB 主要是对科学研究的伦理审查,HEC 主要是治疗方案的伦理咨询与服务。但是随着医院与机构的综合性发展,HEC 与 IRB 的差异逐渐减小。中国最早的伦理审查委员会是在 1993 年出现的。在成立之初,伦理审查委员会以审查新药的临床试验研究为主。经过近 30 年的发展和建设,我国的伦理审查委员会实际上已经兼顾了 HEC 和 IRB 的功能,伦理审查范围逐步扩展到涉及人的生物医学研究、公共卫生研究、临床决策以及相关新技术临床应用领域。

基于以上认识,可将“医学伦理委员会”的概念界定为一个依据相关法律、法规、伦理规范与原则的要求和指导而建立的,由医学专业人员、法律专家、社会学者及非医务人员等组成,将生物医学、伦理学、法学等专业知识综合有效地应用于审查和监督涉及人的生物医学研究的科学性和伦理性的独立组织,作为保护人类受试者或患者的安全和权益、保证医学研究及医疗过程良好发展的体制化调控形式。《赫尔辛基宣言》中有一段文字阐述伦理委员会在人类研究中的作用:“试验开始前,研究方案必须提交给研究伦理委员会进行考量、评价、指导并批准许可。该委员会必须独立于研究者、试验申办者及任何其他不当影响之外。委员会必须考虑进行试验的某个国家或几个国家的法律法规以及适用国际规范及标准,所有这些都不得减少或者撤除本宣言涉及的对受试人员的任何保护措施。”当然,随着对医学伦理委员会认识和研究的日益深入,医学伦理委员会的内涵也将不断完善和丰富。

NOTES

## 二、医学伦理委员会建立的必要性和作用

### (一) 医学伦理委员会建立的必要性

**1. 遵循国际伦理规范的相关要求**　第二次世界大战期间,德国纳粹多项惨无人道的人体试验以及美国的塔斯基吉梅毒试验等丑闻,使社会各界认识到成立伦理委员会并对涉及人的生物医学研究进行审查是保证生物医学研究合乎伦理的重要机制。《纽伦堡法典》《赫尔辛基宣言》《药物临床试验管理规范指南(ICH-GCP)》《生物医学研究审查伦理委员会操作指南》《涉及人的生物医学研究的国际伦理准则》等关于人体试验的国际文件相继出台,初步确定了以人作为受试对象的生物医学研究的伦理原则及限制条件,并逐步提出建立伦理审查委员会的要求。因此,为了符合医学伦理基本原则和医学研究的国际准则的要求,我国必须建立医学伦理委员会,并将伦理学原则落实到实践操作中,保护人体试验受试者的权利和尊严,避免其遭受不必要的伤害。

**2. 遵守我国法律法规的规定**　卫生部制定并于 2001 年 8 月 1 日起实施的《人类辅助生殖技术管理办法》第六条规定:申请开展人类辅助生殖技术的医疗机构应当设有医学伦理委员会。2007 年 1 月 11 日颁布实施的《涉及人的生物医学研究伦理审查办法(试行)》规定成立伦理审查委员会,依据国际生命伦理原则,遵循伦理审查程序,加强对伦理审查的监督管理等。2008 年 5 月卫生部下发的《医院管理评价指南》中要求医院建立伦理委员会。国家食品药品监督管理局 2010 年颁布的《药物临床试验伦理审查工作指导原则》总则第二条规定:伦理委员会对药物临床试验项目的科学性、伦理合理性进行审查。其在分则中对伦理委员会的组织与管理、职责要求、审查程序等方面作出更为详尽的规定。2020 年国家药监局、国家卫生健康委发布新版《药物临床试验质量管理规范》,第三章中进一步明确伦理委员会的职责。因此,我国成立伦理审查委员会具有法律要求的必然性。

**3. 维护各方主体权益**　在专业化的医学领域中,人体试验受试者处于相对弱势的地位,其维护自身权益的能力薄弱。伦理委员会能够在公正的立场上,核查临床试验方案及附件是否合乎伦理要求,如审查研究者是否遵循知情同意原则,是否保护受试者的隐私,受试者所面临的风险受益比是否合理等,并为之提供安全保证,切实有效地维护受试者和社会人群的利益、健康和安全。同时,伦理委员会还发挥维护研究者权益的功能。对研究者或医院而言,伦理委员会扮演着一种既能提供法律的保护,又避免司法机关介入的中间组织的角色。以伦理委员会为主进行的治疗决策,与由医生或家属进行决策相比,能够起到保护医院和医生的作用。

**4. 促进医学健康发展**　生命科学能否健康有序地发展很大程度上取决于伦理审查委员会的规范和监督,包括国家级伦理委员会的监督管理和各级机构伦理委员会的具体审查。生命科学技术的发展在带来科学价值和社会价值的同时,也给人类的生命健康和人格尊严带来了较高的风险,此时,伦理委员会在整体社会利益与受试者权益之间进行的价值权衡至关重要。伦理委员会的建立、发展和伦理审查功能的开展,是保证医学研究的健康发展方向,同时也是保护人类受试者利益的切实可行的必要措施。

### (二) 医学伦理委员会的作用

医学伦理委员会的作用主要有:通过有效的伦理审查维护患者和受试者的尊严和权利;研究并论证医学科学技术的实际效用、伦理效用、伦理价值,关注由此产生的社会、伦理、法律的影响,指导医学单位的医学实践和自身发展;通过咨商和论证,使医学伦理原则同医学实践更好结合;促进生命法律、医学法律的制定;向社会公众和医务人员宣传、教育、普及医学伦理和生命伦理学知识,促使其由道德他律向道德自律转化。

医学伦理委员会的主要功能包括以下方面。

**1. 伦理审查功能**　是医学伦理委员会的主要功能之一。伦理审查的实施主体即医学伦理委员会。伦理审查功能要求人体试验的设计、开展必须接受独立于资助者、研究者之外的伦理审查委员会的审查。伦理审查功能通常包括试验项目批准审查和对已获得批准的试验项目进行监督评价两方

面。此外,跟踪审查是医学伦理委员会对已获得批准的试验项目进行监督评价的一个重要环节。医学伦理委员会有责任对所在机构开展的医学科研项目中的自主,知情同意与保密,公正与公益,有利与不伤害,以及对生命尊重、维护受试者权益等诸多伦理学原则的执行情况进行监督和评价。

**2. 教育培训功能**　对伦理委员会委员、研究者、临床医生、患者以及社会公众进行伦理教育和培训,丰富其伦理理论素养,提高其伦理实践能力,使其及时了解医学研究和诊疗实践中的相关伦理法规政策,掌握必要的伦理知识和思维方法,自觉遵循和践行医学伦理原则。

**3. 咨询服务功能**　医学研究和临床实践活动面临着多元道德选择和较高的道德风险,伦理委员会以专业的伦理思维与判断,就生物医学和生命科学领域有争议的伦理问题,为患者及其家属、人体试验受试者、医院人员和研究者提供咨询服务,为医生的具体临床决策提出专业建议,指导研究者负责任地开展医学研究。美国和英国甚至专门设置了伦理咨询委员会( Ethics Advisory Board,EAB ),发挥为公众提供伦理咨询服务的功能。

**4. 研究交流功能**　医学伦理委员会之间的医学伦理学理论研究和学术交流是一项重要活动。我国地域辽阔,各地区经济基础和科学发展不协调,各机构伦理委员会之间缺乏交流进一步加剧了伦理审查委员会发展中出现的地区失衡的困境。2010年颁布的《药物临床试验伦理审查工作指导原则》第五十条指出:伦理审查委员会之间可建立信息交流与工作合作机制,以促进伦理审查能力的提高。

**5. 政策研究功能及其他**　医学伦理委员会的政策研究功能,是针对其所在机构在改革及发展中所面临的复杂多样的伦理问题,根据国家法律、法规明文规定和医学伦理原则,结合所在机构的实际情况,通过反复讨论、集体决策,为机构医务人员或医学科研人员制定有关伦理道德规范与准则,并且及时对新出台的伦理审查规范性文件作出解读并给出指导性意见等。

医学伦理委员会在其他方面也发挥一定的功能,例如,伦理审查委员会必须对购置昂贵的医疗设备、重大卫生经济开支预算进行充分论证,具有文件资料的动态归档和保存等功能。

我国医学伦理委员会又分为三个层次。第一层次是国家卫健委设立的医学伦理专家委员会,主要针对生物医学研究中重大伦理问题进行研究,提出政策法规和制度建设的意见;根据需要对国际合作以及国家相关领域重大科研项目进行伦理综合审议,提出改进意见;对省级和机构伦理委员会的工作进行指导;对其成员进行培训。第二层次是省级卫生行政部门设立的省级医学伦理专家委员会,主要针对辖区内生物医学研究重大伦理问题进行研究,提出改进意见;根据国家有关法律法规的要求,推动辖区内伦理审查制度化、规范化;对机构伦理委员会的伦理审查工作进行检查、督导和人员培训,并根据需要对辖区内风险较高的生物医学研究项目进行伦理综合审议。第三层次是开展涉及人的生物医学研究和相关技术应用活动的机构,包括医疗卫生机构、科研院所、医学院校、妇幼保健机构、疾病预防控制机构或研究机构及其他从事生物医学研究的机构设立的机构伦理委员会,主要承担保护受试者和促进生物医学研究规范开展的职责,对本机构或所属机构涉及人的生物医学研究和相关技术应用活动进行伦理审查(包括初始审查、跟踪审查和复审);也可根据需求,受理所委托的伦理审查;组织开展相关伦理培训。

# 第二节　伦理审查

## 一、伦理审查的原则与依据

保护受试者的权益与安全,一方面要依赖于实验者的自律,另一方面也依赖于对实验研究的他律。伦理审查便是其中一个切实可行的机制。《赫尔辛基宣言》对此做出了明确规定:"每一次人体试验步骤的设计与实施均应在试验方案中明确说明。试验方案应提交给一个特别任命的、独立于研究者及主办者、不受不适当影响的伦理审查委员会研究、评定、指导或批准。伦理审查委员会须遵守试验所在国的法规,并有权对正在进行的试验进行监控。研究者有义务将监控情况,尤其是将出现的严重的不良反应报告给伦理审查委员会。研究者还应向伦理审查委员会提供有关资金、主办者、研究机构、可能出现的利益冲突及给予受试者的奖励等信息,供其审查。"

### (一) 伦理审查的基本原则

医学科研的伦理学原则是自主、有利、不伤害和公正,其中维护受试者知情同意权和建立医学伦理委员会是保护受试者权益、履行伦理学原则的两大基本的监控措施。由于医学科研的特殊性,在研究者获取受试者知情同意后,充分发挥伦理委员会的作用,开展独立、客观、公正、科学的伦理审查显得更为重要。在开展涉及人的生物医学研究时,需要遵守的伦理原则如下。

**1. 尊重与自主原则**　尊重原则是指尊重人格尊严和权利,把人的生命置于在最优先的位置。医务人员与患者/受试者交往时,应真诚地尊重对方的人格,也包括尊重其家属的人格与尊严。广义上的尊重原则还要求尊重受试者的利益、隐私以及自主权。尊重自主权主要表现为尊重患者/受试者的知情同意,即自主性原则。具体来说,在进行医学研究之前,受试者有全面了解试验研究的权利。而研究者应在保证受试者充分知情的情况下,保障其行使自主表达同意或拒绝的权利,杜绝欺瞒与说谎、强迫与利诱。同时,研究者也应使受试者明白,其有权利在任何时候根据自身的意愿退出试验。

针对丧失或缺乏能力维护自身权利和利益的受试者(弱势群体),如精神病患者、儿童或阿尔茨海默病患者等,以及文化程度和经济条件不良者,更应给予特别的尊重与保护。

**2. 有利与不伤害原则**　不伤害原则是指一种研究或治疗不应当对试验人群、志愿者、患者造成伤害,包括不允许有意伤害和存在任何伤害的危险,不论动机如何。有利原则是不伤害原则的高级形式,即一种研究或治疗不仅应当避免伤害受试者,而且应当力求使受试者最大程度受益,促进其健康的完善与福利。通过控制科研风险,对受试者的安全、健康和权益的考虑必须高于对科学和社会利益的考虑,风险与受益比例合理。

具体表现为,在研究的时候,研究者必须对受试者所承担的风险与预期受益进行分析,进而评估风险和受益比。要做到尽力避免受试者受到不必要的伤害,确定风险已在可能的范围内最小化,受益最大化。只有当研究目的的重要性超过试验可能给受试者带来的风险时,人体试验才可以开展;只有当研究结果能够给受试者带来的受益高于危险时,才能认为该试验是有益于受试者的。有利与不伤害原则强调了医务工作者应对受试者高度负责,进一步要求了医务工作者善待生命,善待患者与受试者,维护患者与受试者的生命健康权、安全权。

**3. 公正原则**　是指在涉及人的生物医学研究中,研究项目的受试者选择、资源分配、利益冲突等各层面遵循人类社会的正义、公平信念原则。公正性原则包括以下含义。

(1) 受试者的选择与排除应公平公正:研究者在筛选潜在受试者的时候,应遵循明确的医学标准,即要有适应证和禁忌证。统一的筛选标准,一方面有益于保障试验的科学性,另一方面有助于保护受试者的健康与利益。同时,在选择特殊人群,如精神病患者、儿童或阿尔茨海默病患者等时,应明确说明选择的必要性,既要讲明选择这一弱势人群能够带来的社会获益,也必须将其生命健康权、安全权置于首位,避免弱势人群在人体试验中因缺乏自我保护能力而受到伤害。

(2) 研究中的资源分配应保证公平:研究的预期受益分为受试者的受益和社会的受益,其表现为受试者能够通过参与研究接受对疾病的治疗、诊断或检查,从而缓解病症;研究者能够从中加深对该类疾病的认识,而推动后续研究,使得社会受益。在参与临床人体试验研究过程中,受试者服用的试验药物应当是免费的;对照组的受试者,在试验结束时有权利同样获得免费的药物和治疗。对受试者的受益和负担的分配,应该公平、合理。对于受试者在受试过程中的花费应当给予适当补偿。

(3) 研究人员与受试者之间应无利益冲突:研究人员的现实利益(如拥有申办公司的股份或拥有与之竞争公司的股份或其他资产、研究基金、顾问费),可能会影响个人履行,使研究产生偏差,导致对受试者不公。因此,研究人员与受试者之间不应存在利益冲突;若出现冲突,研究者应回避研究或向受试者公开这种利益重提。

**4. 科学性原则**　首先,研究应具有科学价值和社会价值。科学性是指研究者应保证整个研究在开展的过程中,始终按照严密、科学的设计与计划进行。根据这一原则,伦理委员会在审查过程中,应排除片面因素,客观判断试验结果。研究者应科学制订研究方案的具体实施措施,保证计划实施的可行性、合理性。可行性与合理性是指,实验设计必须先动物后人体,人体试验应以动物实验为基础,在获得充分科学依据后进行,同时也应严格把控可能出现的意外损害。同时,试验方案必须遵循随机化原则,应设立对照,合理采用双盲法等。

### (二) 伦理审查的依据

我国进行伦理审查的依据主要由国际和国内两部分组成。同时,国际相关规范与指南也应成为我国相关法规和规范性文件的重要参考依据。现将介绍主要国际规范与指南:《纽伦堡法典》《赫尔辛基宣言》《涉及人的健康相关研究国际伦理准则》;国内重要法规与规范性文件:《中华人民共和国人类遗传资源管理条例》(2019)、《药物临床试验质量管理规范》(2020)、《涉及人的生命科学和医学研究伦理审查办法》(2023)。

#### 1. 主要国际规范与指南

(1)《纽伦堡法典》:第二次世界大战时,德国纳粹分子借用科学实验和优生之名,用人体试验杀死了 600 万犹太人、战俘及其他无辜者,这些人被纳粹统称为"没有价值的生命"。主持这次惨无人道试验的,不只有纳粹党官员,还有许多医学教授和高级专家。德国战败后,共有 23 名军医因其进行的研究严重违背了医学人道主义基本原则而接受审判。同时,纽伦堡军事法庭还制定了人体试验的基本原则,作为国际上第一部规范人体试验的行为规范,即《纽伦堡法典》(*The Nuremberg Code*),并于 1946 年公布于世。

《纽伦堡法典》的制定和实施,是第二次世界大战中世界人民反法西斯战争取得的一个重大成果,是正义对邪恶的又一次重大胜利。它是人类历史上第一部规范人体试验的伦理法典,其所提出的关于人体试验的一系列原则和规范,为之后的人体试验提供了蓝本和基础。《纽伦堡法典》的出现也意味着人类对医学人道主义的认识进一步深化与发展,彰显了自身的伦理价值,代表了人类对医学理性的一次重大飞跃。

(2)《赫尔辛基宣言》:由世界医学大会制定的《赫尔辛基宣言》包括以人作为受试对象的生物医学研究的伦理原则和限制条件,也是关于人体试验的第二个国际文件,比《纽伦堡法典》更加全面、具体和完善。《赫尔辛基宣言》总结了此前有关人体试验的经验与教训,规定在医学领域进行人体试验所必须遵循的公正、尊重人格、受试者收益和避免伤害等伦理原则,至今仍被作为临床研究伦理道德规范的基石。这一宣言规定了应由一个独立的伦理审查委员会批准研究的方案,这在当时是一个全新的概念。宣言还引入了研究者应对受试者的医疗照顾负责的概念,参加的知情同意应以书面形式报告,而非口头同意。

《赫尔辛基宣言》自颁布后,已经过多次修改,2013 年的修正案为最新版本的修正案。该修正案由世界医学大会伦理委员会主席伊娃(Eva)博士领导,巴西、德国、日本、南非以及瑞典五国医学会代表组成的工作小组起草,经过各国成员的医学专业人员及公众的广泛讨论,同时咨询了世界卫生组织和医学、卫生保健及医学研究协会等相关国际组织。在我国,《赫尔辛基宣言》全文以附录的形式作为《药物临床试验质量管理规范》的一部分。

(3)《涉及人的健康相关研究国际伦理准则》:由国际医学科学组织理事会(CIOMS)联合世界卫生组织共同制定《涉及人的健康相关研究国际伦理准则》,相关内容经过多次修订,分别为 1982 年版、1993 年版、2002 年版,现为 2016 年版。全书共计 25 条准则,围绕涉及人的健康相关研究中的科学价值、社会价值、个体受益和负担、资源贫乏地区、脆弱群体、社区参与、知情同意、参与者的补偿与赔偿、群随机试验、利益冲突、生物材料与数据使用等进行了详细阐述。作为国际权威机构的官方准则,它对中国生命伦理学界以及我国伦理委员会审查工作具有重要参考借鉴价值。

#### 2. 国内重要法规与规范性文件

(1)《中华人民共和国人类遗传资源管理条例》:2019 年 5 月 28 日,国务院总理李克强签署第

717 号国务院令,公布《中华人民共和国人类遗传资源管理条例》。该条例在 1998 年的《人类遗传资源管理暂行办法》施行经验基础上制定,已于 2019 年 7 月 1 日起施行。条例从加大保护力度、促进合理利用、加强规范、优化服务监管等方面对我国人类遗传资源管理作了规定,进一步保护我国人类遗传资源,促进人类遗传资源的合理利用,从源头上防止非法获取、利用人类遗传资源开展生物技术研究开发活动,既保证了医学技术临床应用安全,也维护了人民群众健康权益。

（2）《药物临床试验质量管理规范》:为深化药品审评审批制度改革,鼓励创新,进一步推动我国药物临床试验规范研究和提升质量,国家药品监督管理局会同国家卫生健康委员会组织修订了《药物临床试验质量管理规范》,自 2020 年 7 月 1 日起施行。该规范参考国际临床监管经验,细化明确了药物临床试验各方职责要求,强化了受试者保护,建立了质量管理体系,进一步规范了新技术的应用,对推动我国临床试验规范研究和提升质量起到积极作用。

（3）《涉及人的生命科学和医学研究伦理审查办法》:2023 年 2 月 18 日,四部委联合发布《涉及人的生命科学和医学研究伦理审查办法》,其前身为 2016 年颁行的《涉及人的生物医学研究伦理审查办法》。该办法规定了所有涉及人的生命科学和医学研究活动均应当接受伦理审查,其中对伦理审查委员会如何发挥作用也进行了规定。进一步明确伦理审查批准标准以及应用过程中应予以注意的事项,为伦理审查实践提供了重要依据。

## 二、伦理审查的内容

伦理审查是伦理委员会的中心工作,需要对以下内容作出合法、客观、独立、称职和及时的审查:所有参与研究者的资格、经验、技术能力是否符合试验要求;研究方案是否符合科学性和伦理原则的要求;受试者可能遭受的风险程度与研究预期的受益相比是否在合理范围之内;知情同意书提供的有关信息资料是否完整易懂,获得知情同意的过程是否恰当;是否有对受试者资料的保密措施;受试者的纳入和排除的标准是否合适和公平;是否向受试者明确告知其应该享有的权益,包括在研究过程中可以随时退出而无须提出理由且不受歧视的权利;受试者是否因参加研究而获得合理补偿或赔偿,如因参加研究受到损害时,给予的治疗以及赔偿是否合理;研究人员中是否有专人负责实施知情同意和向受试者提供有关安全问题的联系人;对受试者在研究中可能承受的风险是否有预防和应对措施;研究是否涉及利益冲突等。以下从研究的科学设计与实施、研究的风险与受益、受试者招募、受试者的报酬与补偿、受试者权益保护、知情同意、隐私和保密等七个方面分述。

### （一）研究的科学设计与实施

**1. 研究的科学设计**　人体生物医学研究的伦理合理性表现为研究的科学价值和社会价值,研究结果应有益于人类健康的发展,并且遵循普遍接受的科学原则。研究设计的科学性判断主要依据前期研究结果,包括科学文献、实验室研究、动物实验结论以及其他相关信息和数据,同时,科学依据要确保真实、充分、可靠,以保障受试者利益,减少各方面的浪费。

科学上不可靠的研究必然也是不符合伦理的,因为这样的研究使受试者暴露在风险面前而没有可能的利益。举一个研究科学价值存疑的案例。某止鼾仪止鼾效果的临床研究项目,目的是评价止鼾仪止鼾效果的安全性和有效性。止鼾仪佩戴于人体腕部,采用生物反应自我训练的方式,达到减少打鼾频率（次数）的目的。受试者是鼾症患者。其医疗干预原理是用电流刺激打鼾者,使打鼾者从睡眠中短暂醒来,从而中断打鼾。仪器一旦监测到打鼾声,就会再次有电流刺激,其实质是通过整夜频繁地打断受试者的睡眠来减少鼾声。鼾症只是相关疾病的一种临床表现,由多种原因引起,如:呼吸道鼻咽部、颌部有生理性异常、鼻中隔偏曲、鼻息肉等引起鼻部狭窄,造成气流堵塞;肥胖、心血管疾病、睡眠性呼吸暂停综合征等。此仪器通过整夜频繁地打断受试者的睡眠来减少鼾声,很大程度上影响了受试者的睡眠质量。对于鼾症患者来说,它是一种缺乏公认有效的、科学的医学干预,因为单纯止鼾没有意义,应该从打鼾的真正原因上寻找医学干预措施。涉及人类受试者的医学研究,其基本目的是了解疾病的起因、发展和影响,并改进预防、诊断和治疗干预措施（方法、操作和治疗）。人体生物医学研究的伦理合理性在于有望发现有益于人类健康的新方法,它必须遵循普遍接受的科学原则,应基于对科学文献、其他相关信息、足够的实验和适宜的动物研究信息的充分了解。

**2. 研究的实施**　研究人员是一项研究得以实施的核心条件之一。研究人员的资质、经验、专业素养、人文素养会影响研究的过程和结果。因此,当研究风险较高,涉及弱势群体,研究属于非研究者本专业领域的时候,伦理委员会应对研究者资质予以特别关注,并要求研究者提供与该研究相关的经验证明或资格证明文件。伦理委员会应该综合评估一个研究者是否有充分的时间参加临床试验,以及确认开展某项研究的应急措施、处理条件等设备情况。随着医学研究与工业企业的合作越来越密切,利益冲突情境大大增加,而且利益冲突的形式也越来越隐秘、复杂,仅靠提供一纸研究者声明和伦理委员会审查是不够的,应该教育研究者增强对利益冲突的敏锐性,让研究者自己能够意识到什么是利益冲突及如何避免利益冲突对研究的不利影响。

### (二) 研究的风险与受益

在医学实践和医学研究中,大多数的干预措施都具有一定的风险,特别是涉及人的生物医学研究,其预知或未知风险往往大于常规诊疗。因此,只有充分评估研究相关风险并确认具备令人满意的风险控制与管理时,才可以开展涉及人健康相关的医学研究。对同意参加临床试验与研究的受试者所承担的风险和所获得的受益作出评估是伦理审查的核心内容。医学研究要充分考量受试者的利益;受试者的权益安全和健康必须高于研究的科学价值和社会利益。

**1. 研究的风险**　伦理委员会在审查时应首先鉴别受试者将承受的是试验风险还是治疗风险,只有试验风险才在伦理审查的考虑范围之内。试验风险是指试验行为造成的风险,它可以由研究过程中可能采取的特殊措施或方法造成,也可以由为保证研究科学性而使用的设计方法造成,如:参加随机分配治疗的受试者面临不能接受最终被证明更为有效治疗的风险;安慰剂对照治疗的受试者则面临不治疗或延迟有效治疗的风险。试验风险又分为身体伤害、心理伤害、社会伤害、经济伤害四类。治疗风险是指受试者即使不参加临床试验也将承受的风险,如常规诊治面对的医疗风险。例如,患者,男,47岁,因车祸颅骨骨裂,颅内出血,急诊入院。患者意识清醒,因病情需要紧急行开颅手术。其主管医生正在开展一项评价创伤性脑出血患者颅脑术后认知功能变化的临床研究。该研究旨在了解相关患者术后认知功能及恢复情况。获得患者本人知情同意后,医生将该患者纳入该项研究,在术后10天、30天、半年等时间点,通过自制评估量表以问答形式评价受试组颅脑术后认知功能障碍程度,如记忆力下降、注意障碍、执行功能障碍、思维障碍、失算等症状的变化情况。知情告知书中,研究者将开颅手术可能的并发症,如头痛、头昏、肢体活动障碍、昏迷等作为研究风险告知受试者。该案例中,颅脑手术是车祸脑出血患者的常规医疗措施,不属于研究干预措施。因此,颅脑手术可能的并发症,如头痛、头昏、肢体活动障碍、昏迷等是医疗风险,不属于该项临床研究的风险评估范围。该研究的风险是在使用自制量表评价受试者认知功能时带来的风险,它主要涉及研究过程可能对受试者心理、生活等方面的影响,以及隐私的保护等问题,应做好知情同意及保密。

同时,要注意判别风险的程度,风险的概率和等级有最小到重大的不同。最小风险(minimal risk)被定义为试验风险的可能性和程度不大于日常生活、进行常规体格检查或心理测试的风险。大于最小风险的试验则需要研究者及伦理委员会履行额外的保护措施来确保人类受试者的合法权益。风险愈高,保护程序和知情同意的要求愈严格。

试验设计时还要系统分析可能产生风险的因素,包括:①方案设计是否科学;②受试者选择是否合理;③实验研究的样本量是否足够;④随机方法是否恰当;⑤盲法设置、对照组选择,特别是安慰剂的选择是否科学;⑥纳排标准是否合适、公平;⑦退出/终止标准是否恰当;⑧高风险试验是否有充分的质量与安全控制,是否有相应的应急措施,不良事件(AE)处理和报告是否合理;⑨研究人员资质和能力是否具备;⑩试验所需的场地、设施和条件是否满足。

风险即使不可避免,也可以被减小或控制。通过加强对方案设计科学性的审查来建立相应的安全预案和标准操作规程。伦理委员会必要时可聘请相关专家或独立顾问根据研究的科学基础,分析潜在的风险能否被发现、预防和治疗,评估基础疾病可能造成的风险和并发症。聘请能力和经验都具备的合格研究者负责主要研究,做好危机处置技能的培训,同时做好利益冲突的回避,确保研究者不因经济利益而使研究产生偏差,使风险得到控制和最小化。伦理委员会有责任确保风险已在可能的范围内最小化。

**2. 研究的受益**　对受试者受益的评估包括直接受益和间接受益。直接受益,即受试者通过参加研究接受对疾病的治疗、诊断或检查,从而缓解病症或对所患病症取得更深刻的认识。间接受益则是指受试者也可能同意参加与其所患病症无关,或虽与其所患病症有关但不提供任何诊断或治疗益处的研究。尽管这种研究对受试者没有直接受益的前景,但增加了对人类生理和行为的认识而使整个社会受益,如获得可推广的知识,有效的药物、器械、干预手段得到改进,发病率或死亡率降低等。对受试者参加研究的受益,还包括受益最大化的措施,如反馈相关检查结果、提供医疗健康咨询、共享研究结果、帮助提高当地医疗和研究水平等,使得受试者或研究所在地区最大可能地通过参加研究而获益。

在临床研究中免费提供临床研究所需的干预或相关检测结果,向受试者支付报酬或其他形式的补偿(交通费用补偿),是申办者或研究者应尽的责任和义务,不是受益部分。

**3. 风险与受益的合理性**　在涉及人体的生物医学研究中,对预期的风险与受益进行合理的、科学的评估,是一个充满复杂性、挑战性和持续性的过程。一般而言临床试验与研究中风险与受益对比可概括为四种情况:第一是风险与受益都大,如创新药的临床试验;第二是风险小受益大,如大样本的流行病学调查研究;第三是风险小受益小,如一些仿制药物的临床试验;第四是风险大受益小,如设计不科学的研究。最后一种应避免,而前两种,特别是第一种,在做好风险控制前提下应予提倡。在试验开始前,应当权衡受试对象和社会的可预见的风险、不便与预期受益,只有当预期受益大于风险时,才能开展研究。对于受试者同意参加的可获得直接受益的研究,伦理委员审查可接受的风险收益应该是:与常规治疗相比,该研究的风险和受益至少是同样的。如果是关于急危重症治疗的研究,严重不良反应的风险也是可以被接受的。对于受试者同意参加的可能获得间接受益的研究,伦理审查应明确区分受试者的预期受益和研究者所期望获得的知识,必须评价研究或试验风险相对于社会的预期受益(可概括为知识)而言是否合理。对受试者健康的考虑应优先于科学和社会的利益。

同时应注意,每一项生物医学研究均涉及多方利益的博弈,包括申办者、研究者、受试者和伦理审查委员会等各方权益。伦理审查委员会需要正确处理研究措施与伦理原则之间、个体利益与社会公益之间的矛盾与冲突。此外,面对各方利益潜在的矛盾与冲突,进行定期的跟踪审查,动态评估研究风险的实际发生情况,规范评估程序并确立临床试验的风险受益评估框架具有重要意义。

总之,对风险与受益的综合评估应遵循医学研究的科学性、安全性、公平性,在确保研究的社会价值与应用价值之前,要充分评估受试者可能承担的风险,尽可能减少不必要的风险,力争风险最小化、受益最大化。当受试者的根本利益受到威胁时,必须有足够医疗措施作为保障;如果受试者不能从研究中直接获益,必须确认风险相对于社会预期效益是否合理。"患者的健康权益至上"是涉及人健康相关的临床研究中最重要的伦理学原则,人类受试者的安康是研究者首要考虑的,其次才是科学和社会的价值。

### (三) 受试者招募

受试者招募是临床试验或研究中非常重要的工作之一。选择临床试验或研究受试人群,应公平分配研究负担和利益。在招募过程中,确保受试者参加临床研究是自愿的,并采取一切措施保护受试者的隐私和个人信息。对受试者因参加临床研究中产生的收入损失、路费及其他开支给予补偿。

**1. 招募对象的选择**　为了探索相关疾病发病机制,或验证医疗产品的有效性及安全性,研究者需要招募相应受试者参与临床试验或研究。招募受试者时,招募对象的选择应遵循公平分配研究负担和利益的原则。所有受试者,不分群体和等级,其负担均不应超过其参加研究公平承担的负担。排除可能受益于参加研究的人群必须是合理的,同时也应使那些在医学研究中缺乏代表性的人群有机会参加研究,应使承担研究风险的特定受试者能够从研究获益。但是,弱势群体也不能被绝对地排除在研究之外,他们也有同样的权利从对非弱势群体显示有诊疗效应的研究手段或干预措施中受益,特别是当没有更好的或等效的治疗方法时。

某些研究受试者的"自愿"受到质疑。例如,某体外诊断试剂血糖试纸的非劣效性研究,主要研究者(PI)也是该科室主任,要求其所带的研究生都作为健康受试者参加该项对照研究。当招募对象与主要研究者存在上下级、隶属或依赖关系时,如本案例中导师以所带的研究生作为健康对照的受试者参加研究项目,可能存在强迫或不当的影响,即使是公开招募,受试者的"自愿"也会受到质疑。在开展临床试验或研究时,无论研究者本人还是其他有关人员,均不能强迫受试者参加临床试验或不正当地影响受试者的"自愿"决定。

**2. 招募方式**　招募临床试验或研究受试者的方式,主要包括从临床诊疗过程中直接招募、公开招募、通过数据库招募、通过邮件招募、通过第三方(如中介或其他医师)介绍或招募等。在招募过程中,采取所有预防措施保护受试者的隐私和个人信息,研究者/医生不能因研究需要而侵权;要切实保障受试者的知情同意权,不能为高效率地招募受试者而削弱对受试者知情同意权的实施与充分落实;应根据研究需要,尽可能选择最优效的招募方式。

(1)从临床诊疗过程中直接招募:是临床上常见的招募方式之一,当研究者同时是患者的主治医生,在临床诊疗中认为患者符合研究条件时,发出邀请让其自愿参与研究。但是,在此过程中,受试者与医生/研究者之间可能存在依赖关系,医生/研究者的身份可能对受试者产生不正当的影响,使得患者担心拒绝参加研究将遭遇主治医生的不公正对待,而被迫接受并表示同意参与该项试验。对于这种情况,建议另选一个具备资格且独立于这种医患关系之外的合适人选,如研究团队的其他研究者充当中立的第三方来负责招募,并获得患者的知情同意。

(2)公开招募:一般而言,公开招募是通过广告、海报、传单等以公开、书面方式邀请受试者参加临床试验或研究的招募过程;随着互联网的普及应用,也可以是通过临床药物研究专项网站,如上海医药临床研究中心网等,公开临床试验的招募信息。这种方式不是以个人鼓动的行为招募,能有效降低强迫或不正当影响的产生。

(3)通过数据库招募:是通过病案登记、医疗记录、居民健康档案等数据库进行的招募,通常用于大规模流行病学研究,或以人口学为基础的研究。该方法的优点是能使研究者快速筛选出符合研究要求的受试人群。但是,该招募方式也可能侵犯受试者的隐私,比如研究者在没有获得受试者同意的情况下收集其私人医疗信息,然后直接联系受试者,这样既破坏了数据库的保密原则,也侵犯了当事人的隐私权,除非当事人就医时或建立档案时已对相关研究预先告知并获得知情同意。

为了保护受试者的隐私权,可先由数据库拥有者与相关当事人联系,介绍该项研究的基本情况,发出邀请询问当事人是否对该项研究有兴趣;在征得当事人同意的情况下,允许研究人员与其直接联系,或建议当事人与研究人员直接取得联系。

(4)其他招募方式:包括通过邮件招募(向目标人群发送招募信息邮件)和通过第三方(如中介或其他医师)介绍或招募。这两种招募方式,若研究者不是潜在受试者的主治医师,在获取患者的医疗信息过程中,可能会涉及患者隐私和保密问题。应先由当事人的主管医生征求患者对参加该项研究的意向后,介绍研究者来获取知情同意,而不应直接由研究者接触患者或建立健康档案的人群。尊重当事人的隐私权,是临床医务工作者需要遵守的基本伦理规范,即在使用可识别身份的健康档案或数据信息时,要合理地保护好个人信息的机密和隐私。

在上述招募方式中,招募材料都应注意以下几点:①避免将给予受试者的补偿以醒目字体等方式强调,误导受试者;②避免将应有的补偿表达为额外的奖励,避免夸大受益;③在招募广告中出现的方案内容应与研究方案一致;④可通过电视、电台、报纸、网络等方式发布招募广告或在公开场所(如候诊大厅、医院大楼入口处)发布招募材料,但涉及患者的疾病隐私(如性病)的招募材料,不宜在诊室张贴,避免他人将就诊的患者与招募材料的疾病产生特定的关联。

### (四) 受试者的报酬与补偿

受试者在参加一项研究中发生的收入损失(如误工等)、路费及其他开支可得到补偿;当因参与研究而受到伤害时,他们还可得到免费医疗。受试者,尤其是那些不能从研究中直接受益的,也可因研究带来的不便和花费的时间而被付给报酬或得到其他补偿。然而,给受试者钱或实物(礼品)的报酬或补偿过大,会诱使他们放弃自己的更佳判断而甘冒过度的风险,这并非真正"自愿"参加研究。以削弱一个人自主选择能力的报酬或补偿为前提而获得的知情同意是无效的。对于没有直接受益前景的研究,应特别谨慎,避免过度的物质利诱。

报酬或补偿的数目是否合理,应基于研究的复杂程度,占用受试者的时间,预期的风险、不适和不便,参加研究的额外开支等,并参考本地区平均工资/收入水平,还需要熟悉受试者所在群体的价值观,以判断报酬或补偿的合适性。研究机构可以根据收集生物样本的类型(血液、尿液或唾液等)和收集样本的时间(白天或夜晚),建立收集一次组织或液体样本的补偿标准;可以根据研究的持续时间和研究是否需要入住研究病房,建立按小时或固定时间量向受试者支付补偿的标准;还可以对由研究程序造成的不便(如强迫接受饮食限制)建立相应的补偿标准。对于受试者参加研究的交通费、停车费、误工费、看管孩子的费用等,可以按实际支出进行补偿。

无行为能力的人容易被其监护人为经济获利而利用,应确认除了交通费用和有关开支外不应给予监护人其他补偿。

所有提供给受试者的报酬、补偿和医疗服务都必须得到伦理审查委员会的批准。申办方及研究者在设计研究方案和撰写知情同意书时,以及机构伦理委员会在审议相关内容时也应关注这一问题。

### (五) 受试者权益保护

开展临床试验或研究需要权衡的重要价值除了使医学进步为社会及全体成员服务,还要对可能参加人体研究的个人的权利和利益加以保护。医生的职责是促进和维护参加医学研究的人(包括患者)的健康和权益。在临床试验或研究中,研究者负责作出与试验相关的医疗决定,要保证受试者在试验期间出现不良事件时得到适当的治疗。同时,申办者应对发生与试验相关的损害或死亡的受试者承担治疗的费用及相应的经济补偿。

**1. 受试者的医疗和保护** 临床试验或研究的研究方案中应体现试验开展过程的各类医疗保障。首先,研究人员应具备相应的医疗执业资质和研究资质,试验应配备与研究需求相适应的人员。涉及介入性诊疗技术的研究项目,应确保研究人员具备相应的医疗技术能力,胜任该项技术操作,保证医疗安全。对于涉及医疗技术临床应用准入的项目,研究人员应通过该项医疗技术临床应用能力的技术审核。其次,一般而言,诊断、治疗或预防性干预试验应选择公认有效的干预作为对照。应确保因研究目的而撤销或不给予已被证实有效干预的设计理由是合理的,安慰剂或不予治疗的对照是符合公认的伦理原则的。如果研究不给予受试者公认有效的干预,伦理委员会应审查确认对受试者健康是否可能产生不良影响,是否可能产生严重的损害,特别是不可逆的损害。第三,试验方案应基于研究的风险,设置在干预实施过程中和干预结束后随访的医疗监测时点和监测项目,从而能够尽早发现和观察可能的不良反应。针对所研究的疾病和患者人群特点,提供合适的心理与健康咨询。涉及儿童的研究应在儿童和父母能够获得充分的医学和心理支持的情况下实施。如果研究不允许父母在场,应该加以解释,并且在知情同意书中明确说明。最后,确保受试者提前退出研究或在研究结束后对受试者有合理、适当的安排。

在临床研究中,受试者一旦发生与研究相关的损害(包括死亡),申办者(或研究发起组织者)应承担损害治疗的费用,做出必要的经济补偿。研究者应要求申办者提供法律与经济上的担保,但由医疗事故所致者除外。临床研究的方案中,应明确谁是承担研究相关损害的医疗费用及补偿/赔偿的责任者:第一,对于政府资助的研究项目,一般由承担课题任务的法人机构负责;第二,对于医疗/研究机构的研究者所发起的临床研究,可由研究机构设立"研究风险基金"或购买保险;第三,对于药物临床试验项目,一般由申办者负责。此外,医疗事故所致的损害,由研究者/医生所在的法人机构赔偿。申办方应为临床研究购买保险,分担对受试者的研究相关损害的风险以及对研究者的责任风险。

以阳性对照药物说明书为准的研究性治疗、诊断或预防,若干预措施的预期不良反应无异常(与标准医疗实践中公认的干预措施有关的不良反应种类、程度与发生率相同),应给予受试者免费医疗,可以不予其他补偿。若受试者不依从方案而导致的损害,也可以不给予受试者补偿。伦理委员会充分发挥职能是让受试者避免研究相关损害的另一重要措施。伦理委员会应审查确认并使研究者、受试者、申办方均理解的内容包括:①受试者发生与研究相关的损害时,哪些损害将得到补偿和/或免费医疗、哪些损害将不给予补偿和免费医疗;②受试者是否理解其有权在任何时候退出试验、有权不付诸诉讼就获得应有的免费医疗和补偿;③受试者对研究损害负责医疗的机构与负责补偿的组织是否知情,是否具备能力与条件并做出承诺;④研究者和申办方不能诱导、影响受试者放弃其应有权利,如放弃为研究相关损害寻求免费医疗和补偿的权利;⑤这些是否作为知情同意书的内容,是否是履行知情同意过程的一部分;⑥知情同意书不应包括"如果发生损害,研究者将免于责任"之类的文字。

**2. 弱势群体的特殊保护**  弱势群体是指绝对或相对地没有力量或能力保护自身利益、需要国家和社会予以帮助和支持的社会群体,主要包括儿童、老年人、残疾人、精神病患者、失业者、贫困者等。弱势群体一般可分为生理性弱势群体和社会性弱势群体:前者由明显的生理原因造成,如儿童、老年人、残疾人;后者主要是社会原因造成的,如下岗、失业或受教育程度低等。这些人群要么没有足够的能力来保护他们的自身利益,例如儿童或精神障碍者等不能给予知情同意的人;要么处于相对弱势地位容易受到强迫或不正当权力的影响而成为弱势人群,如贫困和失业者、无家可归者、福利院的老人和儿童等,也包括等级群体中处于下级或从属地位的成员,如实验室的工作人员参加其雇主的研究项目、制药公司的雇员参加该企业的研究项目;还包括患有严重的、可能致残或致命疾病者,以及不熟悉现代医学概念的社会成员等。

邀请弱势群体参与临床研究需要有充分的理由。一方面,保护弱势群体,防止其被不正当地利用。不能因为弱势群体比较容易受到诱惑,就偏好招募弱势群体作为受试者参与临床研究。如果让弱势群体承担参加研究的负担,而根本不考虑他们是否能享受作为研究结果的新知识和所开发产品的利益,这将违背有益和公平原则。另一方面,排除可能受益于参加研究的人群必须是合理的。任何人群都不应被剥夺其公平地参与研究的利益。应保证弱势群体和非弱势受试者群体一样,都具有同样的权利从显示有治疗效应的医学研究中受益,特别是在没有更佳的或等效的治疗方法时。

临床研究纳入弱势群体受试者,需要强调以下几点伦理要素:①只有纳入弱势群体受试者才能达到预期的研究目的,若以非弱势人群为受试对象,试验无法开展;②研究是针对弱势群体特有的或独特的疾病,或其他健康问题,通过研究获得改良的预防、诊断或治疗的知识;③弱势群体要能够从研究获得的知识、实践或干预措施中获益。作为研究成果的预防、诊断或治疗产品成熟时,要保证能被合理地用于受试者,以及该弱势群体中的其他成员。

通常涉及儿童的研究应遵循痛苦最小化和风险最小化的设计原则,研究风险应不大于最小风险。对于研究风险大于最小风险,儿童受试者有直接受益前景的研究,应使研究风险和受益比至少与现有备选的干预措施相当。对于研究风险大于最小风险,儿童受试者没有直接受益前景的研究,只有在以下条件下才可执行:风险稍大于最小风险;研究干预措施对受试者的影响与他们实际的医疗状态相当;研究干预有望对受试者人群的疾病和身体状况产生普遍性知识,该知识对于理解和改善受试者人群的疾病和身体状况应是非常重要的。

### (六) 知情同意

**1. 临床研究中的知情与同意**  知情同意是保障受试者权益的重要措施之一,包括"充分告知""完全理解"和"自主同意"三个方面的内容。

(1)充分告知:受试者的有效同意以其知情为前提。只有受试者真正理解研究的目的,了解研究的风险,才可以认为受试者接受且能承受这些风险,将研究的目的当作自己的目的。因此,研究人员必须充分告知受试者做出理性决定所必需的信息,且在要求受试者同意之前,研究人员所提供的信息必须满足充分性、完整性、准确性的要求。

其一,信息的充分性包括三大部分。第一部分为研究的基本信息,如研究计划批准单位、研究基金的来源、研究负责人和研究团队、研究的目的、研究的方法、研究的流程和程序、对其他人群和社会的受益。第二部分为受试者相关的付出与回报及补偿措施,如受试者参与所需时间、给受试者可能带来的风险或不适、对受试者的直接受益、能够为受试者因参加研究带来的不便的补偿费用、能够为受试者提供因参与研究而遭受伤害的免费医疗或赔偿。第三部分为对受试者基本权益的保护,如可供选择的其他方案,有疑问或问题可咨询的联系人,对有关受试者记录、数据及其他个人信息的保密措施,同时必须注意向受试者说明这是研究不是治疗,且参加和退出都是自愿的,无需理由,并且不会因退出试验而受到惩罚或其他不公正对待。

其二,信息的完整性与准确性。信息的完整性是指研究的风险和受益必须全面告知。一方面,必须告知患者过往动物实验和先期人体试验的负面结果,不可说谎或隐瞒;另一方面,必须保证患者同时了解研究的受益与风险,不可只提受益不提风险。信息的准确性是指,研究人员在向潜在受试者提供信息的时候,必须如实地述说,不可夸大受益面,缩小风险面。

(2)完全理解:理解是知情同意过程的一个至关重要的方面。很多人不能理解复杂的医学术语,特别是用这些术语来描述还没有成为普遍应用的药物或诊疗方法时更是如此。为获得受试者理解,应该以非专业性术语进行解释,需要时可以反复解释,引起受试者关注。例如,在一份知情同意书中,将"由鼠蹊部的股动脉插入导管"写成了"由大腿根部的大血管插入很细的管子",这样既生动,又形象,也便于非医学专业的受试者理解。同时要鼓励受试者提问,以便其充分理解风险。一般受试者不懂得专业的医学知识,为维护其生命健康权,尊重其自我处置权,研究者必须用通俗易懂的形式尽量向其说明情况,让其知道受益的同时也了解临床试验的副作用和各种风险。

知情同意书的文字和语言表述,特别是医学名词术语、科学概念(如安慰剂、随机化)应适合受试者群体的理解水平;多中心临床研究涉及多民族地区,还应注意不同地区受试者的语言和文化水平的差异,必要时需有不同文字版本的知情同意书。医学研究环境中的知情同意权是保护受试者安全的基本保证,也是实现受试者自我保护的主要手段。而及时向受试者解答相关提问,直至受试者完全明了,是研究者与申办者的基本义务。

(3)自主同意:在临床研究中,当患者自主同意参与试验后,应签署知情同意书。签署书面的知情同意书是受试者行使知情权及选择权的表现形式,能够确保自身基本权益得到保障,同时也是研究者已经履行告知义务的重要凭证,用于确认研究者有无尽到告知义务。关于知情同意书的签署过程,需要注意的还有以下几点。

1)签署前的工作:受试者必须认真阅读知情同意书,并确认已了解知情同意书中的所有内容。研究者应准备好知情同意书,至少准备两份(研究者和受试者各一份,如受试者为住院患者,应准备三份,留一份保存在住院病历中)。然后,确认受试者身份,判断其意识清楚,由受试者本人亲自签字。如有必要,可准备录音或录像等书面签署的其他佐证。

2)签署时的注意事项:在知情同意书的最后,研究者与受试者都应在签字页的规定位置签署自己的姓名全称,应使用蓝黑墨水的签字笔,不要随意使用不利于纸质文件保存的圆珠笔,或使用容易擦除笔迹的铅笔。签字的笔迹应保持在正常书写习惯下,可辨认,不能太潦草。需要按手纹印的,手纹印应在与姓名对应的位置;尽量使用适量印泥按下右手示指(推荐)的指纹,纹理应清晰可见。

3)容易被疏忽的时间:在知情同意书的签署环节,日期必须与姓名一起签署,即研究者签名后注明日期,受试者签名也注明日期,不应由其他人代替书写日期或使用打印日期。

此外,知情同意的伦理审查也是伦理委员会保护受试者权益的主要手段之一。伦理委员会通过对其内容、过程的审查(包括跟踪审查)实现对受试者的保护。知情同意必须经伦理审查。审查的主要方面包括:知情同意信息是否充分,如试验目的与程序,预期的受益、风险与不便,可替代的治疗措施,报酬与补偿,保险,个人资料有限保密的原则;知情同意语言表达是否可被患者或受试者理解;知情同意过程是否能给予每个人足够的时间考虑以做出决定,包括同家属或其他人商量的时间,并表现出对他们的尊严和自主权的尊重等。针对弱势群体,知情同意要求更加严格,需监护人/直系亲属的认可并在知情同意书上签名。

2. **免除知情同意**    对于可能使用患者的医疗健康信息和生物样本开展相关性研究的医疗机构,最佳的做法是在临床诊疗时就征求患者的意见,是否同意将来的医学研究利用其健康信息和保存的生物样本,给予患者自主选择的机会。对于获得"同意"的医疗记录和生物样本进行标记。将来若有使用这些医疗记录和生物样本的研究项目,在提交机构伦理委员会审查时就可以申请免除知情同意。

(1)非侵入性研究:在试验的任何阶段寻求同意是不可行的,并且整个程序是完全没有侵入性的,在这种情况下可以免除知情同意,如流行病学研究、使用匿名的医疗档案和医疗诊断剩余的人体组织样本等。

(2)侵入性研究:在危及生命、治疗时间有限、标准干预无效以及试验可能获益的情况下,可以免除知情同意,即在有些针对突发病情(如头部创伤、心搏骤停和脑卒中等)的研究中,虽属侵入性,但受试者无法及时知情同意,此类研究的知情同意要求给予例外处理。虽然在这种情况下免除知情同意是可以的,但是努力获得书面同意的证据是不可缺少的,且需要按照相关伦理规范执行。如果受试者来自一个反复发作的疾病的人群(如癫痫者或酗酒者),则可以事先获得其知情同意。总之,研究对象的权益、安全和意志高于研究的需要。对于使用识别身份的人体材料或数据的医学研究,可能有一些例外的情况,如对某些研究而言,获得受试者同意已不可能或不现实,在这种情况下,唯有经研究伦理委员会考虑并批准后,研究方可进行。

### (七)隐私和保密

参与医学研究的医生除了有责任保护受试者的生命、健康、尊严、完整性和自我决定权等,还有责任保护好受试者的隐私和个人信息的机密。隐私是公民的基本民事权利。隐私权是自然人享有的私生活安宁与私人信息依法受到保护,不被他人非法侵扰、知悉、搜集、利用和公开等的一种人格权。

1. **临床研究中的隐私与保密**    当受试者参与临床研究时,可能包括从被研究者获取生物样本到被要求回答有关个人史和心理活动的问题等多个过程,都会被要求透露私人信息给研究者。抽取血样、透露个人习惯、回忆过去苦难经验或讨论身体残疾,往往会引起受试者心理或身体上的不舒服。有些患者可能不愿意他人阅读其病历记录,即使研究者并不知道该患者的身份。有些受试者希望连他们参加研究也要保密,尤其当有可能带来社会歧视或侮辱时。这在艾滋病、性病、遗传病、家族性精神病、滥用药物的研究中颇为常见,因此临床试验开展时需要确认:收集个人信息的必要性是否符合研究目的;研究收集的个人信息的私密程度,计划如何使用,是否会侵犯隐私权或对研究对象造成伤害,是否有计划在研究的某个阶段销毁个人身份信息。

同时,还需要注意收集个人信息的方式:应在相对私密的环境下收集个人信息,以避免信息泄露;与"性"相关的敏感信息由临床经治医师或性别相符的研究者收集,可采用书面的问卷形式获取,而非人与人之间的问答形式。

2. **特殊情况的隐私与保密**    人的健康信息和生物样本作为特殊资源,其利用和共享与一般的自然资源不同,应当充分考虑其与人的尊严、自主、隐私等多方面的联系,恪守公正、有利等原则。而且,随着生物医学技术的发展,人的健康信息和生物样本的价值日益受到高校、医疗机构、医药公司的重视,国际社会对生物医学资源的争夺也日益激烈,如何合情、合理、合法地开发和利用健康信息和生物样本,已成为了当代医学伦理学研究的重要问题。

参与医学研究的医生有责任采取一切措施保护研究受试者的隐私和个人信息的机密。具体来说应该做到:在采集、分析、保存、使用受试者生物样本和遗传物质及其信息时,重要的是确定通过样本及其信息能否辨认出相关联的个人;努力保护个人隐私,并确保与可识别的个人、家庭或群体有关联的人类遗传资源及其数据的保密性。对于以医学科学研究为目的而采集的人类遗传资源,除非研究特别需要,一般不应保留可识别个人身份的信息。要对个人身份信息加以编码或匿名,使得不能通过身份信息追查到相关联的个人;但可提供人口学和临床资料。即使上述数据或生物样本已经切断与可识别个人的关联,也应采取必要的预防措施保障有关数据和生物样本的安全。

对于与可识别的个人有关联的人类遗传资源,包括数据和生物样本,不应向第三方,特别是有经济利害关系的雇主、保险公司、教育机构和家庭披露,也不应让他们查询,除非由于重大公共利益,或受试者事先在自愿并知情的情况下明确表示同意,且这样做符合法律和国际人权法的规定。

(陈　旻)

【复习思考题】

1. 对医学研究项目开展伦理审查的主要内容包括哪几个方面?
2. 开展医学研究知情同意书的主要内容有哪些?

# 第十七章

# 医院管理与卫生政策伦理

**学习要点**

1. 医院管理的伦理要求。
2. 卫生政策的基本伦理准则。
3. 我国医药卫生体制改革伦理。

目前,全球尚无完美的卫生保健制度,不同国家和地区的卫生保健制度都存在着不同程度的缺陷,为此,卫生保健制度改革成为许多国家和地区卫生政策的主题。我国医改经过了一个曲折过程,已经取得明显成效并继续推进,其中,医疗机构改革是一个重要内容。那么,我国深化医改政策的核心价值是什么? 如何实现这些价值目标? 在深化医改背景下,医院管理应该遵循哪些伦理原则? 医院管理人员的行为规范有哪些? 现代医院应该承担什么道德责任? 卫生政策伦理和医院管理伦理是医学伦理学的重要研究内容。

## 第一节 医院管理伦理

医院是依照法定程序设立的,以救死扶伤,防病治病,为公众的健康服务为宗旨,从事疾病诊断和治疗的卫生服务机构。医院管理是对医院工作进行的计划、组织、指挥、协调和控制。医院管理伦理贯穿于医院管理的各个方面,其内容包括医院管理伦理原则、医院管理人员行为规范,以及现代医院的社会道德责任等。

### 一、医院管理的含义

所谓医院管理,就是按照医院工作客观规律,应用现代管理科学的理论和方法,对医院工作进行计划、组织、指挥、协调和控制,以提高工作效率和效果,实现维护健康目的的过程。医院管理是一个动态的概念,是随着经济社会和科学技术的不断发展变化而变化的。其具体任务包括三方面:处理好医院与社会的关系,处理好医院内部各子系统的关系,处理好医院与患者的关系。

医院管理一般具有以下基本特征。

**1. 医院管理的社会性** 医院的生存和发展离不开社会的大环境,社会政治经济制度、国家医药卫生政策、医疗保障政策、社会实际需求等对医院管理起着决定性的影响。医院的任务、工作、制度等都必须适应社会的需求,因此医院管理是一种社会现象,或者文化现象。各级各类医院首先要接受行政主管部门的监管,遵守相应的行业规范,还要自觉接受多形式的社会监督,加强医疗卫生服务行风建设,提高行业自律,进一步强化职业道德,提升文明行医水平,热情为患者、为社会服务。

**2. 医院管理目的的双重性** 虽然医院是实施一定福利政策的社会公益性事业单位,以救死扶伤、防病治病、为公民的健康服务为宗旨,但在现行管理体制下,也是具有独立法人资格的谋求自身经济利益的实体,其运行与管理中大量包含经济性质活动与经济利益谋划。医院这种特殊的行业性质就决定了其管理活动的双重目的性,既要以社会效益为首位,为公众的医疗健康提供高水平服务,也要追求社会效益与经济效益相统一,为保证医院自身的生存发展谋求必要限度的经济利益。

**3. 医院管理的人本性**　管理的核心是对人的管理。作为医疗服务机构,医院提供的是智力与技术密集型的服务,必须注重管理的人本性。就服务患者而言,医院的运营管理要一切以患者为中心,强化患者需求导向,把方便让给患者,把患者的需求视为医院的追求,持续改善医疗服务,做好医患沟通交流,增进理解与信任,这是医院工作的永恒主题,也是医院工作的最高宗旨。现代管理科学更加关注工作伦理、人际关系、个人美德等隐性因素对组织的影响,重视人在组织中的能动作用。医院服务工作的科学性和技术性极强,要有效促进医院服务质量的提升,必须着力提升人员队伍素质,既要求医务人员具有全面的理论知识、熟练的技术操作能力和丰富的临床经验,更要持续激发医务人员对工作极端负责、对人民极端热忱、对技术精益求精的不竭动力。

**4. 医院管理的综合化**　在社会生活医学化和人类社会疾病谱转变的情境下,一方面,医院内部管理对象逐渐地细分化与综合化。现代医院管理包括人事、药事、医务、护理、医辅、后勤等各个方面的细分化管理。另一方面,这些管理活动又相互交织、相互作用,使得医院管理日益综合化,而且现代医院的社会功能逐步从单纯的医疗型向预防、保健综合服务型转化。这种转化使得医院管理从治疗服务管理扩大到预防服务管理,从临床技术服务管理扩大到临床社会服务管理,从院内服务管理扩大到院外的社会服务管理。这些都是社会向医院提出的更新、更高及更好的综合化服务要求。

## 二、医院管理中的伦理问题

医院管理伦理旨在探讨如何将伦理学应用于医院管理实际中,以保证医院沿着正确方向发展,并为医院营造和谐的发展环境。医院管理伦理与医院管理活动相伴而行,是医院管理的有机组成部分。二者在目标、要求上具有一致性。现代医院管理既要以患者为中心,全心全意为患者服务,又要坚持医疗公平、公正、合理以及社会效益优先,这是医院管理工作的出发点和归宿,同时也是医院管理伦理必须遵循的伦理原则。

由于医院自身和社会环境中一些因素的影响,当前医院管理中还存在着比较突出的伦理问题,主要表现在以下方面。

1. 在医院经营目的上,有的医院价值取向出现偏差。在经济利益的诱导下,有的医院逐渐形成了牟利性路径依赖,虽然宣称以公益为目标,实际运营却是逐利性不断增强。有的医院淡化社会责任,损害社会和患者利益,放松对科室和医务人员的监管,有违于医院和医者的圣洁。

2. 在医院管理手段上,存在伦理管理弱化。医院管理尚未根本树立"以人为本"的管理理念,人文关怀与心理激励缺位等方面的矛盾比较突出,医务人员主动广泛参与管理的机制尚未形成。出现问题多注重查找技术或经济原因,日常管理较少从伦理角度进行问题分析,缺乏个性化管理和对被管理者心理过程的分析;被管理者缺乏对医院管理和医疗服务的情感体验,主人翁的参与感与归属感不强。

3. 在医院作风建设上,职业精神弱化。一些医院还没有真正把医德医风建设作为医院的基础性工作来抓,投入不够,尚未构筑起"全员、全过程、全方位"的医德医风建设体系;工作方式、方法普遍单一,以说教和书面理论宣讲为主,结合实际、结合身边事教育激励身边人少,没能与时俱进;职业精神教育不够。一些医院除了在新入职人员岗前培训中开展职业精神教育外,对职工的全员性职业精神和廉洁教育尚显不足;对医院高层和科室负责人缺乏经常化、规范化的职业品质教育警示,甚至缺失教育提醒。

4. 在医院服务宗旨上,尚未真正做到以患者为中心。这表现在医疗实践中缺乏人文精神,"为服务对象服务"这一医院管理伦理的基本要求尚未彻底落实。有的医务人员对工作责任心不强,对患者同情心不足,服务态度不佳。有的医务人员诊疗中忽略患者的情感和心理需要,不注重与患者接触和交流,把患者置于被动接受治疗的地位。这些矛盾不仅引起了患方的不满,也造成了医方的工作压力和紧张心理,影响了医患关系和医疗工作的顺利开展。

### 三、医院管理的伦理要求

医院管理作为职业管理活动,存在许多伦理要求,其核心是指引和规范医院的管理参与者在工作中做出具有道德价值、符合伦理的行为。这些伦理要求是解决医院管理中的伦理问题,协调医院与国家、医院与社会、医院与患者之间关系的道德指引。

#### (一) 以患者为中心

1948年,世界医学会(WMA)在《希波克拉底誓言》基础上制定了《日内瓦宣言》,要求医者"一定要把患者的健康和生命放在一切的首位"。以患者为中心,要求医院管理应该从维护服务对象的利益出发,将满足服务对象合理医疗保健和其他生活需要作为医院各项工作的中心,服务对象至上,一切为了服务对象。

以患者为中心既是由医疗卫生事业的伦理属性决定的,又是医院及其医务人员赢得患者的需要。在现代医院管理中,以患者为中心要求医院管理应该具体做到以下几点。

1. 从"以疾病为中心"转变到"以患者为中心"。在诊疗过程中,患者心理和社会等保健需求的不断提高,促使医院管理从传统的"以疾病为中心"(illness centered medicine)的服务模式转变为"以患者为中心"(patient centered medicine)的服务模式,改变重"病"不重"人"的状况。

"以患者为中心"服务模式要求:在重视疾病诊疗的同时,还应关注患者的发病与患病过程,了解患者的心态,对患病的看法,对疾病的担心与恐惧感,疾病可能对身心功能的影响,对治疗方案、措施与态度的期望等,也包括让患者知情同意,准确、迅速应答患者的愿望和需求,加强医患沟通,开展健康教育,维护患者的人格尊严,鼓励患者信息反馈并认真听取意见,直言相告不良反应等。

2. 从"以医院及其医务人员为中心"转变到"以患者为中心"。一方面,以患者为中心符合医疗卫生事业"为人民健康服务"的宗旨,符合医学服务于人,造福于人的目的。另一方面,患者也是医院存在的前提,决定着医院的生存和发展。没有患者就没有医院存在的价值,医务人员工作的价值也就无从谈起。

3. 从"以患者个体为中心"转变到"以社会群体为中心"。随着医学模式的转变和新健康观的形成,现代医院在提供诊疗健康服务的过程中,其服务对象的外延不断扩大,传统医院的主要功能是"治病救人",其服务对象是"患者",而现代医院不仅要关注患者身心疾病的治疗,而且还要致力于人的疾病预防、身心康复和健康促进等。医院的服务对象已经由患者拓展为整个社会群体。

#### (二) 以人为本

以人为本,要求医院管理应该重视管理对象中的人,肯定其价值,尊重其权利,维护其人格尊严,把做好人的工作作为管理的根本。"以人为本"是协调医院管理者与管理对象之间关系的伦理要求。

医院管理的对象众多,包括人、财、物、技术、时间、信息等,但其中最为核心和最为根本的是人。"以人为本"区别于"以财、物等为本"。以人为本要求医院管理具体做到以下几点。

1. 确立"管理服务"理念。所谓管理服务,就是要求医院管理者把管理对象中的"人"作为服务对象,管理者是"公仆"。医务人员是医院诊疗工作的主体,当然是医院管理的主要对象;要做好医院的各项工作,离不开广大的医务人员。因此,医院管理者不应仅看到自己与医务人员之间的管理与被管理关系,还要认识到其间的服务与被服务关系。

2. 尊重医务人员的价值和尊严。一方面,医院管理者要认识到医务人员的价值和尊严,明确管理者与被管理者彼此平等的地位,保证医务人员的各项权利,倾听和采纳医务人员的意见和建议。另一方面,要爱护医务人员。只有如此,医务人员才会自愿接受管理,否则,只能引起广大医务人员的反感和抵触。

3. 为医务人员的全面发展创造条件。管理的根本目的是人,医院管理者应关心广大医务人员的物质和精神需要,为职工创造良好的工作、学习和生活环境,采取一切可行的办法和措施,创造全面发展的有利条件和环境,提高他们的生活水平,提升其文明素质,更新其知识技能,挖掘其创造性潜能,展现其聪明才智。

### （三）坚持公益性，把社会效益放在首位

医院管理要坚持公益性质，增强普惠性，满足多样化、差异化、个性化健康需求，全方位、全周期保障人民健康。医院的公益性可归纳为四个方面：①以社会利益最大化作为追求的目标；②在保证可及性和公平性的基础上，提供公众需要的医疗卫生服务，注重医疗卫生服务的适宜性；③不以营利为最终目标，但要通过加强经济管理维持生存和发展；④医院收入主要用于医院事业的发展。

坚持公益性，要求把社会效益放在首位。社会效益是指医院通过提供卫生服务而使社会获得的利益。这种利益最为直接的方面是一定社会人群的健康受益，即社会人群的疾病预防、诊治以及健康水平的改善；间接的方面还包括有利于社会的和谐稳定、健康发展等。这就要求在现代医院管理中，管理者应该具体做到以下几点。

1. 首先注重社会效益。防病治病、救死扶伤、治病救人是医学的天然伦理本性。可见，社会效益是医学的存在之本，医院注重医疗服务的社会效益，才能在社会分工中合理存在，否则，医院就失去其存在的价值。

当然，医院管理也不能不关注经济收益，但是首先考虑的应该是患者的利益和需要，应该考虑如何以更低的代价获得更好的治疗效果，降低医疗费用，减轻患者经济负担，减少疾病对患者造成的痛苦，考虑医院以较少的劳动投入提供更多的医疗服务。只有如此，才能赢得社会肯定，才能赢得更多患者，最终获得更大的经济效益。

2. 坚持医院是国家福利政策的载体。我国的医疗卫生事业是政府实行一定福利政策的社会公益事业。医疗卫生福利性政策的主体是政府，而医院是福利政策的载体。认清政府与医院在医疗卫生福利中的地位，有利于医院管理者正确进行医院管理。为此，应该避免两种倾向：要么将医院看成是医疗福利政策的主体，结果在政府投入有限的情况下，难以承担这个社会责任，导致了医院发展经济乏力的困境；要么忽视医院是医疗福利政策的载体，忘记了其应承担的社会责任。尤其公立医院、非营利性医院是财政投入设立，享受到财政、税收、价格以及其他特殊政策优惠，在作为医疗服务福利载体的同时，有时还代表政府承担着一定福利主体的责任。

### （四）服务质量至上

服务质量至上原则，要求医院应该把服务质量管理置于管理的核心地位，视服务质量为医院管理的生命；当服务质量与其他事务出现矛盾时，服务质量至上。"服务质量至上"是医院管理协调服务质量管理与其他事务管理之间关系的伦理要求。

重视医院服务质量，是医院管理遵循"以患者为中心"伦理原则的必然要求。在现代医院管理中，贯彻服务质量至上原则要求医院管理者应该具体做到以下几点。

1. 保证医疗服务永远是优质的。防病治病、救死扶伤、治病救人的伦理属性，决定着医疗服务应该永远是优良的。如果说一般的商品生产和服务，由于受种种条件的限制，还允许商品和服务有不同档次，甚至允许出现次品，而医疗服务由于涉及患者的生命安危，从伦理上要求必须都是优质的：医务人员在当时医学发展水平、医院技术条件和自身技术水平的情况下，应该尽最大努力，提供最优质的服务；不允许利弊得失考虑使医疗服务打折扣。

2. 把医疗服务质量视为医院工作的生命线。医院服务质量管理是医院管理的核心。高质量的医疗服务不仅代表着一个医院的技术水平，而且还体现着医院的医德医风；医院服务质量是影响医院声誉的根本因素，决定着医院的生存和发展。提高医疗服务质量既有利于医院获得社会效益，又有利于提高经济效益。

### （五）履行社会道德责任

1. 重视疾病预防，参加现场急救。尽管医院的主要任务是医疗服务，但也有责任开展一定的预防保健工作。医院发现传染病患者、疑似传染病患者或病毒携带者，要按规定向有关部门报告疫情；要开展对有关传染病的防治；要防止医院本身成为传染源，避免医院内的交叉感染；要向社会进行疾

病预防宣传等。参加现场急救,是医院及其医务人员责无旁贷的社会责任。医院必须按照有关政府部门要求,及时安排医务人员进行现场急救。

2. 参与社区卫生,支持基层医疗。医院要利用自己的人员、技术、设备等优势开展社区卫生服务,一方面发挥自己的优势提供良好的医疗卫生服务,另一方面推动广大医务人员密切联系群众,培养高尚的医德品质。高水平医院支持基层医疗,有利于实现医疗服务的可及性,方便基层群众就近就医和预防保健,这也是有关法律以及各级政府卫生行政部门的要求。

3. 开展医德教育。医院管理必须重视对广大医务人员的医德教育和再教育,帮助广大医务人员认识到医德教育的重要意义,通过医德教育使广大医务人员把握国际公认的以及国内的医学伦理原则和医德规范,培养医学伦理决策能力,能够发现、分析和解决医学伦理难题,正确进行医德评价,主动进行医德修养,提升医学专业精神,养成良好的医德品质。

# 第二节　卫生政策伦理

卫生政策的宗旨和目标是合理地调整和分配有限的公共卫生资源,以协调每个社会成员可能因为卫生资源分配不公而产生的利益分歧与矛盾。因此,卫生政策既是政府实行卫生资源权威性分配的理论依据,也是政府履行社会服务职能的重要手段。其蕴含着一定的社会伦理价值诉求,遵循一定的社会伦理准则。同时,伦理学是卫生政策的目标指向与人们的健康诉求之间的联系纽带,它审视和反思着卫生政策制定和实施过程中伦理选择的合理性。

## 一、卫生政策概述

### (一)卫生政策的概念

卫生政策是从国家政策体系中派生,体现国家保障公民健康的目标、策略与行动,是最受人们关注的社会政策之一。世界卫生组织在制定"卫生发展管理程序"中将卫生政策定义为"改善卫生状况的目标、目标的重点以及实现这些重点目标的主要途径"。学者白丽萍在《卫生政策伦理研究》一书中指出,卫生政策是指政策主体基于一定的伦理价值观,并在特定情境下,制定行动方案或行动准则,回应社会卫生矛盾,调节卫生资源配置,是以实现、维护和增进健康为目标的制度安排。

卫生政策是指一个国家或地区政府为保障公众健康和实现特定卫生目标而采取的行动方案和行动依据,主要包括卫生发展的目标、法律、法规、战略、方针、策略、计划和措施等。角度不同,其理解也有所不同。从政策主体政府的角度出发,卫生政策是指政府为保障人民健康而制定并实施的以规范政府、卫生服务机构、公民等组织和个人的目标、行为指南、策略与措施的总和。从权力和过程的角度,卫生政策又可以看作是影响相关的卫生决策者与决策方式的总和。

### (二)卫生政策的特点

1. **政治性**　政策主体包括政党、政府和社会团体。政策主体的价值取向必然影响政策的制定,政策目标和采取的行动代表政策主体的利益。卫生政策与公众利益密切相关,对保护人民健康、维护社会公平正义、促进社会和谐与政治稳定、实现人民幸福等具有重要意义。健康权是公民的基本权利,卫生政策不仅关系国民健康,也关系着经济社会发展和执政者政治目标的实现。

2. **权威性**　政策的制定必须经过一定的严格程序方可出台。实施任何一项政策都必须具有合法性,否则就不能成为政策。同时,政策必须具有权威性,作为对社会、团体和个人行为的规范和指导,必须得到所涉及对象的认可和接受。

3. **公益性**　卫生政策以保障人民健康为根本目的,而人民健康水平的改善具有极强的公益性。卫生服务体系建设、医疗保险筹资、政府职责等方面都应充分体现公益性,努力减轻公众,尤其是弱势群体的疾病经济负担,提高居民健康水平,不应以追求经济利益为目标。

4. **系统性**　卫生政策的系统性体现在政策层级和执行体系两个方面。政策层级的系统性表现为卫生政策通常是在统一框架内从总体政策到具体政策发展形成的;卫生政策的执行体系包括中央政府及其相关部门和机构、各级地方政府及其相关部门和机构。

**5. 阶段性** 卫生政策的制定和执行与当时的经济社会发展水平、公众健康状况和主要卫生问题等因素密切相关。当环境变化时,卫生政策的内容、手段甚至政策本身等都需要相应调整。从政策实践看,无论是全球卫生治理,还是中国的各项卫生政策,都经历了若干发展阶段,具有明显的阶段特征。

**6. 复杂性** 卫生政策的制定和实施涉及卫生体制、卫生筹资、服务提供、卫生人力、监管规制等复杂因素,还隐含着政治导向、价值观念、文化习俗等诸多深层次影响。通常这些复杂因素交织在一起,使卫生政策成为世界各国都面临的难题。

### (三) 卫生政策的功能

**1. 规制功能** 卫生政策的规制功能就是通过各种规范化的手段,将与卫生相关的各种行为规范制约在法律、法规以及道德伦理许可范围内,并最大限度地保证各种卫生服务供给与分配的公平性、可及性与效率,最终确保政策目标的有效实现。由于卫生工作专业性强、卫生服务信息不对称等特点,需要对卫生服务机构和人员的准入、卫生服务的质量安全、服务行为等进行规制。

**2. 导向功能** 政策能够引导组织及个人的行为和事物的发展方向,卫生政策的制定和实施会引导卫生人力、物力、财力等资源在空间和流向上的变动。这些变动影响人们的预期和行为,进而影响卫生政策目标的最终实现。卫生政策的导向功能可分为正导向和负导向。正导向是政策能够最大限度地符合人民群众的健康利益,有助于保障和提升健康水平;负导向则与保障人民群众健康利益、提升健康水平的政策目标背道而驰。

**3. 分配功能** 卫生政策的基本目的之一就是将有限的卫生资源进行公平合理的分配。卫生政策的分配功能体现在价值和技术两个方面。价值意义上的分配要求政策制定时的价值理念和执行过程要遵循公平、合理的原则;技术意义上的分配是通过有效的机制设计和监督保障,实现分配的合理与公平。卫生资源有限,但人们健康需求不断提高,如何实现卫生资源的公平合理分配,对卫生政策的制定和实施提出了很高要求。

**4. 协调功能** 卫生政策的制定与实施有很多利益相关者,包括政府、公众、服务提供者、保险组织、企业、社会组织等。不同利益相关者在价值取向、目标和利益等方面不同,利益相关者之间的关系既有协调一致的方面,也有可能冲突。卫生政策的一项重要功能就是要协调不同方面的利益关系,使政策过程中的各个环节、各个利益相关者尽可能协调一致,充分发挥各自能力,形成政策合力,实现政策既定目标。

## 二、卫生政策制定中的伦理准则

从宏观角度看,制定卫生政策首先需要以国家宪法、法律法规、卫生理论知识、国内外环境为依据;其次需要以大众的健康利益诉求为前提。同时,卫生政策的制定也是一个协商的过程,需要在"坚持原则"与"利益最大化"间寻找平衡,而平衡思路的关键在于卫生政策设计、构建与实施过程中伦理准则与作用的发挥。

### (一) "健康权利与健康责任" 的伦理准则

#### 1. 健康权利

(1) 健康权利的含义:健康作为一项人权被提出来是第二次世界大战以后的事情。得到国际上广泛认可的健康权利定义,是 1966 年联合国《经济、社会和文化权利公约》第十二条中对健康权的表述。该表述认为健康权是 "人人享有可能达到的最高标准的身体健康和精神健康的权利"。该规定被视为健康权的核心条款。我国政府高度重视人民卫生和人民健康,强调 "把人民健康放在优先发展战略地位"。《中华人民共和国民法典》第一千零四条规定:"自然人享有健康权。自然人的身心健康受法律保护。任何组织或者个人不得侵害他人的健康权。"

NOTES

健康权并不是要求国家直接确保每个人的身体都处于健康的状态,而是国家和政府将健康作为公民权利和社会权利,确保人们都能享有一个健康的环境,从而为健康状态的享有提供最基本的可能和保障。

（2）健康权利的特征:其一,健康权是一项基本人权,是人们生存和发展的基础性权利,也是满足人们社会性生活的最起码权利。《中华人民共和国基本医疗卫生与健康促进法》(以下简称《基本医疗卫生与健康促进法》)第四条同样明确规定"国家和社会尊重、保护公民的健康权",这是我国第一次以法律条文的形式直接提出健康是人的基本权益,是对《中华人民共和国宪法》中关于健康权相应规定的具体落实,为保障健康权益提供了更详细的法律依据。

其二,健康权是一项基本公民权利,即宪法赋予的、表明权利主体在权利体系中重要地位的权利。《中华人民共和国宪法》第四十五条第一款规定:"中华人民共和国公民在年老、疾病或者丧失劳动能力的情况下,有从国家和社会获得物质帮助的权利。国家发展为公民享受这些权利所需要的社会保险、社会救济和医疗卫生事业。"

其三,健康权是一项复合性权利,内涵丰富,既包括自由,也包括权利。其内容和范围受到社会、经济、政治、科技、文化等多种因素的影响和制约,包括体现国家医疗水平的基本医疗权、健康资源获取权等内容。

**2. 健康责任**    健康价值指向决定了个体、社会和国家对健康的保护均有不可推卸的责任。如何将三种责任有效整合起来,构建一个各司其职、各尽其责的健康责任共同体,是当今世界许多国家卫生体制改革中普遍面临的一大问题。

（1）政府责任。保障公民健康是政府的基本职责。健康权利的界限决定着政府在多大范围中、在哪些层次上对医疗保健资源分配进行干预。我国《基本医疗卫生与健康促进法》总则明确了国家的健康责任。政府的首要健康责任应当是为其全体成员谋求健康福利,维护整体健康利益,把增进人民健康作为卫生工作的首要目标,坚持"预防为主"的方针,将有限的医疗资源优先用于社会全体人群的疾病预防;同时要尽可能地保护每个个体的健康权利,努力消除基于社会经济地位、种族与性别的健康不平等;还要着力促进健康公平与平等,使人们能够平等地获得医疗服务,实施更为广泛的政策以促使个人生活机会公平化,从而减轻进而消除由社会经济不平等及其他偶然因素对健康的影响。

（2）社会责任。社会责任是促进健康的重要手段,是社会组织超越于利己行为之外的职责行为或者利他行为。我国鼓励社会组织参与健康事业,与国家一起为社会成员提供健康帮助。我国《基本医疗卫生与健康促进法》第四条明确"国家和社会尊重、保护公民的健康权",第七十九条规定"用人单位应当为职工创造有益于健康的环境和条件,严格执行劳动安全卫生等相关规定,积极组织职工开展健身活动,保护职工健康",第十三条规定"对在医疗卫生与健康事业中做出突出贡献的组织和个人给予表彰奖励"。

（3）个人责任。我国《基本医疗卫生与健康促进法》第六十九条规定:"公民是自己健康的第一责任人,树立和践行对自己健康负责的健康管理理念,主动学习健康知识,提高健康素养,加强健康管理。倡导家庭成员相互关爱,形成符合自身和家庭特点的健康生活方式。"同时明确"公民应当尊重他人的健康权利和利益,不得损害他人健康和社会公共利益"。

健康责任体系的建构需要政府、社会与个人各负其责,在政府责任主导下,激发社会的健康责任,明确公民对自己的健康负第一责任,更加有效地实现健康权利的切实保障,实现健康社会的目标。

### （二）"公平"伦理准则

世界卫生组织提出的"2000年人人享有初级卫生保健",其实质可理解为对健康公平的追求。早在1984年制定健康指标时,其38个具体指标中第一个便是健康公平。因此,保障不同人群最基本的健康是实现社会公平的必要条件。

医疗制度中的"公平"是指人口的健康状况、卫生系统的反应性水平和筹资的公平性的合理分布,即在某些方面应该完全平等,某些方面应该合理设差等。具体表现在卫生服务筹资的公平、卫生

NOTES

服务提供的公平、卫生服务利用的公平和卫生服务产出的公平四个方面。

（1）卫生服务筹资的公平：要求个人或家庭对卫生服务的投入，应该按照其收入水平和支付能力而定，而不应该按照其获得的服务成本来确定。应该根据每个社会成员的支付能力筹集卫生服务经费，包括横向公平和纵向公平。横向公平是具有同等支付能力的人应该对卫生服务给予同等支付；纵向公平是支付能力高的人应该多支付。

（2）卫生服务提供的公平：要求卫生系统应该为民众提供合理的卫生服务。合理的卫生服务具体包括：①卫生资源配置的公平，指用于提供卫生服务的人、财、物、信息等。卫生资源配置的公平要求构成卫生资源的各要素在某一区域内，应适应居民对不同层次卫生服务的需求，既能使卫生资源被充分有效地利用，又可使该地区的居民得到所应得到的卫生服务。②卫生服务的可及性公平，指服务对象寻求且获得卫生服务的难易程度，即考虑服务对象是否确实能方便、及时和实际地获得负担得起的和可接受的卫生服务。卫生服务的可及性公平要求任何家庭或个人，无论其经济地位高低，也无论其经济收入如何，在财富、种族、性别、所处环境等方面有何差异，其接受基本卫生服务的机会和条件应该是均等的。

（3）卫生服务利用的公平：要求具有相同卫生服务需求的人应得到并同样利用基本医疗卫生服务，包括横向公平和纵向公平。横向公平是指所有具有同样卫生服务需要的人应获得完全相同的卫生服务；纵向公平是卫生服务需要较大的人群应该比那些需求较小的人群更多地获得所需要的服务。

（4）卫生服务产出的公平：也称结果公平，要求不同社会人群的健康水平应该相等或相似，健康状况分布应该均衡。

医疗卫生服务的宗旨就是让每一位社会成员都享有健康。卫生服务中各个环节体现的公平性，归根结底都是以健康状况的改善来衡量的。

### （三）"质量"伦理准则

"质量"伦理准则包括改善人口的健康状况和注重"以患者为中心"的两个方面。

**1. 改善人口的健康状况**　应充分调动卫生机构及其工作人员的积极性，不断提高卫生服务的质量、公平和效率，提高全民的健康水平，改善其健康状况，从而提高卫生系统的质量。

**2. 注重"以患者为中心"**　通过完善政策，提高卫生系统的绩效，重视治愈疾病以外的健康产出，注重"以患者为中心"的制度及政策改革。

## 三、我国医药卫生体制改革伦理

我国医药卫生体制改革，是在中华人民共和国成立的卫生保健制度基础上展开的。从20世纪80年代开始，国家启动医药卫生体制改革，并在2003年抗击严重急性呼吸综合征疫情取得重大胜利后加快推进。2009年国家全面启动新一轮医改，把基本医疗卫生制度作为公共产品向全民提供，全力保障全民享有基本医疗卫生服务，从制度上保证每个居民不分地域、民族、年龄、性别、职业、收入水平，都能公平获得基本医疗卫生服务。改革的基本原则是保基本、强基层、建机制。为了达到既定改革目的，政府明确了改革的阶段目标、改革重点和主要任务。

我国的卫生保健制度取得巨大的成就，其成功策略和措施主要包括：①建立了城乡基层卫生网络，基本消除了广大城乡居民对卫生服务可及性的障碍；②建立了城乡医疗保障网，到改革开放前，城市的公费医疗和劳保医疗以及农村的合作医疗已经覆盖了全国绝大多数人口；③来自政府和集体的公共资金，支付了几乎全部卫生总费用和其他卫生公共产品；④控制了卫生服务的筹资和提供系统的费用；⑤动员全民广泛开展爱国卫生运动，显著改善了公共卫生环境和个人卫生习惯等。

### （一）我国医药卫生体制改革的历程

中华人民共和国成立至改革开放前，我国卫生事业发展取得显著成就，但与公众健康需求和经济社会协调发展不适应的矛盾也日益突出。随着国家工作重心特别是管理体制的转变，原有医疗保障体系如何使广大公众享有更好、更健全的医疗卫生服务，成为我国政府面临的一个重大问题。医药卫生体制改革由此展开。

**1. 第一阶段** 从 1978 年开始,随着经济的发展和生活水平的提高,人们对医疗卫生服务的需求迅速增长。而在计划经济体制下所形成的卫生服务体系,由于政府包揽太多,医疗机构活力不足、效率低下,卫生服务供给远远不能满足广大人民群众对卫生服务的需求,所以,当时医药卫生体制改革的重点是扩大卫生服务的供给,搞活卫生机构内部的运行机制,以解决人民群众的"看病难""住院难"和"手术难"等问题。

**2. 第二阶段** 进入 20 世纪 90 年代,随着我国市场经济体制的逐渐建立,卫生事业改革和发展的外部环境发生了很大变化,卫生领域中一些源于计划经济的深层次矛盾和体制、机制方面的问题进一步暴露,原有的卫生体系和医疗保障制度越来越不适应市场经济的要求。为此,中共中央、国务院于 1996 年底召开全国卫生工作大会,1997 年初发布《关于卫生改革与发展的决定》,全面展开适应市场经济体制的医药卫生体制改革,随后发布系列医药卫生体制改革的文件。

**3. 第三阶段** 随着市场经济体制的进一步完善,医药卫生保健制度中呈现出新的问题,突出表现在我国医药卫生事业发展水平与人民群众健康需求及经济社会协调发展要求不适应的矛盾还比较突出。城乡和区域医疗卫生事业发展不平衡,资源配置不合理,公共卫生和农村、社区医疗卫生工作比较薄弱,医疗保障制度不健全,药品生产流通秩序不规范,医院管理体制和运行机制不完善,政府卫生投入不足,医药费用上涨过快,个人负担过重等问题。

为此,中共中央、国务院于 2009 年 3 月发布《关于深化医药卫生体制改革的意见》,提出完善四大医药卫生体系,以建立覆盖城乡居民的基本医疗卫生制度,以保障医药卫生体系有效规范运转。四大医药卫生体系分别是:①公共卫生服务体系;②医疗服务体系;③医疗保障体系;④药品供应保障体系。随后,国务院发布《医药卫生体制改革近期重点实施方案(2009—2011 年)》,确定了重点抓好的五项改革:①加快推进基本医疗保障制度建设;②初步建立国家基本药物制度;③健全基层医疗卫生服务体系;④促进基本公共卫生服务逐步均等化;⑤推进公立医院改革试点。2012 年国务院发布《"十二五"期间深化医药卫生体制改革规划暨实施方案》,明确 2012—2015 年医药卫生体制改革的阶段目标、改革重点和主要任务,为深化医药卫生体制改革提供指导,并且每年发布工作安排或工作任务。

2016 年召开的全国卫生与健康大会提出了全民健康的目标,要求着力在分级诊疗、现代医院管理、全民医保、药品供应保障、综合监管五项基本医疗卫生制度建设上取得突破。同年国务院发布《"健康中国 2030"规划纲要》,将人民健康放在优先发展的战略地位,医药卫生体制改革同样围绕以提高人民健康水平为终极目标进行全方位提升和创新。2016 年年底,中共中央办公厅、国务院办公厅转发《国务院深化医药卫生体制改革领导小组关于进一步推广深化医药卫生体制改革经验的若干意见》,其核心内容是建立医疗、医保、医药"三医"联动工作机制,成为我国医改坚定迈向深水区和攻坚期的"行动指南"。

医改经历了前三年平稳起步、"十二五"时期重点突破、"十三五"时期全面发展三阶段历程,基本医疗卫生制度基本完成立柱架梁,分级诊疗、现代医院管理、全民医保、药品供应保障、综合监管等重点制度取得重大突破,基本医疗卫生服务范畴不断扩大,水平不断提高,改革成果惠及广大群众,经受住了新冠病毒感染疫情考验,探索出了一套符合国情、科学合理的方法论,为保障我国人民健康和解决世界医改难题贡献了中国智慧。

### (二)我国医药卫生体制改革的主要内容

**1. 建立健全全民医保体系** 适应市场经济体制,建立并健全新的全民医保体系,包括职工医保、城镇居民医保和新农合三项基本医疗保险,以及城乡医疗救助制度、商业健康保险、多种形式补充医疗保险和公益慈善等,并不断健全完善。充分发挥全民基本医保的基础性作用,扩大范围、提升质量。通过支付制度改革,加大医保经办机构和医疗机构控制医药费用过快增长的责任。在继续提高基本医保参保率基础上,稳步提高基本医疗保障水平,着力加强管理服务能力,切实解决重特大疾病患者医疗费用保障问题。

具体措施包括:巩固扩大基本医保覆盖面,提高基本医疗保障水平,完善基本医保管理体制,提高基本医保管理服务水平,改革完善医保支付制度,积极发展商业健康保险,探索建立重特大疾病保障机制。

**2. 巩固完善基本药物制度和基层医疗卫生机构运行新机制** 建立国家基本药物目录遴选调整管理机制,制订国家基本药物遴选和管理办法,基本药物目录定期调整和更新。在此基础上,巩固完善国家基本药物制度。

改革城乡医药卫生服务体系,在此基础上,持续扩大基层医药卫生体制改革成效,深化基层医疗卫生机构管理体制、补偿机制、药品供应和人事分配等方面的综合改革,继续加强基层服务网络建设,加快建立全科医生制度,促进基层医疗卫生机构全面发展。将医药卫生体制改革实践证明行之有效的分级诊疗、家庭医生签约服务、医联体建设等措施上升为制度;加强三医联动,形成制度合力。

具体措施包括:深化基层医疗卫生机构综合改革,扩大基本药物制度实施范围,完善国家基本药物目录,规范基本药物采购机制,提高基层医疗卫生机构服务能力,推进全科医生制度建设,促进人才向基层流动,加快推进基层医疗卫生机构信息化。

**3. 积极推进公立医院改革** 坚持公立医院公益性质,按照政事分开、管办分开、医药分开、营利性和非营利性分开的要求,以破除"以药补医"机制为关键环节,以县级医院为重点,统筹推进管理体制、补偿机制、人事分配、药品供应、价格机制等方面的综合改革,由局部试点转向全面推进,大力开展便民惠民服务,逐步建立维护公益性、调动积极性、保障可持续的公立医院运行新机制。

具体措施包括:落实政府办医责任,推进补偿机制改革,控制医疗费用增长,推进政事分开、管办分开,建立现代医院管理制度,开展医院管理服务创新,全面推进县级公立医院改革,拓展深化城市公立医院改革,深化医疗、医保、医药联动改革,增强改革的系统性、整体性和协同性。

**4. 统筹推进相关领域改革** 进一步增强医药卫生体制改革各项政策的协同性,继续推进基本公共卫生服务均等化,优化卫生资源配置,加快人才培养和信息化建设,加强药品生产流通和医药卫生监管体制改革,充分发挥政策叠加效应。

具体措施包括:提高基本公共卫生服务均等化水平,推进医疗资源结构优化和布局调整,大力发展非公立医疗机构,创新卫生人才培养使用制度,推进药品生产流通领域改革,加快推进医疗卫生信息化,健全医药卫生监管体制。

**5. 建立强有力的实施保障机制** 把医改作为各级政府的一项全局性工作,强化责任制,形成政府主要领导负总责,分管常务工作和卫生工作的领导具体抓,各有关部门分工协作、密切配合、合力推进的工作机制。加大中央、省级财政对困难地区的专项转移支付力度。地方各级政府要积极调整财政支出结构,加大投入力度,转变投入机制,完善补偿办法,落实规划提出的各项卫生投入政策,切实保障规划实施所需资金。

加强医改工作队伍建设,提高推进改革的领导力和执行力,发挥医务人员改革主力军作用。鼓励地方大胆探索、先行先试,不断完善政策,积累改革经验。各地要在中央确定的医改原则下根据实际情况,因地制宜地制订具体实施方案,创造性地开展工作。

及时解答和回应社会各界关注的热点问题,大力宣传医改典型经验和进展成效,合理引导社会预期,在全社会形成尊医重卫、关爱患者的风气,营造改革的良好氛围。

### (三) 我国医药卫生体制改革伦理

**1. 医药卫生体制改革中的政府主导** 我国的医药卫生体制改革,政府是主导者和首要责任者。2009年《中共中央 国务院关于深化医药卫生体制改革的意见》明确提出:"强化政府在基本医疗卫生制度中的责任,加强政府在制度、规划、筹资、服务、监管等方面的职责,维护公共医疗卫生的公益性,促进公平公正。"明确在价值取向上,政府和相关部门在医疗卫生服务政策目标界定、方案选择、政策制定上更加注重民生和强调社会公平,关注"人民健康",明确了政府主导、坚持公益性的改革方向。

NOTES

　　我国医药卫生体制改革中的政府主导地位与作用主要体现在以下方面。

　　（1）制定卫生规划，在指导思想上树立政府的健康责任意识，保证卫生资源合理、有效与公平配置。政府要制订中长期卫生事业发展规划和短期实施计划，制订卫生资源配置标准和区域卫生发展规划，并用法律、经济乃至行政手段加强宏观卫生管理，调控卫生资源配置，建立完善的卫生全行业管理制度。以推进"健康中国"建设为例，2016 年国家印发了《健康中国"2030"规划纲要》，2017 年中共十九大作出实施健康中国战略的重大决策部署，2019 年发布《国务院关于实施健康中国行动的意见》并制定印发《健康中国行动（2019—2030 年）》，使健康中国的顶层设计形成一个科学完整的顶层规划。

　　（2）确立公共财政理念，强化公共卫生供给与管理。政府要按照公共财政要求，加强公共筹资，规范政府对卫生事业的补助范围和方式，调整卫生支出结构，加大公共卫生投入力度；提高基本公共卫生服务均等化水平，逐步增加国家重大公共卫生项目，完善重大疾病防控、妇幼保健等专业公共卫生服务网络，加强卫生监督、农村应急救治、精神疾病防治、食品安全风险监测等能力建设等；转变公共卫生管理模式，建立健全公共卫生信息网络与预警体系，加强公共卫生基础设施建设，推动公共卫生管理法制化。

　　（3）依据社会经济发展水平，建立健全医疗保障制度。充分发挥全民基本医保的基础性作用，重点由扩大范围转向提升质量。通过支付制度改革，加大医保经办机构和医疗机构控制医药费用过快增长的责任。在继续提高基本医保参保率基础上，稳步提高基本医疗保障水平，着力加强管理服务能力，切实解决重特大疾病患者医疗费用保障问题。

　　（4）强化政府监管服务职能，健全卫生服务市场体系。要强化政府的市场规范制定者地位，严格市场准入，强化市场监管，引导市场运行，规范市场秩序，披露市场信息，实现市场主体多元化，建立健全统一、开放、竞争、有序与公平的卫生服务市场体系。落实政事分开、管办分开、医药分开、营利性和非营利性分开，促进卫生服务市场的可持续发展。

　　（5）制定卫生经济政策，调控卫生经济发展。制定和实施各类卫生经济政策，确保公共卫生服务和弱势群体基本医疗服务的供给，明确政府卫生补贴的目标人群，实施卫生救助与扶贫；确立对不同类型卫生服务机构的补助政策、税收政策、价格政策、分配政策，激励卫生服务的低价有效供给；努力开展卫生经济与管理研究，促进卫生服务管理法制化，推进依法卫生行政进程。

　　**2. 干预卫生服务市场**　在市场经济条件下，强调政府干预，绝不是回归计划经济体制下的政府办医疗卫生事业模式，必须依据社会经济发展规律，运用卫生经济政策以及法律手段等适当干预卫生服务市场，弥补市场不足，引导卫生服务市场健康有序可持续发展。由于卫生服务产品及卫生服务市场的特殊性，政府对卫生服务市场调控的作用力度较大、范围较广，具体表现在：提供公共卫生产品，规范卫生服务供方市场，加强宏观管理和注重微观管理。

（李　江）

【复习思考题】

　　1. 医院管理伦理原则有哪些？医院管理者应该遵循的行为规范有哪些？医院应该履行哪些社会道德责任？
　　2. 卫生保健制度的核心伦理价值有哪些？
　　3. 如何从伦理上评价国际上不同的卫生保健制度模式？
　　4. 中国深化医药卫生体制改革包括哪些基本内容？
　　5. 医药卫生体制改革中如何发挥市场机制的作用和强化政府的主导责任？

# 第十八章
# 医学伦理行为决策

扫码获取
数字内容

**学习要点**

1. 医学伦理行为及其决策概念。
2. 诊疗过程中的医学伦理决策及其条件准备。
3. 善恶医学伦理行为决策的影响因素。
4. 顺利进行择善弃恶的伦理决策。
5. 医学伦理两难问题的形成原因。
6. 顺利进行医学伦理难题的决策。

医生在诊疗行为前需要进行伦理决策,在行为后可以开展道德评价,其中的医学伦理决策是一种重要的伦理实践活动。医生的诊疗行为既是专业技术行为,又是医学伦理行为,诊疗行为蕴含伦理。医生在诊疗决策时,应该考虑医学伦理与道德因素,因此,医生的诊疗技术决策同时又是医学伦理决策。一般情况下,医生应该择善弃恶、合乎道德地开展诊疗工作,进行普通的诊疗伦理决策;但在遭遇医学伦理两难困境时,医生更应学会分析这些伦理难题,合乎伦理地进行难题决策。医生应该为自己的医学伦理决策创造各种有利条件,以便从容地进行医学伦理决策。

## 第一节 医学伦理行为决策概况

### 一、医学伦理行为决策概念

#### (一) 医学伦理行为及其结构

所谓医学伦理行为( medical ethical behavior ),是指医生受具有道德价值的意识支配的诊疗行为。一方面,医学伦理行为是客观的,是医生遵循医学道德规范的行为,是能够进行道德评价的行为,是具有道德价值的行为,说到底,是医生有利于患者的诊疗行为。另一方面,行为的根本特征是其受行为者的意识支配:行为是某个人受意识支配的实际活动。故医学伦理行为的根本特征是受具有道德价值的意识支配,而意识是主观的。于是,一方面,医学伦理行为包括伦理行为目的和伦理行为手段:目的是医生有意识地为了达到的某种伦理行为结果,是医生自觉、主动设定和追求的;手段则是医生为达到伦理行为结果而在伦理行为过程中所采取的方式和方法。另一方面,医学伦理行为包括主观方面和客观方面:主观方面是驱使医生进行某种伦理行为的思想意识,即所谓的伦理行为动机;客观方面是医生实际进行的某种伦理行为,即所谓的伦理行为效果。可见,"伦理行为过程与结果""伦理行为目的与手段"以及"伦理行为动机与效果"是医学伦理行为的三种不同的结构。认清医学伦理行为的这三种结构是我们进行医学伦理决策和开展医学道德评价的基础。

首先,"伦理行为过程与结果"是医学伦理行为的客观结构,是医学伦理行为的自然结构:医生的任何一个医学伦理行为总是经历一个过程,最后具有一个结果。其次,"伦理行为目的与手段"是基于医学伦理行为主体的行为结构,是医学伦理行为的主体性结构,是基于医生"伦理行为过程与结果"的更为复杂的结构:任何一个行为都是为了达到一定目的,目的是想要达到的伦理行为结果;总是要采取一定的手段,手段是在伦理行为过程中想要采取的方式和方法。尽管伦理行为手段是在行为过程中采取的,最终会具有客观性,但人们往往强调是医生想要采取的,强调其主体性。最后,"伦理行为动机与效果"则是医学伦理行为的主、客观结构,是基于医生"伦理行为目的与手段"的最为复杂的结构:伦理行为动机是驱使医生进行医学伦理行为的思想意识,是伦理行为目的和手段的思想意识,是行为之意识;伦理行为效果则是伦理行为动机所引发的实际呈现的伦理行为目的与手段,是客观呈现的行为过程和结果,是行为之实际。

这样看来,一方面,"伦理行为效果"与"伦理行为结果"不同:伦理行为效果是伦理行为动机的实际结果,不仅包括实际存在的伦理行为结果,而且包括实际存在的整个行为过程。另一方面,"伦理行为动机"与"伦理行为目的"不同:伦理行为动机是对伦理行为目的和手段的思想和意识,因而不仅包括预想的伦理行为目的,而且包括预想的在伦理行为过程中将要采取的方式和方法。

### (二) 医学伦理行为决策的内涵

决策(decision-making)是指人们在改造世界过程中,寻求并决定某种最优化目标和行动方案。进行决策的一个完整的过程被称为决策程序,大体上可分为两个相对独立的阶段,即决策制订阶段与决策实施阶段,包括提出问题、确定目标、收集信息、设计方案、实施方案和追踪决策等几个步骤。各个步骤之间存在着一定的因果关系。严格的决策程序是科学地进行决策的保证。

临床诊疗决策(clinical decision-making)是指医生根据临床医学的专业理论、方法和经验,经过研究和科学思维提出疾病诊治的方案。临床诊疗决策的步骤和方法包括如下内容:全面收集资料、分清主次甄别资料、串联组合分类资料、分析综合暴露本质、推理判断形成初诊和实践验证最后诊断等。

临床诊疗决策需要根据确定的诊疗目标,拟订不同诊疗方案,然后从中选出达到诊疗效果的最佳方案。医生在诊疗决策时,需要建立在其道德思考的基础之上,还会涉及患者及其家属的价值观,同时受不同社会文化、风俗习惯、法律规范、宗教信仰等的影响。可见,临床诊疗决策涉及诸多方面的内容,其中的诊疗技术决策和医学伦理决策是不可分割的两个方面。医生在做临床医学技术决策,即回答解决是与非、有没有能力做、可行不可行等问题的同时,还必然要进行伦理决策,即回答解决善与恶、应当和不应当做、值得和不值得做等问题。

医学伦理行为决策(decision-making of medical ethics)是指医生辨识诊疗中的有关伦理道德因素与问题,根据医学伦理学的理论和方法、医学伦理原则和有关医学道德规范,确定、调整和优化诊疗目标和行为方案,从而使诊疗活动更加合乎伦理的活动。

医学伦理行为是医生在有利于患者意识支配下采取的行为,而临床诊疗行为必然是对患者具有有利之效用的行为。因此,临床诊疗决策同时又是医学伦理决策。当然,如果医生基于尊重隐私、保护性医疗等目的而对患者进行的保密等独立的伦理行为决策,可能与临床诊疗决策没有直接的关系。

### (三) 医学伦理行为决策的类型

按照不同的标准,可以对医学伦理行为决策进行不同分类:按照决策范围,可分为宏观决策和微观决策;按照重要程度分为战略决策和一般决策;按照决策主体,可分为团体决策和个人决策;按照决策目标,可分为单目标决策和多目标决策等。

在医生的医学伦理行为决策中,应特别注意个人决策和团体决策。所谓个人决策,或称个体决策,是指由医生自己做出医学伦理行为决策。在通常情况或紧急情况下,大多需要医生通过个人决策来选择诊疗方案。医生也应该能够为自己形成的诊疗行为决策进行伦理辩护。所谓团体决策,是指医疗机构组成一个团体,例如医学伦理委员会,经过团体讨论之后才做出决定。对于非常复杂的诊疗情况,或涉及组织、团体利益的时候,需要多专业背景的专家以及利益相关者代表集思广益,通过团体的集体智慧进行决策。

## 二、诊疗过程中的医学伦理决策

### (一) 识别有关道德因素与伦理问题

医学伦理决策源于医生对诊疗中伦理问题的认知,医生应该根据问题的特征来判断伦理问题的存在与否。临床诊疗过程中的伦理道德因素与问题是有关"应该做什么"和"应该如何做",即医生是否应该如此诊疗。根本来说,医生的诊疗行为是否能够获得好的效果,是否符合某些道义,是否会影响到医生的品德? 具体来说,医生的诊疗行为是否符合已有的医学伦理原则和规则? 例如:医生如何诊疗最有利于患者? 如何尊重患者的自主? 如何贯彻知情同意? 家属要求对癌症患者的患病信息保密,医生应该如何对待? 医生应该如何让患者及其家属参与到临床决策之中? 某种诊疗行为是否是一个好医生应该做的? 等。

### (二) 确定合乎伦理的诊疗目标

医学伦理行为是医生有意识地"为了什么"所进行的临床诊疗活动,因此,医生进行医学伦理行为决策,首要的就是确定合乎伦理的诊疗目标。任何决策都是为了达到一定目标,或者说是为了解决某一问题。确定目标是进行决策的第一步,而决策所要解决的问题必须十分具体,所要达到的目标必须十分明确。如果问题不具体,目标不明确,决策将是盲目的。确定合乎伦理的诊疗行为目标,需要注意如下几个方面。

其一,确定的诊疗行为目标应该是适宜的。诊断应力求准确,但医生有时不一定是在形成准确诊断之后,才展开治疗。有时需要一边进行控制症状的治疗,一边进一步诊断。在准确诊断的基础上,确定治疗目标。临床上的治疗目标有多种,包括:康复;缓解症状;恢复功能或维持妥协功能;抢救生命或延长生命;在治疗中防止意外事故的发生等。医生应确定适宜的诊疗目标:确定的诊疗目标过低,实际上是一种医疗失职;但如果确定的诊疗目标过高,则是不切合实际的,要么让患者承担不必要的诊疗风险,要么引发过度医疗,增加患者的经济负担;两者都是不合乎伦理的。

其二,医生确定诊疗目标应综合考虑有关因素,比如,要基于患者的病情、医院及医生本人的实际情况,这是诊疗决策合乎伦理的前提。不以患者的病情为基础的诊疗决策和脱离医院设备实际情况以及医生个人技术条件的诊疗行为决策,不可能是准确的诊断和有效的治疗,必然是不符合伦理的。

### (三) 拟定不同的诊疗备选方案

首先,医生要最大限度地获取与诊疗有关的事实资料,包括通过认真仔细地询问病史和体格检查获得的信息,开展必要辅助检查获得的材料,以及患者及其家属的愿望和要求、经济承受能力等。

在此基础上,医生需要确定不同的诊疗备选方案。备选诊疗方案应该有多个,如果仅有一个不得不选择的方案,实际上就不存在决策问题。因而,医学伦理行为决策要有两个或两个以上的诊疗方案,医生才能从中进行比较和选择,最后选中那个令人满意的诊疗行动方案。

尤其需要注意的是,拟定诊疗行为备选方案时,医生应该列出所有可能的诊疗方案,即使有时乍看起来认为不可行的诊疗方案也应全部列出。因为有时初看起来不行的办法,经过进一步考虑会发现是可取的或不得不采取的。

### (四) 确定合乎伦理的诊疗行为方案

选择诊疗行动方案的过程实质上就是一个医学伦理决策的过程。因此,确定诊疗行为方案是医学伦理行为决策的关键环节。确定诊疗行为方案尤其需要注意以下三点。

其一,医生应该善于分析和比较各种备选诊疗方案。分析和比较的方面包括不同方案的优缺点以及可能后果,符合或有违某些道义,是否符合有关医学伦理原则和道德规范,是否是一个好医生应该选择的等。

其二,医生经过伦理决策的临床诊疗方案应该是最优的。显然,临床上确定最优方案是复杂的,很难认定选择使患者受益与代价比例最大就是最优的。因为人们对所谓的"受益"和"代价"会有不同的认识和偏好,所以医生应该选择适宜的诊疗方案,适宜的就是最优的。这里所谓的"受益",是指

NOTES

需要综合考虑患者所患疾病的性质、患者的意愿、医院和医生的设备或技术条件、患者的经济承受能力等因素；这里所谓的"降低患者所付出的代价"，是指需要综合考虑风险、痛苦、损伤、副作用、费用支出等因素。

其三，医生可以通过某些伦理程序确定诊疗方案。例如，可以通过患者的知情同意，尊重其自主性：医生在确定诊疗目标，拟定诊疗方案时已经充分考虑了有利于患者以及患者的意愿等伦理因素，但在确定最终诊疗方案时，更需要尊重其自主。具体思路是，医生要加强与患者的沟通，告知其最佳方案，即选中的令人满意的诊疗行动方案，最后获得患者的同意。再如，医患双方可以进行共享决策（shared decision-making）。共享决策强调医患双方信息共享，患者充分参与到临床决策中。一方面，要求来自医患双方的信息要顺畅流动、充分共享，医生要充分告知备选诊疗方案、各自利弊，而患者要及时向医生传递看法和疑虑，包括价值观、选择偏好等；另一方面，医生要在评估患者参与决策意愿和能力基础上，恰如其分地鼓励、支持患者平等参与到诊疗方案的讨论和选择之中。

### （五）合乎伦理地实施诊疗行为方案

选定诊疗方案必须付诸实施。医生要合乎伦理地实施诊疗行为方案，即遵循有关医学伦理原则和道德规范，通过一定的临床诊疗手段，将合乎伦理的诊疗行为动机实现为良好的诊疗行为效果，达到一定的诊疗行为目的，实现诊疗行为结果。如果选择后的诊疗方案不付诸实施，就等于没有决策。因此，诊疗伦理决策不仅是一个认识过程，也是一个行动过程；不仅是一个决策制订过程，也是一个决策实施过程。

诊疗行为完成后，还要善于进行伦理反思和自我评价，联系行为目的和手段反思行为动机，综合行为过程和结果评估行为效果，以便之后遇到类似诊疗情境时，从容进行医学伦理行为决策。

## 三、医学伦理行为决策的条件准备

### （一）把握有关法律规定、规章制度与技术规范

我国颁布的有关基本法律和医疗卫生方面的法律规定成为医生临床诊疗的法定标准，必须严格遵循。这些规定包括：《中华人民共和国宪法》和《中华人民共和国基本医疗卫生与健康促进法》对健康权的规定，《中华人民共和国民法典》关于人格权和医疗侵权方面的规定，《中华人民共和国医师法》对于医师执业规则的规定，《中华人民共和国传染病防治法》对于传染病防治规则的规定，另外还有大量的医疗卫生法律法规等有关规定，另外还有《健康中国》《深化医药卫生改革》等医疗卫生政策的有关规定。

现代化医疗机构工作信息量大，随机性强，工作繁杂，分工精细，协作紧密，这就需要建立一整套严格的规章制度，例如原卫生部颁发的《医疗技术临床应用管理办法》《全国医院工作条例》《全国医院工作制度与人员岗位职责》《病历书写基本规范》等部门规章、制度规定乃至技术常规、医德医风和行政管理规定等。这些规章制度与技术规范也是医生诊疗行为的标准。

因此，医生应当熟悉掌握有关法律、法规、规章和政策以及相关制度与技术规范，在此基础上正确进行医学伦理决策。

### （二）熟悉有关医学和伦理知识与技能

一方面，正确进行诊疗决策需要丰富的医学知识和良好的专业技能。医生的伦理决策与技术决策是不能截然分开的，诊疗行为将医生与患者及其家属联系在一起，临床诊疗行为是建立良好医患关系的专业基础。因此，医生只有掌握丰富的医学知识，具有高超的专业技能，才能及时、准确和有效地进行诊断和治疗，也才能从多个诊疗方案中确定适宜的最佳方案，进行包括伦理因素在内的诊疗决策。

另一方面，掌握有关医学伦理知识，具有一定的医学伦理意识，具备基本的伦理决策技能，更是进行医学伦理行为决策的前提和基础。医生应该通过医学伦理教育和继续教育，学习并掌握有关医学伦理知识和基本技能。通过学习与训练，强化诊疗决策中注重伦理道德因素的意识，灵活运用医学伦理学的有关理论，掌握公认的医学伦理原则；了解国际、国内有关医学伦理规范文件提出的道德要求；

在此基础上,形成自己的职业伦理价值观,并努力使之与专业价值观相符合,提升自己的医学职业精神。同时,应该把握医学伦理决策的方法和技巧,例如加强沟通、知情同意、共享决策等,提高自己的医学伦理决策能力。

### （三）善于了解患者及其家属的价值观

随着患者权利意识的不断增强,医生在进行医学伦理决策时,应该注意了解患者及其家属的价值观,以及患者是否对于自己的疾病诊治已经做出某些决定。在强调尊重患者自主、知情同意和共享决策的今天,做到这一点是非常重要的。医生应善于与患者及其家属进行沟通和交流,了解他们的想法和价值偏好,并帮助他们尽量摆脱某些不合时宜价值观造成的不利影响。只有如此,最终的临床诊疗决策才是合乎伦理的。

### （四）注意参考伦理委员会的建议

医学伦理委员会是建立在医院等基层卫生单位中,由多学科人员组成,为发生在医疗实践和医学科研中的医德问题和伦理难题提供教育、咨询等的机构。医学伦理委员会具有教育培训、建议咨询、审查评价等多种功能,医生可以将比较棘手的医学伦理问题个案提交到医学伦理委员会,使个人决策变为团体决策。伦理委员会的成员专业背景不同,经过集体讨论,发挥团体尤其是医学伦理专业人员的智慧,就能够使伦理决策更为可靠和科学。

医生还可以积极创造条件,争取加入医学伦理委员会。成为伦理委员会成员,无疑会大大提高医学伦理决策的能力和水平。

## 第二节　善恶医学伦理问题的决策

### 一、善恶医学伦理决策的概念

善恶医学伦理决策（medical ethical decision-making of good or evil）是指医生面对善与恶的诊疗行为选择而进行的医学伦理决策。不言而喻,面对善与恶的决策,一个医生当然应该择善弃恶。医生应该遵循医学道德规范,选择善的诊疗行为,从而完善德性,养成美德。然而,个别医生可能经不住某些不当利益的诱惑,可能为了一己私利,而置患者利益和社会公益于不顾,选择不符合甚至有违医学道德的行为。这种不道德行为,又被称为"败德行为"。

从根本来看,不道德的诊疗行为主要包括如下几种情形:第一,在医患双方利益发生了冲突不能两全时,做不到自我牺牲、无私奉献,甚至不惜牺牲患方的利益而损人利己;第二,在处理不同患者之间利益关系时,不能公平合理地予以对待,实现最大多数人的最大利益;第三,在人们利益并不冲突而可以两全时,依然要通过损害别人的利益来增加利益总量,甚至损人利己,更为甚者,损人不利己。

从医学道德规范体系来看,不道德行为主要包括有违医德基本原则、医学伦理原则和具体医德规范等医德要求的诊疗行为。

总之,一个好医生应该选择善的诊疗行为,善的诊疗行为是符合医学伦理和道德的行为;一个医生只有长期、一贯地遵循医学伦理和道德而选择善的诊疗行为,才能养成好的医德,成为品德高尚的医生。

### 二、影响善恶医学伦理决策的因素

### （一）个人因素

个人因素是指医生个体的道德人格,即一个医生的医德品质。一个医生的医德品质如何,往往决定着医生做出的临床诊疗决策是否符合伦理,即道德的诊疗行为还是不道德的诊疗行为。一般认为,好人做好事,好事是好人做的;总体上,好人会更多地做好事,好事更多的是由好人做的。持这种观点的人认为,道德的诊疗决策往往是由道德素质较高的医生做出的,他们的医德水平较高,对自身的诊疗行为具有很好的道德调控能力,并且能够抑制不良欲望,能够保证自己的诊疗行为合乎伦理。相反,不道德的诊疗决策大多是由医德素质较低的医生做出的,这些医生的医德水平较低,或道德人格存在一定缺陷,如强烈的金钱、权力、利益欲望。这些人格特征容易使他们做出不道德的诊疗决策。持这种观点的理论被人们称为"烂苹果"理论。

### (二) 组织和环境因素

医生个人的医学伦理价值观是在一定的社会组织中形成的,并且受到环境因素的影响,处于不断的变化过程之中。持这种观点的人认为,医生不道德的诊疗行为决策主要是由社会组织环境因素决定的。医疗行业和医疗机构等的社会组织环境应该对其从业成员的不道德行为负主要的责任,社会组织如同一个"大烂筐",导致苹果变烂,或如同一个"大染缸",会污染物品,使其成员习得不道德的行为。医生做出不道德的诊疗行为决策,是医疗行业和医疗机构等社会组织提供了实施不道德行为的机会和资源,或者某种不道德的诊疗决策得到了某些同事、管理层乃至整个行业从业人员的默许。持这种观点的理论被人们称为"烂筐"或"染缸"理论。

### (三) 个人与组织环境的互动

单纯从医生个人本身,或者单纯从个人所处的社会组织环境,来阐释医生的医学伦理决策是不完整的,应该将两个方面结合起来。医生不道德的临床诊疗决策,会受到医生个人和组织环境两个方面因素的相互作用。持这种观点的人认为,一个医德不太高尚的医生,如果处在抵制不道德行为的社会组织环境中,就会较少地做出不道德的诊疗行为决策;相反,一个非常有道德感的医生,在默许甚至鼓励不道德行为的组织和环境中,也会受到某些负面影响,甚至做出不道德的诊疗行为决策。同时,医生个人也会影响组织与环境:如果组织中有许多医德较好的医生,组织的整体氛围便会逐渐改善,这些医生会引导医疗机构和组织建立一种积极向上的氛围,但是如果大多数成员道德水平低下,一般而言,他们也会将组织向坏的方向引导。持这种观点的理论被人们称为"互动"理论。

## 三、择善弃恶决策的实践路径

### (一) 医生优良道德人格的培育

既然医生的医德品质是影响其善恶医学伦理决策的重要因素,就应该尽可能消除不道德诊疗决策的个体因素源头。因此,一方面,应该重视医生的执业资格准入工作,在医生资格考试中注重对医学伦理和道德人格的考核;医疗机构在遴选执业医师时,注重通过人格测评、综合评价等工具选择医德修养良好的医务人员,以减少或消除医疗机构中违反医德的行为。另一方面,医疗机构应该重视对医生的医学伦理教育,通过开展医德教育,促使医生自觉进行医德修养,形成正确的医学伦理价值观,提升自己的医学职业精神,培育优良的道德人格。

### (二) 良好医学道德生态的营造

这里的"医学道德生态"是指每个医生所处的社会和医疗机构道德大环境。医生的道德标准都是从医疗卫生机构、行业组织、行政管理部门乃至社会中习得的,其行为尤其受到医疗行业、机构及其工作人员的影响和制约,并受到社会的评判。医生个人做出不道德行为,是医疗行业和机构存在实施这些行为的机会和资源,或者某些不道德行为得到了管理者、同事甚至整个行业从业人员的默许。既然医疗卫生组织和社会因素是医生进行医学伦理问题决策的重要因素,就应该努力确立完善的医学道德规范体系,培育鼓励医生合乎道德地做出诊疗决策的伦理氛围,尤其是医疗机构管理者应该为每个医生树立道德楷模和行为榜样。

### (三) 个体与组织互动平台和机制的构建

既然医生个人的医德与医院及社会环境两者之间的互动也是影响医生进行善恶医学伦理决策的重要因素,就应该努力构建医生优良的医德与良好的组织、社会道德环境之间的平台和机制,并通过这些平台和机制促使医生正确进行医学伦理决策。这些平台和机制包括行业组织的道德自律机制、医疗机构的行风评比机制、医学伦理委员会的伦理审查机制等。例如,上海中医药大学附属曙光医院曾经建立医院伦理委员会,伦理委员会进行伦理查房,审查医疗行为中是否保护患者隐私、是否落实患者的知情权、是否平等对待所有患者等8个方面的内容,其中知情同意和隐私保护最为重要。通过推行医学伦理查房,在曙光医院,"以人为本,既为患者治病也要给患者人文关怀"的医学伦理观念,已逐步深入每名医疗从业人员的观念之中。患者在得到治疗的同时,自身的隐私权、知情权也得到了妥善的保护和充分的尊重。

## 第三节　医学伦理难题的决策

### 一、医学伦理难题决策的概念

#### (一) 医学伦理难题决策的内涵

医生基于不同的医学伦理价值观,可以提出两种甚至两种以上不同程度矛盾和冲突的诊疗行为方案,从而陷入伦理决策困境。医生面对这种两难伦理行为问题的决策,被称为医学伦理难题决策(dilemma decision-making of medical ethics)。医学伦理难题决策,又被称为医学道德难题决策或医德难题决策。

医学伦理难题的决策不同于善恶医学伦理问题决策,后者是医生在"善"与"恶"的诊疗行为中进行伦理决策,此时,医生应该择善弃恶,而医学伦理难题决策,则是医生在合乎伦理而又存在一定矛盾和冲突的方案中进行选择,即在"善"与"善"的行为方案中进行选择,而这些方案又相互矛盾和冲突,这就大大增加了伦理决策的难度。要正确理解医学伦理难题决策这个概念,需要注意以下两点。

1. **医学伦理难题决策不仅是"两难"选择,有时是"多难"选择**　一般认为,医学伦理难题决策是两难选择(dilemma)。但在诊疗实践中,它可能不仅仅是两难选择,有时可能是多难选择。这是因为,医学伦理难题决策之困难并不是指在"善"与"恶"的诊疗行为方案中进行选择,而是指在人们认为的"善"与"善"的诊疗行为方案中选择。当然,这些善的行为方案不一定只有两种。

2. **医学伦理难题决策不同于一般医学难题与伦理难题的决策**　一方面,伦理难题决策不同于一般难题决策。这是因为伦理行为是具有有利或有害之效用的行为,人们对于伦理行为的选择,就比一般无关利害效用的行为选择显得更加困难。另一方面,医学伦理难题决策不同于一般伦理难题决策。这是因为,医学伦理难题决策涉及的是对患者的救治行为,医生是为人的生命健康提供服务。这也决定着,与一般的伦理难题决策相比,做出医学伦理难题决策需更加重视和谨慎。

#### (二) 医学伦理难题决策的类别

1. **高新技术与常规医疗卫生实践中的伦理难题决策**　当代高新医学技术研究及其临床运用引发的伦理难题决策主要集中在人类辅助生殖技术、死亡诊断标准和尊严死、基因技术、器官移植、优生与生育控制等高新医学技术领域。生命医学科技的迅猛发展引发大量前所未有的医学伦理难题,并对人类传统的道德观念提出挑战。这些问题需要人们重新思考"我们应不应该做"以及"我们到底应该怎样做"等一系列伦理难题。

在医疗卫生实践中形成的伦理难题决策主要集中在医疗工作、预防和公共卫生工作、药学工作、医学科研、卫生管理等不同领域。例如以下医学伦理难题:"救死扶伤与医疗欠费""延长生命与放弃治疗""防御性医疗与过度医疗""保护性医疗与对患者保密""医源性疾病与药源性疾病"等。

2. **具体与抽象的医学伦理难题决策**　具体的医学伦理难题是指特殊的、个别的诊疗行为中的伦理难题。医生面对具体的医学伦理难题,需要运用医学伦理学知识和技巧加以解决。抽象的医学伦理难题决策是指在普遍的、一般的医学行为中的伦理难题。这类难题决策脱离了具体的医生和具体的行为情境,从而具有一般意义和普遍意义。抽象的医学伦理难题,需要医生探讨解决伦理难题的原则、方法和途径等。显然,通常所指的医学伦理难题是具体的医学伦理难题决策。

## 二、医学伦理难题的形成原因

### （一）医学伦理难题形成的根本原因

**1. 医学伦理关系的复杂化**　现代医学伦理关系主体已超出个体医生和个体患者层面,是包括个体、群体、机构以及组织等相互之间的关系层面。医生不仅要处理医患关系和医医关系,有时还要面对不同服务对象之间的关系,如公正分配医药卫生资源。伦理行为主体不仅包括医生个体或群体,还包括其他医务人员个体或群体以及医疗卫生机构;服务对象不仅包括个体患者,还包括患者群体乃至整个社会。医学伦理关系的复杂化使其调整难度增大,从而容易引发伦理难题。

**2. 利益的多样化**　利益,即好处。一个人获得某种利益,意味着这个人的某种需要、欲望和目的的满足和达成。人的需要多种多样,因此,其利益也是多种多样的,而且人们对利益有着不同偏好。传统医学伦理调整的利益,主要是患者的疾病得到救治。尽管医生也有自己的利益,但他们信守"始终把患者利益放在首位"的职业信条。然而,现代医生面对的利益复杂多样:患者的利益不仅包括疾病的救治,而且包括健康的维护、生命质量的提高、痛苦的减轻和消除、诊疗费用的降低等诸多方面,甚至还包括群体乃至社会的上述利益。医生不仅面对患方利益,而且也要考虑医方利益。这需要医生兼顾各种利益及其偏好,兼顾非常困难,容易引发伦理难题。

### （二）医学伦理难题形成的某些具体原因

**1. 高新医学技术的临床运用**　现代医学的快速发展,使得高新技术层出不穷并很快被运用于临床。这些技术大大增强了医生的能力,过去不能做的事情现在能够做了,例如:生命恢复和生命维持技术能够大大延长患者的生命;生殖技术能够辅助生育;产前诊断能够鉴别胎儿的缺陷;基因技术能够运用于诊断、治疗甚至"增强"(指使人的身体结构和功能超越自然局限的技术)领域等。然而,这些技术同时也带来了诸多伦理难题:延长人的死亡过程是否应该?是否应该把家庭的神圣殿堂变成生殖生物学实验室?有缺陷的胎儿是否应该出生?应该如何控制人的基因信息?医生到底应不应该运用这些高新医学技术?应该怎样运用?怎样运用才符合伦理?等。

**2. 多个伦理学理论和伦理原则的指导运用**　一方面,人们往往运用有关伦理学的理论,如后果论、道义论、自然律理论、女性主义理论、儒家伦理等理论来分析和解决某些医学伦理问题。然而,在伦理学领域,似乎任何理论都是不完备的,我们不可能单靠一种伦理学理论来解决我们面临的所有伦理难题,人们对于这些理论不可能达成一致,争论永不休止。另一方面,人们在分析和解决医学伦理问题时,有时会运用比较公认的伦理原则,如有利原则、不伤害原则、尊重原则、公正原则,以及团结互助原则、允许原则等,可是在运用这些公认的伦理原则时往往会发生行为方案的冲突。

例如,当医生诊断出一个患者患有恶性肿瘤时,是否应该对其讲真话,基于不同的伦理学理论和伦理原则会有不同的行为方案。道义论强调行为本身的正当性,认为对人诚实是绝对的义务,是无条件的,说谎本身是不道德的,故应如实相告,不能隐瞒病情,这也是尊重原则的要求。而后果论认为应该具体情况具体分析:如果如实相告,会对患者造成沉重打击,使其失去生活下去的信心,导致轻生等不良后果,则要求对其保密;如果患者因此反而积极配合医生的治疗,能够更加忍受治疗的痛苦与不适,取得好的诊治效果,则应如实相告,这也是有利和不伤害原则的要求。这样,基于不同的伦理学理论和伦理原则,甚至根据同一理论和伦理原则,会既能得出"应该讲真话"的行为方案,又能得出"不应该讲真话"予以保密的行为选择,而两种方案显然又是矛盾和冲突的。

**3. 医学伦理的传统和伦理文化的多元化**　中国儒家传统医德认为,医家应该重义轻利,甚至应该尚义反利。然而,在现代医药卫生体制下,任何回避、忽视医院及其医务人员利益的想法和做法,都是不现实的,也是不应该的。要使医疗卫生事业健康发展,并不是要回避利益,而是应该如何合理处理和对待各种利益。因此,受到医学伦理传统的影响,人们在医疗卫生实践中很容易形成某些医学伦理难题。

在第二次世界大战后,诞生了许多国际性的医学伦理文件。这些伦理规范得到诸多国家和地区医学组织的普遍接受和认可,具有道义上的巨大影响力。尽管如此,但由于不同国家和地区的政治、经济、思想、文化、宗教信仰等方面的差异,医学伦理文化又不同程度地呈现出多元化状况:一个国家、地区和民族认为合乎道德的医学行为,另一国家、地区和民族的人们不一定认为是合乎道德的。2010年的诺贝尔生理学或医学奖被授予罗伯特·爱德华兹(Robert Edwards),以表彰他在体外受精技术领域作出的开创性贡献,但梵蒂冈(罗马教廷)教宗本笃十六世新任命的圣座生命委员会主席卡拉斯科主教却不认同他,认为爱德华兹的试管婴儿技术要对三种不好的行为负责:一是让人类的孕育脱离了夫妻行为;二是人的胚胎被摧毁,而生命是从精子与卵子结合开始,因此摧毁胚胎就是杀人;三是催生了卵子和精子买卖市场。这种医学伦理文化的多样化,也很容易引发有关的医学伦理难题。

**4. 医药卫生体制和卫生法律制度的不完善** 迄今为止,全球尚没有完美的医药卫生体制,卫生改革是一个全球性现象。由于医药卫生体制不够完善,在医疗卫生实践中就容易产生医学伦理难题。比如,面对意外伤害需要紧急救治的患者,医生必须履行救死扶伤的医学人道天职,绝不应见死不救,但个别患者获得救治后又不辞而别,医院的大量医药费用无法补偿,又会使人们感到见死难救。所以,在医疗保障制度不够完善的情况下,容易发生"见死不救"和"见死难救"的伦理难题。

一般来说,一国法律规定体现着其主导的伦理价值观:合法的一定是合乎道德的,合乎道德的也一定会得到法律的保护。医学道德尽管具有保守的一面,是对传统的继承,但同时又具有超前的一面,即对于一些新问题,医学伦理首先确立应该怎么做,但尚未被法律认可。由此在医疗卫生实践中,就容易发生医学伦理矛盾和难题。

## 三、医学伦理难题决策的实践路径

### (一)伦理推理与论证

医生面对医学伦理难题需要决策时,首先,应该运用理性思维方式,深思熟虑,系统思考,基于医学伦理价值前提,合乎逻辑地推导出破解伦理难题的决策方案。然后,对形成的方案进行伦理论证,即对已经做出的决策方案进行辩护,用伦理理由来证明决策的正确和合理。

**1. 正确运用有关伦理学理论** 后果论揭示了社会确立道德规范是为了保障社会的存在和发展,最终是为了增进每个人的利益,从而确立了道德的终极标准,并在此基础上确立社会的道德规范体系。因此,后果论是顺利进行医学伦理难题决策的根本伦理学理论,它既能判断某一诊疗行为是否合乎伦理,又可确定某一医学道德规范,还能判断某一医学道德规范是优是劣。不论要进行具体的医学伦理难题决策,化解医生具体诊疗活动中的矛盾,还是要解决抽象的医学伦理难题,确定进行普遍医学伦理难题决策的伦理原则,都须基于后果论。

道义论(义务论)认为,行为是否道德,其终极的标准只能看它对行为者的品德和道义的效用如何,只有出于义务心、为义务而义务、为道德而道德的行为,才是道德的和应该的。道义论所指的这些道义或义务,实际上就是医学道德规范,即医学道德原则和规则。它们是人类医学伦理文明的成果,是人类医学伦理文化的积淀,是确立医学道德规范的文化基础。但需要通过后果论对这些医学道德规范进行论证和反论证。当这些医学道德规范与现实道德实践发生矛盾时,需要运用后果论对这些医学道德规范进行完善;当这些医学道德规范之间发生冲突时,需要运用后果论进行协调。通过后果论论证和辩护医学道德规范,解决抽象的医学伦理难题,为正确进行医学伦理难题决策创造条件。

美德论以美德或德性为中心,关心的是道德判断者的内心。美德论认为,一个人应该养成美德,一个拥有美德的人应该具备某些优良的人格特征;相信一个人只要拥有适宜的美德,自然就会做出正确的道德判断,即做出合乎伦理的行为决策。可见,医生具有良好医德,显然有利于遵循医学道德规范,有利于顺利进行医学伦理难题决策。

**2. 正确对待有关伦理规范和价值**

(1)进行比较与选择:医生基于不同的医学道德规范,会形成相互冲突的医学伦理行为方案。面对这些医学伦理决策难题,医生可以从后果论出发,即基于社会确立道德目的和道德终极标准,对不同方案的道德价值进行比较。总的原则是:两害相权取其轻,两利相权取其重。选择对于道德目的效用更大的行为方案,即最符合道德终极标准的行为方案。

（2）认识到某些"害"的必要性:医生在诊疗过程中为了取得某一好的效果,有时需要患者付出一定代价,承担一定风险,但这种代价和风险是必要的,我们称之为"必要害"。例如:为了彻底治愈疾病,需要对患者手术,患者因此要承受手术创伤之"害";为了治疗癌症,患者需要承受放疗、化疗副作用之"害"。手术创伤和放疗、化疗的副作用等,就是必要的害。

（3）注意规范的分级与量化:医生可以把医学道德规范分成若干层次等级,在解决由依据不同道德规范为标准而引发的医学伦理难题时,采取以次从主、以小顺大、顾全大局的方式进行医学伦理难题决策:终极医学道德优于其他医学道德;道德原则优于道德规则;特定道德优于共同道德。

（4）优先选择某些价值:医生面对医学伦理难题决策,必须在相互矛盾和冲突的价值中选择其一,就要选择最值得选择的那一种价值。一般遵循的是:内在价值优于外在价值,精神价值高于物质价值;永恒价值优于短暂价值,长期价值高于短期价值;生命价值高于健康价值;积极思考的价值优于被动接受的价值等。

### (二) 道德经验和直觉

医生面对医学伦理难题,应该在已有道德实践经验的基础上,善于通过跳跃式的瞬间内省,进行直接而迅速的诊疗决策。道德直觉具有非逻辑性、整体性和直接性特征。首先,道德直觉是无须进行一系列抽象概括的逻辑过程。当然,决策结果并不见得是反逻辑的或不合逻辑的,它以自己特有的方式能够达到与逻辑思维相同的结果。它包含了逻辑思维的长期沉积,是逻辑思维长期积淀的瞬间爆发。其次,道德直觉以医学伦理难题的整体为出发点,完整地把握医学伦理难题。这种整体思维既不用概念分析,也不用语言表达,而是靠直觉顿悟。最后,道德直觉是在瞬间完成的,对医学伦理难题的决策是瞬间直接的把握,而不是中介过程的压缩和简化。

通过道德直觉进行医学伦理难题决策主要适用于如下情形:处于紧急状况下;具有一定道德经验的情况下;经过严密的逻辑推理依然无法解决的难题,也可以通过直觉进行伦理决策。

道德直觉是在社会职业观念的长期影响下形成的对于医学伦理难题的较为稳定的价值判断方式,可以直接地断定对与错。凭借道德直觉进行医学伦理难题决策并非处于感觉状态的直觉,而是一种具有理性特征的直觉。可见,医生训练道德直觉能力,需要注重积累医学伦理难题决策经验。因此,尽管道德直觉是医生跨越分析与综合、归纳与演绎等中间环节的结果,也是超越道德经验和理性逻辑而进行自由、瞬间的道德思维的结果,但它却依赖于医生长期道德经验的积淀。

### (三) 伦理沟通与协商

医生应该善于与患方就伦理难题解决方案进行协商,经过充分沟通,共享决策,达成共识。不可否认,患者会有不同的价值观,所以在解决有关伦理难题时,伦理沟通和协商是达成决策共识的重要方式。伦理协商一般适用于如下情形:具有重大的伦理疑难问题,需要保证患者完整自主性的情况;医患之间、患者与其家属之间具有严重的价值观不一致的场合。具体需要医生做到以下几点。

**1. 以知情同意程序实现尊重患者的自主性**　医患双方技术信息的不对称性,决定着医生既要尊重患者的自主权,又不应该无所作为。这就要求医生通过知情同意为患者的自主选择提供充分条件,即:向患者详细解释病情;告诉患者治疗或不治疗会出现的情况;告诉患者各种可能的解决伦理难题方案;提出医务人员认为的最佳解决难题方案,争取患者及其家属的同意;告诉患者要实施的难题解决方案中的注意事项。

**2. 正确对待患者及其家属的拒绝**　一般情况下,医生通过患者的知情同意尊重其自主权,执行的是医生提出又得到患方同意的最佳方案。但是,如果医生确定的最佳方案遭到患者拒绝时,如何进行医学伦理难题决策呢? 这就要求医生善于了解患方的价值观,与患方充分沟通不同方案的可能结果,经过反复讨论,努力达成意见一致,最后依据确定的方案采取行动。

具体的策略是:首先,患者本人和家人的意见都应考虑,这里的家人应是与之关系最为密切的,如配偶、父母、子女等；其次，在患者具有行为能力时，患者和家人意见无法统一时，侧重患者的意见；再次，在患者不具有或丧失决策能力时，把决策权转移给其家人；最后，当医生的最佳方案遭到行为能力正常患者及其家人的拒绝时，应设法了解拒绝的真实理由，然后有针对性地做解释工作。如果这种努力失败，则应尊重这一选择，同时做好详细和完整的病案记录。

（曹永福）

【复习思考题】

　　1. 分析诊疗中的技术决策与伦理决策之间的关系。

　　2. 如何才能使一个医生进行择善弃恶的伦理决策？

# 推 荐 阅 读

[1] 曹志平. 中国医学伦理思想史[M]. 北京:人民卫生出版社,2012.

[2] 邱仁宗. 中国发展生命伦理学之路——纪念中国生命伦理学发展 30 周年[J]. 中国医学伦理学,2012,25(1):3-6.

[3] 杜治政. 梳理·整合·开拓·坚守——医学伦理学的回顾与思考[J]. 中国医学伦理学,2018,31(4):6-14.

[4] 汤姆·比彻姆,詹姆斯·邱卓思. 生命医学伦理原则[M]. 李伦,译.5 版. 北京:北京大学出版社,2014.

[5] 翟晓梅,邱仁宗. 生命伦理学导论[M]. 2 版. 北京:清华大学出版社,2020.

[6] 陈化. 知情同意的伦理阐释与法制建构[M]. 北京:人民出版社,2019.

[7] 甘少平. 伦理学的当代建构[M]. 北京:中国发展出版社,2015.

[8] 王海明. 公正与人道——国家治理道德原则体系[M]. 北京:商务印书馆,2010.

[9] 迈克尔·舍默. 道德之弧——科学和理性如何将人类引向真理、公正与自由[M]. 刘维龙,译. 北京:新华出版社,2016.

[10] 韩启德. 医学的温度[M]. 北京:商务印书馆,2021.

[11] Richard L. Cruess,Sylvia R. Cruess,Yvonne Steinert. 医学职业精神培育[M]. 刘惠军,唐健,陆于宏,译. 北京:北京大学医学出版社,2013.

[12] 温迪·莱文森,施弗拉·金斯伯格,弗雷德里克·哈佛提,等,著. 领悟医学职业素养:方法、技巧、案例[M]. 潘慧,罗林校,赵峻,等,译. 北京:中国协和医科大学出版社,2016.

[13] 杜治政. 中华医学百科全书(基础医学·医学伦理学)[M]. 北京:中国协和医科大学出版社,2020.

[14] Montgomery K. 医生如何思考:临床决策与医学实践(翻译版)[M]. 郑明华,译. 北京:人民卫生出版社,2010.

[15] 雅克·蒂洛,基思·克拉思曼. 伦理学与生活[M]. 程立显,刘健,译.9 版. 北京:世界图书出版公司,2008.

[16] 凌峰. 随风而思凌导文集[M]. 北京:世界图书出版公司,2019.

[17] 托尼·霍普. 牛津通识读本:医学伦理(中英双语)[M]. 吴俊华,李方,裴劼人,译. 南京:译林出版社,2015.

[18] 王明旭,尹梅. 医学伦理学[M]. 北京:人民卫生出版社,2015.

[19] 刘俊荣,严金海. 医学伦理学[M]. 武汉:华中科技大学出版社,2019.

[20] 中国医师协会生殖医学专业委员会生殖男科学组少精子症诊疗中国专家共识编写组. 少精子症诊疗中国专家共识[J]. 中华生殖与避孕杂志,2021,41(7):586-592.

[21] 王明旭,赵明杰. 医学伦理学[M]. 北京:人民卫生出版社,2018.

[22] 蔡昱. 器官移植立法研究[M]. 北京:法律出版社,2013.

[23] 黄洁夫. 中国器官移植发展报告(2019)[M]. 北京:清华大学出版社,2020.

[24] 陈元方,邱仁宗. 生物医学研究伦理学[M]. 北京:中国协和医科大学出版社,2003.

[25] 邱仁宗. 生命伦理学[M]. 北京:中国人民大学出版社,2009.

[26] 刘建利. 医疗人工智能临床应用的法律挑战及应对[J]. 东方法学,2019(5):133-139.

[27] 关健. 医学科学数据共享应用治理管理[M]. 北京:科学技术文献出版社,2023.

［28］张秀梅,钱庆. 精准医学百问百答［M］. 天津:天津科学技术出版社,2021.

［29］郭欣,严火其. 农场动物福利"五大自由"思想确立研究［J］. 自然辩证法通讯,2019,41(2):74-82.

［30］王辉,郑虹. 医学实验动物伦理及福利［J］. 实用器官移植电子杂志,2016,4(2):116-120.

［31］郭欣,严火其. 动物实验"3R"原则确立的研究［J］. 自然辩证法研究,2017,33(12):55-59,92.

［32］丁维光. 医学伦理学［M］. 北京:科学技术文献出版社,2018.

［33］刘冰. 人类中心主义之法哲学思考——兼论人与动物的关系［J］. 昆明理工大学学报(社会科学版),2008,8(4):50-53.

［34］丁毅超. 人类中心主义的正当性——斯克鲁顿动物伦理观及其评析［J］. 浙江社会科学,2021,7:101-108.

［35］熊宁宁,刘海涛,李昱,等. 涉及人的生物医学研究伦理审查指南［M］. 北京:科学出版社,2015.

［36］陈旻,李红英. 临床研究伦理审查案例解析［M］. 北京:人民卫生出版社,2016.

［37］曾汉君,邵佳妮. 卫生政策的伦理维度审视及其伦理价值诉求［J］. 湖南社会科学,2015,5:70-73.

［38］杜萍,路绪锋,李凤萍. 医院管理伦理［M］. 上海:复旦大学出版社,2021.

［39］刘岚. 医疗保障制度模式与改革方向［M］. 北京:中国社会出版社,2007.

［40］曹永福."柳叶刀"的伦理［M］. 南京:东南大学出版社,2012.

［41］曹永福. 外科医师诊疗决策中的伦理决策［J］. 中国实用外科杂志,2009,29(1):59-61.

［42］曹永福,张晓芬,杨同卫. 论医师的人文执业能力及其培养［J］. 医学与哲学(人文社会医学版),2009,30(6):9-12.

# 中英文名词对照索引

**B**

不伤害原则　nonmaleficence　40
不知情权　right of ignorance　158
布朗斯坦模式　Braunstein model　63

**C**

产前诊断　prenatal diagnosis　106
成体干细胞　adult stem cell　147
传染病　infectious diseases　97

**D**

道义论　deontology　32
德性论　the theory of virtue　30
电子病历记录　electronic medical record, EMR　154
丁克　double income and no kid, DINK　109
动物实验　animal experiment　168

**F**

反思平衡　reflective equilibrium　35
泛知情同意　broad consent　158
夫精人工授精　artificial insemination by husband, AIH　112
辅助生殖技术　assisted reproductive technology, ART　111

**G**

公共卫生　public health　91
公正　justice　41
功利论　utilitarianism　33
供精人工授精　artificial insemination by donors, AID　112
共享决策　shared decision-making　202
古代中医学　traditional Chinese medicine　12
规范伦理学　normative ethics　4
国际医药信息协会　International Medical Informatics Association, IMIA　153

**J**

机构审查委员会　Institutional Review Board, IRB　168
机器学习　machine learning, ML　156
基因检测　genetic testing　143
基因筛查　genetic screening　143
基因诊断　genetic diagnosis　143
基因治疗　gene therapy　143
减少　reduction　171
健康、教育和福利部　Department of Health, Education and Welfare, DHEW　173
决策　decision-making　200
决疑法　casuistry　24

**L**

两难选择　dilemma　205
临床诊疗决策　clinical decision-making　200
临床诊疗伦理　clinical ethics　73
伦理咨询委员会　Ethics Advisory Board, EAB　176

**M**

美德伦理学　virtue ethics　4
描述伦理学　descriptive ethics　4

**N**

纽伦堡法典　*The Nuremberg Code*　178

**P**

胚胎干细胞　embryo stem cell　147
普遍原则主义　categoricalism　23

**Q**

全球基因组学与健康联盟　Global Alliance for Genomics and Health, GA4GH　154

## R

人道主义　humanitarianism　15

人格　personality　39

人工授精　artificial insemination　107

人工智能　artificial intelligence,AI　149

人类基因组计划　human genome project,HGP　142

人体器官分配与共享计算机系统　China Organ Transplant Response System,COTRS　136

人体器官获取组织　Organ Procurement Organizations,OPO　133

## S

萨奇曼模式　Suchman model　64

萨斯-荷伦德模式　Szasz-Hollender model　64

善恶医学伦理决策　medical ethical decision-making of good or evil　203

生命伦理学　bioethics　21

生育控制　control of reproduction　107

实验动物　laboratory animals　168

## T

体外受精-胚胎移植　in vitro fertilization and embryo transfer,IVF-ET　107

替代　replacement　171

条件主义　contextualism　23

突发公共卫生事件　public health emergencies　96

## W

无知之幕　the veil of ignorance　36

## Y

研究医学道德　medical morality　1

医疗保密　medical confidentiality　45

医学道德规范　the codes of medical morality　47

医学道德教育　medical ethics education　50

医学道德评价　evaluation of medical ethics　57

医学道德修养　medical morality　53

医学伦理难题决策　dilemma decision-making of medical ethics　205

医学伦理委员会　medical ethics committee,MEC　173

医学伦理行为　medical ethical behavior　199

医学伦理行为决策　decision-making of medical ethics　200

医学伦理学　medical ethics　1

遗传筛查　genetic screening　106

遗传咨询　genetic counseling　106

以患者为中心　patient centered medicine　190

以疾病为中心　illness centered medicine　190

优化　refinement　171

优生学　eugenic　104

有利原则　beneficence　41

原初状态　the original position　35

元伦理学　meta-ethics　4

## Z

责任　responsibility　171

整合个人组学谱　integrated personal omics profile,iPOP　156

正义论　a theory of justice　35

正义原理　principles of justice　35

知情同意　informed consent　42

中国互联网络信息中心　China Internet Network Information Center,CNNIC　159

组学　omics　155

最小风险　minimal risk　180

尊严　dignity　39

尊重原则　respect　38